は、極めて活発に展開し、予期した以上の成果をあげることができた。研究会の報告と討議のすべてを本書に収めるべきであったが、膨大な分量になるので、班員、ゲストスピーカーが研究会での報告に即して論述することにした。

関西についてその基盤が不安定になってきたことが指摘されて、長い年月を経てきた。主たる論点は首都圏との比較による経済的な面における減速感である。本共同研究会においても、絶えずその問題が話題になったが、所詮、首都圏と比べて、関西を論じるという視点は、果たしてどれほどの意味があるのか、私は疑問に思う。経済的に首都圏と関西の間に格差があって、あたりまえのことで、それを嘆いても、そこから、何も創造されない。右顧左眄するのではなく、関西のもっている歴史的・文化的深層を掘り起こす方向に向かわねばならない。

関西の歴史的・文化的深層は何かという問いに対する答えは、本書において各執筆者がそれぞれに明示的に、暗示的に示している。ただ、概括的にいうとすれば、関西の深層は古代の「畿内」を母胎としている点である。そしてその母胎から訣別するのが明治時代である。関西には、今もなお、母胎への恋しさと、母胎と離別した悲しさが混ざり合って存在する。母胎への恋しさとは、ともすれば自負したくなる日本文化を産んだ空間から発する感情であり、母胎と離別した悲しさとは、否が応でも、グローバル化が進展する空間に身をおいた時の脱関西感であろう。

それでもなお、関西が実質的にひとつのまとまりの空間としてあるように思えるのは、母胎への恋しさが勝っているからであって、日本の他のどの地方よりも、確かな母胎意識をもっていることは確かである。ならば、関西を創造するための鍵はおのずと明らかである。

『関西を創造する』　目次

序説　関西のしんどさ

千田　稔

一　関西という場所

伊豆大島であった研究会でのことである。東京にあるドイツの日本研究所で学んでいるドイツ人の学生たちに「関西という場所は知っているか」とたずねてみた。当然というような顔つきで「知っている」という。「関西など地名が書かれている地図などないではないか」と、私は疑問を呈した。「地図に書いてある」と学生たちは言うのだ。しばらく、私は考えをめぐらした。中学、高校の地図帳には「近畿」という地名は書かれているが、「関西」という地域名は見られない。ドイツの大学生たちとは、そのまま物別れになったが、後日やっと気がついた。彼らは「関西国際空港」のことをいっていたようである。彼らにとって「関西」とは、空港のある土地を指しているのであった。

一般的に空港名は、土地の名前をつけて呼ばれる。羽田、成田、伊丹など、外国もケネディやド・ゴールなど人名をつけた空港名もあるが多くはその土地の名がつけられている。「関西国際空港」というように広域地名を空港名としているのは、めずらしい。よほど「関西」の財界などは、この空港名に思い入れがあったとうかがえる。しかし、外国で「関西」という地名はほとんど知られていないはずである。

日本の子供たちにとっても同様である。「関西」は学校教育では認知されていない地名である。ただ、ものごころがついて、世間を見渡すと、「関西電力」とか「関西テレビ」といった企業があり、「関西人」「関西弁」という言葉を耳にして何となく「関西」とよばれる地域があるらしいと気づく。

史料では、「関西」よりも「関東」という言葉のほうが時代的に先にでてくる。『続日本紀』に、七四〇（天平一二）年、藤原広嗣《ひろつぐ》が大宰府で乱を起こしたとき、聖武天皇は平城宮にいながら、「朕意《ちんおも》う所あるに縁りて、今月の末、暫く関東に往かんとす」という詔をだす。おそらくこの段階で木津川の近くに恭仁《くに》京《きょう》という都が計画されていて、そこに遷都する意向が固まっていたらしい。ここにいう「関東」とは関の東、すなわち三関（鈴鹿、不破、愛発《あらち》）より以東を指す。古代の「東国」という地域概念も「関東」と同じ意味合いで使われたと考えられ、それら三つの関で畿内の北と東が囲まれ、それより東側というのは「畿外」と認識された地域空間であった。だから「関東」という呼び方には、三関の内の畿内とは文化的異質性をもつ地理空間として認識されていたと思われる。

『古事記』雄略段に載せる、豊楽《とよのあかり》での三重の采女の歌には、「……百足《ももだ》る　槻が枝は　上枝《ほつえ》は　天を覆へり　中つ枝は　東を覆へり　下枝《しづえ》は　鄙を覆へり……」とある。枝葉が生い茂っている槻の木の一ばん上の枝が天＝畿内を覆い、中ほどの枝が東国を、一ばん下の枝が鄙《ひな》を覆うと歌う。この歌の場合は、国家領域が畿内―東国―鄙（西日本）という地域区分からなっていることを示している。とくに「東国」を一つの地域区分として独立させていることは、西日本とは相容れない地域としての意味がこめられている。

中世になると「関西」という言葉が使われるようになる。富士川の合戦の直後、源頼朝は西の方を攻めようと考え、「東夷《とうい》を平《たいら》ぐるの後、関西に至るべし」と「関西」という地名が知られる。これが「関西」という言葉の初出記事とされる（『吾妻鏡』治承四〈一一八〇〉年一〇月二一日条）。この記事に「関西」という言葉が、「関東」という、今まで畿内に住んでいた人間がかなり軽蔑的に使っていた言葉と対等な形で出てくることによって、相対的に関東の地位が上がってきたのではないかという解釈もできる。やはり『吾妻鏡』に源実朝が、兄の頼家が病気になったので、「関西」の三八カ国を治める地頭職に就くという記事（建仁三〈一二〇三〉年八月二七日条）があり、「関東」二八カ国という表現もみられる。だから「関西」と「関東」が並んでくるという状況をよみとることができる。

近世になると、「関西」と「関東」という地名表現は、今日の用法と類似してくる。局所的に、箱根より東を関八州と、箱根の関を基準にする場合もあるが、必ずしも箱根の関所が関東、関西を分けるための境界であったとは考えられない。

今日、われわれが使う「関西」というのは、細かな議論はさておくとして、近畿地方とほぼ同義である場合が多い。ところが、いつ頃からか、「関西」という言葉が、東京人の口から発せられるときにはかなり差別的な意味合いがこめられていると感じることが少なくはない。

そこで「関西」は、今日、地理的な範囲をどのようにカバーしているのかは、よく話題になる。宮本又次氏の『関西と関東』（青蛙房　一九八二年）には、さまざまな用法があって、厳密に考えてみると、容易に関西の範囲というのは限定できないと結論づけている。畿内とか、あるいは山陰地方、東九州、南九州、四国の南部までの西日本全域まで含めて「関西」と使う場合もある。足利健亮氏は、電話帳で事業所名を検討して、「関西」と付いている事業所の分布範囲を調査し、核心地域は京阪神で、非常に狭く見た場合は三重を除く近畿、または滋賀――岡山間の地域、やや広げると近畿、中国、四国、広域になると名古屋、富山以西の西日本という結果を得ている（「関西の区域――その変遷と現状――」〈京都大学近畿圏総合研究会編『近畿圏』鹿島研究所出版会　一九六九年七月〉）。このように、「関西」という範囲は行政的に定められた地域ではないので、近畿地方を中心としながら、その周辺地域にも及んでいるという曖昧さをもつ地域空間であるといえる。また、成田孝三氏は、京都・大阪・神戸を第一の通勤先とする市町村をとりあげ、「近畿の中核部の大都市地域」を関西とみなしている（「上方そして関西――京阪神ブランドとしての関西――」〈「大阪商業大学商業史博物館紀要」第七号　二〇〇六年〉）。足利氏の関西区域は近畿地方の外側にも及ぶが、成田氏の場合は、近畿の内部に限定される。つまり、関西は近畿をすべてカバーしないという。この相違は、関西を区画するのに採用する地理的指標の差によるものである。しかし、いずれにしても、関西は近畿と同様「畿内」という歴史的核を、ほぼ包み込んでいる。

「関西」にたいして「近畿」は明治三六年の国定教科書で使われて以来、行政的「地域区分」として用いられてきたので、適用される法律などによってその範囲はズレを生じるが、府県名で区画されるので、「関西」のような曖昧さはない。例えば、「近畿圏」とは福井県、三重県、滋賀県、京都府、大阪府、兵庫県、奈良県、及び和歌山県の区域を一体とした広域をいうと「近畿圏整備法」にうたわれていたことをもって知ることができる。

近年、「近畿」という言葉を嫌がる風潮がでてきて、そのために「関西」という言葉が好まれるようなこともないとはいえない。英語の辞書にあるkinkの説明は、「ねじれ、（首・背などの）痛い引きつり、【比喩的に】心のねじれ、気まぐれ」とあるが、形容詞のkinkyの発音は「近畿（キンキ）」に近似し、その意味は「ねじれた、よじれた、風変わりな、変態の」という。グローバル化の「近畿」の悩みといってよいかもしれないが、ことさら、英語に気遣いをすることもあるまい。

以下においては、関西という地域名を近畿とほぼ同義で使うのは、いずれにも母体としての「畿内」を内包するからである。

二　仮説としての関西あるいは近畿の地域特性——天皇、総理大臣からみる

関西がおおよそ近畿と重なるのが現実的な地域認識であるとして、その歴史的核は畿内である。近畿という地域区分は前述のように、明治になって作られたもので、畿内とその近傍を近畿としたので、その範囲は、行政上の事情によって便宜的に規定されがちである。だから、近畿あるいは関西という地理空間は、畿内の歴史性を無視して論じることはできない。とすると、畿内は、王都（宮都）をおいた地域空間であるから、関西は都と天皇を生んだ風土性の残映をうけながら形成されてきた。それに対して関東は、武家政権を生んだ風土性を投影しながら地域形成してきたという仮説は無意味ではあるまい。

天皇あるいは都を生んだ風土と、武家あるいはそれに関わる都市を生んだ風土とは異なる地域形成の経緯をたどったのではないだろうか。

関西の天皇政権を生んだ風土は権威志向型といえる。権威あるいは、オーソリティーは権力ではない。政治的判断を権威に委ねてもよいという行動パターンが生成されていく。だから天皇自身の権威がどのように認識されたかという問題はあるとしても、関西は権威志向型社会として成立し、それを継承してきた。それに対して関東の武家政権を生んだ風土は、権力志向型の社会としての色合いが強い。そのような視角から、今日の日本の政治的風土をながめると、明らかに権力志向型への傾斜を強めている。とすれば、関西的風土の権威志向型の社会とは相容れない状況といってよい。それが、現在の関西が、他地域に対して感じている違和感であることを指摘しておきたい。

以上のことを、より具体的に理解する方法を試みてみよう。

歴代総理大臣の出身地について、明治から戦前と、戦後に分けてみることにした。北海道は一人もでていない。

関東は、群馬県出身の首相が最近でているので、他地方に比較して多い。近畿も戦後五人。中国、九州が多いのは、明治維新との関連で理解してよい。

　近畿を出生地とする明治から戦前までの総理大臣が二人出ている。一人が西園寺《さいおんじ》公望《きんもち》であるが、公家の出身で、家格によって首相の地位を得たとみなされるので、前述の分類で言えば権威志向型社会を背景に持っている。鈴木貫太郎は泉州久世村伏見の出身であるが、その土地は、千葉県関宿、近世関宿藩の飛地で、そこで生まれたが、本来は、関東の風土を背負っていることになる。このようにみると、権力志向型の近畿地方出身の総理大臣というのは明治から戦前までは出ていない、というか近畿地方は総理大臣を輩出するような風土ではないというのが正確であろう。戦後は、まず京都出身の東久《ひがしく》邇宮稔彦《にのみやとしひこ》王が総理大臣になっている。彼は皇族であり、降伏事務処理内閣で、在任日数が最短の首相であるが、権力とはほとんど無縁の存在であった。つづいて近畿地方出身で総理大臣の地位に着くのは、大阪府門真出身の幣原喜《しではらき》重郎《じゅうろう》である。彼は、東久邇宮が途中で辞任したので、その後任として大命により、つまり天皇の任命により総理の職に着いたので、猟官的な行動をとったとは思われない。さらに近畿地方出身の総理大臣をあげると、和歌山県出身の片山哲、京都府福知山出身の芦田均、滋賀県出身の宇野宗佑となるが、いずれも共通して「畿外」の出身である。前掲の「畿内」出身者のうち、二人は皇族か公家である。このように、近畿地方より出た歴代の総理大臣をあげてみると、近畿地方の核心地域というべき「畿内」は、権力を全面に押し出して総理大臣になった人物はほとんどいなかったという印象をもたざるをえない。それが、関西の風土性に投射されているのではないかと、よみとってもよいのではないだろうか。

三　知事からみる関西

近畿地方を知事就任以前の経歴からみるとどうであろうか。（以下は報告した二〇〇四年段階での実情である。その後の変化は関西の動きとしてとらえることもできよう）近畿地方の知事はほとんどが官僚か役人出身である。大阪府は通産、他は自治省出身で、滋賀県は滋賀県庁の部長、三重県が衆議院議員の経験者である。この現象はかなり特異な自治体行政の首長を選んでいる地域空間ではないかと思われ、関東地方と比較すると対照的な違いを指摘することができる。茨城県と群馬県だけは自治官僚出身であるが、栃木県は市長、埼玉、千葉、東京、神奈川は元衆参議院議員が前歴となっている。この違いには注目してよい。地方自治のあり方の違いがこのような知事の経歴に関係するならば、同時にその広域圏の近畿地方や関東地方の地域形成にも反映していることも、否定できないのではないか。官僚出身者が知事に選ばれることは、府民・県民が行政能力のオーソリティーに自治を委ねるという意識の結果であろう。関東地方は、首都圏であることも念頭におかねばならないが、関西からみていると、政治が権力構造をつくり出すような渦を巻いているような印象を受けやすい。どちらを高く評価するかは、価値観によるのだが、地域の活性化を模索する過程では、住民と権力の積極的な議論の場こそ求められるべきである。

四　関西広域圏の行方

関西の特異性として、権威志向型社会であるという仮説を提示したが、地域空間として関西をみるとき、権威志向型社会の基盤である「畿内」の歴史的存在は大きな意味を今日まで伝えている。それは、近畿地方あるいは関西の歴史的空間構造は「畿内」とその近傍から成り立っていて、「畿内」の占める面積が半分ぐらいを占めている。したがって近畿地方は、核となる空間が、首都圏のように東京一点ではなく、面的な広がりをもつ。そして、かつて「畿内」であった面的広がりの中に大阪、京都、神戸という個性的な中核的都市が立地し、それぞれの都市圏をもって、多核的な空間的特性を示している。そのため、EUと似ているといわれることがある。EUにはフランスにパリがあって、イギリスにロンドンが、イタリアにはローマもあるように、多核的な都市構造を持っている。

このような多核構造をもっている関西が、将来において関西州への統合が可能であるのか、かなりの危惧をもって考えねばならない課題である。最近の象徴的な出来事は、関西に二〇〇八年のサミットを誘致すべきという発案が実を結ばなかったのは、関西の主要都市の協調的関係が希薄であったと指摘されている。各都市のエゴイズムが常に関西広域圏の実現に負のベクトルとして働いている。例えば、この問題については、かねてから大阪と京都の関係について語られてきた。織田作之助の京都に向けての罵倒的言辞はよく知られている。一般的なレベルでの話ではあるが、大阪人は、京都というのは文化ばかりで経済力がないという、逆に京都人は文化の中心は京都であって、大阪には文化がないと蔑むことがある。あるいは、京都は関西の奥座敷で大阪はたかが台所ではないかという言い方に差別的な強い偏見を見いだしてよい。つまり、関西の中心的な都市には、関西全体を展望する視点がないといってもよい。京都大学の工学部が京都西郊の地に新しいキャンパスを作ったが、それは、京都市内に京都大学の主要学部をとどめたいという京都市のエゴが働いたと巷間伝わる。確かに京都大学は京阪奈学研都市に新しいキャンパスを求めるべきであったことは、大方の目に明らかであった。もしそれが実現していたらバランスのとれた関西の地域再生に寄与していたはずである。

京都大学の工学部キャンパス問題と似た現象は、神戸空港の建設や、実現しなかったがびわこ空港の計画である。

空港建設についても、関西全体を視野にいれた配置計画が必要なことはいまさらいうまでもない。そのようなリーダーシップをとる人材がいないのか、それとも、とれないような空間構造があるのだ。

観光についても再考の余地はある。「畿内」を母体として形成された関西にとって、「畿内」に意味を与える「宮都のおかれた空間」は、観光資源であり、これまでも奈良観光、京都観光として人々の関心をひいてはきた。しかし、宮都といえば、奈良だけではなく、まして京都だけではない。飛鳥（もっとさかのぼって邪馬台国もいれて）、藤原、平城京、難波京、恭仁京、紫香楽宮《しがらきのみや》、長岡京、平安京をリンクした観光地形成が当然あってよいのだが、不思議といってよいほど実現しなかった。つまり、関西は、連携という手法を拒む風土なのだ。

構想されつつある道州制において関西州はどのような空間構造を組み立てるのがよいかは、上述の問題点を念頭におくと、さほど容易なことではない。大阪にすべての機能を一極集中することは現実的ではなく、州の諸機能を巧みに分散して、機能的なリンク、あるいはネットワークを形成するしかないであろう。そのための基盤整備として、高速自動車道、私鉄の連携、情報網などの整備が必須の課題とならざるをえない。

五　関西広域圏の下ごしらえ

関西の経済界が期待のもとに、計画された一つに京阪奈学研都市があった、いや、いまもあるというべきかもしれない。学研都市構想には経済活動に重心をおきすぎないよう、文化首都としての機能を提言する向きもあった。しかし、現実は学研都市としての充実は、まだ景観的に明確な像を結んでいない。同志社大学の田辺キャンパスの見直しも風聞する中で、先にふれた京都大学工学部の問題が関西にとって反省すべきであるという指摘に、今一度傾聴すべきである。国際高等研究所や国会図書館関西館が孤立する佇まいから、有機的な関連をもつような統合体とするには、よほど献身的な情熱を注げる集団による再構築の作業が要請されるが、一部名誉職的な人々のサロンと化して、そのための満足を充足しているようなことであれば、関西にとって期待するものは生まれないであろう。もっと胸襟を開いて、多くの人に参画をうながすことができないものか。ローカルな企業的アカデミズムの場となりはしないかという危惧を払拭することができない。

関西を一つに結ぼうとした、文化・観光事業として堺屋太一氏によって構想された歴史街道がある。関西を観光することによって神話の時代から近代までの日本の歴史を体験できるという触れ込みであった。メインルートは伊勢、飛鳥、奈良、京都、大阪、神戸をたどるものである。さほど、私にとっては、めずらしいコースと思えなかった。ドイツのロマンティック街道をモデルにしたようであるが、その場合は道路沿いに魅力ある美しい風景が連なっていて、道路を走ることによってその風景が楽しめるという観光コースであるが、歴史街道の場合には車や電車で走っても周辺はそんなに美しくもなく魅力的でもない。周辺は雑多な風景で、ポイント、ポイントに見るところがあるというコース設定がされている。それが伊勢であったり、飛鳥であったり、奈良、京都である。しかし、その途中の風景は景観的に素晴らしいとはとても言えない。そうするとどうしてもポイント、ポイントになってしまう。そのために、本来のルートというよりも各ポイントの市町村が浮上しこれでは、歴史街道という「街道」がよく見えなくなってしまった。近年、その問題を是正して本来の歴史街道の趣旨に立ち返ろうとする動きもあるようである。

文化庁によって「関西元気文化圏構想」というのが打ち上げられた。これは河合文化庁長官が提唱された「日本の社会を文化で元気にしよう」という考えに基づく取り組みの一環で、文化庁と関西の関係団体との連携によって、平成一五年夏ごろから関西文化圏として「『文化』で関西から元気になろう」というプロジェクトが推進されている。「関西元気力」という小さなロゴ・マークがポスターに貼ってあるのをよく見かける。関経連も後押しをしているということで、大きな動きになることが期待される。

関経連に地域分権委員会がある。これは関西に国のさまざまな権益等を持ってくるときの準備のための委員会である。別に分権改革協議会もあり、関西州が実現した場合の、あり方について検討を目的としているようであるが、具体的な方針がだされたとは聞かない。

六　国土形成計画と関西

従来の全国総合開発計画が、国土形成計画と名を変え、さらに各地方の独自の計画を提案する方針がうたわれている。現段階では、成案なるものが、できていないが、近畿地方（関西）が他の地方とは異なる独自色のつよい地域形成計画の基本的なプランが作成されねばならない。

私、個人としては、次のようなことを考えつつある。

（1）すでに述べたように、「畿内」を歴史的核として形成してきた近畿地方（関西）は、その文化的基盤を積極的に生かすべきである。まさしく「日本誕生」の地である。このような歴史的基盤は、全国で近畿（関西）だけであることは、いうまでもないが、それに見合った地域形成計画として、例えば、「畿内」に由来する伝統文化の国際的普及活動、伝統工芸の近代化、文化観光の振興などを有機的に連鎖する方策を樹立することである。

（2）「畿内」の文化の基本には「こまやかさ」がある。日本の国際戦略として、しばしば強調される科学技術立国によるものづくりに関しても、特段それが、日本だけの独自な戦略でありえない。科学技術などは、どの国においても、時間的な差があるとしても、常に技術水準は同等になる。だから、いたちごっこのような様相を呈するものである。そのような場合、製品の質が他国との差異化をはかる唯一の基準となる。「こまやかな」文化の伝統をもつ、あるいはそのようなＤＮＡを受け継ぐものづくりに活路を見いだすべきであり、それをリードするのは、近畿の伝統的風土であろう。

（３）「こまやか」な文化的伝統は、インフラのようなハードな面においても、細部にわたる行き届いた整備がなされ、新しい社会資本のあり方のモデルを提示すべきであろう。

（４）また、「畿内」文化によって醸成されてきた「こまやか」な文化は観光事業による外国観光客の接客にも反映されるようにすべきで、それが関西観光の特色となる方向性を目指すべきであろう。

（５）人と人の関係においても、「こまやか」な心遣いは、良好な交わりを生むと思われ、特に教育の問題では、教師など現場に要求されるものである。教育モデルとしての「こまやか」な教育も関西から発信すべき課題である。

（６）環境問題への取り組みも、「こまやか」な配慮なくして、実効的な成果は得られないとすれば、関西はその点にも先導的な方向性を見いだすことのできる素地がある。都市のあり方が、大量消費空間・大企業集積型から環境保全・地域共同体再生型に大きく転換しつつあるとき、「こまやか」な都市づくりが求められよう。

（７）国際的な観点としては、今後、構想段階ではあるが、東アジア共同体について議論されていくことは、予想できるので、東アジアも含めて、関西は海と陸のシルクロード諸国との文化的ネットワークを樹立することが求められる。そのことによってイスラム圏とのつながりも深まるであろう。東アジア・シルクロード文化ネットワークセンターとしての意義づけも国土形成計画に盛り込むべきである。

ここで提起した「こまやか」という関西の文化的伝統は、日本にとどまらず、人類に共通するさまざまな分野での行為と行動の普遍的かつ基本的な規範である。これに足場をもつ関西が日本での新しい価値を創出することになり、やがて国際的な観点から、人間営為のあり方に一つの手かがりを与えることになるかもしれない。

とにかく、関西は「しんどい」問題をかかえながら、新たな地域空間の創造を模索しなければならないのだ。

1. 水域の文化――生命と文芸の源流

関西の芯に畿内がある。その畿内の芯が大和川と淀川の流れである。この二つの川が畿内の生命を育んできた。どちらも大阪湾に河口をもつために、瀬戸内の水運が難波《なにわ》から内陸に及ぶことができた。おそらく、はるかなシルクロードの文化もこの河川のルートを経由して伝わったにちがいない。さらに、紀ノ川から吉野川の川筋も忘れてはならない。こちらの方が時代的には早い。

畿内の国の中で、「河内」という国名が、大和川と淀川に由来することは確かであろう。しかし、「河内」という表記が「河の内（中）」を意味するならば、「河内」の領域が二つの川の外にまでひろがっていることの説明がつかない。だとすれば、「かわち」は「かわ縁《ふち》」なのだろうか。あるいは、もともとの「河内」は、二つの河川の中にあり、時代とともに、拡大したのだろうか。

大和に政治・文化の中枢があったころ、いうまでもなく、大和川が利用されただろうが、亀ノ瀬の岩盤が舟運を難しくした。この国の「母なる川」、大和川の苦痛が偲ばれる。今も水質でワースト1とか2とそしられるのも母の苦悩なのだ。それに比べて、淀川は平安時代以降、鉄道が走るまで、悠々たる水の風情があった。だからこそ、文筆・絵筆の遊び事の対象になることもめずらしくはなかった。それゆえだろうか、都の退嬰を浮かべながら流れているようでもあった。

畿内への流通

脇田　修

はじめに

近世において、全国経済の中心は畿内であったから、多くの道が畿内とくに京都・大坂・堺などの都市へと繋がっていた。ここでは日本海側から畿内への道をとりあげてみたい。この道は、敦賀《つるが》・小浜を中継港として、日本海海運により日本海沿岸諸国とくに松前・秋田から越前・若狭に及ぶ諸国と畿内の流通がなされた。寛文年間（一六六〇年代）、下関を経由して大坂へ直行する西廻航路の開発によって、影響をうけて寂れたが、それでもなおかなりの流通があった。とくに前期においては主要な流通路であった。

これらの道は、一は敦賀から琵琶湖岸の塩津・海津へ出る七里半街道であり、それは疋田《ひきた》から塩津へでる道と深坂峠を越えて塩津へでる道があった。もう一つは若狭小浜から九里半街道を越えて、琵琶湖岸の今津へでる道であった。そしていずれも琵琶湖を渡って、大津に行き、そこから陸路を京都また伏見さらには大坂へ出たのであった。その意味で、琵琶湖水運は日本海沿岸諸国と畿内を結ぶ重要な道で、全国経済における主要な流通路となった。

なお東国からの街道は、琵琶湖南岸に中山道と東海道が通っている。しかしこの両道ともに、琵琶湖との関係はよくわかっていないが、水運の関係は少ないと考える。東海道は桑名から鈴鹿越えをして、草津にくるので、瀬田から大津へ船を利用することはあるが、概して陸路を行き、中山道も湖岸に沿っているが、大体陸路が多かった。

一　水運の位置

近世における輸送にあたって、水運の位置は大きかった。実際、人の動きで、東海道五十三次などを歩いていったのは、熊野灘や遠州灘の海運における危険を考慮して陸路をとることが普通だったのである。それどころか途中で伊勢湾を横切る尾張熱田の宮から桑名への七里の渡しや浜名湖が難所であったし、大井川などの渡しも、当時の船では少し水が出れば、通路は止まった。

それでも貨物輸送には船が用いられ、太平洋岸では菱垣《ひがき》廻船や樽廻船が就航したが、紀伊国屋文左衛門の逸話が示すように、かなり危険がともなっていた。

しかし夏の日本海は比較的穏やかであり、こうした季節には多くの船が就航した。それは北前船に代表されるが、北海道松前などから昆布・鰊《にしん》など北国の産物を運んだ。そして畿内に近い敦賀・小浜などで陸揚げされて、京・大坂へ送られていたが、寛文年間・西廻航路の開発によって、かなりの荷物はそのまま下関を経て大坂へ運ばれた。随分遠回りであるが、陸路の経費より少なく、荷物の積み替えがなく荷痛みも少ないことなどから、盛んになった。水運における輸送が効率的であったことを示している。

それは陸路の輸送を考えて見ると明らかである。この時期、車の使用が少なく、人の背によって運ばれる輸送が主であった。近江商人が信州など遠隔地に行商に行く際も、大きな荷物を背負っている姿が知られている。さすがに、大坂ではべか車といわれる一輪車が使われていたが、これは量的に限られていたし、それほど大きな荷物を運ぶものではなかった。もちろん牛馬を役するが、人間の乗ることは広く見られるし、その背に荷物を載せて往来するのは多いが、牛馬の挽く荷車はあまり発達をしなかった。牛車や馬車の利用はおこなわれているから、荷物輸送を考えなかった訳ではないだろうが、ほとんど発達しなかった。それは重量物を搭載する荷車を通すと、土道ではたちまち掘れて、道が悪くなってしまう。舗装をすれば良いと思うであろうが、それには費用もかかるので、近世でも箱根など一部には石道が存在したが、一般には舗装がなかった。さすがに京都には鳥羽に車借がいて、淀川を遡《そ》上してきた荷物を、京都まで車による輸送がなされたが、『洛中洛外図』には賀茂川の河原を牛車が通っている状況を描いている。河原の石ころ道を利用したのである。もちろん通常の道には貴人の乗る牛車などは通ったであろうが、荷車は通していなかったのではないか。長崎の商館に来たオランダ人が、日本の道のきれいなことを記しているが、それはこうした事情が関係している。

このように陸運が限られていると、水運の重要性は増してくる。大坂は水の都ともいって、淀川・大和川が合流した大川の河口にあって、平坦地であったが、都市計画にあたって、大川と結んで東横堀・西横堀・長堀がつくられ、さらに道頓堀がつくられ、その西では土佐堀・江戸堀・京町堀・立売《いたち》堀などができている。道頓堀は平野の豪家成安道頓《なりやすどうとん》らがつくったもので、堀岸の利用権などを与えられたし、また諸藩蔵屋敷にともなう堀もあり、近年では大阪大学医学部跡地で、堂島川から水路を設けた広島藩蔵屋敷の舟入りが発見されている。

しかし京都は、内陸部にあるだけではなく、北と南ではかなりの傾斜があり、賀茂大橋と東寺の塔頂とが同じ高さといわれるように、市内では十数mの落差がある。それは賀茂川の流れを見るとよくわかるが、現在は川中に段差が設けられ、かなりの急流となっている。したがって賀茂川を水運には利用できなかった。

近世前期、この状況に挑んで、京都の輸送路を開いたのは嵯峨の角倉了以《すみのくらりょうい》であった。彼は丹波から京都への路として、亀岡から嵯峨《さが》まで保津峡を開削し、邪魔になる岩石などを爆薬で吹き飛ばすなどして船道を開いた。そのため従来老ノ坂などを越えて牛の背で運ばれる薪などの値段が下がったといわれた。これは現在では荷物輸送はないものの、保津峡下りとして観光船が通っている。

また市内の二条から伏見まで、賀茂川の西側に高瀬川を開き、高瀬船を通した。伏見まで大坂などから淀川の三十石船が来ていたから、これと連絡したのである。高瀬川は今も残っていて、かなりの水流が見られるし、森鷗外に『高瀬舟』の名作があることは、よく知られている。

さて瀬戸内海・太平洋側から京都へは、淀川水系が輸送路として発展しており、鳥羽・伏見と大坂または神崎川に入って神崎・尼崎を結んだ。西日本への道は、西国街道とともにこの水運が広く用いられ、鳥羽・伏見と大坂八軒屋には、近世では三十石船が往来して、文芸作品に取り上げられたし、途中の江口から神崎川へ入り尼崎・西宮さらに西日本へのルートは、とくに中世では栄え、江口・神崎は遊女などもいて、能楽『江口』なども生まれた。

二　日本海側からの道

日本海側からは、先に見たように、敦賀・小浜から琵琶湖へ出て、湖上を大津に渡り、そこから京・伏見の道が栄えた。ここではその日本海側ルートについて紹介しておこう。敦賀は、日本海から畿内への入り口となる要港として、古くから栄えた港であり、「北陸七ケ国、出羽之内秋田・庄内・最上・由利・本城（荘）、奥州之内南部・津軽・会津何れも御大名衆様御米大豆、諸商人俵物荷物、往古より当所并若狭小浜江登り、問屋舟持馬持町在々迄渡世をいたし申候」（寛文雑記）とあるように、遠く奥羽・北陸などから多くの船が入っていた。そのなかで、とくに交流が盛んであった越前諸浦の船のなかでは、越前武生から海岸へ出た河野浦に属する河野屋座二二座があり、他の諸浦座二二座とともに、近海輸送を担っていた。河野浦は現在は全くひっそりとした土地であるが、かつては武生から馬なども通り、越前から敦賀ひいては畿内への主要路として繁栄していた。そして河野浦には近代に日本郵船などをつくった右近家などの豪家があった。他の諸浦については不明であるが、その流通の一端がうかがえるであろう。

それとともに敦賀には、川舟座二三座があった。これは川舟というように、敦賀に注ぐ笙の川などの川舟と考えられるが、敦賀と内陸部の輸送を担っていたのである。これは文明頃、朝倉景冬より輸送の独占権を認められたと思われるが、文亀二（一五〇二）年五月には朝倉貞景より先の権利を認められ、「商買」を許されるとともに、江州商人へ船を仕立てることを禁じられている。そして翌年一一月には、川舟座人の越前諸浦での商品の買い付け権と他国者の直商売は禁止との朝倉教景判物を得ている。大永三（一五二三）年にも朝倉教景の判物を得ているが、実際、天文元（一五三二）年近江の斤屋なる商人が「入買」をしたのに対して、禁止がでている。これを見るかぎり、敦賀川舟座は、笙の川だけではなく、敦賀湾で広く活動したことがわかるが、ここで近江商人や他国者を排除する禁制をもらっている。ただ敦賀平野の他の諸川についてはわからない。

これを戦国大名朝倉家の立場でいえば、河野浦などの船仲間や敦賀川舟座の特権を認めて、領内流通の統制をおこない、近江商人など他国者の動きを規制したのであった。

もちろん内陸部へは、敦賀から疋田までの道があり、そこから西近江街道を琵琶湖岸の海津まで道が通っている。また疋田から深坂峠を越えて塩津へ至る新道も開かれた。これは現在湖西線が通っており、峠には深坂トンネルができている。この道に沿って「新道」「新道野」の地名が見えるが、これは「新道野開発之義者、天正八年二月十四日信長公御代官武藤助十郎安則様より荷物次キ場被仰付候……尤山中次キ場之儀茂同時に被仰付候」（西村記録）

とあるように、信長により開発され、また西近江街道の山中にも継ぎ場が設けられている。武藤助十郎の父宗右衛門舜秀は織田家臣で、天正三年越前一向一揆平定ののち敦賀郡を与えられ、敦賀城主となっていた。彼は同七年七月、伊丹の荒木村重包囲戦中に死んでいるから、おそらく助十郎は父の跡を継いで敦賀城主となり、信長代官とあるように、信長の意向を受けて新道野の開発などにも関係したのであろう。この地域は北陸道だけではなく、湖北を南へ行くと、長浜・彦根へと向かう道筋であったから、この整備は重要である。そしてこれは当然琵琶湖水運と結びついたものであった。なお両道とも五位川・大川という川に沿っているが、これについては船が使われたかどうか不明である。

日本海側から畿内へ入るもう一つの道は、小浜から今津へ抜ける九里半街道・若狭街道がある。これは琵琶湖岸の今津に着き、水運で大津へ物資を運んだ。この若狭街道には、道の側に水路が設けられており、私が一九五〇年代半ばに歩いた時には、小浜から熊川辺まではまだ豊かな水が流れていて、確か小舟もつないであったような記憶がある。おそらく若狭側は舟運を使っていたと思われる。他の地域については不明である。

そしてこの街道では、陸路を取り、中途の保坂から山間の道を比良山系の西側、朽木村を通り、安曇川上流に沿って行き、途中越えをして洛北に入る道もあった。狂言の『昆布売』は「若狭の小浜の飯の昆布」を京都へ売りに来るが、また鯖街道ともいわれ、若狭から鯖の一塩物を運んできて、それが丁度京都へ着く頃には、よく馴れて食べ頃になっているといわれる。これらの商人の通ったルートはこれである。この途中越えの場合は、川舟を使ったか否かわかっていない。おそらく中世では、この道が通常使われており、近世では琵琶湖水運を利用したと思われる。

このように陸路と考えられる街道においても、川を利用し水路を設けて、水運がおこなわれていたことは注目してもよいであろう。

なお琵琶湖水運としては、中世は堅田船持衆が有力であったが、近世初期にも蔵米輸送を命ぜられている。また湖東の観音寺も「手前の船」で坂田・甲賀・神崎諸郡の蔵米を大津へ届けるように、秀吉に命ぜられている。琵琶湖では後に百艘船仲間があって、輸送を握っていた。

三　水運の実態

日本海側から琵琶湖を経て、大津さらに京都への道について、水路による輸送がなされたことを述べた。ここでは実際にこの道を通って、領主米が輸送された実態について紹介しておこう。

七里半街道の海津では、寛永頃には年間米三〇万石（寛文雑記）の城米の輸送がなされたといい、寛文七（一六六七）年八月の敦賀郡中「口上之覚」には、「弐拾五六年以前迄者、北国之俵物百万俵計到着仕候処ニ、年々不足仕、只今漸三ケ一ならてハ当着不仕候事」（寛文雑記）としている。これは寛永末年から始まった西廻航路による輸送のため、敦賀への米の廻着が減少したことを述べている。逆にそれまでは約百万俵が入津していたのであった。天和二（一六八二）年「遠眼鏡」によれば、越前勝山藩三万石を筆頭に、福井・越後村上・長岡・羽前秋田・庄内・陸奥津軽の諸藩が各一万石、越前大野・最上新庄両藩五千石などとなっている。多くの藩がこのルートをつかっていたことがわかる。

すでにこの時期、加賀藩は直接西廻りで大坂へ米穀を送っていたから、ここには出ていない。しかし近世前期、元和二年九月の「定」では「御蔵米毎年大津へ三ケ一、敦賀へ三ケ一可被指上候、相残三ケ一は御下行方幷可為地払候事」とあり、大津・敦賀・領内と三分して、蔵米の処分を指定している。これによれば大津での売米とともに、敦賀においても払い米をおこなったようである。そして敦賀・小浜また大津に蔵屋敷を置いていた。なお敦賀では豪商高島屋伝右衛門の許へ能登・加賀・越中領内の米を送らせ、畿内への輸送などに当たらせたが、天正一九年五月の前田利家書状には、それを「裁許」させるとしている。そして慶長九年一一月には敦賀三日市町にあった蔵屋敷を高島屋に預けている。加賀藩の輸送米がどれくらいの量であったか、正確にはわからないが、寛文年間の大坂廻米が七・八万石であるから、おそらく同額の米が流通したと考えてもよいであろう。

また元和二年九月の「御定」には、蔵米の処分は、「不寄何方諸代官衆勝手次第御米払被申、大津之相場中之並ニ金子可被指上候哉之事」と規定しており、また年不詳、小浜の豪商組屋宗円宛家老横山山城守書状にも、大津米相場を聞いて、小浜で払ってもよい、とするが、これも大津相場が基準となっていた。西廻航路が開けるまでは、大津が米相場の中心であったことがわかる。

また秋田藩では、慶長期から上方廻米をおこなっていた。「梅津政景日記」によると、慶長一三年から一九年の七年間での蔵米実収高は年平均三万四千石弱であったが、そのなかより鉱山米・地払米・扶持米などを引いて約一万石を上方へ上らせていた。寛文・延宝期には二万石余になるが、これも敦賀では糸屋彦二郎・高島屋長丞・緒屋善五郎・洞波九郎左衛門に送るが、海津には米屋又右衛門、大津では中村兵太郎が蔵宿となっており、この藩も敦賀・疋田・海津の七里半街道を使ったことがわかる。

このように見るならば、近世前期には敦賀あるいは小浜から琵琶湖へ出て、大津さらには京・伏見や大坂へ米穀が大量に流通したことがわかる。この流通路として琵琶湖水運が利用されたことはもちろんであるが、敦賀・小浜から琵琶湖への陸路においても、川筋を利用し、また街道の道側に水路をつくり、舟運による輸送をおこなったのであった。

むすびに

織田信長が、北国よりの物資輸送のため、深坂峠を開いたことは記したが、入京時、将軍義昭が賞与を与えようとした際、その申し出を辞退した後、草津・大津に代官を置くことをもとめたのは著名な話であるが、草津は東海道の拠点、大津は琵琶湖水運の要の土地であったから、日本海流通を抑えようとしたのであった。

豊臣政権もさらに流通支配を強めている。それを端的に示すものは政権最末期の慶長三年豊臣家蔵入目録であり、そこには金銀座や堺の地子・諸座からの役料とともに、大坂過書船料銀三百枚・大坂新過書船料銀七百枚・江州舟役料銀千枚が記されていた。淀川で大坂と鳥羽・伏見を結ぶ過書船の役料は理解しやすいが、「江州舟役」つまり琵琶湖の舟の役料が銀千枚と、過書船と同額であったのは、この流通の地位を示している。いずれにしても京都へ入る両水運を、豊臣政権は掌握し支配するとともに、一定の収入源としたのであった。

淀川の文芸世界

佐伯順子

はじめに

古代文明が河川の流域に発達したように、川は人間の歴史、社会、文化と古くから深い関わりをもってきた。川船を使った人や物資の移動、生活用水の確保、農業用水としての利用……人間の生活に様々な物理的利便性を提供する川は、同時に、水の流れる風景によって人の心に癒しを与え、絵画や文学の素材として、芸術的なインスピレーションの源ともなってきた。関西地域の歴史において、古代文明発祥の地におけるナイル川、インダス川等に相当する重要な川といえば、何といっても淀川であろう。千田稔氏が説かれるように、日本古代の王権と都は、水運の利便性などから大和川、淀川水系を軸に発達し、特に淀川は平安京以降、京都と大坂を結ぶ〝幹線道路〟として大きな役割を果たしてきた。そんな淀川は、文学のなかでどのように描かれてきたのか。淀川の文芸世界の歴史を振り返ることで、川をめぐる関西文化の豊かさに思いをはせてみたい。

一　恋と芸能の舞台――〝野外劇場〟としての淀川

淀川をめぐる文学の歴史は古い。すでに日本最古の歌集『万葉集』（七五九〈天平宝字三〉年）のなかに、水辺の光景がうたわれている。

三島江《みしまえ》の　玉江《たまえ》の菰《こも》を　標《し》めしより　己《おの》がとぞ思ふ　いまだ刈らねど　（一三四八番）
三島江の　入江の薦を　かりにこそ　我をば君は　思ひたりけれ　（二七六六番）
三島菅《すげ》　いまだ苗なり　時待たば　着ずやなりやむ　三島菅笠　（二八三六番）

川辺にはえる菰に標をしてからというもの、あのひとを自分のものだと思う（一三四八番）。三嶋江の入江の薦を刈るように、あなたはかりそめにだけ私を思っていたのですね（二七六六番）。三嶋菅はまだ苗のままだけれど、時期を待っていたら身につけないままになってしまうのではなかろうか（二八三六番）……。いずれも、岸辺にはえる薦《こも》、菅といった植物によせて異性への思いを表現している。

三島江とは、淀川左岸の湊で、現在の大阪府高槻市三島江。『古事記』（七一二〈和銅五〉年）にも、仁徳天皇の后・石之《いわの》日《ひ》売《め》が「山背川」（淀川）をさかのぼって山城国に入ったとされており、大和朝廷の時代からすでに、淀川が主要な交通路としての役割を果たしていたことがうかがえる。淀川水系をたどって大和に入った継体天皇も、亡くなった際には三島に葬られたといわれており、淀川水域のなかでも三島の入江は、歴史的、文学的に重要なトポスのひとつとなっていた。『万葉集』の歌のうち、一三四八、二八三六番は男性から女性への思いを、二七六六番は女性から男性への思いをうたったものと思われるが、薦を〝刈る〟という言葉と〝仮〟（かりそめ）の思い、さらに、後代の著名な一首

難波江の葦の仮寝の一夜ゆゑ　身をつくしてや恋ひわたるべき
（『千載集』）

とも考え合わせると、すでに古代から、三島の入江あたりには「仮寝」の相手、すなわち旅人を接待する女性がおり、そうした一夜の恋を背景に、三島が恋の歌の舞台になったのではと想像される。

暁晴翁著・松川半山画『淀川両岸一覧』三島江浜あたり
国際日本文化研究センター蔵

古代から近代に至る淀川の文学の歴史を網羅的に記した『淀川の文化と文学』（大阪成蹊女子短期大学国文学科研究室編　和泉書院　二〇〇一年）には、

津の国のなにはの葦の目もはるに
　しげきわが恋人知るらめや　（『古今集』貫之）
難波潟短き葦のふしの間も
　あはでこの世をすぐしてよとや　（『新古今集』伊勢）

などの歌とともに、「平安文学の世界における難波・難波江は、どこか切ない」と指摘されている（原田敦子「葦と澪標」同書所収）。「三島江」といい「難波江」といい、水辺に群生するこもや葦といった植物は、都とは異なる水辺の「異郷性を際立たせ」（原田）るとともに、女性のイメージと重ねられ、哀愁を誘ったのである。現実的レベルでは、永続する恋のほうが望ましいものであろうが、ゆきずりの恋、刹那的な恋のほうが、哀れさ、はかなさをかきたてるゆえに、文学的モチーフとしては好まれることになる。王朝の和歌における「葦」

とはかない恋のイメージ連鎖は、一般的な男女の仲へと拡散しているが、それは、旅寝の宿の女性たちの姿を背景に洗練されていったものであろう。

淀川の交通の要衝に、旅人めあての女性たちがいたことを示す明確な証言は、江口、神崎あたりの隆盛を描く、大江匡房の『遊女記』（一一〇七〈嘉承二〉年）を待つが、近世の『類船集』（一六七七〈延宝五〉年）には、「江口、神崎、三嶋江の舟には、白拍子が乗れり」とあり、三嶋の地も、江口、神崎に並ぶ歓楽地のひとつであったことがうかがえる。海の港町である室津は日本の遊女発祥の地という伝説をもつが、川の湊である三嶋や江口、神崎にも古くからそうした女性たちがいたのであろう。

自山城国与渡津。浮巨川西行一日。謂之河陽。往返於山陽南海西海三道之者。莫不遵此路。江河南北。邑々処々。分流向河内国。謂之江口。……到摂津国。有神崎蟹嶋等地。比門連戸。人家無絶。娼女成群。棹扁舟着。以薦枕席。声過渓雲。韻飄水風。経廻之人。莫之忘家。……蓋天下第一之楽地也。（『遊女記』）

『遊女記』の著名な記事には、人家の絶えた川辺に女性たちが船を浮かべ、歌をくちずさんで旅人を誘った様子が描かれている。旅人たちに家を忘れさせる「天下第一の楽地」とされる淀川の水辺は、日常世界を離れた非日常の旅情とロマンをかきたてた。

こうした川の旅情とロマンが、最も美しく結晶したのが、観阿弥の謡曲とされる『江口』である。

言ひもあへねばふしぎやな、言ひもあへねばふしぎやな、月澄みわたる川水に、遊女の歌ふ川舟遊び、月に見えたるふしぎさよ、月に見えたるふしぎさよ。

諸国一見の僧が天王寺詣での途中、江口の里を通りかかり、そこで美しい遊女の幽霊に出会う。江口の里は当時すでに寂れていたが、往時をしのんで姿を現した遊女の亡霊は、旅の僧侶の目の前で優美な舞を披露する。能の舞台上には船をかたどった作り物（道具）が出され、きらびやかな衣装を身につけた遊女三人が乗りこんで、川舟で旅人を誘った往時の華やぎを想像させる。

川舟を、留めて逢瀬の波枕、留めて逢瀬の波枕、憂き世の夢を見ならはしの、驚かぬ身のはかなさよ、……歌へや歌へうたかたの、あはれ昔の恋しさを、今も遊女の舟遊び、世を渡る一節を、歌ひていざや遊ばん。

能舞台の習いとて、照明や舞台装置による効果は全くほどこされていないものの、観客の目の前には、淀川の澄んだ水、そこに照り映える月の光の輝きが鮮やかに浮かび上がる。淀川にいた遊女たちは、単に売春を生業としたのではなく、

蘆間わけ月にうたひて漕ぐ舟に　心ぞまづは乗り移りぬる
波のうへにくだす小舟のもやひして　月に歌ひし妹ぞ恋しき

と歌われたように、むしろ歌唱力、すぐれた芸の力が魅力であった。古代の淀川は、単なる交通路ではなく、芸能の場、月と川の水という天然の〝舞台装置〟に恵まれたすぐれたパフォーマンス空間でもあった。つまりは、淀川そのものが一種の〝野外劇場〟。淀川に漂う女たちの歌声は、ローレライの歌声よろしく、旅人たちを魅了したのであろう。

二　無常と悟りの川――宗教空間としての淀川

淀川の女性たちの姿には、川と女性の歌声という、東西文化に共通するイマジネーションがほのみえる。ただ、ローレライは男を破滅させる魔性の女性像であるが、淀川の遊女たちは逆に、歌声を聴く人々を悟りに導く聖なる性格を宿していた。

これまでなりや帰るとて　すなはち普賢菩薩とあらはれ……

謡曲『江口』のクライマックス、最後に普賢菩薩に変身して西の空に昇って行く遊女の姿は圧巻である。だが、遊女＝菩薩という逆転の発想はどこからくるのであろうか。

うたへやうたへうたかたの　あはれ昔の恋しさを　今も遊女の舟遊び　世をわたる一節を

うたひていざや遊ばん

（『閑吟集』一二八番）

謡曲の一節はそのまま中世の流行歌集『閑吟集』にもみられるが、遊女たちの歌は「うたかた」や「あはれ」という世の無常を表現している。遊女の芸能は遊興ではあるが、決して華やかで楽しいばかりではなく、人生や世の中へのそこはかとない無常観がこめられている。鴨長明の『方丈記』（一二一二〈建暦二〉年）を思い起こすまでもなく、絶えず水が流れてゆく川は、ひとつところにとどまることのできない命のはかなさや人生の流転への思いをかきたてる。川という場所そのものが、人に、この世の無常を悟る感慨をもたらすのである。

同時に川は、三途の川に代表されるように、この世とあの世の境界であり、あの世を垣間見せてくれる空間といえる。謡曲『江口』に先行する伝承としては、江口の遊女と西行法師との歌問答があり、また、『古事談』（一二一五〈建保三〉年?）『十訓抄』（一二五二〈建長四〉年）『撰集抄』（一二五六〈康元元〉年?）が伝える、書写山の性空上人が、神崎（または江口）の遊女が目前で普賢菩薩に変身したという説話がある。いずれも僧侶を主人公とした物語であることが特徴である。謡曲も僧侶が相手役となっているが、ワキ（脇役）が僧侶であることは謡曲の定型のひとつであるとはいえ、淀川の遊女の逸話に僧侶が多く登場するのは、決して偶然ではないだろう。淀川は、現実的には旅の空間としての非日常性をもっているが、彼岸と此岸の境目、異界への入り口、無常観の象徴として、文学においては聖なるイマジネーションの源となる。淀川の説話に僧侶が登場するのは、淀川の異界性の反映にほかならないのである。

『新古今和歌集』（一二〇五〈元久二〉年）にもとられている西行法師と江口の遊女との歌問答では、「天王寺へ詣で侍りけるに、にはかに雨の降りければ、江口に宿を借りけるに、貸し侍らざりければ、よみ侍りける」という詞書きの後に、

世の中をいとふまでこそ難からめ　仮の宿をも惜しむ君かな

と歌が詠まれている。西行法師が天王寺に参詣に行った途中（一一六七〈仁安二〉年）、急に雨が降ってきたので、通りがかりの江口の遊女のところで雨宿りをしようとしたところ、遊女がためらったので、〝そんなに出し惜しみしないでちょっと雨宿りさせてくださいよ〟とよびかける。対して遊女は

世をいとふ人とし聞けば仮の宿に　心とむなと思ふばかりぞ

という歌を返す。現在でも、寂光院（大阪市東淀川区南江口）という尼寺が縁の場所とされ、西行に返歌したといわれる遊女・妙の歌碑も建てられており、最寄のバス亭には「江口の君堂前」という名も残されている。歌の背景には、平安中期以降、熊野・高野山詣で、四天王寺・住吉社の参詣が盛んになり、江口が往還する人々の通り道となったという事実があり、西行の逸話もそうした事実が説話的に形象化したものといえよう。

〝世を厭う方とお見受けしたので、このようなかりそめの宿におとめするのをためらっただけですわ〟と遊女は返すが、二人のやりとりに「仮の宿」というキーワードが入っているのは、この世は所詮、仮の宿であるという、仏教的な悟りの境地が暗示されている。

また、書写山の性空上人の目前で普賢菩薩に変身した遊女は、

実相無漏の大海に、五塵・六欲の風はふかねども、随縁真如の波たゝぬ時なし

という歌を歌ったとされる。本来は「周防むろづみの中なるみたらゐに風は吹ねどさゝら浪立」という俗謡であったが、性空上人の耳にはありがたい宗教的な詩句にきこえた。しかもこのできごとの後、遊女は、「わたしが普賢

菩薩であったことは絶対に他の人には言わないでください」と言い残し、にわかに死んでしまう。死んだときの状況は、「異香空にみちてはなはだ香ばし」、つまり、神聖なものの証としての芳しい薫りが残る。

遊女が普賢菩薩であるという発想は、遊女の歌う歌自体に神聖なパワーが宿るとみなされたことにもよるが（拙著『遊女の文化史』中央公論新社　一九八七年）、淀川という空間が、あの世、彼岸とつながる空間とみなされていたことにもよると考えられる。性空上人が生身の普賢菩薩に会いに行ったのは、神崎、江口ではなく、室津であるという説もある。姫路の書写山から遊女に会いにゆく距離としては、室津のほうが自然であるようにも思われるが、わざわざ淀川の河口、あるいは分岐点の江口に来てまで、書写山の僧侶が普賢菩薩を見たという仏教説話が残されているということは、海の港にはない、流れ行くものとしての川のイメージが作用していると思われる。淀川は文芸空間であると同時に宗教空間でもあった。

聞くにをかしき経読みは　とうかく高砂の明泉房　江口のふちにたのやけの君　淀には大君次郎君

（『梁塵秘抄』一一六九〈嘉応元〉年ごろ、四四三番）

中世の歌謡において、経を読むのが上手な人々があげられている中で、江口、淀といった淀川流域にいる女性たちの名が含まれていることも注目される。「君」とは遊女をさす敬称であり、歌を歌うことが生業である遊女たちが良い声で経を読んだことは想像に難くない。『梁塵秘抄』自体、遊女たちが歌った今様（流行歌）を集めたものであるが、そこには「法問歌」という一連の宗教的な歌謡も含まれている。遊女が今様を美しく歌って極楽往生したという往生譚も残されており、淀川が宗教的空間であったことは、遊女の芸能自体が含む宗教的な性格とも連動しているといえよう。

より俗っぽい歌になるが、

まさとを江口へ来んけるは　在りし昔を思ひ出でて　例の藤次が癖なれば　手戯せむとや生まれけむ

（『梁塵秘抄』四四二番）

という歌にも、人生の諦念が感じられる。わかりにくい歌であるが、「まさとを」をばくち好きな男の名ととるとすれば（小学館日本古典文学全集脚注）、「遊びせんとや生まれけむ」という有名な一首とも思いあわせて、ともすれば遊びくらして人生を終わってしまう、人間という存在への懐疑やあきらめがにじんでいるようだ。人間ではなく魚と鳥を主題にした歌のなかにも、

淀川の底の深きに鮎の子の　鵜といふ鳥に背中食はれてきりきりめく　いとほしや

（『閑吟集』四七五番）

淀川の水底深くで、鮎が鵜に背中をくわえられて苦しがっている、かわいそうに……と、鮎という小動物の姿を通して、命のはかなさ、運命の無常への意識が感じられる。淀川という空間は、生きとし生けるものの命のはかなさの感覚と結びついている。

三　旅の苦楽――移動する視点

謡曲や和歌、あるいは仏教説話に残された淀川像には、幻想的な美化が働いているが、より現実に即した旅の情景を描いた文学もある。『土佐日記』（九三五〈承平五〉年）に記された川をのぼる旅の苦労は、その代表的な例である。

六日。澪標のもとより出でて、難波に着きて、川尻に入る。みな人々、媼、翁、額に手を当てて喜ぶこと、二つなし。……

七日。今日、川尻に船入りたちて、漕ぎ上るに、川の水干て、悩み煩ふ。船の上ること、いと難し。かかる間に船君の病者、もとよりこちごちしき人にて、かうやうのこと、さらに知らざりけり。かかれども淡路専女の

歌に賞でて、都誇りにもやあらむ、からくして、あやしき歌ひねり出せり。その歌は、

来と来ては川上り路の水を浅み　船もわが身もなづむ今日かな

（『土佐日記』）

土佐の国司として赴任した紀貫之が、九三四（承平四）年に任を終え、同年一二月二一日に土佐の国府を出発してから、室戸岬、鳴門を経て、二月六日にやっと川尻に着き、七日から川を上り始める。その間のスケジュールは「『土佐日記』に見る「淀川」」（久保田孝夫、前掲書所収）に詳しいが、四四日もの船旅を経て川尻に到着した一行の喜びは、飛行機や明石海峡大橋という交通手段に恵まれた我々の想像を超えるものであったろう。淀川の本流ではなく神崎川の河口である「川尻」（時代が降ってからは「江口」をさすことがある）から遡行したのは、曳き船に便利な短距離のルートをとったためとみなされているが（久保田前掲論文）、水量の乏しい川を遡行する旅の労苦が、日記から生々しく伝わってくる。幻想的な淀川像とはまた違った、リアルな旅の情景が興味深い。それでいて、なんとか歌をひねり出して苦労を和らげようとする様子は、芸術的インスピレーションの源としての淀川の特質が、喜怒哀楽、様々な場面で発揮されるという点で面白い。

時代を遡行すれば、淀川にふれた古いテキストとして知られる『古事記』の皇后石之日売の逸話も、川を遡行する旅程と、愚痴めいた心情が重ねられている点で興味をそそられる。仁徳天皇が八田郎若女という女性と仲良くなったため、気分を害した石之日売は、滞在していた紀州から、本来帰るべき高津宮を素通りして、そのまま淀川を上って山城の国に行ってしまった。

是に大后大《いた》く恨み怒《いか》りて、其の御船に載せし御綱柏《みつのかしわ》をば悉《ことごと》に海に投げ棄《う》てたまひき。故《かれ》、其の地《ところ》を号《なづ》けて御津《みつの》前《さき》と謂ふ。即ち宮に入り坐さずて、其の御船を引き避《よ》き、堀江に泝《さかのぼ》り、河の随《まにま》に山代に上り幸でましき。此の時、歌曰《うた》ひたまはく、

つぎねふや　山代河を河上り　我が上れば　河の辺に　生ひ立《だ》てる　烏草樹《さしぶ》を　烏草樹《さしぶ》の木　其《し》が下に

生ひ立てる　葉広《はびろ》　ゆつ真椿《まつばき》　其《し》が花の　照り坐《いま》し　其が葉の広《ひろ》り坐《いま》すは　大君《おほきみ》ろかも
とうたひたまひき。

（『古事記』仁徳記）

皇后は、新嘗祭の酒宴に用いる御綱柏をとりに紀伊国にくだっていたのだが、留守中に別の女性と懇ろになった夫に怒り、せっかく載せてきた御綱柏を、船から投げ捨ててしまう。皇后の怒りの激しさが伝わる行動で、最初の章で紹介してきたロマンチックな恋に比べるとかなり現実味を帯びた逸話である。とはいえ、歌をよめば、「淀川の岸辺の烏草樹《さしぶ》や椿の花や葉のように照り輝き広がるすばらしい方」と、まがりなりにも夫である天皇を讃える内容となっているので、川を遡行し、周辺に広がる緑豊かな景色を眺めるうちに、気持ちが整理され、やわらいでいく様子もうかがえる。川を遡行する旅路そのものが、流れを逆流する行程なので、妃のいらいらもつのったのではと想像されるが、川岸に広がる景色を眺めるうちに、怒りも緩和されたのであろう。淀川と植物の組み合わせは、葦が最も代表的なものであるが、ここでも植物が重要な存在感を示していることから、川の水は植物とあいまって、古来、自然の与える癒しの空間となっていたことが想像される。「御津前」は、現大阪市南区三津寺町に名を残している。嫉妬であれロマンであれ、淀川が女性と男性の人間模様が展開するドラマチックな空間であったには違いない。それは、川を移動するという視点の流れが人間にもたらす心のゆれに由来するのではないか。

舟行けば岸移る　涙川の瀬枕　雲はやければ月運ぶ　上の空の心や　上の空かや何ともな（『閑吟集』一二七番）

後世の小唄には、船の上から眺める移り行く川岸の景色が、空、雲、月といった自然の情景とあいまって、心のゆれをもたらす様子がうたわれている。「上の空の心」という表現が、頼りにならない異性への思いを表現しており、石之日売の逸話にも描かれる異性へのネガティブな感情を思いおこさせる。

一方、男女の思いとは別なところで、川を遡行する情景が生き生きと歌われているものに、催馬楽の一首

難波の海　難波の海　漕ぎもて上る　小舟大船　筑紫津までに　もう少し上れ　山崎までに

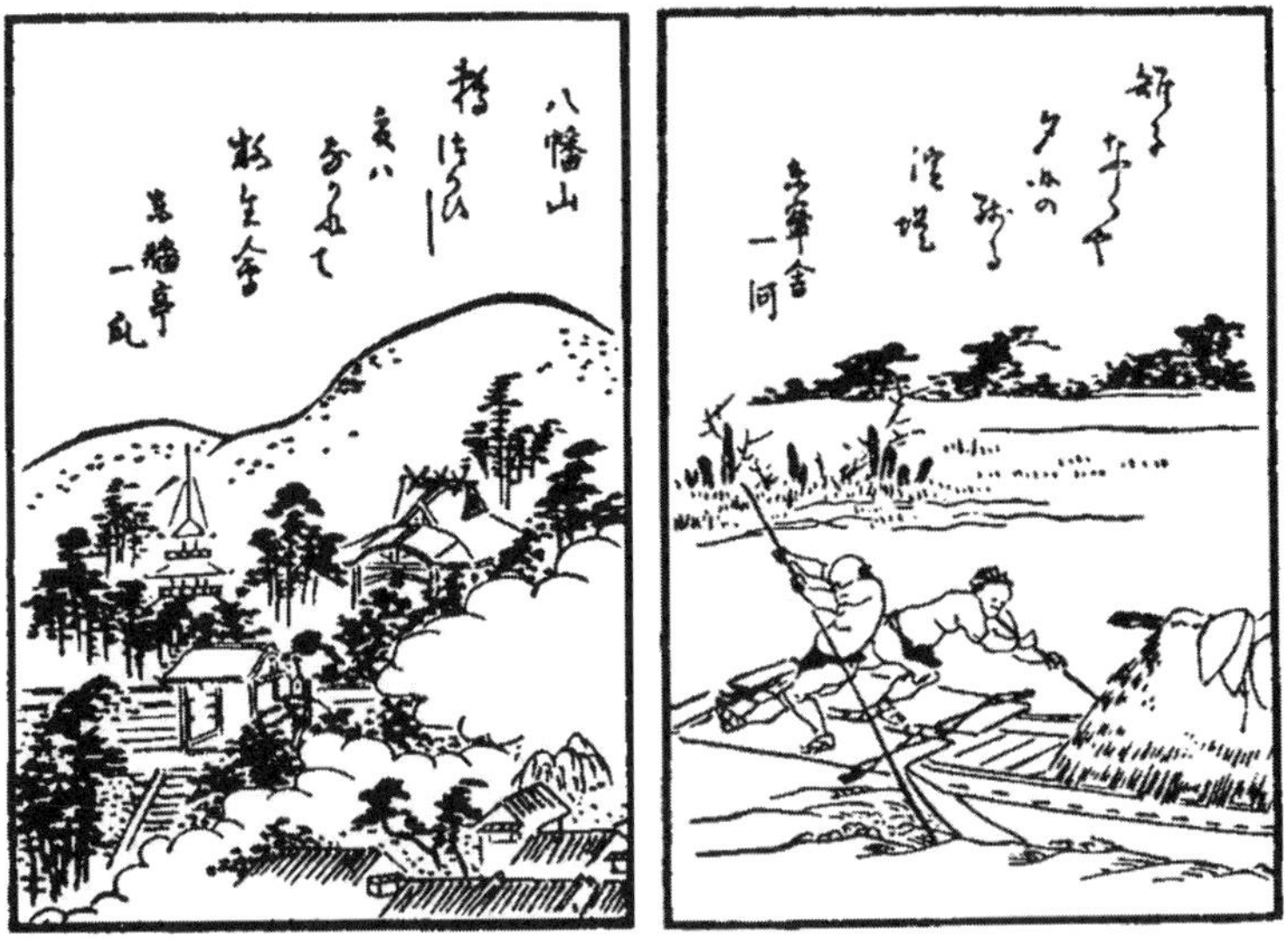

十返舎一九作『東海道中膝栗毛（下）』岩波文庫、挿絵
p.149、p.159

がある。難波の海から木津川、淀川を遡って、いざ京都にまで行くぞ、という掛け声に、川の流れにさからって川上までたどり着く苦労と、たどり着いた時に味わえるであろう達成感がにじみ出ている。山崎まで行けば遊び女がねぎらってくれるだろう、という解釈もあるが（小学館日本古典文学全集脚注）、この歌の場合はむしろ、そうした色っぽい情緒とは異質な、男性的ないさましさが感じられる。時代はかなりくだるが、『東海道中膝栗毛』（一八〇二〈享和二〉～一八二二〈文政五〉年）が描く淀川の旅にも、男同士ならではの旅の光景が描かれている。

かくて船は、ひらかたすぎたるころ、雨催ひのそら、俄にくらくなり降いだし、あはやと見るまに、篠をつく大雨となり、苫をもれば、乗合はうへを下へとさはぎたち、船頭もかくては、はたらき自由ならず。やがて堤に船をこぎよせ、しばらくかゝりて見合せけるが、こゝは伏見と大坂の半途にして、登り船も下りぶねも、みな落合、混雑し、がたびしと岸によりて、今やと霽《はれ》をまちいたるに、およそ一ツ時あまり過たるとおぼしき頃、漸く雨やみ、雲きれて、月の影、八わた山にさし出たるに、船中おの〳〵いさみたち、弥次郎北八もとまひきあげ、顔さし出して、此けいしよくをながめいたるが　弥次「ハアもふ何ン時だろふな。ときに北八、又こまつたことがあるわい。雪陣へゆきたくなつた……せんどう「用たしにならゝ、はやういてごんせ。わしらが今めしくてしもふと、船をいつきに出すさかい　弥次「わらじはどこだ　北八「ナニサはだしであらがふ。乗とき足をすゝげばいゝに　と両人ふねよりつゝみにあがりて　弥次「ナントいゝ景色だな。どこらでやらかそふ　北「ヲットそこには水溜りがある。もつとそちらへ。ア、なるほどいゝ月だ

一刻を千金ヅヽの相場なら三十石のよど川の月

かくくちづさみて、おもはず勝景にみとれゐたるが……

（岩波文庫）

淀川を船で旅していた弥次さんと喜多さんが、急に雨に降られて難渋する。昇り下りの船がゆきかう枚方近辺の川の混雑、船頭と客とのやりとりは、活気にあふれる往時の淀川の交通の状況を今に伝える。多くの川船がひしめきあう様子は、さしずめラッシュ・アワー。船を岸に寄せていったん雨から待避する場面は、実際の船旅がロマンチックなだけではなく、様々なトラブルにみまわれたであろうことを想像させる。船旅の間に弥次が〝自然の欲求〟をもよおすところも、いかにも現実味がある。

だが、俗と美とが交錯するのが、この場面の面白さである。岸にあがって用足しをすませようとしたところ、雨あがりの夜空に月の光。思わずみとれる弥次と喜多。ひょうきんな弥次と喜多の二人の心をもとらえる淀川の月の景色。淀川を行き来の三十石船にかけて、勝憬を讃えるこの一節は、ユーモアを基調とした『膝栗毛』のなかでも、詩情あふれる印象深い場面である。謡曲の『江口』でも、川面に照り映える月の光が美しく描写されていたように、〝淀川と月〟という取り合わせは長い歴史を通じて人々を魅了した。東からのぼる月の光が川面に映るには、川筋が東西に流れている必要があり、また、水面に月がうつるだけの十分な面積があることも条件となる。同じ関西の

川でも、鴨川の川幅は月の光を鑑賞するには狭く、しかも南北に流れている。逆に淀川の川幅は広く、東西に流れる部分もあることから、〝月の名所としての川〟という独特な現象が出現したといえよう（樋口忠彦氏のご教示による）。

この後、弥次と喜多は、あせって船にあがったばかりに上下の船を乗り違え、またしてもトラブルにみまわれるのであるが、混雑のなかで船の方向を間違える乗客は現実にもままあったであろうと思われ、美しさと俗っぽさがないまぜになった『膝栗毛』ならではの淀川像が浮かび上がる。川といえばもっぱら自然の風物としてとらえられがちだが、日本においては大河であり、しかも京、大坂という大都市を結ぶ〝幹線道路〟としての淀川は、自然の景物に満たされつつも都市的な活況に満ちた様相を呈していた。

げにや舟競ふ　堀江の川の水際に　来居つつ鳴くは都鳥、それは難波江これはまた、隅田川の東まで、思へば限りなく、遠くも来ぬるものかな（謡曲『隅田川』）

能の『隅田川』にもすでに、舟が先を争って往来する難波江の活況が連想されている。隅田川の一節は、

舟競ふ堀江の川の水際に　来居つつ鳴くは都鳥（『万葉集』大伴家持、四四六二番）

という『万葉集』の歌に依拠した連想であった。都市と自然を結ぶ賑わいの場としても、淀川の文学的意義は大きかったのである。

四　近代への流れ――歴史の集積としての川の景観

しかし、近代化のなかで河川交通が陸上交通にとってかわられると、淀川は都市とは異なる辺境、あるいは、過去をよみがえらせるノスタルジーの場として機能することになる。谷崎潤一郎『蘆刈』（一九三二〈昭和七〉年）は、

淀川の文学の伝統が古典へのノスタルジーとともに結晶した例である。主人公の男性は、淀川の岸辺を散策しながら、川を舞台にした様々な古典文学の蓄積に思いをはせる。

見わたせばやまもとかすむ水無瀬川ゆふべは秋となにおもひけむ、わたしは院のこの御歌がすきであった。……山崎は山城の国乙訓《おとくに》郡にあって水無瀬の宮趾《みやあと》は摂津の国三島郡にある。……院の御殿は南に淀川、東に水無瀬川の水をひかえ、この二つの川の交わる一角に拠って何万坪という宏壮な庭園を擁していたにちがいない。……隅田川の両岸に数寄をこらした富豪の別荘が水にのぞんで建っていたことを図らずもおもいうかべた。……江口や神崎がこの川下のちかいところにあったとすればさだめしちいさな葦分け舟をあやつりながらここらあたりを徘徊した遊女も少なくなかったであろう。

後鳥羽院が歌を詠んだ水無瀬の離宮への思いから、江口の遊女たちと西行とのふれあい、さらには、白楽天らの漢詩、三十石舟を詠んだ和歌……さまざまな古典文学の連想が、主人公の脳裡に甦る。景観を楽しむ際には、目前の景色をそのまま眺めるのみならず、そこから連想される文学的イマジネーションという歴史的景観を眺める快感がある。古代から中世を経て近代へ……淀川をめぐる長い文学的遺産の集大成として、主人公は今、現実の淀川の上に歴史の重層を眺めているのである。

過去と現在を鮮やかにつなぐのは、ここでも月の光である。

亭主はわたしが月を見るために淀川へ舟を出したいものだがというと、いやそれならば直きこの町のはずれから向う岸の橋本へわたす渡船《とせん》がござります、渡船とは申しましても川幅が広うござりましてまん中に大きな洲がござりますので、こちらの岸から先ずその洲へわたし、そこからまた別の船に乗り移って向う岸へおわたりになるのですからそのあいだに川のけしきを御覧になってはとそうおしえてくれたのである。……わたしの乗った船が洲に漕ぎ寄せたとき男山はあだかもその絵（『淀川両岸図会』引用者注）にあるようなまんまるな

谷崎潤一郎『蘆刈』岩波文庫、挿絵　p.105

月を背中にして鬱蒼とした木々の繁みがびろうどのようなつやを含み、まだ何処やらに夕ばえの色が残っている中空《なかぞら》暗く濃く黒ずみわたっていた。……わたしは月を左にし川下の方を向いているのであったが川はいつのまにか潤おいのあるあおい光りに包まれて、さっき、ゆうがたのあかりの下で見たよりもひろびろとしている。

「月を見るために」渡し船に乗った主人公は、大江匡房の『遊女記』を引用しながら、懐旧の情にひたる。

わたしはいまおぼろげな記憶の底をさぐってそれらの文章のところどころをきれぎれにおもいうかべながら冴えわたる月のひかりの下を音もなくながれてゆく淋しい水の面をみつめた。人には誰にでも懐古の情があるであろう。が、よわい五十に近くなるとただでも秋のうらがなしさが若いころには想像もしなかった不思議な力で迫ってきて……ましてこういう晩にこういう場所にうずくまっていると人間のいとなみのあとかたもなく消えてしまう果敢《はか》なさをあわれみ過ぎ去った花やかな世をあこがれる心地《ここち》がつのるのである。　（岩波文庫）

淀川と月のとりあわせが絶品であるという感性は、謡曲『江口』の昔から江戸の『膝栗毛』、さらには近代文学においても連綿と生き続けている。何と見事な、川と自然をめぐるイマジネーションの伝統であろうか。しかも、川の流れを眺めながら「あとかたもなく消えてしまう」人間の命のはかなさを思う、すなわち、川が人間の心にはたらきかける無常感、人生の浮沈への思いも、古代から昭和に至るまで見事に受け継がれているのである。谷崎は冒頭の引用文（前頁）のなかで、淀川と隅田川の光景の比較もしているが、「今試に東京の市街と水との審美的関係を考うるに、水は江戸時代より継続して今日においても東京の美観を保つ最も貴重なる要素となっている。……陸路運輸の便を欠いていた江戸時代にあっては、天然の河流たる隅田川とこれに通ずる幾筋の運河とは、いうまでもなく江戸商業の生命であったが、それと共に都会の住民に対しては春秋四季の娯楽を与え、時に不朽の価値ある詩歌絵画をつくらしめた」（永井荷風『日和下駄』一九一四〈大正三〉年）という江戸文化と隅田川との関係は、歴史の集積地である関西と淀川流域にもそのままあてはまるのである。

おわりに

『蘆刈』を原作にした映画『お遊さま』（溝口健二監督、一九五一年）では、ラスト・シーンに、淀川に映る月の景色がうつしだされる。昭和まで連綿と継承されてきたこの淀川の文芸世界の伝統が、残念ながら近年は見失われているのではないか。淀川の渡し船の観光利用としての復活や、過去の絵図に基づく両岸の景色の再生など、文学や絵画が現代の地域づくりに与えてくれるヒントは極めて大きい。二〇〇五年三月には、「琵琶湖・淀川流域圏の再生計画」が策定され、翌四月には近畿地方整備局や近畿の各都府県による「琵琶湖・淀川流域圏再生推進協議会」が立ち上がり、二〇〇六年からは私もその末席につらなり、淀川流域圏の活性化を考えている。淀川の文芸世界は現代の淀川の活性化にも、豊かな示唆を与えてくれるだろう。すでに淀川を愛する地域の方々の活動が、淀川をモチーフにした写真撮影や俳句の会など、様々な形に結実している。淀川という空間が、その流域に住む人々、訪れる市民のひとりひとりに、今後も芸術的な感興を与え続けるよう願ってやまない。

後記：淀川をめぐる文学としては、与謝蕪村『春風馬堤曲』『澱河歌』（一七七七〈安永六〉年）や大阪府三島郡（当時）に住んだ川端康成の幼児の思い出の風景など、本稿で触れなかった事例も多々あるが、前掲『淀川の文化と文学』（萩原省吾「蕪村の淀川」、鎌田廣己「『淀川べりの農村』豊里との縁《えにし》――川端文学のひとつのトポス――」など）に詳しい。同書には巻末に「淀川関係年表」があり、鳥飼、江口という淀川流域の歴史的地域と近接している大学が、地域文学の再発見にとりくむ営みは、地域活性化のためにきわめて好ましい。また、本稿脱稿後、淀川水系の歴史と文化を網羅した『淀川ものがたり』（淀川ガイドブック編集委員会　河内厚郎執筆　廣済堂出版　二〇〇七年）も出版されている。なお、文学作品の引用は旧漢字を新漢字に直し、ルビを適宜補った。古典文学のテキストは、ことわりのない限り小学館日本古典文学全集に依拠した。……は引用者による省略を示す。

淀川を描く

応挙・若冲・大雅・蕪村

鍵岡正謹

はじめに

一八世紀中頃、江戸時代も半ばすぎのころ、京都は四条に四人の画家がいた。伊藤若冲《じゃくちゅう》、与謝蕪村、池大雅、円山応挙である。

若冲と蕪村はともに一七一六（享保元）年生まれ、七年後の享保八年に大雅が生まれ、その一〇年後の享保一八年に応挙が生まれている。この四人がともに京都四条に住まい活躍をはじめるのは一七五一（宝暦初）年前後である。京に住む有名文化人を紹介する『平安人物志』画家の部に、一七六八（明和五）年版では今は忘れられた大西酔月を筆頭に、応挙・若冲・大雅・蕪村とつづく。一七七五（安永四）年版では応挙が筆頭となり若冲・大雅・蕪村とつづく。四人は当時すでに著名な画家であったが、今日からみても各々が独自の画風で、近世後期の前近代に近代の萌芽といえる個性的な画家が誕生していた。そうして四人は、四人ともに個性的に淀川を描いていた。

応挙が「写生」画法で描く長巻の『淀川両岸図巻』は、淀川という川自体を主題とする無比の河川絵画である。

若冲は「奇想」な拓版画『乗興舟《じょうきょうしゅう》』で淀川を雅俗一致の世界にした。日本的な文人画「南画」を大成した大雅には淀川七図と思われる『浪華真景画帖』があり、もうひとりの南画家で俳人の蕪村には俳画『澱河歌』がある。個性あふれた四人は、各々がリアリティーのある淀川を描いた。

淀川は古代から大陸と日本の都を結び文物を往来させてきた重要な交通の川であるが、近世になると京都と大坂という二大都市を結ぶ大動脈となり、他の河川とは比べようがない文化の香り高い川であった。「淀川」という呼び名も、このころから定着したとされる。ここでいう「描かれた淀川」も江戸期に限定し、また琵琶湖から流れ始める瀬田川・宇治川を上流とし大阪河口までの七五㎞とされる現在の淀川本流ではなく、伏見から天満まで結ばれた淀川、ほぼ一二里（四〇㎞）に描かれた淀流域の川である。また淀川の川筋を測量した河川図――淀川に流れこむ川を詳細な図にした『淀川筋図屏風』や『淀川細見絵図』など古地図・河川図は対象外としている。

「描かれた淀川」の初めは、近世初期風俗画の洛外図から展開する伏見淀の遊楽図にみられる。名所絵でもあるそれらを一新したのが前記の画家（応挙・若冲・大雅・蕪村）で、彼らを少しく詳述する。ついで、江戸後期に大当たりした畿内の「名所図会」の淀川と上方浮世絵風景画、おわりに『淀川両岸一覧』（一八六一年）に流れ着く。淀川両岸の名所旧蹟を文化的ガイドブックにした『淀川両岸一覧』の淀川をみながら、江戸に眼を移すと、北斎の『隅田川両岸一覧』が連想される。

隅田川は、いわずもがな江戸という都市を流れる大川で、江戸文化が傾注されている。江戸生まれの浮世絵初期から、江戸狩野派画師が大長巻にした『隅田川長流図巻』をめぐりながら「描かれた隅田川」も少しくたどってみたい。それは「描かれた淀川」の特長をより明らかにするものである。

一　新発見の『淀伏見近郊図屏風』――と近世初期風俗画の淀川

二〇〇七年夏、新発見された六曲一双『淀伏見近郊図屏風』をみた。小振りの屏風ながら、淀川が画面の中央を流れ、両岸の淀と伏見の情景が俯瞰し描かれる。右隻の右上段に石清水八幡宮と高良社の男山、下段には天王山の山崎がむかいあい、左上段に三層の天守閣がみえる淀城には二基の水車が描かれる。左隻は淀小橋、京橋に向島と中書島、伏見には船留りが描かれる。淀の川には船遊び船、曳船、鐘勧進船、帆かけ船、くらわんか船が浮かび、両岸には桜が咲きほこる、春の遊楽図である。淀川にたつ川波は白色ではあるが、川そのものは地色で金雲が埋められている。近世初期風俗画の遊楽図ではあるが、伏見から山崎までとは云え、淀川が中心の画題となっているのは珍しい。

近世初期風俗画のはじまり『洛中洛外図屏風』は六〇隻を越えるが、六曲一双の二画面に、京の市中（洛中）と郊外（洛外）を斜透視画法で都市風俗をパノラマに展開し描く。洛中の景観は東山一帯、洛外は北山から西山一帯を背景とした、賑わう都市風俗が描かれる。郊外といえども伏見が描かれることはないが、時代が下る『洛外図屏風』となってからは、稀に伏見と淀川のほんのさわりが登場する。淀川上流の宇治川は、洛外図では名所絵となって独自に描かれ展開した。

洛中洛外図はこうして近世名所絵や遊楽図、婦女図、祭礼図、歌舞伎図と個別の主題となり展開する。新発見の『淀伏見近郊図屏風』は遊楽図のなかの「描かれた淀川」であろう。同時期で同主題といえるのが『淀橋本観桜図屏風』（八曲一双）である。淀城から男山まで淀川左岸を背景に橋本で桜下のもとに遊興する図で、淀川に面した川宿から出る遊興船や曳船、釣船も描かれる。これら二屏風は橋本あたりまでとは云え、近世初期風俗画に描かれた京都からみた淀川であった。時代は下り、江戸中期まで京・大坂・江戸三都の名所風俗図屏風は描かれている。なかには京・大坂を屏風の対に描く『京大坂図屏風』があるが、いつも淀川は脇役である。

江戸初期に描かれた『朝鮮通信使川御座船図屏風』(六曲一双)も近世初期風俗画のなかの淀川とみなしたい。李氏朝鮮から徳川日本に派遣された朝鮮通信使一行は瀬戸内海を経て大坂に着き、渡海船を乗りかえて川御座船で淀川を遡《さかのぼ》る。川御座船は西国大名が用意した豪華な大屋形船で、水上に浮かぶ御殿と呼ばれた。朝鮮通信使一行の淀川上りには淀川近郷の民が多く徴用されたが、また見物人は両岸を埋めたといわれる。淀川を淀まで上る川御座船を描く代表作六曲一双の『朝鮮通信使御楼船図屏風』は一七一九(享保四)年とされ、善美《ぜんび》を尽くした川御座船を金屏風に描くのが目的であろうが、川風を切る幾艘もの川船集団は淀川の大イベントであった。

琉球国使節が江戸に上るときにも大坂で川御座船に乗りかえ、淀川を遡り伏見に到る。六〇艘にも登る大船団の目的は目立つことであったといわれ、一七一〇(宝永七)年の淀川上りを描いた『中山王来朝図絵巻』は船上で歌舞音曲を響き渡らせ、大人数でこぐ櫓の音に川音が、淀川両岸を埋める見物人のざわめきとともに聞こえてくるようである。

二　応挙の『淀川両岸図巻』

円山応挙(一七三三〜九五)に『淀川両岸図巻』がある。絹本着色で縦四一cm、全長一六九〇・五cmに及ぶ長大な画巻である。「明和二乙酉五月　源応挙筆」の箱書きがあり、一七六五年に完成された。

京伏見の河港から大坂天満橋八軒家まで、青々とした美しい淀川が画幅の中央過半を占め、蛇行しながら流れゆ

円山応挙『淀川両岸図巻』（部分）　山崎・橋本あたり　1765年
アルカンシェール美術財団蔵

くさまが描かれる。両岸の景色は細やかに描かれ、淡い褐色の家並みや緑なす松林に川柳と山々が俯瞰されながら、右岸を上部に左岸を下部に描出されている。ところが淀川に宇治川が合流する辺りからは、下部に描かれた左岸全景が逆向きに描かれる。つまり絵巻を観る者からすれば上部の右岸は正対しているが、下部の左岸は風景が逆転している。この描写から知られるのは、淀川を下る船上の人物の視点で両岸の景色が描かれるということになる。画中に視線のある、三次元構成という誠に珍しい作品である。それに伏見・大坂一二里の淀川そのものを一七m画巻に描く、淀川という川そのものが画題になった古今無比の最高の河川絵画作品となっている。

応挙は長大な本図を画巻にするために、ほぼ同寸の下図を二年前の一七六三（宝暦一三）年に紙本墨画で描いている。この下図には多くの地名が方形短冊に記入されている。きびきびした細筆で線描された下図そのものもまた、充分に作品となっている。

応挙の淀川を図巻を巻きながら船で下ってみる。京伏見の船着場には六艘の屋形御用船が浮かび、伏見の町並はるか堀川や高瀬川が流れこみ、伏見と中書島に宝来橋、中書島と向島に京橋、向島と伏見に金田橋がかけられ、往来する人々が点描されている。しばらく下ると宇治川の手前で前記したように下方左岸の景色が逆になると、水流も川の中央から上下に、船中から見ると左右に分かれて描かれる細心さで、対岸の浮田の森の前では三十石船が曳船され船曳人も描かれる。

印象深い淀小橋からすぐに淀城の長い城壁がつづき、名高い水車がみえる。ここらあたりから淀堤の千本松と風光明媚で知られ、遠く笠置山がみえる木津川河口には淀大橋がかかる。山城と摂津の国境になる天王山を背後にした山崎と男山の石清水八幡宮ふもとの橋本で川幅は狭まり、川の青色がますます美しい。天王山と男山の山稜は立体的に描かれ目をひく。水量がました青い淀川に白波がたち、伏見河口でみた六艘の御座船が白帆に川風を吹きこみながら橋本から水無瀬川へと気持ちよく帆走している。アシ（蘆）ヨシ（葭）の葦が良質な鵜殿、飯盛女で繁昌した枚方や、遊女で名高い江口あたりから淀川は大きく蛇行して毛馬から長柄へと下る。図巻はこの辺りから夕闇がせまり川も岸も淡い褐色の世界となり、夕刻六ツには大坂天満橋のたもと綱島に着く。六艘の船が寄り合う川面には無数の夜虫が飛び交うさまが金泥で描かれ、画巻はここで一度切れる。次の図は翌朝となり、朝日を頂く大坂城と淀川は大川と呼ばれ、京橋がかかる一幅図が加えられて、『淀川両岸図巻』は巻き終わる。

破格に長い淀川両岸図を応挙は実に丁寧に描きこんだ。明るい水色の青は、群青を顔料として淀川の生命《いのち》の水を描いた。広々とした風景は応挙が創造した「写生」という遠近感のあるヨーロッパ伝来の新しい技法で、リアルに表現されている。

丹波穴太《あのう》村の農家に生まれた応挙は一五歳で京の呉服屋に奉公に出るが、絵描き志望の応挙は四条で玩具商を営む尾張屋の世話になり、御所人形や貝合せを描いていた。尾張屋は「びいどろ道具」と呼ばれる南蛮渡りのガラス玩具で評判をとっていて、ガラスを使ったからくり道具の覗眼鏡《のぞきめがね》は、描かれた景色が立体的にみえ、新しい視覚を楽しむと同時に、視覚の改革であった。一八世紀初めヨーロッパ生まれの覗眼鏡には、中国・蘇州で蘇州風景を描いた眼鏡絵が作られ、長崎経由で尾張屋に入っていた。応挙は「姑蘇万年橋図」らを似せた眼鏡絵を描き、やがて京都の風景を眼鏡絵にする。ヨーロッパ伝来の透視法を使った『三十三間堂通し矢図』で遠近を極端にみせ、『清水寺舞台図』では山上から眼下に広がる京の都と上空の青い空を広々と描き、空気遠近法ともみえる『四条橋芝居図』は描かれた芝居が一七五九（宝暦九）年正月の興行と特定された。応挙はヨーロッパの遠近法を習得し、空間を認識し、現実にある姿を観察し「写生」する画法を創りだしていた。『淀川両岸図巻』は応挙の「写生」を生かした画期的な大作であった。応挙の写生図は従来の絵画観を一変させた。大坂の文人・上田秋成をして「絵は応挙が世に出て写生という事のはやり出て京中の絵が皆一手になった」（『胆大小心録』）と、辛辣な近代的批評家秋成にいわしめた。

ところで、この破格に長い淀川図巻は誰から制作を依頼されたのか。画巻に三度登場するあの六艘の御用船が主人であると思える。「御用」と書かれた幟の隣にみえる幟には、判別しがたいほどに極小な紋がみえる。抱茗荷紋にもみえるが、杏葉紋らしい。とすれば鍋島藩の杏葉紋ではないか。鍋島は四条に藩邸があり、尾張屋はすぐ近くにある。鍋島藩は宝暦年間にはオランダ・インド会社から大量の伊万里磁器の注文をうけているし、長崎を窓口に南蛮渡りの物品を手に入れている。応挙のひろやかな淀川は、京大坂から遠く中国さらにオランダにつながる川の水であった。

応挙が本図巻を制作した時期はまた、尾張屋が御所人形の絵つけから宝鏡寺の御用達となり、蓮池院尼公と係わりが強くなったころである。百々《どど》御所といわれる蓮池院尼公は中御門《なかみかど》天皇と桜町天皇に仕えた御局《おつぼね》で、桜町天皇の皇后・青綺門院は三井寺円満院門主祐常と姉弟である。本草学者で知られる祐常は応挙の庇護者で、奇抜な注文主であった。迫真の描写を求められた『七難七福図巻』は四年がかりで一七六八（明和五）年に完成したし、男女のヌードを描く『人物正写惣本』（一七七〇年）、縦二〇ｍをこえる巨大な滝を一幅にした『大瀑布』（一七七二年）は円満院書院に掛けられ畳面で折れ、飛沫が画面から飛び散るような趣向である。好奇心にみちた実証的精神の主が、破格の『淀川両岸図巻』を注文したのかも知れない。

応挙の水に対する関心、とりわけ淀川とも係わる作品では、加茂川で川遊びをする『華洛四季遊戯図巻』（一七七五年）、現場を歩きスケッチした『琵琶湖宇治川写生図巻』（一七七七年）、絶筆である『保津川図屛風』（一七九五年）がある。

三　若冲の『乗興舟』

伊藤若冲（一七一六〜一八〇〇）が、相国寺の大典顕常《だいてんけんじょう》禅師と淀川下りを楽しんだのは一七六七（明和四）年春であった。若冲は大典により『乗興舟』と題された拓版画を制作した。幅は二八・七cmだが全長が一一五一・八cmにのぼる長い巻子《かんす》仕立てである。木版画は版木に画を逆さに刻み、絵具を板木に塗り和紙をのせ、裏からバレンで刷ると画が正面する。これに対して拓版画とは、版木に本画と同じ図柄を刻みこみ、板上に和紙を置き凹面をへこませ、表の方から墨を塗ってゆく。石彫の書蹟に使われる拓本と同じ技法であるところから拓版画と呼ばれる。

近頃とみに名高い「奇想の画家」若冲の、その奇想ぶりを代表する、動物と植物を題材として極彩色で博物学的な密画『動植綵絵』全三〇幅は、大典の相国寺に寄進された。若冲は京錦小路の青物問屋に生まれたが、店を弟に継がせ、独学で中国画などを習得し、絵空ごとでない実物を絵に描くために自宅の庭に鶏数一〇羽を飼い、徹底して観察し写生した。鶏の画家として知られた奇才は、桝目尽くしの『鳥獣花木図屛風』のような前代未聞の絵画世界を創る、飛びぬけて創造的で個性的な画家である。

相国寺に一〇年ばかりかけた三〇幅もの『動植綵絵』を納め終えたのが一七六六（明和三）年で、前年に納めた『釈迦三尊像』ともども相国寺を装った。その翌年、大典は若冲をねぎらうように淀川下りにつれだした。大坂には池大雅の弟子になっていた町人で博物学者の木村蒹葭堂《けんかどう》がいて、大典の漢詩集『昨非集』（一七六一年）刊行のパ

伊藤若冲『乗興舟』（部分）　淀城・橋本あたり　1767年
京都国立博物館蔵

トロンであった。

拓本画に描かれた淀川両岸図巻である『乗興舟』で淀川を下ってみる。京伏見から大坂に到る淀川の光景は、やや俯瞰ぎみだがほぼ左岸から透視する。深みのある墨色で空をひきしめ、淡い墨で山並を、更に淡い墨で淀川が摺られ、その間に白抜きで家並や樹木、橋らの景物が彫られている。さらに画中には地名が彫られ、大典の短い漢詩が刻まれている。大典は「跋」に云う、明和四年景和（若冲）と浪花に行った。舟の中から見たところに随って若冲は図を作り、私はそれに短いことばをつけた。ただ一時の面白さにつりこまれて「乗興舟」と題した。（○が大典の短辞）

「伏水口」から二人は舟に乗り込む。舟路は晴れて春の光は清らかな川波を照らしている。○舟程逢霽気　春日照清波

曳船が遡ってくる、三人の船曳が岸で引いているところは、千本松がつづき、松の緑の影が水にうつる。○長堤千樹松　箇々涵翠影

淀小橋から「澱城」、山城から石清水「八幡」をすぎ、橋本の上空を一羽の鳥が羽根をひろげて碧空に舞っている。○一片霜翎舞碧霄

淀川には渡しが多い。古くなったのか高浜の渡しには、人も少なく船も船頭も棹にもたれて人待ちをしている。○古渡行人少　短棹止夷猶

前嶋、大塚、三島、鳥飼、達堂、毛馬、長柄をすぎ、源八渡しの手前には国分寺がみえ入相《いりあい》の鐘が聞こえる。渡しをはさんでむこうは江口、屋形船や川

辺にたつ郭《くるわ》から、遊ぶ人たちの音曲や嬌声が聞こえてくる。○僧房隠深樹　金磬報斜暉　○遨遊江郭外　歌管起楼船

半日の淀川下りも大坂に近づき、舟から移りゆく大坂の景色をながめていると、やがて着いた天満橋には沢山の舟があちこちから集まっている。○春水連城港　闤闠坐自移　○虹橈三百尺　来繫幾千舟

若冲と大典合作の拓版画を見て読み終えた。本作は、江戸文化の伝統文化（雅）と新興文化（俗）の雅俗文化が見事に融和した、品格と人間味あふれる作品であると高い評価がされているが、拓版画という「奇想」な技法で淀川を描く無比の作品である。

江戸の雅俗文化という視点からみれば、若冲はじめ、ここに登場する応挙・大雅・蕪村ら一八世紀半ばすぎに活躍した人たちが、それを作り上げたといえる。

四　大雅の浪華真景画

中国生まれの文人画を日本的文人画・南画に大成した池大雅（一七二三～七六）は、淀川を幾度となく上り下りしている。或る時、難波に出るのに傘を持たずに出かけ、妻玉瀾が気づいて走った。建仁寺前で追いつき渡すと、「いづこの人ぞ、よく拾い給りし」と言い別れた。妻も何も云わずに家に帰った、という有名な逸話を載せているのは、伴高蹊《ばんこうけい》『近世畸人伝《きじんでん》』「池大雅、附妻玉瀾」である。江戸半ば頃の「畸人」たちを集めた伝記として知られるが、この「畸人」こそ個性ある人と言い替えたい。

京西陣生まれの神童といわれた大雅は、年少から宇治黄檗山万福寺で中国画の書画を見、「畸人伝」のひとり柳《やなぎ》

沢淇《さわき》園《えん》に中国文人画を教わる。若くして中国伝来の指頭画をよくし、淇園紹介の木村蒹葭堂を弟子にとる。二六歳、この年から富士山、松島から北陸の立山、白山に登り三岳道者と号する。大雅は、〈千里の道を行き万巻の書を読む〉文人画家を実践した。『三岳紀行図屏風』（一七六〇年）は三山の山々をスケッチしメモした画帖が屏風にされている。実景を写し取る画は「真景画」といわれるが、その「真」は視覚的な現実再現よりも、むしろ風景に対する精神的な真実を、画家自身の精神で写しとる「胸中山水」といわれる文人画であり、中国文人画の画法で日本の風景を己の強い個性で描き、絵画に近代のリアリティーを求めた。代表作のひとつ『児島湾真景図』は空間と色彩が見事な芸術作品である。

池大雅『浪華真景画帖』二図（上）、三図（下）
1750年代末　個人蔵

詩書画一致を宗とする文人画家大雅には、春霞の大川に出て舟遊びをともにした蒹葭堂に献じた漢詩「寄題木詞宗蒹葭堂」がある。パトロンの蒹葭堂に大雅は浪花の名所を描いた多くの図を寄せていたが、蒹葭堂は手許に残った七図の散逸をおそれ画帖にしたとされるのが『浪華真景画帖』（一七五〇年代末）である。由来を記した細合半斎の跋文は、大雅没二〇年後の一七九七（寛政九）年で、跋文に「浪華諸勝」とあるが、大坂のどこかは全く判らない。むしろ「二図」の大河が右上から流れて湾曲し左下に去り、両岸の土坡の樹木や山々が春を思わせる図は淀川である、と推量されている。私見によれば、この七図すべて淀川周辺や大川両岸の風景ではないか。「一図」は山麓の樹木と少ない家並、「三図」は水辺風景、「四図」は低く重なる山々、「五図」は岸辺に太い梧桐が竹笹に蔽われている。「六図」は山頂が頭を出す雲中と家並、「七図」は川堤に根を張る一本の松が描かれている。春のなごやかな淀川流域の景色を描いたとしたい。

大雅は代表作のひとつ『洞庭赤壁図巻』(一七七一年)を描くため琵琶湖の波を写したといわれる。同年には、日本文人画の記念碑的作品である大雅「十便帖」・蕪村「十宜帖」を一セットにした『十便十宜帖』が競作された。

五　蕪村の澱河

夜半亭社中を営む俳人与謝蕪村(一七一六~八三)は、当時の京では画人として名高い。一七七七(安永六)年二月、蕪村は春興帖『夜半楽』を板行する。淀川の文芸を高らしめる「春風馬堤曲十八首」と「澱河歌三首」が収められている。淀川を詠む画期的な自由詩の近代性・豊かな創造性は、今日書かれたばかりに新鮮である。「春風馬堤曲」は若い娘が奉公先から藪入りに里帰りする道のりを、和詩体や発句・絶句と自由な形式を混在させて歌曲のように謳う。若い娘は浪花から淀川の堤を故郷の毛馬にむかう。毛馬は蕪村が生まれ育った故里である。江戸時代特有の趣向あふれた一八首からは心地よい淀の春風が吹いてくる。「澱河歌」では、中国風に澱河《でんが》と呼ぶ淀川に菟《と》水《すい》と呼ぶ宇治川が交わり流れてひとつ身《み》になるように、淀川の舟中であなたと合体して浪花の人となりたいと艶《なま》めかしく歌う。

淀川べりの毛馬村に生まれ京に住まう蕪村こそ、淀川の絵画と文芸をものにする最適の文人であった。ただ、冬の京の家々に降り積もる雪景色を詩情豊かに描いた『夜色楼台図』のような淀川図はないし、友人の応挙に「銭亀や青砥も知らぬ山清水」「己が身の闇より吠えて夜半の秋」「昆布でふく軒の雫や五月雨」「筆灌ぐ応挙が鉢に氷哉」と幾度も画賛したが、応挙のような淀川図は見当たらない。だがしかし、先に紹介した『夜半楽』に収まる「澱河歌三首」の前年（一七七六〈安永五〉年）に作られたとされる、扇面自画賛の『澱河曲』と『澱河歌』がある。小さなふたつの扇面画には、淀の川風が吹きぬけている。

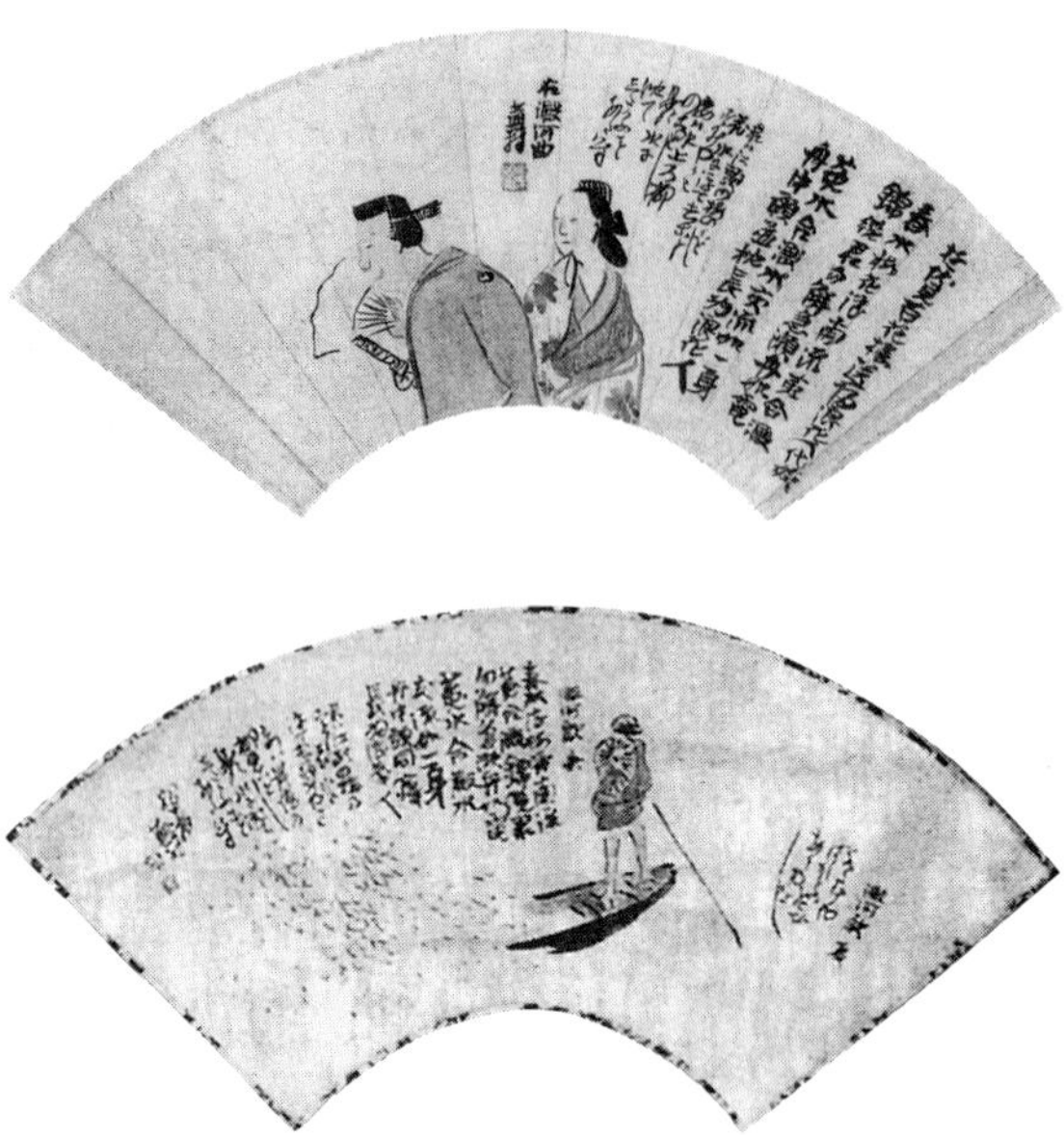

与謝蕪村　扇面自画賛『澱河曲』（上）、『澱河歌』（下）
1776年　個人蔵

扇面自画賛『澱河曲』では、遊客を送りだす遊女が俳画で描かれ、ふたりは元禄風の風体をしている。その画中に澱河曲が三首書かれる。

　遊伏見百花楼送帰浪花人代妓
春水梅花浮南流菟合澱　錦纜君勿解急瀬舟如電
菟水合澱水交流如一身　舟中願並枕長為浪花人
君は江頭の梅のことし　花水に浮て去ることすみやか也
妾は水上の柳のことし　影水に沈てしたかふことあたわす
　右澱河曲　蕪村

伏見の百花楼で遊び、浪花に帰る人を送り出すとき、遊妓に代わって甘えてみせた歌と前置き。大坂に送る友人は医を開業したばかりの上田秋成だといわれ、門人の高井の几董《たかいきとう》とともに見送る即興吟であるとされる。
もうひとつの扇面画に自賛した『澱河歌』は、川風にそよぐ竹林のむこうに舟の舳先《へさき》で掉さす船頭が描かれる。扇面の右端には、

澱河歌　夏

若たけや　はしもとの遊女　ありやなし

の一首が画賛されている。画中の船頭の左には「澱河歌　夏」として、前記した三首（漢詩と自由詩）が賛に書かれている。淀川名所でもある橋本は遊女で知られる。同じ句は、若竹が風にそよぐ奥に茅屋を描いた『若竹図』一幅の画賛にも書かれている。竹林茅屋の俳画は郷里毛馬につづく淀川べりの風景であり、遠く亡母への慕情につながっている。

蕪村には、淀川で生活する者の眼差《まなざ》しがいつもある。淀川の地名を詠みこんだ句のひとつ「みじか夜や伏見の戸ぼそ淀の窓」では、伏見口を三十石船に乗りこむころには店の表戸はおろされていたのに、淀までくると短い夜は明け家の窓も開けられている、と淀川下りも詠む。

淀舟の棹の雫もほたるかな
源八をわたりて梅のあるじ哉
鍋さげて淀の小橋を雪の人
花火せよ淀の御茶屋の夕月夜
窓の灯の佐田はまだ寝ぬ時雨哉

蕪村の眼差しは細やかに淀川の情景に注がれている。そうしてあの名句、

愁ひつつ岡にのぼれば花いばら

菜の花や月は東に日は西に

いずれも故郷毛馬を旧懐する風景にみえる。花茨咲く淀の堤、種油になる菜の花が咲きほこる風景には、淀の川を生活にする者たちがいる。

蕪村が正面から淀川の川の民を描いたのが、『闇夜漁舟図』（一七七〇年代ころ、絹本《けんぽん》墨画淡彩、一三〇・七×四八・五cm）である。釣船の真中に土釜を据えて菜種油で篝火をたき、舳先では親父が綱を引き、艫《とも》には息子が棹をさす。深い闇のなかで灯に照らしだされた樹木の緑がみえ、遠くには山の黒いシルエット、岸近くには明かりがもれる茅屋がみえ、母と娘が夜漁から帰る二人を待っている。蕪村は淀川生活を詩情豊かに描いたのである。

蕪村が尊敬してやまない芭蕉へのオマージュは、『奥の細道図』を巻子や屛風に描き代表作となっている。芭蕉は「旅体の句は、淀の川舟にのる心地」（『三冊子』）といっていたが、一六九四（元禄七）年大坂花屋で病没する。辞世句は「旅に病《やん》で夢は枯野をかけ廻《めぐ》る」、遺言は琵琶湖畔の義仲寺に埋葬とあった。弟子たちは遺体をのせた川舟をしたて、淀川を大坂から伏見まで遡る。思えば「枯野」は『古事記』に出てくる日本最初の古代船に名づけられた船号であった。

六　閑話休題、小説『花はさくら木』

辻原登の長編小説『花はさくら木』（二〇〇六年）は、まさに〝淀川の文芸〟虚実皮膜の文芸である。

時は一七六一（宝暦一一）年、江戸幕府に田沼意次が登用され、貨幣経済の合理性を先どりする開明政策を積極的に進めるが、江戸はというと権力をもつものの文化文明ともに未だし、京坂にはそれがある。大坂は天下の台所

〈天下の貨、七分は浪華にあり。浪華の貨、七分は船中にあり〉といわれ、京都は文化産業の中心地にして権威の宮中がある。その富と権威を将軍の膝元江戸に遷す計略をたて実行するために、田沼が直々に京坂に上り、淀川を舞台に活劇を演じる小説である。

京の仙洞女院御所には、応挙にも係わりある青綺門院がおられ田沼が直に訪ねる。宝暦事件で打撃を受けた宮廷に財政的援助を申し出て、智子内親王の自由な行動を援《たす》け、智子は一年後に女性天皇後桜町となり、宮中を幕府の支配におく。大坂では、大商人鴻池に近づき米価相場用金に賦課する荒技で、問屋制や株仲間の権限を移譲させる。小説では〈出船千艘・入船千艘〉といわれる伏見淀川を闇で支配する北風閘門《きたかぜこうもん》が暗躍、対馬藩の姫と朝鮮通信使がからむ恋の冒険小説ではあるが、京大坂の文化人が総登場するのが楽しい。煎茶をたてる「畸人伝」の主人公売茶翁《ばいさおう》、祇園住まいの蕪村の俳友・不夜庵こと炭太祇、今までに書いてきた大典・秋成・蒹葭堂らが登場するし、なにより応挙・若冲・大雅・蕪村の四人が、幕府が入手していた中国風俗画の最高傑作のひとつ、北宋末（一一二七）年に制作された張択端『清明上河図巻』を、手分けして摸写する話が面白い。五mに及ぶこの図巻は北宋の首都汴京《べんけい》（現在の開封）郊外の鄙びた風景からはじまり、市街地の中心を流れる汴京の両岸、橋の上の賑わいを描く。小説では田沼は中国にこの長巻を返してしまい、四人は各々が替わりに『淀川両岸図』をものにしようという話で小説は終わる。『清明上河図巻』の模写とはできすぎであるが、事実は二年後の宝暦一三年に応挙が『淀川両岸図巻』に着手していることはすでに書いた。

小説の末尾に田沼が江戸に帰り江戸は活気にみちた、とある。一〇代将軍家治の側用人になる田沼は、翌宝暦一二年に湯島で最大規模の諸国物産会「東都薬品会」を成功させた万能の才人平賀源内を支援する。好奇心と実証精神、行動力にあふれた源内は、殖産・博物・美術・文芸と幅広く江戸のネットワークである連《れん》組織で行動し、社会経済や文化を活性化させる。江戸に、京坂と同じ近代的な精神が萌芽していた。源内の美術は『解体新書』挿画を担当した小田野直武らの秋田蘭画・鈴木春信の浮世絵錦絵・司馬江漢の銅版画を生みだした。ここでしばらく京都と大坂の二大都市を結ぶ「描かれた淀川」に対して、大都市江戸の「描かれた隅田川」をみてみたい。

七　江戸は隅田川を描く

江戸の市街地を流れる隅田川は二五km、京坂を結ぶ淀川のほぼ半分である。隅田川は江戸経済の大動脈で、江戸独特の文化は大川と親しまれる隅田の川筋から生まれ、人々の暮らしや遊びと深くつながっていた。

隅田川で舟遊びをする風俗画は、江戸生まれの浮世絵の先駆者・菱川師宣の『上野花見・隅田川舟遊図屏風』（一七世紀末・フリーア美術館蔵）があり、弟子の師重『隅田川舟中遊宴図屏風』や菱川派の『隅田川之景』ら初期の浮世絵師が肉筆画で描き、隅田川は遊宴図にまずはみられる。同系譜には宮川長春『桜下遊興・隅田川舟遊図屏風』（一八世紀前半）がある。鳥文斎栄之（細田栄之）は、将軍家治に近侍した旗本で狩野派を学び家督を譲り浮世絵の世界に入る変わり種で、『墨田川舟遊図巻』が大好評、同題で趣向を変えたパロディー『三福神・吉原通い図巻』は名所旧蹟の地名が付く。弟子の栄昌も『隅田川図巻』を描いていて、同様の図柄の類作は多い。栄之が描く「隅田川図」のいずれかが、上皇となっていたあの後桜町の天覧に供され宮中の御文庫に納められたといわれるが、大いに気にかかる話である。

浮世絵版画の「隅田川図」では、美人が隅田川で舟遊びする図柄が嬉ばれ、鳥居清長の大判錦絵三枚続『吾妻橋下の涼舟』が代表作である。一方、応挙が眼鏡絵を描いていたころ、江戸では浮世絵に線遠近法を極端に使った浮絵が創られた。「浮絵根元」と自称した奥村政信が隅田川にかかる『両国橋夕涼見大浮絵』（一七四五年ころ）を板行している。浮絵は安永期（一七七〇年代）に歌川豊春が出て、集中遠近法による風景浮世絵をはじめた。豊春は『浮絵和国景夕中州新地納涼之図』で斬新な視覚の隅田川風景をみせた。豊春のフリーア美術館蔵の肉筆画『両国橋』（七三×一八六㎝）の大幅には、隅田川に多くの船が浮かび手前となる東岸や両国橋は大賑わい、対岸には家並がつづき、隅田川上流に吾妻橋がみえ、そのむこう遥かに筑波山が小さく描かれる。遠近法を使った浮世絵肉筆画の「描かれた隅田川」である。

隅田川でもとりわけ賑わいをみせた両国橋は画題としてよく描かれたが、司馬江漢の銅版画『両国橋図』（一七八七〈天明七〉年）は手彩色された青い空が大きくひろがり、空気遠近法というヨーロッパの空間認識に迫る。江漢は四年前の天明三年に「日本創製」と誇る日本人の手になる初の腐蝕銅版画『三囲景図』を発表していた。隅田の川波や空の雲が鋭い線で表現され、川堤を着物をきているがやけに背の高い人物が逍遥する。江漢の銅版画にみる隅田川の青い川と空は、世界にひらかれている。

これら名所を描いた隅田川に対して隅田川両岸を一覧する本格的な隅田川図が大英博物館に所蔵されていた。本所緑町狩野家四代目の休栄稙信《たねのぶ》（一七三〇～一八〇四）の手になる『隅田川長流図巻』で、宝暦年間に制作されたと推量されている。三巻本で幅は三二㎝、長さは合計二一ｍになる大々長巻である。上巻は真崎稲荷から今戸焼、浅草の御米蔵、吉原の猪牙船と江戸側からみて両岸を下り、中巻は永代橋から新大橋、御船蔵、回向院、三囲神社と東岸を上り、下巻は再び西岸で江戸市街をみながら下り江戸湾へと流れ去る。まさに隅田川両岸を一覧する大画巻で、江戸狩野派の典型的な画法で、大江戸の殷賑ぶりを御用絵師が描いていた。この長大な『隅田川長流図巻』で想起されるのが、よく知られた鶴岡蘆水『東都隅田川両岸一覧』二巻あるいは二冊の木版手彩色本である。沢田東江の一七八一（天明元）年の題字と跋文があり、吾妻橋や中洲の盛況、隅田川花火といった天明初の時代粧を加えながら、ほぼ休栄の『隅田川長流図巻』と同じ描図で隅田川の両岸を一覧している。実は町絵師による翻案物であったが、版画にすることで一般に普及させたのであった。また住吉派とされる『隅田川名所図巻』（一七八四年ころ）は大和絵で隅田川東岸を絵巻物風に描いている。

豊春浮絵の遠近法による隅田川名所絵や江漢銅版画の写生画風を消化し、町絵師の隅田川両岸図をも消化し描かれたのが、葛飾北斎の『隅田川両岸一覧』（一八〇六〈文化三〉年）であろう。多色摺り浮世絵の狂歌を読みこんだ絵本と呼ぶ三冊本あるいは三巻本になっていて、手前西岸の人事風俗と東岸の遠景とを一つの視野に納めながら、江戸湾から隅田川を遡行する。洗練された都会的情調と江戸都市文化の意気《いき》が伝わる隅田川図であった。永井荷風はいつくしみながらこの画冊をめくり、「浮世絵の山水画と江戸名所」（『江戸芸術論』一九一三年）に詳述した。

隅田川両岸一覧図はこれでつきると思うが、なおも特長のある「描かれた隅田川」を挙げてみると、関東南画の大家谷文晁には『隅田川・鴻之台《こうのだい》真景図巻』（一八〇七年）や『隅田川両岸図』（一八一〇年ころ）があり、浮世絵師北尾政美にして津山藩御用絵師となる鍬形蕙斎には『絵本吾嬬鏡』（一七八七年）や、近代の風景画に近い『隅田川図屏風』（一八二一年）は八曲一隻の大画面に隅田川を鳥瞰しながら一望し、さらには航空撮影したような『江戸一目図屏風』（一八〇九年）もある。英一蝶の孫弟子高嵩谷の『隅田川春景図屏風』（一八世紀後半）も八曲一隻の大作である。

浮世絵で隅田川名所は数多く描かれるが、とどめをさすのは江戸風景を情調あふれて描く歌川広重で、『東都名所』（一八三一年）や『名所江戸百景』（一八五八年）の隅田川は庶民と風景が交感している。広重は東海道を旅し名作『東海道五拾三次』（一八三三年）が生まれる。京都から大坂へは淀川で下り、翌一八三四（天保五）年には『京都名所之内』を板行、そのなかの『淀川』はくらわんか船が近づく三十石船に乗り合わせた人たちの表情が生々と表現され、満月に照らされた淀川の深く青い水が美しい。江戸浮世絵師が描く淀川である。

八　再び、淀川を描く

「描かれた淀川」を、一八世紀半ばに京都で活躍した応挙・若冲・大雅・蕪村と大画家のそれにみてきた。さらに江戸で「描かれた隅田川」を通覧した。

蕪村が『澱河歌』で淀川を画賛した数年後、一七八〇（安永九）年に秋里籬島撰、竹原春潮斎画の『都名所図会』一一冊が版行された。京都の名所旧蹟など地誌を、写生により鳥瞰風に描いた挿絵とともに紹介する「名所図会」のはじまりである。江戸前期に「名所記」といわれる仮名草子で、京都の名所案内をした中川喜雲『京童《きょうわらわ》』（一六五八年）が「名所図会」の先蹤《せんしょう》とされる。「名所図会」は観光ガイドのように実用的であり、何より挿絵とりわけ景観画の占める比重が大きく、名所の視覚化がなされた。「名所図会」は社寺参詣や物見遊山で旅を活発にしはじめた江戸の庶民に好評で、畿内を中心にした国別や街道別のそれが続々と刊行された。京都の俳人・秋里籬島とコンビを組む竹原春潮斎は大坂の絵師で、本名を松本信繁という。ふたりは『大和名所図会』七冊（一七九一年）、『和泉名所図会』四冊（一七九六年）、ついで『摂津名所図会』一二冊（一七九六〜九八年）で、大坂側からの淀川名所を描いた。春潮斎の挿絵は実際の景観を客観的に要領よく表現し、名所の確立と伝播に大きな影響を与えた。

「名所図会」は街道物の『東海道名所図会』（一七九七年）で、江戸の北尾政美に大坂の春潮斎とその子春泉斎、大坂の絵師蔀関月《しとみかんげつ》（一七四七〜九七）らが挿絵に動員され、やがて斉藤月岑・長谷川雪旦『江戸名所図会』二〇冊（一八三四〜三六年）に大成される。これら「名所図会」の構図は北斎・広重の浮世絵風景画に影響を与え、広重の『浪花名所図会』（一八三四年）の中に、淀川三十石船が着く「八けん屋着船」にはそれが見られる。

『東海道名所図会』に挿絵を寄せた蔀関月は、同年刊の『伊勢参宮名所図会』八冊で撰画をなし、『近江名所図会』四冊（一八一四年）や「名産図会」、また『淀川図巻』（一七九〇～九七年ころ、紙本淡彩、一八・六×一一〇二・四cm）を描いている。関月は大坂生まれ、千草屋という本屋であったが、大坂の肉筆浮世絵師・月岡雪鼎に学び、風致ある人物山水で知られ法橋に叙せられた。『淀川図巻』は大坂天満橋を起点にして淀川を遡り伏見に到る図巻で、淡々と描かれた河岸風景や淀川の数多い舟は、名所図会の要素を加味した平易な風景画となっている。

関月の門下から、上方浮世絵の祖といわれる流光斎如圭がでている。上方浮世絵は芝居絵が中心であるが、幕末大坂で歌川派の国員《くにかず》・芳瀧・芳雪が『浪花百景』（一八五六～六七年）を板行、天満八軒家から源八の渡し、長柄、毛馬、佐太、三島まで名所絵とした。大写しの近景と小さな遠景という極端な遠近法は、広重の『江戸名所百景』の影響がみられるが、浪花錦絵で描かれた大坂からみた淀川である。

江戸後期の大坂で木村蒹葭堂の友人に文人画家岡田米山人がいる。その子半江とともに藤堂藩大坂蔵屋敷の下役であるが、ともに独自の文人画をよくした。半江（一七八二～一八四六）には『江南勝景図巻』（一八三六年、紙本墨画淡彩、一九・三×一三五・六cm）がある。文人らしく「江南の春」を意識して、淀川畔にひろがる景観を潤いのある繊細な彩色と筆致で描いている。チビたような城郭がみえ淀城あたりなのだろうか、伸びやかな気持ちのよい淀川風景である。

江戸後期は幕末に「描かれた淀川」の幾つかを加えておきたい。文人画家田能村直入の養子小斎には、大坂城の西寄りの上空から北西を望む大俯瞰図『浪華大川眺望図』があり、円山四条派の上田愛山と伝わる『淀川風景図巻』は、大坂八軒家から淀城までを平明な写生で描いている。画師は不明だが『澱江風物図巻』は同じく八軒家から伏見、さらに琵琶湖南岸までの流域の風物、とくに三十石船や川船をよく描いている。

近代日本画の先覚である狩野芳崖には、一八五七（安政四）年に描いた『大櫃川・嵐山・淀川地取』三巻がある。芳崖は長府藩御用絵師狩野家に生まれ江戸木挽町狩野に入門して六年、勝海雅道の名号を得た。帰国途上、京都を見物し大坂に船で出た芳崖は、景観や風物をスケッチして「地取」と称しているが、「地取」をもとに淀川の名所である伏見から淀城までの風景を、近代の写生画のように描いた幕末の淀川風景である。更に大坂に着いた芳崖は、天満から京橋までの淀川風景と風物を的確に写しとったスケッチ画『浪華真景図巻』がある。

淀川を三十石船で旅する人のために作られた絵地図つきガイドブックが、一八四三（天保一四）年板行の『大川便覧』である。「乗陸必携」と角書《つのがき》された淀川の詳細な案内図で、一八・七cm幅に長さ四七〇cmある版画刷の折本（折畳本）である。

『大川便覧』での淀川は、伏見から大坂天満さらに大川流域の安治川と土佐堀川の合流点までが描かれ、長くのばすと一目で淀川全体がみられる。淀川の水運が詳細に紹介されて実用にすぎると思えるが、高嶋春松が描いた淀川に浮かぶ船や両岸の景観は丁寧に写生され、応挙の『淀川両岸図巻』と同視線である。というのは、両岸の景観が正逆に描かれた、船中から見るマップになっている。『大川便覧』のことで忘れられないのが、詩人安東次男が評論『澱河歌』の周辺』（一九六二年）で、老蕪村の回春の情を「澱河歌三首」に託したといい、宇治川と桂川を二本の開き気味の脚に、浪花を枕に仰向けに寝たなまめく女体を連想し、その女体である淀川の流れにそうと橋本の艶地を過ぎ、女の胸もとにあたる毛馬から頭の浪花にたどりつく女体幻想であると夢想し挑発したことである。この淀川を女体に見立てる発想は『大川便覧』を開いたところにあった、と安東が『蕪村との出合い』（一九七〇年）で明かしたのには更に驚かされた。詩人の発想は、こうした実用地図としか見えないながら郷愁を感じさせる淀川図にあった。負けずに連想する。幕末、坂本龍馬は幾度も淀川を上り下りしている。伏見の船宿寺田屋お龍との結婚や寺田屋事件（一八六六年）もよく知られる。龍馬に「淀川を遡りて」の一首がある。「藤の花今をさかりと咲きつれど船いそがれて見返りもせず」。龍馬の懐には『大川便覧』があった、と思う。

懐中に本と云えば、谷崎潤一郎が淀川を舞台にした名作『蘆刈』（一九三二年）を書くために淀川で遊んだときに懐にあったのは、『淀川両岸一覧』だといわれている。

暁晴翁著・松川半山画『淀川両岸一覧』四冊は、幕末の一八六一（文久元）年に板行された。晴翁（一七九三〜一八六〇）の本名は木村啓明、大坂の醬油屋に生まれ、好事家で戯作者として知られ暁鐘成《あかつきかねなり》とも称した。蒹葭堂の遺族から委嘱され『蒹葭堂雑録』を編集している。晴翁は大坂浮世絵の松好斎に学び、一八二四（文政七）年に鐘成画で『淀川両岸勝景図会』二冊を板行しているが、半山と組みはじめてからは文筆に専念した。松川半山（一八一八〜八二）も大坂生まれ、本名は安信、翠栄堂という味噌屋を営む。菅松峯に学び、幕末から明治前期まで大坂の風俗画家として活躍した。ふたりのコンビで、『西国三十三所名所絵図』一〇冊（一八五三）を刊行、ついで一八五五（安政二）年板行の絵本『浪華の賑ひ』三冊は「大坂名所図会」の決定版であった。

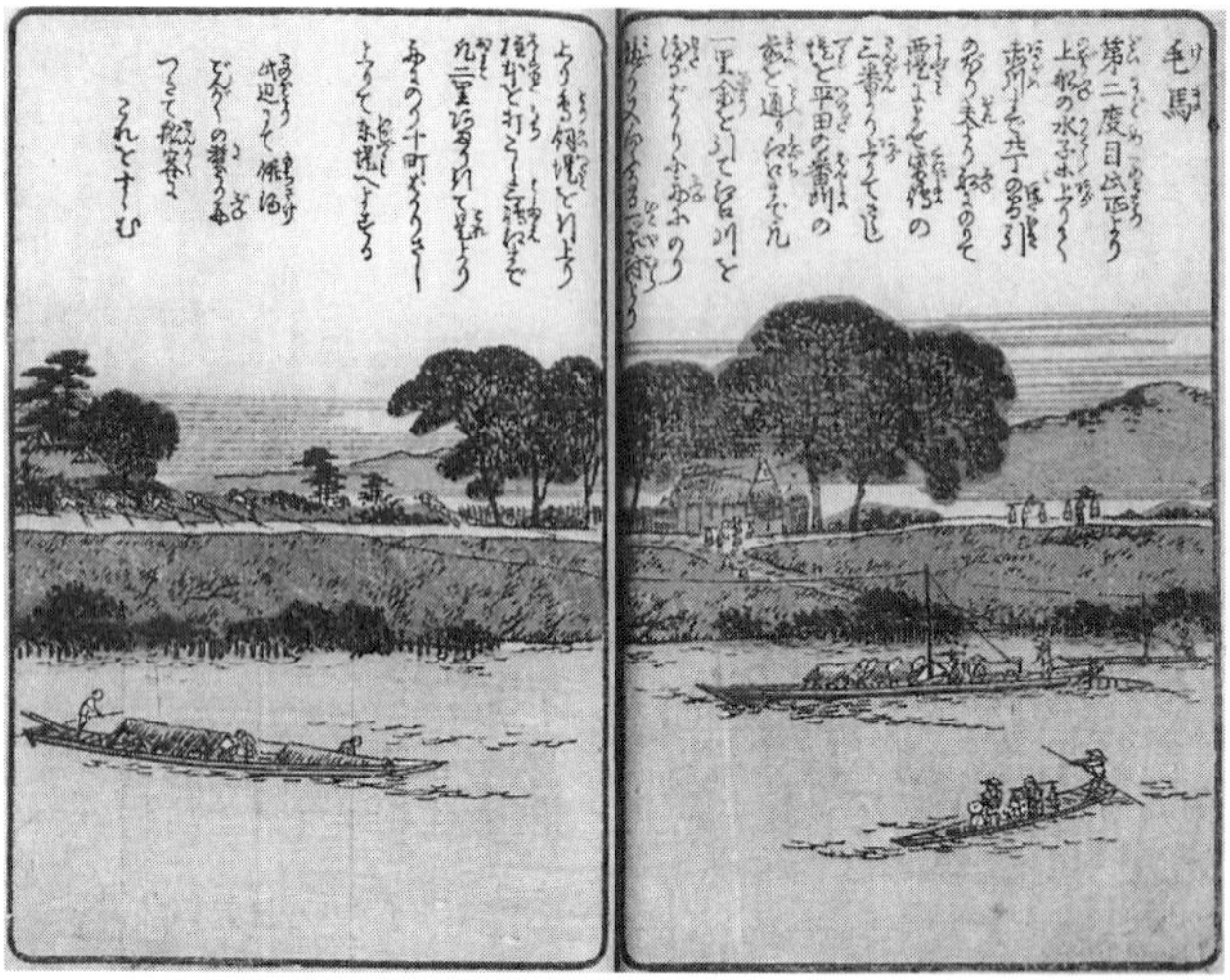

暁晴翁著・松川半山画『淀川両岸一覧』
「毛馬」　1861年　国際日本文化研究センター蔵

『淀川両岸一覧』は晴翁が撰した淀川両岸の名所旧蹟をその由来や故事、和歌・俳句・漢詩を付して名所を案内し、半山が描く淀川の景観は、「名所図会」の要素である簡潔にして要領がよく、しかも実感のある写生された風景になっていて、さらに上方浮世絵の季節感ある自然と風俗の情景を味わい深く表現している。淀川上り「上船之巻」二冊、下り「下船之巻」二冊と計四冊で、淀川の両岸を案内し尽くした『淀川両岸一覧』は、まさに江戸時代を流れる「描かれた淀川」の棹尾をかざるに相応しい、江戸時代の上方の「粋《すい》」を見事にみせた板本である。

九　終わりに、淀川曳船模様の小袖

淀川の船と云えば三十石船である。落語の「三十石」は乗り合わせた客の騒々しい笑い噺《はなし》で、現在でも寄席にかかる。並木正三の歌舞伎狂言『三十石艠始《さんじっこくよふねのはじまり》』は大坂・角座で一七五八（宝暦八）年に初演された。淀川治水争いを野放図なスペクタクル芝居にしていて、正三はこの芝居で廻り舞台を発明したと伝えられている。廻り舞台は現在でも歌舞伎の仕掛けに欠かせないが、狂言の方は現在ではまず上演されない。

淀川を上る三十石船の曳船は、川岸から縄一本で曳く船曳き人足たちとともに有名になっていた。現在からはとても信じがたい重労働であるが、淀川図には欠かせない図像となっている。この曳船を模様にした小袖があった。工芸のこむずかしい正式な呼称で『藍紋縮緬地《あいもんちりめんじ》淀川曳舟模様《よどがわひきふねもよう》染縫描絵《そめぬいかきえ》小袖《こそで》』という。藍（紺）染めの紋入りの縮緬織りに、淀川の曳舟を図様にして、染縫いで絵を描いた小袖というわけである。着物の背下と右下には川波がたち蘆原がそよぐなかを二艘の曳舟、蓑《みの》で覆われた屋根の下には客がみえ、船頭がひとり棹をあやつる。舟から長くのびた縄の先には各々三人の船曳き人足が描かれ、青々とした川と空に白鷺が飛ぶ。この写生風の細やかな「淀川曳舟図」は浮世絵師勝川春章（一七二六〜九二）の下絵とされる。写生風の役者絵と典雅な美人画で人気の春章は、上方生まれといわれている。『淀川曳舟小袖』は小袖模様が友禅染をへて写生絵画的になった明和ころの優作であるとされ、春章の入念な心配りがある。着装時には下前《したまえ》の曳船一艘が隠れてしまう、見えないところに贅《ぜい》が尽くされる。紺地は当時「花いろ」と呼ばれ愛好されていて、その紺藍《あお》を広々とした淀川と大空に見立て、鷺や川波・蘆原・曳船を微妙な白にする。なんとも「粋《いき》」な上方文化である。

古地図にみる浪華の海の「賑わい」

小野田　一幸

はじめに

国土交通省近畿地方整備局、大阪府そして関係地方公共団体が協力（「大阪湾再生推進協議会」）のもと、二〇〇四（平成一六）年三月に『大阪湾再生行動計画』が策定されている。この策定は、「行動計画策定の背景」に明文化されているように、「本行動計画は、都市環境インフラとしての海の再生という新たなニーズにも応え、海との触れ合いへの志向が増大する都市生活において「市民と海との新たな関わりの構築」を具体化する上で、より計画的かつ効果的な施策の実施が必要であるという観点」に立脚したものである(1)。

ただ、「海との触れ合いへの志向が増大する都市生活」は、昨今に限ったわけではない。「茅渟《ちぬ》の海」と呼ばれた古来より、大阪湾は周辺に住む人々にとって身近な存在であり、大きな恩恵を蒙ってきたことは想像に難くない。周知のように、近代築港事業をはじめ咲洲・舞洲・夢洲の人工島などに示されるように、海に向かって開発は進められてきた。そして今や湾内には、関西国際空港と神戸空港の二つが並立している。大阪湾は海の窓口だけではなく、空の窓口としても世界そして日本各地につながっているのである。

翻って、広義の意味で過去の大阪湾における開発に目を向けてみると、古代から行われていたことを知りえる。その代表が、難波の堀江の開削である。河内平野の洪水を防ぎ、周辺の地の開発をともなった事業で、日本最古の土木事業ともいわれている。その後、大阪湾岸の開発が大規模に進められたのは、江戸時代に入ってからである。本論の主眼は、江戸時代に刊行された絵図等をテキストにして、当時の開発の様相や賑わいの有様を視覚的にさぐり、そこに描かれた事象を読み解くことにある。この作業は、今は失われた景観を知ることにもつながるであろう。

なお、大坂市中の賑わいを一覧できる絵図としては、矢守一彦が詳説した友鳴松旭が描く『浪華名所独案内』（石川屋和助刊・弘化頃）と、暁鐘成《あかつきかねなり》が描いた一八四五（弘化二）年刊の『浪花繁栄見物独案内』があることを付言しておく[2]。

一　大阪湾の開発——その前史として

大阪湾の大規模な開発がはじまる以前の様相を視覚的に捉えられる地図資料として、「明暦図」と通称される大坂の刊行都市図がある。この系統に属する図の嚆矢としては、「明暦元年未ノ霜月吉祥日」の年記を有し、「京寺町本能寺前」の版元によって刊行された『新板摂津大坂南北町嶋之図』があるが、ここでは一六五七（明暦三）年三月吉日に「板本河野道清」が刊行した『新板大坂之図』（図1）に依拠して進める。

この図幅の中央部には主題とする大坂市中を描くが、周辺地域の農村部、さらには平野や久宝寺などの在郷町までを広くおさめ、大坂周辺の地域図の体裁もなしている。ただ本論の課題からすれば、その西側（図幅の下側）に目を転じなければならない（図2）。

大阪湾の水際に位置する「てらしま（寺島）」「くしやうしま（九条島）」や「下ふくしま（福島）」、さらに内陸部の「上ふくしま（福島）」の縁辺部などをみれば、葦（葭）が群生している様を読み取ることは容易であろう。これらの葦は、デフォルメされて描かれている感がないでもないが、河川の下流そして汽水域に群生する植物である。このことを勘案すれば、葦が描かれる地域は湿地帯であったとの判断は許されるであろう。この葦は「片葉芦」とも呼ばれた。その謂れを、秋里籬《あきさとり》島《とう》が著した『摂津名所図会』では、淀川岸に生い茂る葦はもともと両葉で

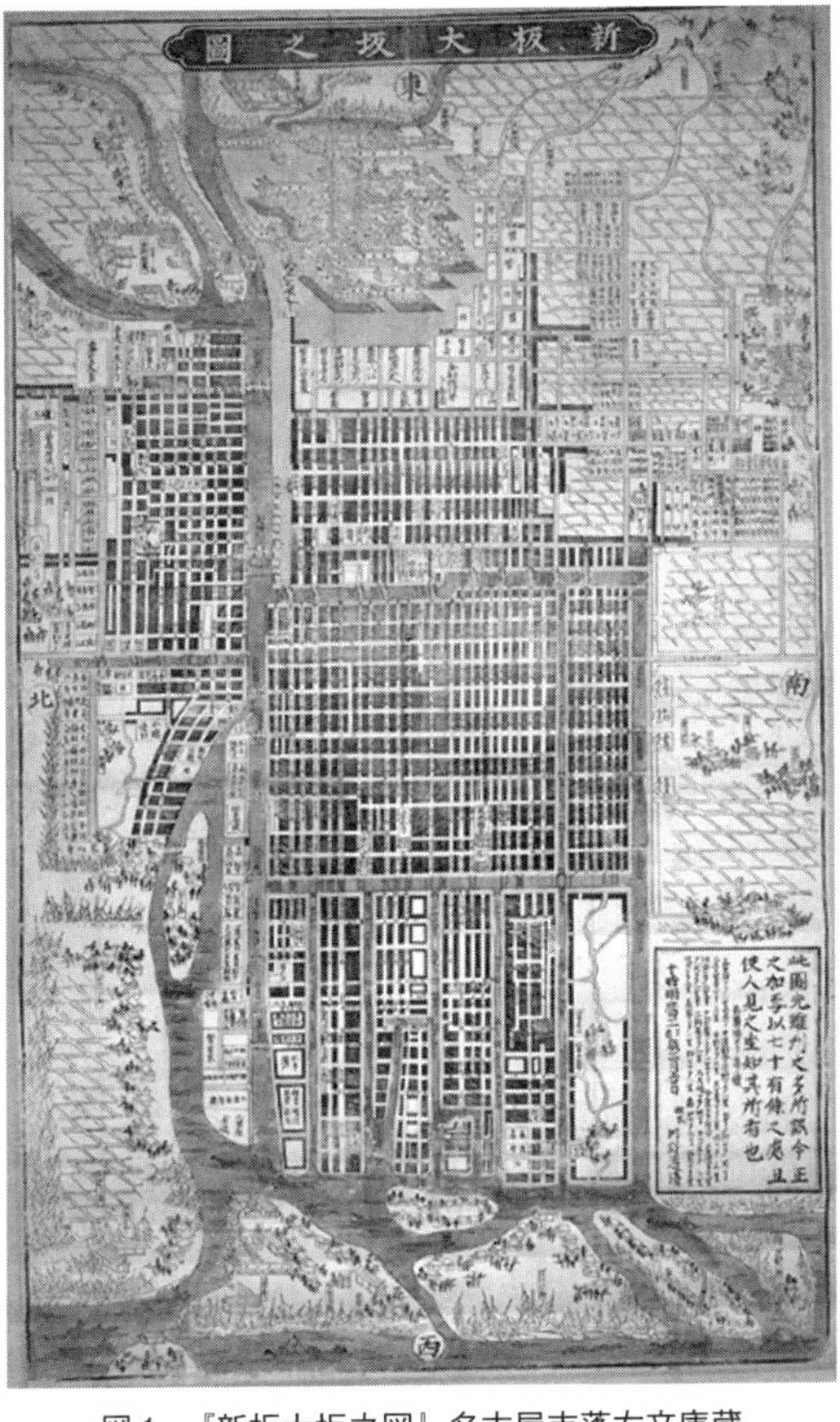

図１　『新板大坂之図』名古屋市蓬左文庫蔵

図２　『新板大坂之図』（大阪湾岸部分）名古屋市蓬左文庫蔵

あったのが、水の流れが早く昼夜たえず動くので後には片葉になった、難波は常に西風が烈しいので葉が東へ靡くので片葉となった、とする二説を採り入れている。(3) 葦は別名「浪花草」とも称するように、古より浪華の名物の一つでもあった。また、七〇六（慶雲三）年に難波宮にいた志貴皇子が「葦辺行く　鴨の羽交ひに　霜降りて　寒き夕は　大和し思ほゆ」(4) と都を想って詠んだように、古くからこの地の植生景観であったとしてよいであろう。このような景観描写は、「御絵図所」を称した林氏吉永《はやしうじよしなが》の手になる一六八七（貞享四）年の『新撰増補 大坂大絵図』以降の刊行図にも引き継がれていくことになる。

前掲した地に描かれたのは、植生景観だけではない。九条島や「八間や」、そして寺島には、茅葺きの家屋とともに「はん（番）所」を描いている。これは廻船の出入りを改める「船番所」で、九条島、四貫島、南伝法に設けられていたという。(5) また、九条島と下福島の西の地（百石島）には「御舟ごや（小屋）」＝「御船蔵」が確認できる。なかでも、九条島にはひときわ大きい「大（小）濱民部」の船手屋敷がみえる。これらは大坂御船奉行に関わる建物で、「水の都」として存立していた大坂には、欠かせぬ施設であった。さらに同図には、大阪湾の沖合や大川（淀川）・木津川に遡上する船とともに、係留した数艘の小船、投網を打つ漁師が乗る小船も描いている。このように多くの船舶を描き、水上交通が盛んな様子を図示するのも、当時の大坂の水際景観を語る上では不可欠な要素であったといえよう。

前述した植生や構造物を絵画で表現するのは、大坂市中の町家部分が墨色で充塡された平面的な構図であるのに比べると、製作者は心憎いまでの演出をそこに施していたと考えてもよいであろう。もっとも、郊外部分に絵画表現を用いるのは、この時期の三都（江戸・京都・大坂）の都市図にうかがえる特徴でもあるのだが。(6)

これら一七世紀中期の大阪湾にみられた水際景観がどのような変貌をとげ、その地域における賑わいはどのように描かれたのか、このあたりについては次節以降において順次述べることにしよう。

二　『大阪湊口新田細見図』からみた新田開発の様相

享保期以降、町人請負という手法で大規模に開発された大阪湾岸の干拓新田は、鱗状に海に向かって進んだ（図3）。現在は新田名を付す地名はなくなったが、市岡・泉尾・千島・津守などの地名はその名残でもある。大阪湾岸に拡がる大部分の土地は、この時期に形成されたとしても過言ではない。

このあたりの状況を、一八三九（天保一〇）年五月に刊行された『大阪湊口新田細見図』（図4）をもとに、うかがうことにしよう。同図は、当時の大坂図刊行に主導的な役割を担っていた播磨屋九兵衛の手になる。市中の西側

図3　大阪川口新田『新修大阪市史　第1巻』（大阪市）より

に隣接した大阪湾岸を一望できるこの図の刊行に踏み切った播磨屋の意図するところを的確に捉えることは難しいが、商業ベースを勘案してのこととして大過はないであろう。河絵図と大坂図からなる両面図や、図上にグリッド線を施した分間図などのアイデアに富んだ大坂図を逐次刊行してきた版元として、大阪湾の水際景観である新田を主題とした図の刊行は、当然の成り行きであったの

かもしれない。なお撰文を記した香川徽は、本姓北川、安芸の生まれで大坂に出て書家香川子硯の養子となり、一八四九（嘉永二）年に『浪華名勝帖』を刊行した人物である。

さて、この図から大阪湾の賑わいを探ろうとするのは、以下の理由によっている。大規模な新田開発は、農耕空間の拡大をもたらした。土地に根ざした経済発展が全て、と言うつもりは毛頭ないが、町人請負によって開発された土地は、換言するならば資本の投下で生まれたもので、賑わいの表象に他ならないと考えるからである。

『大阪湊口新田細見図』は、図幅右上の刊記にあるように、摂津国西成郡と住吉郡の二郡において、元禄期から天保期にかけて開発された五三カ所の新田を図示している。それぞれの新田の開発年代は記さないが、「中嶋」にはじまり「津守」までの西成郡の五〇カ所、住吉郡の三カ所の新田名、新田高、地主の名前一覧を付す。凡例にもあるように、図の内部には「入樋」「落樋」「入落兼（樋）」が示され、新田の周囲には「国役」「自普請」の堤が描きわけられている。これによれば、各島を囲む堤は国役堤で、各新田の境をなす堤は自普請であることが一般的であったようである。また、前節でふれた「御番所」や「御舟屋」といった公的な施設や寺社などは、黄色の彩色が施されている。干拓新田という、海水面に近いフラットな耕地景観のなかで、ランドマークとなる「波除山」「茨住吉」などは絵画で表現（図5）するが、このような表現は住吉大社や尼崎城下そして後述する天保山周辺などでも認められる。このほか、新田内の構造物として図示されるのは、朱の鳥居を描く神社と、朱線で示す道がある。

現在の地形図と比べてみれば、南北が短く東西が長い比率となっているが、この点を無視すれば、大坂川口に拡がった新田景観、そして個々の新田の様相を捉えることは充分に可能であろう。

図の主題である「新田」は、その字義からイメージするに、この地域一帯に水田が拡がっていたと考えられる向きもあろうが、稲が専一の農作物であったわけではない。一八五五（安政二）年頃に成稿なった暁鐘成が著す『摂津名所図会大成』に「市岡・泉尾の新田より出すもの他産に超て味ひ美なり、故にこれを新田西瓜と称して殊に賞

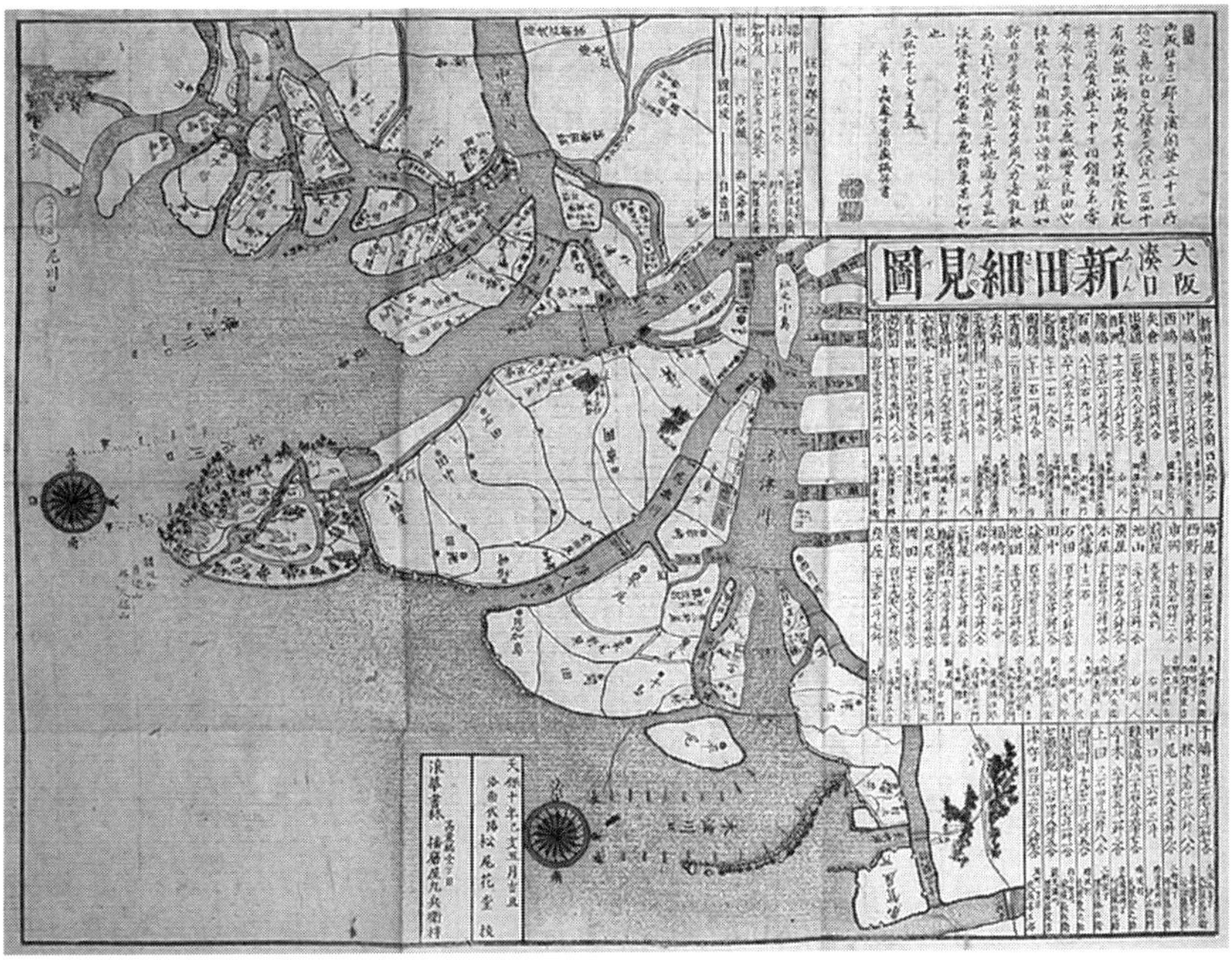

図 4　『大阪湊口新田細見図』神戸市立博物館蔵

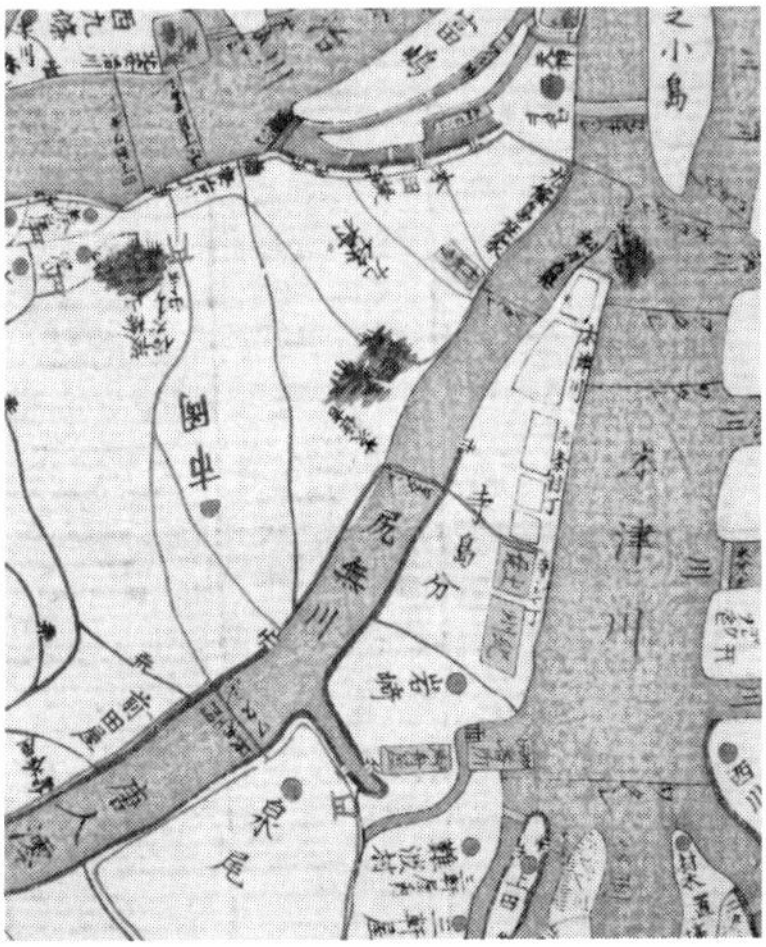

図 5　『大阪湊口新田細見図』（波除山・茨住吉部分）神戸市立博物館蔵

翫せり(7)」と記すように、西瓜などの青物作に重点が置かれていたのである。確かに、加賀屋新田や北島新田の耕地の比率は、田方よりも畑方が勝っている(8)。大坂近郊の青物そして綿作の生産地として、ヒンターランドの役割を担った地域であったといえる。

三　『大阪湊口新田細見図』からみた大阪湾岸の様相

『大阪湊口新田細見図』は主題とする新田を平面で描くにもかかわらず、諸国廻船が大坂に入津する際の目印としての天保山を絵画風かつ誇張している点にも注目したい（図6）。そこには「諸廻船／目印山／俗ニ天保山」との注記が施され、一八三七（天保八）年に建てられた高灯籠を図示している。この高灯籠、「屋上ハ惣一面銅延板張内ハ硝子の障子をかこみて燈火の光をよくす(9)」と照度をあげる工夫がなされていた。ちなみに、この高灯籠の建設は御役所銀によっているが、銅延板は大坂三郷町人からの冥加《みょうが》により(10)、同年一一月一一日に点火、大坂に入津する廻船の目印としての役割を果たした(11)。このように、天保山の絵画的な描写が意図したのは、廻船の利便に供するためと考えたい。とするならば、この図の利用はさらに拡がることになる。大阪湾岸の景観として、単に新田を図示するにとどまらず、廻船の乗組員たちにとって「水先案内図」として垂涎？の一枚だったと。

確かに個々の事象をみると、水上交通に関する点では、原景観を忠実かつ詳細に描写がなされていることに気付かされる。

安治川や木津川の河口部には、十六方位を示すコンパスローズ、一八九四（明治二七）年に大阪市の市章として制定された「澪標《みおつくし》」が描かれるとともに、棒杭の形態である「水尾木」が上流部に向かって点々と図示されている

（図6）。これが周辺よりも水深が深い場所を示す航路の道筋である「澪」で、廻船が大阪湾から安治・木津両河川に入る際の目印であった。同図に依拠すれば、安治川・木津川ともに川尻から南北とも一〇本ずつを数える。同時代の史料である『手鑑』『天保山名所図会』『摂津名所図会大成』にも同じ水尾木の本数を掲げているので、当時の景観を忠実に模しているといえよう。[12]この水尾木は、沖の一番から上流部まで一〇番を数え、それぞれの幅は八〇間（約一四五m）、総延長は一二町程（約一三〇〇m）、そして水尾幅、すなわち廻船の航行路である澪の幅は、約一二〇間（約二二〇m）であった。[13]最下流部の水尾木が「澪標」へと形態をかえたのは、「零標の原形である水尾木の形式は、古くから一貫して棒杭形式であったが、十八世紀後期になって×型の標識がつけ加えられ、十九世紀前期からはそれに横木を追加することによって、今日の朩形式の零標[14]」に定着したとの指摘がある。まさに、この図が刊行された頃が、周知の澪標の形態に変わった時期といえよう。当時の史料ではないが、澪の水深は、一七三八（元文三）年二月一〇日の干潮時に、安治川口では「水下四尺八寸ゟ弐尺弐寸迄」、木津川口では「水下三尺八寸ゟ弐尺壱寸迄[15]」との記録が確認できるので、深い場所で安治川が一・五m弱、木津川では一・二m弱であったことがわかる。このような水深を鑑みれば、干潮時には大型廻船の航行は困難を極めたであろう。そして両河川が上流部からもたらされた土砂の堆積に悩まされ、毎年のように川浚えを必要としていたことも十分に納得できる。

　天保山の少し東側に目を移してみれば、石垣で堤をなした空間が確認できる。これが、一八三七（天保八）年に葦が群生する地帯に設けられた安治川口の船溜である。長さは五〇間（約九〇m）、幅は四〇間（約七五m）であった。「町々乞食ニも可落極難渋之もの相撰、凌方之ため老若男女之無差別右取除土砂最寄地低之所江運送為致、日々粥を為験、猶働に応粥米を被遣候。御入用之儀者御役所銀を以融通御取計」らいと『手鑑拾遺[16]』に記されているので、貧民救済のための公共事業によって築造されたものである。

　安治川口を凝視しすぎたが、次にもう一つの廻船の出入り口であった木津川に目を転じておきたい（図7）。木

図６　『大阪湊口新田細見図』（天保山・安治川口部分）神戸市立博物館蔵

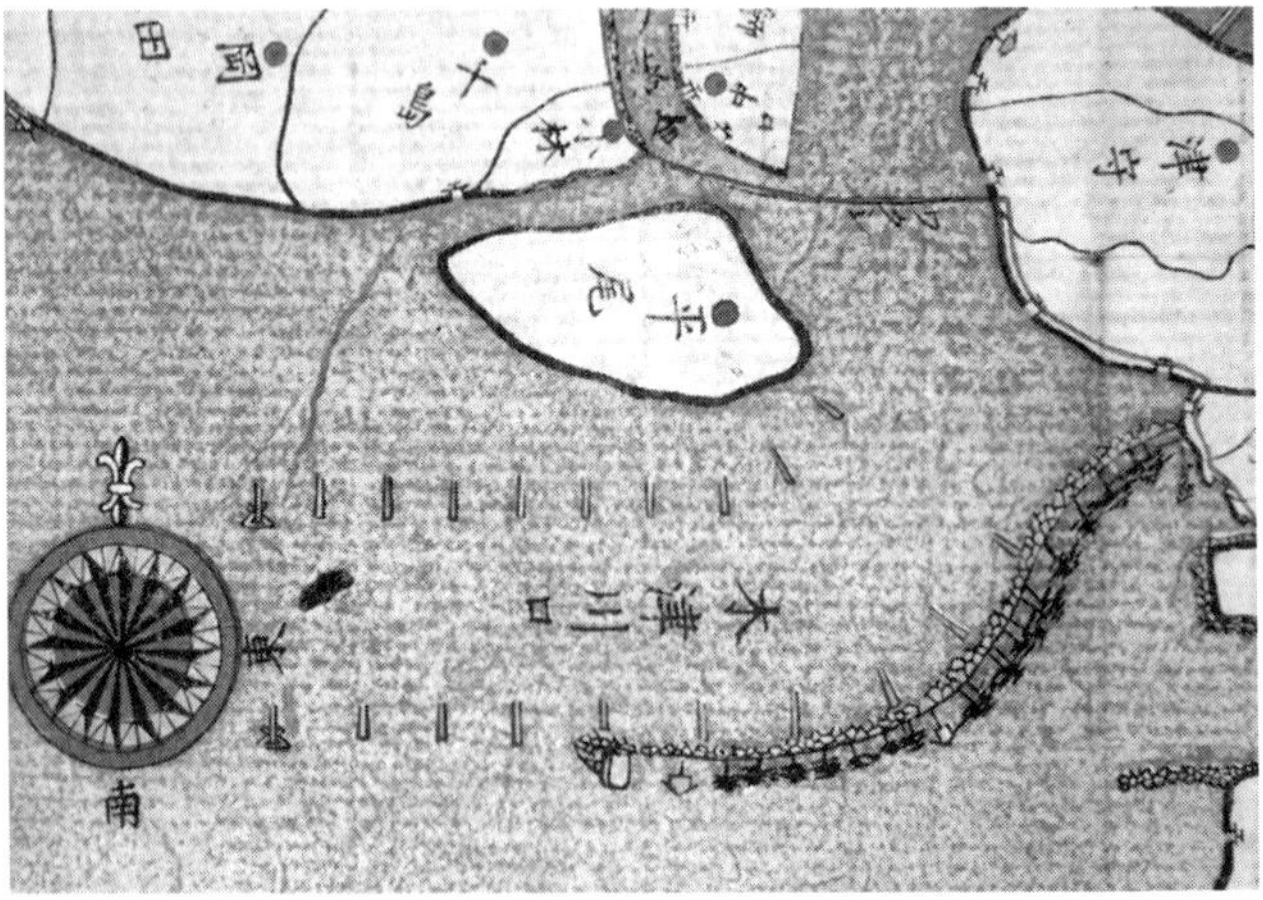

図７　『大阪湊口新田細見図』（木津川口部分）神戸市立博物館蔵

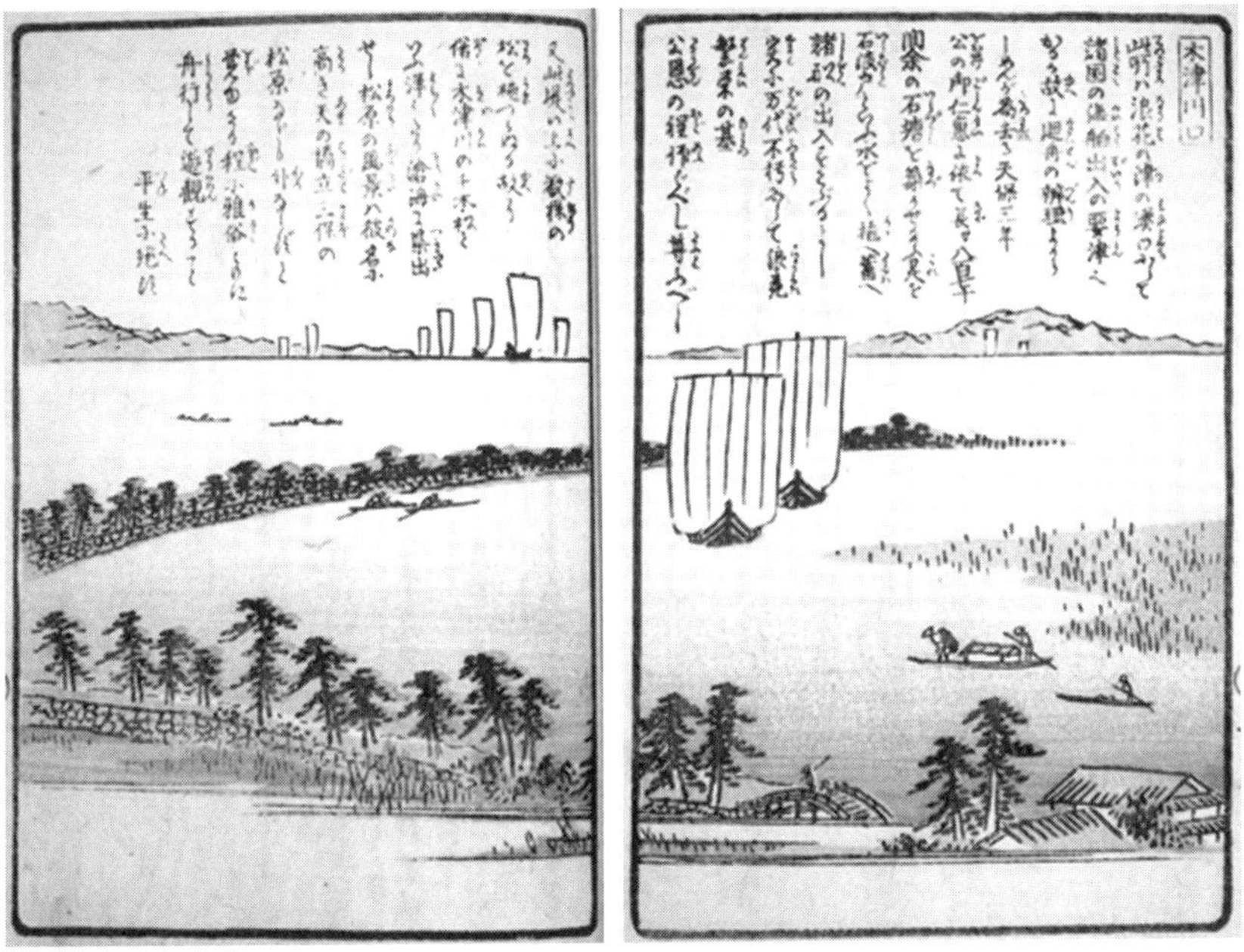

図８　『浪華の賑ひ』「木津川口」神戸市立博物館蔵

津川口にも安治川口と同様に水尾木が並んでいる。これも安治川口と同様の構成からなるが、若干水尾木の間の間数は不同であったらしい(17)。また木津川の左岸には、松並木が立ちならぶ石垣が築かれていることを確認できる。この石垣は一八三二（天保三）年に築造され、「石波戸」と呼ばれた。一八五五（安政二）年に松川半山の挿絵を入れて刊行された暁鐘成の『浪華の賑ひ』には、これについて簡明に紹介している（図８）ので、この一文を掲げておこう(18)。

此所ハ浪花の津の湊口にして、諸国の海船出入の要津也、かるか故に廻舟の辦理よからしめんが為、去る天保三年、公の御仁恵に依て長サ八百七十間余の石塘を築かせ給ふ。是を石波戸といふ、水をよく抱へ蓄へ、諸舩の出入すこぶるよし、実に万代不朽にして浪花繁栄の基、公恩の程仰ぐべし、尊ふべし、又、此塘ハ上に数株の松を植つらぬる故に俗に木津川の千本松といふ、洋々たる滄海に築出せし松原の風景ハ、彼名に高き天の橋立・三保の

松原なども外ならずと覚ゆ、さる程に雅俗ともに舟行して遊観すること平生に絶す

同様の石波戸は、一八三五（天保六）年に安治川口の左岸にも築造されたが、水尾木の立ち様が悪いことや波戸へ乗り上げて破船することがあったため、一八三八（天保九）年には長さ百間が取り払われている。[19]川口以西を描いた『大阪湊口新田細見図』は、前述してきた安治川や木津川、そして大阪湾に注ぐ神崎川・中津川・尻無川などの諸河川には墨線が引かれ「ワタシ」の注記がある。もちろん渡しは、当時の人々が生活手段に供した交通機関であるが、諸国から入津してくる廻船の航行上の目印にもなったであろう。

四　都市大坂の鳥瞰図から——大坂の賑わいの断面

ここでは、都市大坂を描いた三点の鳥瞰図をもとに、大阪湾の賑わいの様相をさぐってみたい。最初にテキストとするのが、上田公長の門人中川山長が描き、一八三四（天保五）年に刊行した『大湊一覧』（図9）である。同図は、大阪湾側から南は堺の町並み、中央に大坂市中、北は大川と天満の界隈、西は生駒の連なる山並みを眺望している。別名『浪華新丘図』とするように、天保山の築造、つまり川浚えによって繁栄を取り戻した大坂市中の景観を描いていることに主眼があるという。そして、この図が好評を博したことは、一八三九（天保一〇）年にも再版が出されていることからも理解できる。[20]同図の凡例には、

一浪華ノ地位、南北長遠ニシテ東西短狭ナリ、今図セル所此ニ反セルハ、西洋ヨリ眺望ナレハナリ

一南界浦ヨリ北傳法ハマベ迄ノ間、一大ノ湾ドニシテ南方ニテハ西エ出、北方ハ東エヨル丁凡五丁バカリノ違ナリ、今図セルハ画上ノ見ヤスカランタメ此クセルナリ

一河内ノ渚勝ノセザルハ、紙中限リアリテクダ〲シケレバ畧ス、生駒シギノ嶺々ハ西洋ヨリノ眺望ナレハ図ス

とあるので、この図が意図したところをうかがうことは可能であろう。

『大湊一覧』を俯瞰すると、まず目を惹かれるのは、大坂市中に町家が密集している様と、安治川と木津川を遡上していく廻船の多さであろう。立錐の余地がないほど両河川には廻船が連なり、「出船千艘・入船千艘」といわれた大坂の賑わいの様を余すことなく伝えてくれる。ただ、安治川を遡上する廻船は、日々に数艘であったことから[21]、大坂の賑わいを表現するためとはいえ、絵師山長の筆が過ぎたことは否めないであろう。ただ、刊記に「仲秋望」とあるように秋の最中、そして生駒の山並みの上空に太陽が描かれていることから判断するに、朝の景であることに間違いない。廻船が、安治川や木津川を遡上していくのは、朝夕であったとされるから、そのあたりについて山長は、正確を期したようである。安治川を遡上する大型の廻船は航行が可能な安治川橋のある位置までで、ここから上荷船などの小型船に積み替えて、市中に荷を進めた。図中の淀川（大川）に浮かぶ小船は、このあたりの情景を描いてくれているようにもみえる。

前々節で『大阪湊口新田細見図』を素材に、大阪湾岸に拡がる新田の状況をみたが、この『大湊一覧』からは、それ以外の情報をわれわれに教えてくれる。山長がオンタイムに同図を描いたのかどうかの検証も含め、即座に判断することは危険ではあるが、開発の進捗状況がうかがえるのである。市中に隣接した新田（それは開発年代が古いことを意味するが）は、内陸部にみえる耕地と同様の表現で描くが、天保山の東側に拡がる一八二九（文政一二）年を開発年とする「ヤハタヤ（八幡屋）新田」、尻無川河口の右岸の「ヨシヤ（葭屋）新開」、そして廻船が入津しようとしている木津川の北側の「恩加シマ（島）新田」や「岡田新田」の表現は明らかに異なっている。葦が群生し水溜まりが散見できる様相からすると、干拓の途上を活写しているものと考えられる。そして、新田の堤上には

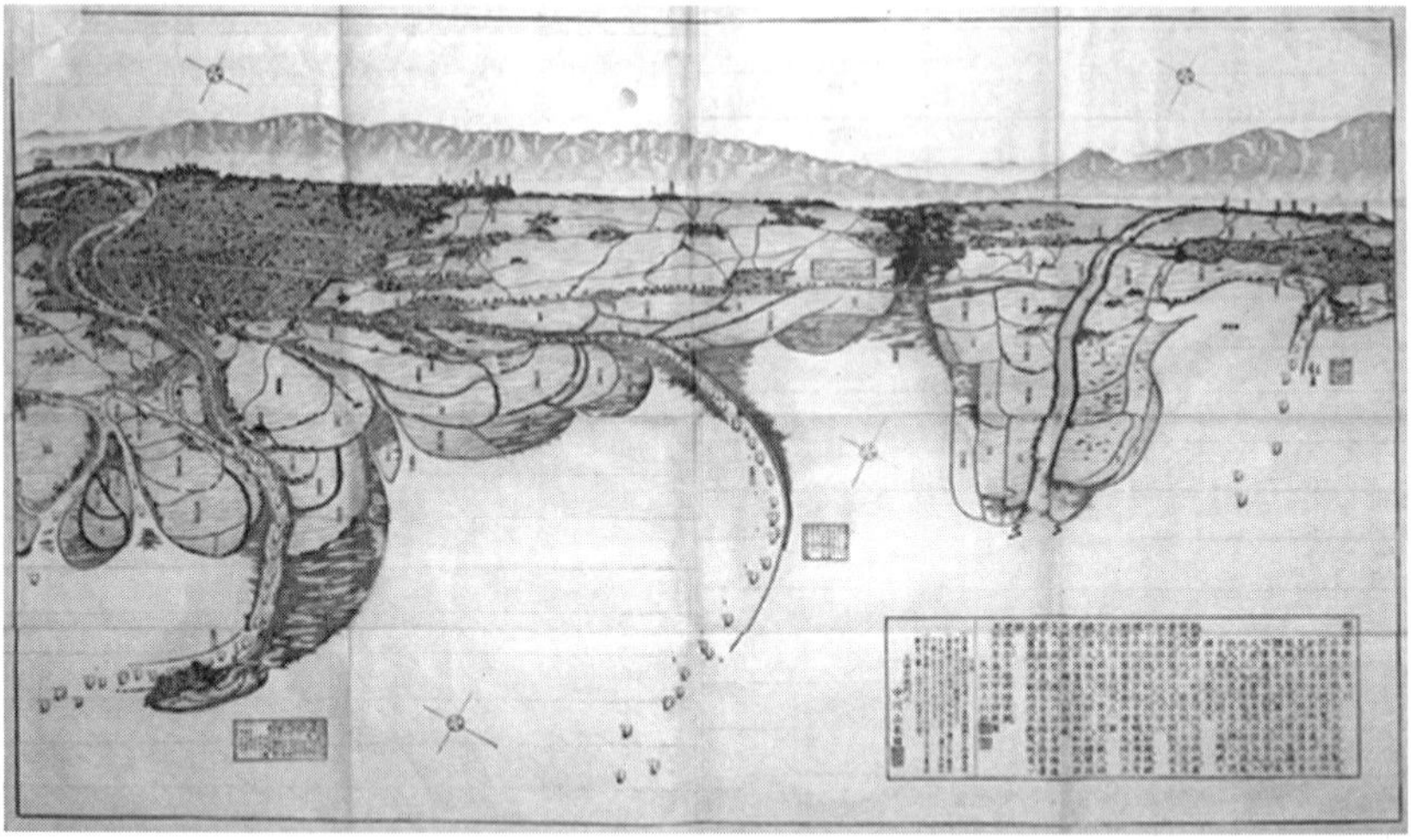

図９　『大湊一覧』神戸市立博物館蔵

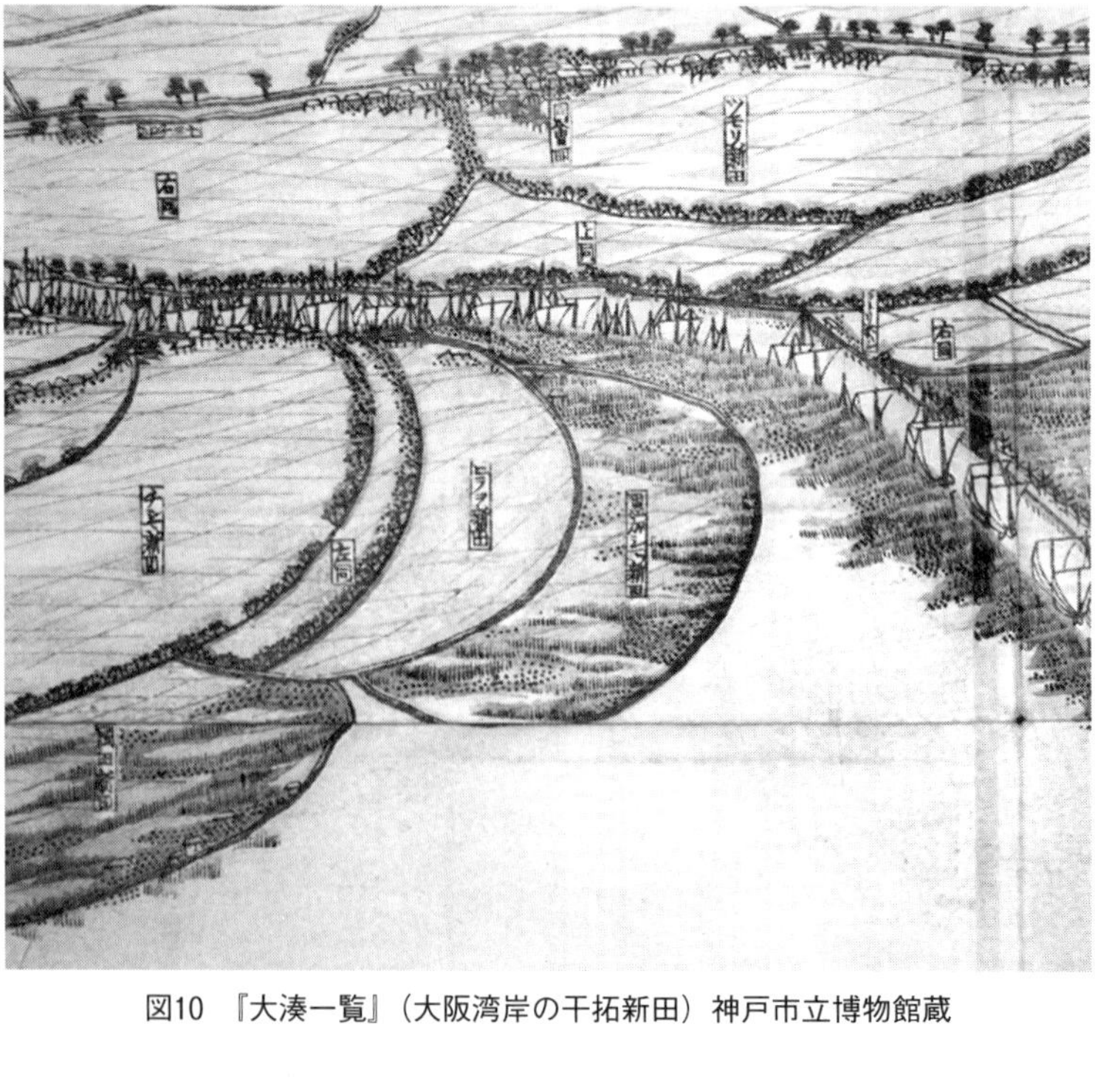

図10　『大湊一覧』（大阪湾岸の干拓新田）神戸市立博物館蔵

図11　『大坂名所一覧』（大阪湾部分）神戸市立博物館蔵

図12　『浪花大湊一覧』（大阪湾部分）神戸市立博物館蔵

木立が並んでいる様子が看取できる。これらは、大阪湾から吹きつける塩混じりの西風を遮断するために植えられていたのであろう（図10）。

また、前述した木津川口の「石波戸」について、同図では「木津川口波ヨケ／波戸ツキ立凡／八百間ヨ内凡／六百間葭根ツキ立／二百間石垣ツキ立／高サ二間ヨ／道巾五間ヨ／並木千本ヨ小松」の注記を加えている。

一方、大坂市中から大阪湾までをも含めた鳥瞰図としては、幕末に活躍した橋本玉蘭斎（五雲亭貞秀）の『大坂名所一覧』と『浪花大湊一覧』がある。

前者は、大坂城の上空に視座をおき、大坂市中そして北東は天王山、西は兵庫、南は紀淡海峡までを一望のもとに描いた浮世絵で、九枚続きで構成され、二ｍを超える大パノラマ図となっている。刊行は幕末の一八六五（慶応元）年、前掲『大湊一覧』とは、海と陸という全く対極の視線から描いているが、この図からも大阪湾をうかがえる（図11）。蒼々とした海水を湛える大阪湾には、安治川と木津川に向かって遡上してくる廻船が点々と連なっている。『大湊一覧』のように廻船は多く描かないが、澪標そして水尾木を頼りに大坂に入津してくる様子を読み取ることは可能であろう。そして海岸部には、大阪湾岸に拡がる新田とともに、鬱蒼と木立が茂る天保山が描かれている。

また後者、『浪花大湊一覧』（図12）は、その表題が示すように「湊」の風景を主題とする。淀川（大川）に架かる天満橋の上空に視座をおき、大坂市中そして北西から南東方向に拡がる大阪湾を鳥瞰する図である。前述してきた新田景観、安治川や木津川そして大阪湾周辺はどのように描かれているのだろうか。まず新田景観は、勘助島や九条島からうかがえるように、その周囲を樹木が囲んでいるようにみえる。『大湊一覧』に看取できた堤上の植栽と同様のものと解しておきたい。安治川をみると、安治川橋の袂から延々と河口の天保山に向かって両岸には諸国の廻船が連なっている。一方で木津川右岸の勘助島周辺には、廻船が停泊している様がみられる。これほどまでに、廻船が連なって停泊していたとは考えづらいが、これも大坂の賑わいの表象だと理解しておこう。

五　おわりにかえて――天保山の賑わい

ウオーターフロントとして、最後に天保山の賑わいの様子をうかがって本論を閉じることにしたい。大阪湾岸に聳える天保山は、正式には「目印（標）山」と呼ばれた。「天保山」はあくまでも俗称であったが、これが今に名前を遺すことになる。大坂町人が主体となった一八三一（天保二）年の「御救大浚」によって造成された人工の山である。「天下の台所」として諸国の廻船が通う生命線である幹線水路の安治川をはじめ、諸河川に堆積した土砂を浚渫《しゅんせつ》し、それを積み上げた産物であった。水都大坂の経済的地位＝賑わいを維持することを主眼としたが、それは行楽文化としての賑わいの場を生み出すことにもなったのである。

この事業は、畿内河川管理の一環として実施され、三月八日の安治川浚にはじまり、六月一三日には上流部の淀川・神崎川・中津川の国役堤普請、翌年三月中旬に木津川口浚と展開し、一二月まで続いた(22)。事業経費は、公儀のみならず三郷町々や諸株組合・問屋らが拠出することでまかなわれ、動員人数は一〇万人を超えたという。築造に際しての賑わいを、一八三五（天保六）年に暁鐘成が刊行した『天保山名所図会』には、

せめてもの御恩報しの御手伝と、町々が思ひ〳〵に談らひて、御冥加をさし上、猶も陸地の持はこびの、御加勢をなし奉らんと、三郷六百有餘の町々、問屋・諸仲間・諸商人・諸職の仲間・青楼柳巷、御恩の隔なにハ人、芦火たく家の煤たれた、賤の男も分限者も、家持借家打混じ、其組々の標とて、幟吹抜たて連ね、襦袢手拭ひ一様に、夫々好ミの模様をそろへ、鉦太鼓ニてはやし立、篭にて荷ひ桶にて持、あるひは車につミ上て、大勢集て引もあり、四手もて前より招くあり、土俵を作りて道を築くあり、彼方にハ高く積上げ、こゝにハ平地に引ならす、御冥加持の砂運び、数万人の掛声、拍子を合す鉦太鼓、遠近にひゞきわたり、揃への姿日に映じ、勇しかりし事どもなりき、此光景を拝せんと、陸を踵て到るあり、老人児童足弱連ハ、舟にて此におもむくありて、平生ハ訊人まれにして、鶬鶊の窠宿なりし、芦のしげみの傍辺に、腰かけ茶店の休息所、上燗田楽一膳めし、蛤蜊汁や蛸のあし、児童たらしの菓子飴など、心々に店を出し、其賑わへること言語に絶せり

と(23)、大坂市中の住民たちが鉦や太鼓で囃し立てながら砂持ちを行う様と、その見物人を当て込んで繁盛した「腰かけ茶店」の光景を記している。

このようにして生まれた天保山の賑わいを、「安治川口の下海辺ニあり廻船目印山と号す、天保二年御仁恵によ

図13　『浪花天保山風景』神戸市立博物館蔵

つて成就の地なれバとて世俗天保山と号す、山の高サ凡十間許、周廻百間余、嶋の周廻千間余、石垣の高サ五間余、橋十二箇所・茶店・貨食屋等あまたありて、春秋ともに賑わし、又高燈爐を建て夜走の舟の目あてとす、その結構厳なり」と同じく鐘成は語っている。[24] ここにあるように、春と秋を中心に行楽の場として成立した天保山には、「茶店・貨食屋」など各種施設が建てられたが、それは賑わいを醸し出すためには必要不可欠のことであったと思われる。ウォーターフロントのアミューズメント施設の開発にかかる先駆とも位置づけられようか。これらの賑わいの具体像について、もう少し地誌書から看取しておくことにしよう。

天保山は「四方の眺めに露ばかりも障りなく、四時ともに風景美にして、浪花の津一箇の新名所」[25]であった。『天保山名所図会』には、「並木の桜咲匂ふ頃ハ遠近の遊客こゝに打むれ、酒宴を催し、詩哥連誹に風流を楽ミ、糸竹のしらべにうかれ、春の遅日を戯ふれ暮して、武庫山に紅日の没するをしめり」[26]とあり、『浪華の賑ひ』には、「此山ハ四面の眺望に露ばかりも障なく、風景美観なるが故に四時ともに遊興の人絶ることなく、其うへ山中及び平地に桜多きにより、花の盛の頃ハ殊さらに賑わし」[27]とする。これらの記事をもってするに、桜咲く頃に天保山は一つの賑わいをみせていたといえよう。確かに、五蝶亭（歌川）貞升の『浪花天保山風景』（図13）をはじめ、当時の浮世絵の多くが桜咲く頃を描いている。今もその系譜は引き継がれ、隠れた桜の名所ではある。

秋には、天保山から、尻無川の堤に目をはせて楽しんだようである。「黄櫨の木の竝木あまたあり、秋の頃ハおの〳〵紅葉して日に映じ、川水にうつる光景龍田の秋にも劣じと覚ゆ」と『天保山名所図会』[28]にみえる。

　では、これら集う人々を迎える施設はどうであったのか。天保山に渡る萬年橋の南に「貴賤暴雨をしのぐの一助」[29]とする雨舎という施設があった。これは「御救大浚」の際に加勢をなした立札を絵馬のように敷居にならべ、「長さ凡十二間餘、横凡二間餘、二階造りの高樓なり、樓上よりの四方の眺望いたつて絶景なり（中略）此柱の本に大ひなる穴を穿ち所謂大佛柱のごとくに作れり、諸人是をくゞりて一興とす」[30]と眺望を売りにする展望台らしきものであった[31]。また、天保山の西麓、大阪湾を望む地には、「葭簀をもて立わたせし茶店数多つらなれり、此所風景よく酒肴の料理自由なり」[32]と、やはり大阪湾を望む風光を一つの文句にしてその賑わいを語っている。

　しかし、大坂市中をはじめとする住民たちを魅了した天保山の賑わいは長くは続かなかったようでもある。一八五四（嘉永七）年九月一八日、ロシア艦隊司令長官プチャーチンがディアナ号を率いて天保山の沖に碇泊する事件ののち、公儀は天保山の西に星形の稜堡を築き、さらには砲台を設け、摂海防備を図ることになる。この埋め立てに利用されたのが、一〇間の高さを誇った天保山の土砂であった。

注

（1）『大阪湾再生行動計画』http://www.kkr.mlit.go.jp/plan/kaigi/gaiyou.html
（2）矢守一彦「古絵図・地誌類に描かれた近世の大坂」（『新修大阪市史　第一巻』〈大阪市　一九八八年三月〉）
（3）「片葉芦」（『摂津名所図会　巻之五』）、なお「難波蘆」（『摂津名所図会大成　巻之九下』）では、前者の説を採用している。
（4）『万葉集』巻第一　六四番歌
（5）『大阪市史　第二』（大阪市参事会　一九一三年一二月）
（6）矢守一彦『都市図の歴史』（講談社　一九七四年五月）

（7）「新田西瓜」（『摂津名所図会大成　巻之九上』）
（8）田中豊「加賀屋新田文書」（「大阪の歴史」第一三号　一九八四年一〇月）
（9）「高燈籠」（『摂津名所図会大成　巻之九上』）
（10）「安治川口目印山高灯籠御取立之事」（『手鑑拾遺』〈『大阪市史史料第六輯　手鑑・手鑑拾遺』大阪市史編纂所　一九八二年三月〉）
（11）『大阪市史　第二』（大阪市参事会　一九一四年八月）
（12）「両川口水尾木数并建様之事」（『手鑑』〈注(10)前掲書〉）、「礒邊茶店」（『天保山名所図会　下之巻』）。「澪標」（『摂津名所図会大成　巻之九下』）。天保以降の刊行大坂図を通覧した限りでは、水尾木を正確に記す図と、全く記さない図の二種に分かれるようである。
（13）「両川口水尾木数并建様之事」（『手鑑』〈注(10)前掲書〉）。なお『天保山名所図会　下之巻』の「礒邊茶店」には「その間を隔つる事凡百尋餘り、其木の長さ六尋に餘れり、しかれども半ハ水に入」とある。
（14）柚木学「近世の大阪とみおつくし」（「大阪春秋」第六一号　一九九〇年八月）
（15）「第七十五　尺合之事」（『川方地方御用覚書』〈『大阪市史史料第六六輯　幕府宿継文書・川方地方御用覚書』大阪市史編纂所　二〇〇五年六月〉）
（16）「安治川口船溜之事」（『手鑑拾遺』〈注(10)前掲書〉）
（17）「両川口水尾木数并建様之事」（『松平石見守殿御初入ニ付差出御覚書』〈『大阪市史史料第一五輯　大阪町奉行管内要覧――松平石見守殿御初入ニ付差出御覚書・地方役手鑑――』大阪市史編纂所　一九八五年三月〉）、「両川口水尾木数并建様之事」（『手鑑』〈注(10)前掲書〉）、『川方地方御用覚書』（注(15)前掲書）など。
（18）「木津川口」（『浪華の賑ひ　二篇』）
（19）「両川口石波戸并石垣堤之事」（『手鑑拾遺』〈注(10)前掲書〉）
（20）再版図は、同図を納めた袋に天保一〇（一八三九）年刊であることが記載されるとともに、天保五年図の外郭部分に彫られていた「彫工市田次郎兵衛印」がない。ただ、図の内容は同様である。ここでは天保一〇年図をもとに議論を進める。

(21)「安治川口船溜之事」(『手鑑拾遺』〈注(10)前掲書〉)
(22)『新修大阪市史　第四巻』(大阪市　一九九〇年三月)
(23)「天保山」(『天保山名所図会　上之巻』)。同様の記載は、『摂津名所図会大成　巻之九上』の「目標山」の項にもみえる。
(24)「目標山」(『摂津名所図会大成　巻之九上』)
(25)「天保山」(『天保山名所図会　上之巻』)
(26)「万年橋」(『天保山名所図会　上之巻』)
(27)「目標山」(『浪華の賑ひ　三篇』)
(28)「栄橋」(『天保山名所図会　下之巻』)。また『摂津名所図会大成　巻之九上』の「尻無川黄櫨紅葉」や「尻無川」の項にも賑わいの様相を記している。「尻無川」の一文を紹介しておこう。

此河の両堤に黄櫨の木を數千株うゑ列ねて、實をとりて蠟に製するの益とすされバ、紅葉の時節にいたりてハ、川の両岸一圓の紅にして、川の面に映じて風景斜ならず、騒人墨客うちむれて風流をたのしみ、酒宴に興じて、常にあらざる賑ひなり、河下に甚兵衛の小屋とて茶店あり、年久しき茅屋にして世に名高し。

(29)「雨舎」(『摂津名所図会大成　巻之九上』)
(30)「雨舎」(『天保山名所図会　下之巻』)
(31)現在、天保山には大阪湾を一望できる世界最大級の観覧車がある。これも展望台の系譜と考えてよいだろう。
(32)「礒邊茶店」(『天保山名所図会　下之巻』)

【参考文献】

矢守一彦「大阪史の自然地理的基礎」(『大阪の歴史と風土』〈毎日放送　一九七三年一一月〉)
原田伴彦・矢守一彦編著『浪華大阪　日本の古地図⑪』(講談社　一九七七年八月)
『新修大阪市史　第三巻』(大阪市　一九八九年三月)
『新修大阪市史　第四巻』(大阪市　一九九〇年三月)

大阪湾は甦るか？

足立敏之

一　盛衰を繰り返した大阪湾

大阪湾は、古くから漁業が盛んで、チヌ（クロダイ）が豊富に生息していたこともあって「茅渟《ちぬ》の海」とも呼ばれていた。また、魚が豊富な海という意味の「魚庭《なにわ》」が「なにわ」の語源との説もある。このような豊かな海を活かして大阪湾周辺は古くから発展し、難波津《なにわづ》などを中心に中国や朝鮮半島との交流の玄関口として栄えた。七世紀には難波宮《なにわのみや》に都が置かれ、江戸期には大阪は天下の台所として大いに繁栄した。

明治維新に伴い蔵屋敷が廃止され大阪は一時沈滞したが、明治期に造幣局や大阪砲兵工廠《ほうへいこうしょう》が設けられ、商都から工業都市への転換が図られたことによって復興が始まった。それ以降、繊維工業、金属機械工業、化学工業などを基盤として近代的な工業都市へと変貌し、さらにこうした産業をベースとして大阪築港が行われ、対外貿易の大きな推進役になった。

その後、第一次世界大戦を契機としてさらに工業が発展したが、その一方で重大な環境問題が生じた。工業化の進展に伴う煤煙や河川汚濁の問題である。それ以降、関西は世界恐慌や第二次世界大戦を経るなど大きな打撃を受けた。戦後の復興に際しては、特に大阪周辺の臨海部を中心に開発が進められ、高度成長期には堺・泉北地域などをはじめとして埋め立てが進み重化学工業を中心に大きく発展したが、オイルショックを機に再び衰退が始まった。

一方、神戸については天然の良港で瀬戸内航路の主要港として古くから繁栄し、明治期に入り兵庫運河が整備され一層の発展を遂げた。その後、神戸では大阪が川浚《かわざら》えの土砂で新田開発を行いどんどん沖に出ていったのに対して、六甲山系の山を削ってその土砂でポートアイランドや六甲アイランドなどの人工島を造り港やコンテナバースとして活用する一方、土砂を採った山の手で新たな街づくりを進めるといった画期的な手法で大いに発展したが（写真1）、阪神淡路大震災により壊滅的な被害を受け大きく衰退することとなった。

写真1　賑わう神戸港

二　動き出した大阪湾ベイエリア開発

関西では、一九七三年のオイルショックを契機に産業構造が大きく変化し、神戸港や大阪港の低迷に伴って広大な低・未利用地が発生し、大きな社会問題となった。その頃、注目を集めたのが関西国際空港であり、その整備のインパクトを活かし、関西の再生を図っていこうという機運が盛り上がった。

当時、ちょうど四全総「第四次全国総合開発計画」の議論が始まっており、その中で東京一極集中を是正し多極分散型の国土の形成を図るため、特に関西圏には文化的、経済的蓄積があることなどからその役割に大いに期待が寄せられることとなった。

世界的にみてもウォーターフロント開発ブームが巻き起こっており、海外の成功例が次々と紹介され、大阪湾ベイエリアの開発に関西経済界のみならず全国からも大いに期待が集まった。

このような動きを受け、一九八九年九月に大阪湾ベイエリア開発の推進母体となる「大阪湾ベイエリア開発推進協議会」が発足し、一九九一年四月にはベイエリア開発整備のビジョンとも言うべき「大阪湾ベイエリア開発整備のグランドデザイン」を発表している。目標年度は二〇二五年であった。

このグランドデザインによると、大阪湾ベイエリア開発整備の理念は、「世界都市〝関西〟形成のフロンティア」としており、基本目標として「住・職・学・遊の諸機能が複合した快適な生活空間の形成」、「新たな知的・文化的創造拠点の形成」、「国際交流拠点の形成」、「産業の高度化と新たな産業創造・育成拠点の形成」、「自然と調和した魅力的な環境の創出」、「内陸部の都市も含めた多核ネットワーク型都市圏の形成」などが示され、職も住も合わせた複合的な空間として大阪ベイエリアを発展させていこうという基本的方向のもとに開発整備が進められることとなった（図1）。

その実現に向けては、三つの戦略が考えられた。一つ目が、開発整備を進めるために選定された三八のプロジェクトから、さらに八つを選んでシンボルプロジェクトとしたことである。具体的には、「なぎさ街道」、「大阪湾メモリアルミュージアムの建設」、「国際ベイエリア研究センターの整備」、「世界機構ランドの形成」、結局実現はしなかったが「オリンピックの開催」、「大阪湾ベイエリア開発象徴記念事業の開催」、「ベイエリア・エキスプレスの整備」、「アジア・太平洋サットプラン」を選び、これら八つのプロジェクトを推進することによって、この地域全

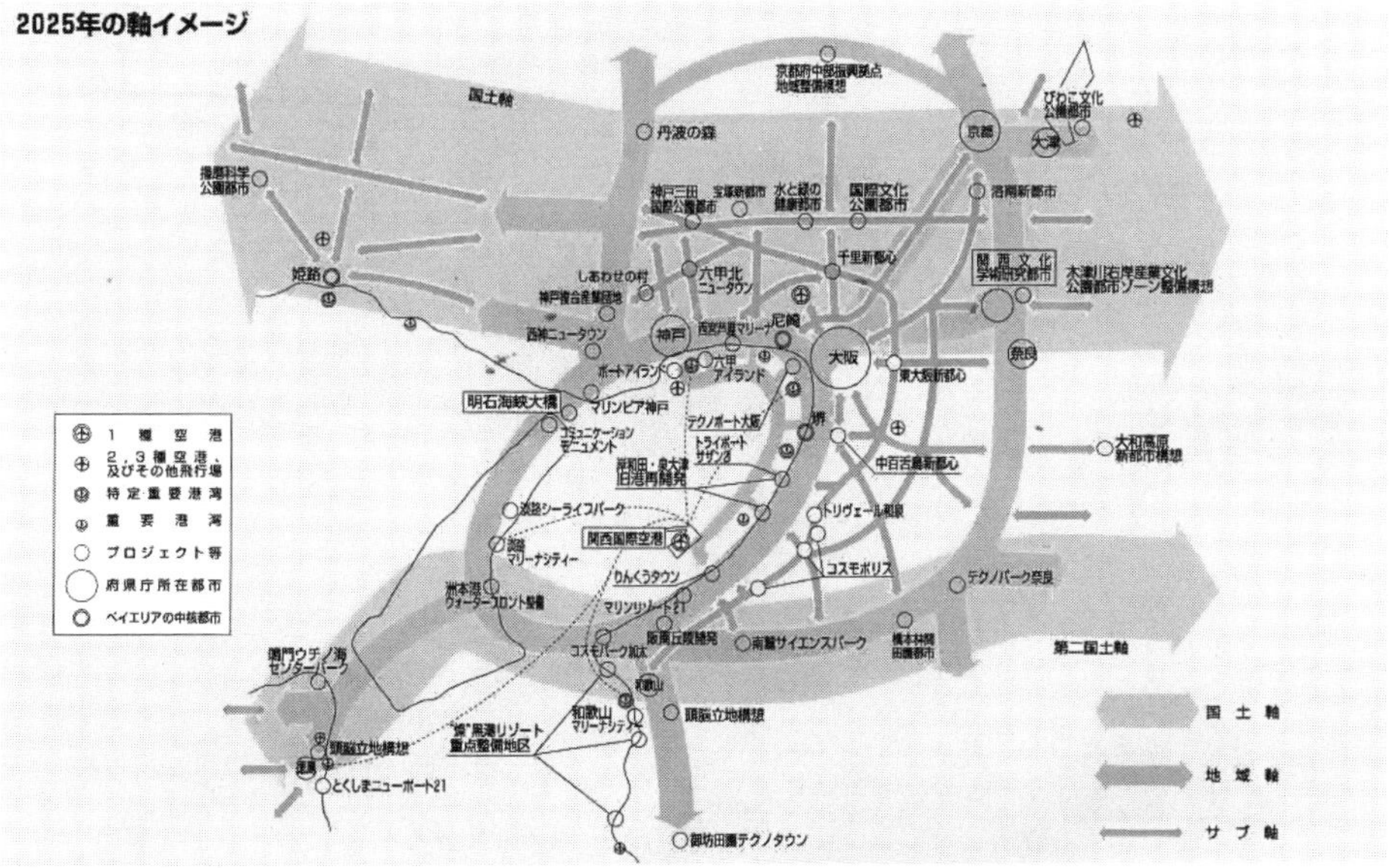

図1　グランドデザインの開発イメージ

体の活性化を図って行くこととした。

二つ目が、「国家的プロジェクトとして推進するための特別法の制定」である。これにより「大阪湾臨海地域開発整備法」が一九九二年一二月に制定された。ベイエリアという特定の地域を対象としてその開発のための法律が作られたのは大阪湾だけである。この法律によって、大阪湾を中心とするコアにあたる臨海地域、その周辺の徳島県、奈良県、滋賀県までも含めた関連整備地域が指定され、これらの地域を対象として基本方針・整備計画が策定され、税制上の優遇措置などを講じることによってこの地域の発展を支えていく仕組みが確立された。

三つ目が、このような動きを進めるための推進母体を設けることである。一九九一年一二月に、「財団法人大阪湾ベイエリア開発推進機構」が関係の自治体などの支援を受けて設置された。

こういう枠組みや体制が整備され様々なプロジェクトが動き出し、大阪南港のワールド・トレード・センター（WTC）（写真2）、アジア・トレード・センター（ATC）、コスモスクエア、ユニバーサル・スタジオ・ジャ

写真２　大阪南港のWTCとATC

パン（ＵＳＪ）、りんくうタウン、神戸のＨＡＴ神戸をはじめとする様々なプロジェクトが完成していった。ただし、これらのプロジェクトはどちらかというと箱物が多く、現在では自治体やそれを管理する第三セクターにとって大きな負債となっているとの指摘もある。そうしたこともあって、今ではベイエリア開発に厳しい目が向けられている。しかし、こうした施設は既に出来あがっているものであり、一個一個の施設を見るとそれぞれが大切な資産であり、ストックでもある。赤字だからと言って簡単に捨ててしまうわけにもいかないので、どうやってうまく使っていくのか、そのためにいろんな施設をどうやって関連付け、再構成していくかということが重要である。われわれが見ていても、大阪市は南港開発を進め、大阪府はりんくうタウンを進めるというようなチグハグなところもあった訳で、そういったところをどう再び「つなぎ戻す」のかというところが重要なポイントであり、大阪湾再生の鍵になると考える。

三　隘路からの脱出を図るベイエリア開発

大阪湾ベイエリアの開発は、バブル崩壊に伴って近畿の経済が長期低迷に陥り投資余力が落ちたこと、さらに阪神淡路大震災の影響が経済の低迷に拍車をかけたことなどから、大きく立ち遅れ閉塞状態に陥った。

そのような状況を打開するため、二〇〇一年五月に段階的かつ柔軟に開発整備を進めていけるような新たなシス

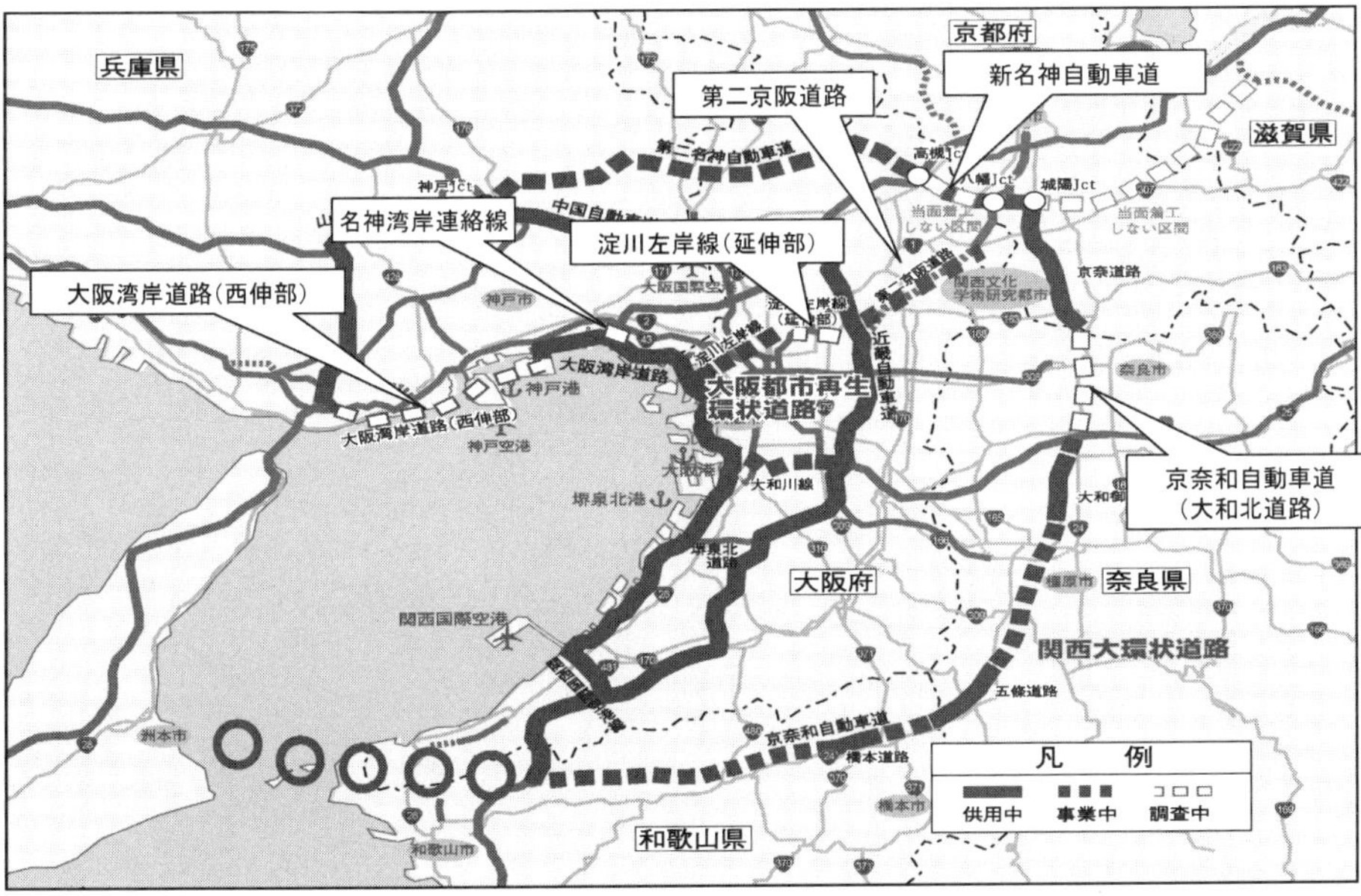

図２　関西の環状道路構想

テムに大胆に転換していくことを目的とした「大阪湾ベイエリア開発整備へのアクション起動に向けて」という提言が、財団法人大阪湾ベイエリア開発推進機構に設けられた検討委員会の報告としてまとめられた。

この提言では、八つのシンボルプロジェクトについて、従来の進め方で整備を続けていくには限界があるが、コンセプト的には決して悪くはないので、今日的にそのコンセプトを捉え直した上で、例えばミュージアムを作るのであっても、今ある既存のものをネットワーク化することにより充実を図るといったソフト重視の方向に転換する見直しを行うこととした。

このような方向転換を受けて、具体的なアクションを起こすための手法として「社会実験」という概念が取り入れられた。これは、モデル的に様々な取り組みを進め、そういうものをうまく組み合わせて、ベイエリアの復活につなげていこうというものである。社会実験の具体的なモデルとしては、「次世代の環境調和型の街づくりを実証するような展開」、「流域との広域連携による緑の回廊を形成するようなぎさ海道の推進」、「新しい産業創生ゾーンの育成」などが取り上げられ、少しずつ動き始めたところである。

なお、大阪湾ベイエリアの隘路の打開という観点からは、このような社会実験を幅広く進める一方、関西の高速交通ネットワークを充実させていくことが重要と考える。関西では、首都圏や中京圏と同様に環状道路構想がある（図2）。しかし、三環状の一番内側の湾岸ルートでは神戸の六甲アイランドより西の部分が欠けた状態になっている。また、一番外側の近畿大環状についても、奈良市の平城宮跡の区間が計画未決定であり、また、近畿大環状の一部を構成する第二名神についても道路公団民営化の問題の際に抜本的な見直し区間との指摘を受け、その後西日本高速道路株式会社がその施行主体となることは決定されたが、現時点では当面着工しないこととされており、つながっていない状態となっている。さらに、長期的な課題として紀淡海峡の架橋問題もあり、本当の意味での環状道路が構成されていない。ベイエリアとそれを支える関連整備地域を有機的に結ぶためにも、欠けているところを一日も早く結ぶ必要がある。中部圏や首都圏などでは環状道路の整備が最近大いに進んでいるが、関西は大きく遅れをとってしまっている。

四　大阪湾の環境の現状

大阪湾は、安土桃山時代から大規模な埋め立てが始まり、江戸時代以降は川浚えをしてその土砂で新田開発をするという方式で活発に埋め立てが進められた。このため、本来の自然の海岸がほとんど残っておらず、海域のあちこちにあった干潟や藻場《もば》も非常に少なくなっている。海岸線の人工化率は非常に高く、特に神戸から大阪の南にかけては自然海岸がほとんどない。東京湾と比較しても干潟や磯浜が非常に少ない。

私は一九五四年五月に西宮市の浜甲子園で生まれたが、両親の話によるとかつては甲子園浜でも泳げたということである。現在の甲子園浜は、埋め立ての話があったときに、地元から反対があって浜の一部が残ったものであるが、昔の面影はほとんど残っていないそうである。阪神間では芦屋浜や甲子園浜にいくらか自然に近い浜が残っているが、こういう浜をもっと増やしていくことが大事であると考えている（写真3）。

大阪湾の海底地形を見ると淡路島側が深く大阪側が浅い。潮の流れは、大きなスケールでみると、瀬戸内海から流れ込んできて、紀淡海峡から南へ抜けるという流れになっている。そういう流れが海底地形や地球の自転の影響を受け、湾内で輪のような流れ「環流」を形成している（図3）。

写真3　浜の残る芦屋の御前浜

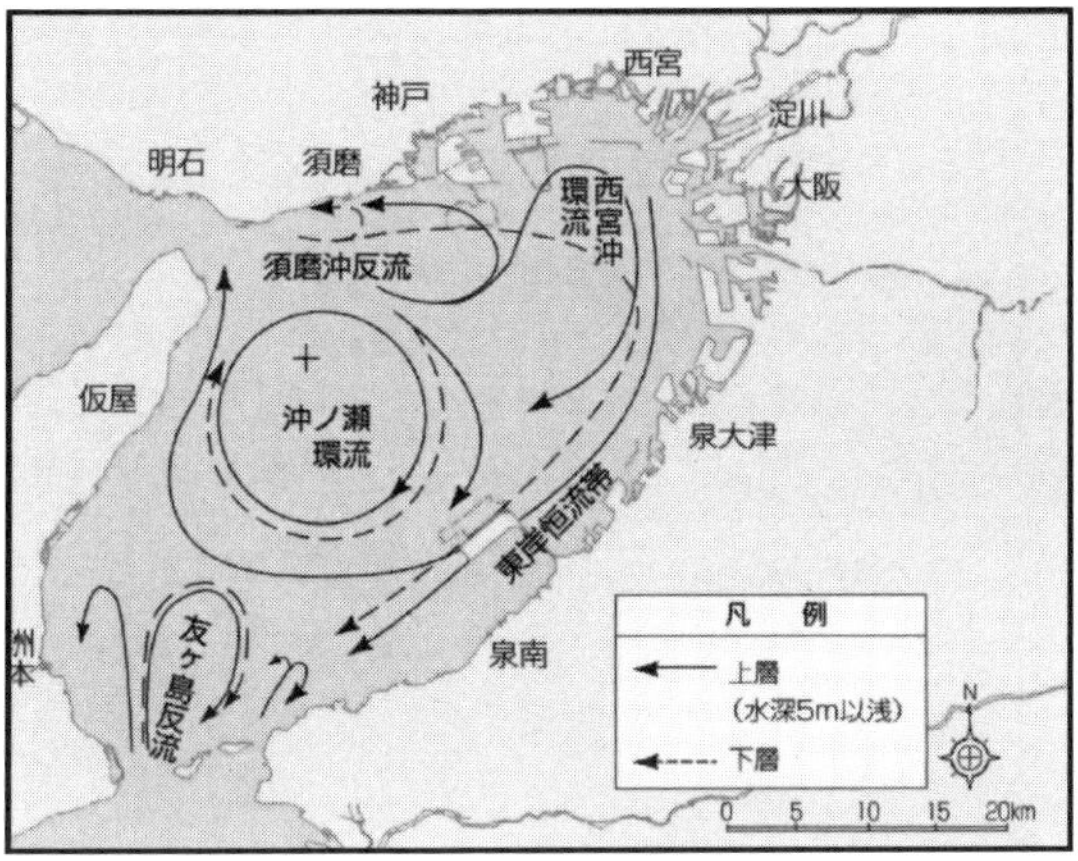

図3　大阪湾の環流

水質については、この環流の影響もあり、湾の奥まったところは非常に停滞しやすい領域になっており、水質の悪い状態からなかなか抜け出せない状況にある。その上、流れが緩いこともあって汚濁物質がどんどん沈澱していき、そういうことが長年にわたって続いてきたこともあって、底質の状態が非常に悪くなっている。底層のＤＯ、すなわち底の方の溶存酸素はその数値によってどれだけ底の方に汚濁物質が溜まっているかわかる指標であるが、淀川の河口や泉南地方ではその数値が非常に小さい。溶存酸素が少ないと生物の生息環境として劣悪な環境となるなど、大阪湾の環境に与えている影響は非常に大きい。

環境基準という観点で見ると、大阪湾の沖合はA分布という比較的きれいな状況になっているが、湾の奥の方は環境基準の目標値自体がかなりハードルを低めに設定してあるにもかかわらず状況はかなり悪く、それに起因して赤潮が発生するというような事態も生じている。汚濁物質がどこから来るかという問題であるが、淀川、大和川、神崎川などの大きな川から入ってくる割合が多く、入ってきたものが停滞域にそのまま入ってしまいなかなか外に出ていかないため悪い状況が改善されにくい。汚濁源を調べて見ると、生活系が一番多く、その次が産業系ということで、まず市民の努力、その次に産業サイドの努力が必要と考えている。

五　大阪湾の再生に向けて

二〇〇一年一二月に「大阪湾再生に向けた都市再生プロジェクト」が政府の都市再生プロジェクトに位置づけられた。このプロジェクトでは、水質汚濁が慢性化している大都市圏の「海の再生」が重要なテーマとなっており、東京湾とならんで大阪湾についても、ベイエリアが再び魅力的なところとなるよう再生計画を作成し、大阪湾の環境自体を再生していくこととしている。

この検討のため、「大阪湾再生推進会議」が二〇〇三年七月に設置され、約八ケ月かけて、「大阪湾再生行動計画」をまとめた。推進会議は、都市再生本部の事務局と国土交通省、農林水産省、環境省、二府六県三政令指定市などから構成されている。計画期間は、平成一六年度から一〇年間である。なお、私は近畿地方整備局の企画部長

表1　再生行動計画の目標・指標

具体的な目標	指標
年間を通して底生生物が生息できる水質レベルを確保する	底層 DO（溶存酸素量） ・5 mg/L 以上（当面は 3 mg/L 以上）
海域生物の生息に重要な場を再生する	干潟・藻場・浅場等の面積 砂浜・磯浜等の延長
人々の親水活動に適した水質レベルを確保する	表層 COD・散策、展望：5 mg/L 以下 ・潮干狩り：3 mg/L 以下 ・海水浴：2 mg/L 以下 ・ダイビング：1 mg/L 以下
人々が快適に海にふれ合える場を再生する	自然的な海岸線延長
臨海部での人々の憩いの場を確保する	臨海部における海に面した緑地の面積
ごみのない美しい海岸線・海域を確保する	浮遊ごみ、漂着ごみ、海底ごみ

の際に、推進会議の幹事長を担当させていただいた。

大阪湾再生に向けての目標は、「森・川・海のネットワークを通じて、美しく親しみやすい豊かな『魚庭（なにわ）の海』を回復し、京阪神都市圏として市民が誇りうる『大阪湾』を創出する」というものである（表1）。具体的な目標としては、一つは「年間を通して底生生物が生息できる水質レベルを確保する」、二つめが「海域生物の生息に重要な場を再生する」であり、干潟や藻場など海の生き物にとって重要な棲み場を回復していくとともに、砂浜や磯浜を増やしていくという目標を立てている。

水質については、人々が水に親しむのに適したレベルを目標としている。以前、大阪湾で船に乗せていただいたが、赤潮が出ており水と親しもうという状況にはなかった。やはり、そういう基本的なところから改善していかなければならないと考えている。また、人々が快適に海に触れあえる場を作る、ごみのない美しい海岸線・海域を確保するなど、具体的な目標を立てるようにしている。総花的に進めても目標倒れになってしまうので、水質の特に悪いところを重点エリアとして指定して、一〇年計画で具体的な改善策を考えていくこととしている。

水質の改善策としては「陸域から出てくる負荷の削減」、「海域の中で溜まっているものの改善」などがある。陸域の負荷削減対策としては、下水道事業等を通じて水質の総量規制をしていくことが考えられる。また、陸から出てくるものを減らす方策としては、河川の浄化事業や森林の整備などにより汚濁物質の流出を減らすことを考えている。海の改善では、ヘドロが溜まっているところは栄養塩類などが底質から溶出してきて水質を悪くするので、それらを覆う方策なども考えている。

一方、コンブやワカメなどの海草を繁茂させることによって、海水に含まれる栄養源をそれらに吸着させることも考えている。さらに、場の改善も重要であり、生物の棲める場として干潟や藻場の整備を進めることを考えている（写真4）。なお、環境を再生する取り組みを進める際には、モニタリングを的確に行うことが非常に重要で、環境の状況を常に監視しながら、成果がちゃんと出ているかどうか把握していくよう努めている。

ところで、こういう施策を進めていく際には、施策の効果を市民の方々にも実感し、理解していただくことが大事であり、湾奥部を中心に象徴的なアピールポイントを設定し、具体的に改善されていく姿を皆さんにご覧いただけるよう考えている。

具体的なアピールポイントとしては、西宮から尼崎にかけてのエリアでは、「尼崎二一世紀の森」などがあり、藻場や干潟の整備や海辺空間としての緑地の整備を市民や企業と連携して実施するという取り組みを進めている。堺から泉南にかけてのエリアでは、大和川からの土砂の流出が多く、河口に土砂が堆

写真4　堺二区の干潟造成実験

写真5　市民により植樹が行われる共生の森

積してきているため、それらを浚渫《しゅんせつ》してその土砂で人工の干潟を作って生物の棲める場にする取り組みや海辺空間としての緑地の整備を進める「共生の森」などを考えている（写真5）。

六　大阪湾は本当に甦るのか？

関西では、このところ景気に回復の兆しが見え始め、大阪を中心にかなり活気が戻ってきた。大阪湾臨海部においても、電気・機械など関西が誇るものづくり産業を中心に大規模工場が相次いで進出するとともに、郊外型の大型ショッピングセンターやレジャー施設などの商業施設が各地でオープンし賑わっている。また、神戸空港が二〇〇六年二月に開港し、関西国際空港も二本目の滑走路を整備する二期事業が二〇〇七年八月に完成し、更なる利便性の向上が図られている。

このような動きの中、大阪湾再生行動計画も関係者の努力により一歩一歩実行に移され、大阪湾再生の取り組みが着実に進み始めている。それを裏付けるような、特に注目を集めている取り組みを三つ紹介しよう。

一つ目が、泉南エリアで進められているダイビングスポットの整備である。ボランティアダイバーなど地域の方々が主体となって、実際に潜ってみて何を改善しないといけないか具体的な提案をいただいており、その一環として藻場の再生を社会実験的に進めている。大阪湾において豊かな生態系と触れ合えるダイビングの場を整備するという象徴的な活動を通して、地域ぐるみで水質改善に取り組む活動が軌道に乗り始めている。

二つめが、堺の浜寺水路で行っているコンブ養殖という形の水質浄化実験である（写真6）。コンブは海水中の栄養塩類を吸収することによって育ち、大きくなると浮く。それを海の外へ取り出すことによって汚濁負荷を海の

写真６　小学生による浜寺水路のコンブ養殖

写真７　南港で市民が進める藻類除去作業

中から取り除いていく。そういう社会実験を、地域の小学生に参加していただいて進めている。この取り組みは子供たちにもたいへん評判がよいということで、総合学習あるいは環境教育という枠組みの中で地域の子供たちが参加する活動として注目を集めている。

三つ目が、市民参加によるモニタリングである。大阪湾の環境モニタリングとしては、国や府県、研究機関、臨海部の事業者や企業など産学官の連携による水質一斉調査があるが、それに加えて大阪湾に流入する河川では地元住民や子供たちに参加いただいて水生生物による水質調査を進めており、さらに最近では、釣り人の皆さんのモニター参加により海域の水質調査にも着手している。大阪湾の再生を進めるに当たって最も重要となるモニタリング調査を、市民の関心を高めながら市民参加で行う活動には大きな期待が集まっている。

こうした取り組みはまだ緒についたばかりではあるが、住民・市民やＮＰＯ、研究者、企業等の多様な主体の連携・協働により着実に積み上げて行くことが重要である。このような形で市民と海のかかわりを再構築する取り組みがより幅広く多様な形で進められて行くことによって、真に大阪湾の再生が実現されるものと信じている。

大阪湾が甦るかどうかは「私たち自身」にかかっている（写真７）。

【参考文献】

大阪湾ベイエリア開発推進協議会「大阪湾ベイエリア開発整備のグランドデザイン」（一九九一年四月）
（財）大阪湾ベイエリア開発推進機構「大阪湾ベイエリア開発整備へのアクション起動に向けて」検討委員会報告（二〇〇一年五月）
大阪湾再生推進会議「大阪湾再生行動計画」（二〇〇四年三月）
大阪湾再生推進会議「大阪湾再生行動計画の実施状況について」（二〇〇七年一月）

※写真1～4　筆者撮影
図1　大阪湾ベイエリア開発推進協議会「大阪湾ベイエリア開発整備のグランドデザイン」（一九九一年四月）より
図2　近畿地方整備局資料より
図3・表1・写真5～7　大阪湾再生推進会議資料より

2. 私鉄ネットワーク——沿線文化の再構築

関西の私鉄はおもしろかった。阪急、阪神、南海、近鉄がそれぞれプロ野球の球団をもっていたから、シーズン中は、関西のどこかで、争いごとをしていたようなものだ。とはいえ、阪神だけがセリーグで、それが関西を代表するチームのような顔になってしまい、他のパリーグの三球団はいま一つ生彩を欠いていた。阪神だけが、今も踏ん張っているのは、関西の最後の砦のようで健気であるが、悲壮でもある。

私鉄経営の定番は、鉄道とターミナルのデパートと沿線の宅地開発なのだが、阪急の宝塚歌劇と近鉄のOSKは、関西らしいユニークな芸事を生んだ。阪神の甲子園球場も関西の代名詞のように思ってしまうのは、高校野球の優勝旗が「箱根の山を越えた」と言われるときである。

阪神以外の私鉄が球団を手放したのは、クルマ社会に押されて、鉄道の客が減少し、とても球団をもつことができなくなったからであるが、無理をすることもあるまい。鉄道は鉄道そのものの魅力によって人を呼ぶのが本筋である。関西の豊かな観光資源などによって沿線文化を掘り起こして、私鉄のネットワークをたくましくすることであろう。正直、これまで、大量輸送に依存していたために、沿線文化は、アクセサリーのような存在であったようだ。

あっという間に、阪急と阪神が一体になってしまったが、プロ野球からみれば、もともとの阪急ファンが、タイガースファンとなるかどうか。こういうのを「文化の越境」と呼ぶのだろうか。あるいは「文化の融合」なのか。

「私鉄」概念の成立と関西

三木理史

はじめに

「関西」の最も狭い範囲の定義は、京阪神大都市圏にほぼ相当する地域を指す場合であろう。そして、その狭義の関西が〈私鉄王国〉の異名をとるように、その地域形成において「私鉄」という電鉄企業の貢献が多大であったことも周知の通りである。

しかし、この「私鉄」という用語は、日本の鉄道史において実は極めて不明確な概念の一つである。それは、現在における関西私鉄史研究の到達点である、武知京三『都市近郊鉄道の史的展開』（日本経済評論社　一九八六年七月）が「都市近郊鉄道」を標題にしていることにも現れている。もっとも、「私鉄」には通念的な「都市近郊鉄道」に属さないものが相当数含まれる。政府の所有・経営している鉄道を「国鉄」と呼び、その対立概念が「私鉄」であるとするのは最も一般的な私鉄観であろう。それならば、株式を上場した本州のＪＲ三社（東日本・東海・西日本）は立派な私鉄のはずだが、一般にそれを私鉄とはよばない。大阪市や京都市の経営する地下鉄はどう位置づけるべきなのか。現在、一般に通用している私鉄とは、鉄道史上では本来「都市近郊鉄道」と表現するのが正しいことを武知の前掲書は示唆しており、本論の課題はその通念的「私鉄」の成立を、関西の地域形成と関係づけて論じることにある。

一　三つの「私鉄一〇〇年」をめぐって

一九世紀後半に遅れて近代国家の仲間入りをした日本では、多くの施設や事業を国営と民営に分けて考えることが通例になってきた。学校、工場、鉱山等と並んで、西洋から技術や制度を移入した鉄道もその例にもれない。一時は官尊民卑思想まで現れたが、もはや厳密に国営事業とよぶべきものが稀少な現在では、両者の峻別もかつてほど意味がない。日本の鉄道創業は、周知のように一八七二年の新橋―横浜間であるが、その経営を工部省鉄道寮が担当したため、それを「官設鉄道」とよび、のちの国有鉄道の前身と考えるのが通説である。その国有鉄道が一〇〇年を迎えた一九七二年には、日本国有鉄道（以下、公社としてのそれを指す場合は「国鉄」とする）を中心に華やかな記念行事が多数行われ、大部な『日本国有鉄道百年史』（全一七巻）も刊行された。それをとりあえず「国鉄一〇〇年」とよぶとすれば、対する「私鉄一〇〇年」はどうであったのか。

その「私鉄一〇〇年」は一九八〇年代前半にあった。それは、「国鉄一〇〇年」に比べて一般にほとんど知られぬまま過ぎた感が強いが、大きく三つに分かれる。

まず、日本鉄道の会社創立の一八八一年から数えて一〇〇年にあたる一九八一年を「私鉄一〇〇年」とするもので、これは会社の創立年であって、路線の開業ではない。民営の鉄道会社は、日本鉄道より一足早く一八七三年に関西鉄道会社が創立されていたが、これは路線開業につながらなかったため、一般に私鉄の創業としては扱わない。

日本鉄道線の初開業は一八八三年七月の上野—熊谷間（現JR高崎線の一部）であったが、いずれにせよ、日本鉄道に関わる「私鉄一〇〇年」記念といえば、和久田康雄が『岩波新書　日本の私鉄』（岩波書店　一九八一年六月）を刊行した程度であり、大規模な記念行事はほとんどなかったように記憶する。それは、日本鉄道が一九〇六年に国有化され、当時その施設の多くが東日本の国鉄線の骨格（高崎線に加え、東北本線・常磐線等の多くの幹線が該当する）を成していたからであろう。

ついで一九八二年も「私鉄一〇〇年」で、こちらは一八八二年六月の東京馬車鉄道開業を私鉄創業とみた場合である。東京馬車鉄道は、のちに公営化されて東京都電の前身となった。但し、馬車鉄道は「鉄道」と名乗っているが、法規的には後述の「軌道」に属する。運輸業界での鉄道（正しくは鉄・軌道）は、大きく専用軌道敷を用いて高速運転を行う「鉄道」と、道路の路面に軌道を敷設した併用軌道敷を用いて短距離区間運転を行う「軌道」に分かれる。したがって、東京馬車鉄道は民営軌道事業の創業者だが、何分その路線はのちに公営化され、さらに都市内の公営路面電車（いわゆる市電）に発展したことも手伝って、通念的な「私鉄」としての実感に乏しいものであった。記念行事も、鉄道雑誌のパイオニアである「鉄道ピクトリアル」が一九八二年六月号（通巻四〇四号）を「馬車鉄道一〇〇年特集」とし、和久田康雄「人物と事件でつづる私鉄一〇〇年」の連載をはじめた程度であろうか。

そして、いま一つの「私鉄一〇〇年」が一九八五年で、それは阪堺鉄道の難波—大和川間（現南海電気鉄道南海本線の一部）の開業から数えたもので、民営の「鉄道」として開業し、かつ「私鉄」として一〇〇年を迎えたために最も実感を伴ってはいた。当の南海電気鉄道株式会社（以下、南海）は、記念刊行した社史『南海電気鉄道百年史』（一九八五年五月）の帯で「南海一世紀の軌跡は—わが国最古の私鉄南海百年のあゆみ—わが国民鉄業界の一世紀でもある」と表現したが、実際には南海の記念年に終始した感が強く、「国鉄一〇〇年」を鉄道一〇〇年として祝したのとは対照的であった。

これら三つの「私鉄一〇〇年」は、主体となる私鉄の解釈上の複雑さを示している。そうした「私鉄」概念の複雑さゆえに、前掲『日本の私鉄』は冒頭に「私鉄とは」を立項している。しかし、三つの「私鉄一〇〇年」の指標となった各社の開業当時に、そもそも「私鉄」という概念は存在したのか、という本質的問題がある。

二　非「国有鉄道」としての私鉄

和久田康雄は、前掲『日本の私鉄』で、法規における地方鉄道と軌道を合わせた概念を私鉄と定義している。そして、両者は各々「地方鉄道法」（一九一九年公布）と「軌道法」（一九二一年公布）に拠った輸送機関を指す。「地方鉄道法」は、一九一〇年公布の「軽便鉄道法」が前身である。前述した日本鉄道や関西鉄道等が一九〇六～一九〇七年の「鉄道国有法」によって国有化されると、南海鉄道や東武鉄道等の例外を除けば、残る「私鉄」は局地的な輸送を担う路線になってしまった。すなわち、一九〇六～一九〇七年をもって日本の「私鉄」は第一の画期をなし、それまでの政府の建設すべき幹線を代替建設する役割から地方の局地的な輸送を担う役割へと転換し、ここに日本鉄道業は名実共に国鉄中心になったとされる。

そして、「私鉄」を監督してきた「私設鉄道法」は、一八八七年に「私設鉄道条例」として公布されて以来、幹線を経営する私設鉄道の監督が趣旨のため、局地的輸送を担う路線の監督には牛刀をもって鶏を裂く感を与えた。そこで、「軽便鉄道法」を新たに公布し、「軽便鉄道補助法」という政府の補助規程も付して、監督を受ける私鉄側は「私設鉄道法」に準じると不利になった。その結果、鉄道国有化以後には、例外的に大規模な「私鉄」として残存した南海鉄道や東武鉄道等の大都市近郊路線でさえ、「軽便鉄道法」へと対象法規を変更したほどで、一九一八年には「私設鉄道法」の対象会社は皆無になった（青木栄一・老川慶喜「軽便鉄道の普及」〈野田正穂他編『日本の鉄道――成立と展開――』日本経済評論社　一九八六年五月〉）。そこで、「私設鉄道法」と「軽便鉄道法」を折衷して公布したのが「地方鉄道法」であった。

一方、「軌道法」は、一八九〇年に公布された「軌道条例」が前身である。軌道とは、本来道路との併用軌道敷を用いた簡易な輸送機関の馬車鉄道、人車鉄道、さらに当時はまだ信頼性に乏しかった電気軌道等を指し、それらは主に市街地内部の短距離の輸送を行っていた。これらは、併用軌道敷を用いるために監督行政も、鉄道行政を司る鉄道院（のちに鉄道省、第二次世界大戦後の運輸省）と道路行政を司る内務省（第二次世界大戦後は建設省に分離）の複合監督であった。現在も鉄道と軌道という区分は存在するが、一般には両者を合わせて「鉄道」として通念化している。ところが、「私設鉄道法」が幹線を経営する私設鉄道の監督に重点を置いていたため、地方の小規模な局地鉄道の建設には基準が厳格すぎた。そこで、明治中期頃から地方の小規模な局地鉄道の建設を「軌道条例」で申請し、実際の路線の大半は専用軌道敷を使用する「抜け道」路線が多く出現するようになった。

山梨県出身の鉄道事業家であった雨宮敬次郎が、明治末期に組織した大日本軌道株式会社はその代表例で、地方都市を中心に蒸気軌道を普及させた。大都市ではなかったため、全国的影響力を発揮することこそなかったが、北は福島から南は熊本まで各地でそうした路線を相次いで建設し、地方の交通近代化に貢献した。現在の福島交通鉄道線、静岡鉄道線、熊本電気鉄道線は、その大日本軌道の関わった路線が前身になっている。

ところで、国営と民営の中間の位置にある公営の鉄・軌道は、一九〇三年の大阪市営電気軌道（通称大阪市電）が最初である。その後市街電気軌道を中心に公営事業者は増加し、一時的に千葉県営鉄道や沖縄県営鉄道という公営鉄道も存在した。そして、これらの法的位置づけは、電気軌道なら「軌道条例」や「軌道法」、鉄道なら「軽便鉄道法」や「地方鉄道法」の対象となった。つまり、公営鉄・軌道は法規的には「国鉄」とは一線を画して「私鉄」として扱われた。それらを踏まえて考えると、日本における「私鉄」とは法規的には「非」国有鉄道であった。

三　阪神電気鉄道の創業をめぐって

前述の雨宮の方法を、大都市間や大都市近郊に電気動力で先行活用していたのが阪神電気鉄道（以下、阪神）であった。その計画の発端は、一八九三年一二月に神戸市会議員・商業会議所会員の藤田松太郎や馬渡俊朗等を発起人として出願した神阪電気鉄道であった。発起人は沿線の著名酒造家である辰馬家の番頭格や、貿易商も含んだ多士済々で、さらに一八九四年三月に発起人を追加して摂津電気鉄道に改称した。そして、一八九五年五月には大阪財界の大御所であった藤田伝三郎を総代とした一〇名の発起人が坂神電気鉄道を出願し、こちらもまた翌六月に発起人の追加を行った。これら二つの電気鉄道計画は一八九六年七月に合同して社名も摂津電気鉄道となった。

これらの合同計画は、結果的に一八九七年五月に一旦却下となった。そして、社名こそ摂津電気鉄道を踏襲したが、実質的には神戸側の摂津電気鉄道が大阪側の坂神電気鉄道に吸収されることになった。それは、単に資本力や発起人の力関係のみではない。摂津電気鉄道の計画は、路線の大半が併用軌道で車両も小さく、まさに都市内の市街電車の発想に近いのに対し、坂神電気鉄道のそれは主に新設軌道を用いて車両も大型であった。そして、一八九七年六月に特許（「軌道条例」による免許は「特許」とよぶ）された内容は坂神電気鉄道のそれに類似していた。

ところで、神阪電気鉄道は、その出願時に阪神「両地間ニ於ケル人衆ノ往復ハ頗ル頻繁ニシテ……（中略）……汽車鉄道ノミヲ以テ満足スヘキニアラス」（神阪電気鉄道「電気鉄道敷設特許出願書」、引用は日本経営史研究所編『阪神電気鉄道百年史』阪神電気鉄道株式会社　二〇〇五年一二月　一四頁による）という点を強調していた。また、坂神電気鉄道の出願趣旨でも「両地間交通運輸ノ機関ハ陸ニ官設鉄道ノ通スルアリ、加フルニ海上ノ交通又不便利ナルニアラサレトモ世運ノ発達ニ対照セハ猶其不足ヲ感スルナキ能ハス」（坂神電気鉄道「敷設発起願」、引用は前掲『阪神電気鉄道百年史』一七頁による）と述べていた。これらは、官設鉄道線の存在を前提としながらも、その欠を補うだけの需要があったことを強調する内容であった。つまり、阪神間の輸送需要は官設鉄道の輸送のみでは満たし得ない領域があったことを示唆している。

これらの鉄道計画が容易に特許されなかったのは、民営鉄・軌道を監督する一方で官設鉄道を経営していた逓信省が、「既成鉄道の利益を害するを以て許可すべからず」（前掲『阪神電気鉄道百年史』一九頁）と主張したからで、同省は輸送需要量に対して、輸送供給量が過剰になると考えていた。それは、神阪電気鉄道や坂神電気鉄道が補うべき、官設鉄道の供給しうる輸送量を上回るだけの輸送需要量が阪神間にないということを示してもいた。

一方、前述の発起人と同様の主張をしたのが内務省であった。「既成鉄道に対し多少の影響を及ぼすものとするも、之が為著しき障害を与ふるが如きこと無しと認めらるるを以て許可せんとす」（鉄道省編『日本鉄道史　下篇』一九二一年一〇月　六八八頁、以下『日本鉄道史』からの引用は仮名、漢字、句読点を現行に変更している）とする意見は、前述の輸送需要量の潜在性を示唆している。要するに同じ「政府」にありながら、逓信省と内務省両省の意見は対照的であった。それは、逓信省が神阪電気鉄道や坂神電気鉄道をあくまで「鉄道」計画と見たのに対し、内務省はそれらを「道路交通を補助する」計画と見ていたことに起因している。監督行政のみならず、国営事業として官設鉄道を経営する傍ら監督行政も担う逓信省と、道路監督行政にほぼ徹していた内務省の各々の立場には微妙な違いがあった。そして、日本の行政官庁の縦割りは、近年に限らず、古く明治期からの「お家芸」でもあった。

その後、逓信省と内務省の間の数回におよぶ協議を経て、結果的に摂津電気鉄道計画は、一八九七年六月に「軌道条例に依る電気鉄道は多少既成鉄道に妨害を与ふべしと雖も、其の存立を妨ぐる程のものにあらず」（前掲『日

本鉄道史　下篇』六八八頁）とする内務省の主張が通って特許され、一九〇五年四月に大阪市西梅田町（出入橋）―神戸市雲井通間で阪神線が開業をみたのであった。

四　汽車と電車

現在の阪神線を「鉄道」と称して異論を唱える向きはまずない。しかし、阪神線は、一九七七年一二月に指定変更するまで法規上では、あくまで「軌道」であった。ところが、一九七七年一二月当時でも既に路線の大半は高架化され、列車も車体長一八ｍの電車が六両連結で運転し、車両こそやや小粒ながら実態は並行する国鉄と大差なく、むしろ「軌道」の意味する路面電車の印象とはかけ離れていた。そこで、実態に即して「地方鉄道法」の対象への変更によって、めでたく名実ともに「鉄道」になった。しかし、阪神線は、それまでの七〇余年間に実態はともかく、法規上では「軌道」でありつづけた。

ところで、阪神に限らず、阪急電鉄、京阪電気鉄道、近畿日本鉄道（以下、各々阪急、京阪、近鉄）はもちろん、現在の大都市圏では南海やＪＲに対しても、「鉄道」という格式ばった呼称より、「電車」という呼称が一般的である。しかし、地方では、ＪＲによって地域密着輸送の定着するごく近年まで、たとえその路線が電化していても旧・国鉄線を「電車」とよぶことはほとんどなかったはずである。

現在、通用している「電車」を英訳すれば electric car だが、その呼称は車両そのものより、電気鉄道を指すことを踏まえると、英訳は electric railway の方が的確であろう。実際、明治初期から大正期にかけて、坪井鹿次郎『電気鉄道経営論』（隆文館　一九一〇年五月）や坂本陶一『交通論第三巻　都市及電気鉄道』（宝文館　一九一五年一〇月）等の「電気鉄道」を冠した著作が数多く刊行されたが、その内容は主に欧米の電気鉄道の経営や技術の日本への紹介であった。その電気鉄道とは、日本では鉄道の電化路線より、電気軌道を指すことが多かった。

それなら鉄道の電化路線と電気軌道はどこが違うのか。それは、前者が機関車で数両の客車や貨車を牽くため一列車あたりの輸送単位が大きいのに対し、後者は一両の電車運転を基本とするため一列車あたりの輸送単位が小さい点である。そして、前者は大きな輸送単位を維持し得る強力な機関車を用いる動力「集中」方式だが、後者は輸送単位が小さいので個々の電車に動力をつけた動力「分散」方式が基本であった。さらに前者は高速性に優れた都市間の長距離輸送向け、後者は加減速性能に優れた都市内の短距離輸送向けという対照性もあった。

当時、国有鉄道の数少ない電化区間の一つである信越本線の碓氷峠は、鉄道の電化区間ではあっても、電気鉄道ではなかったのである。ところが、その後一九三〇年頃の都市圏では、老舗《しにせ》大店《おおだな》の「汽車」であった国鉄線が単なる電化ではなく、実質的な「電車」に転化するという状況が生じはじめ、それがやがて日本の鉄道輸送の特徴にもなった〈その詳細は、三木理史「『都市鉄道』の成立――戦間期大阪市と近郊の事例による考察――」〈日本産業技術史学会「技術と文明」第一四号、二〇〇三年一一月〉を参照〉。

また、現在は阪神、阪急、京阪、近鉄とともに、関西私鉄大手五社として一括されることの多い南海は、一八八五年に当初から「鉄道」として開業した点で異端児であり、一九〇六～一九〇七年の鉄道国有化を逃れて民営で存続し、一九〇七年に大阪近郊区間を電化して電車を運転し、次第にその区間を拡大した。それは、国鉄線に先んじた「電車」への転化であり、やがて本来「電車」として開業した阪神、阪急、京阪、近鉄と一括されることが多くなった。そして、大正末頃から各都市の市電のように市街地内のみを走るものを除いて、それらは「郊外電車」と称されるようになった。

ところで、鉄道国有化以前に都市間を結んだ輸送機関は、専用軌道敷上を走行して蒸気動力を用いた「鉄道」であった。阪神間を見ても（図1）、国有鉄道の線路は直線を確保するため既存集落から外れて敷設された区間が多く、大阪—神戸間の直通旅客はともかく、尼崎—西ノ宮や西ノ宮—芦屋等の区間利用には不便であった。そして、そこを走る列車時刻を見ると、明治初期には朝七時から夕方一七時三〇分まで九〇分の均等間隔であったが、阪神開業後の一九〇七年には一時間に緩急各列車が交互に一本ずつほぼ等間隔で運転されるようになり（表1）、利便性は格段に向上した。三〇余年間で鉄道は、阪神間の各種移動に適合するよう変化してきていたことがうかがえる。

そして、前述の神阪電気鉄道「電気鉄道敷設特許出願書」中の「汽車鉄道」とは、一八七〇年成立の民部省鉄道掛以来、工部省鉄道局や逓信省鉄道局等を経て、後年の鉄道省の系譜に属する省庁が管理した鉄道、すなわち国有鉄道を指し、当時阪神間の東海道線列車はすべて蒸気機関車の牽引のため実態に即した呼称ではあった。

一方、都市内を輸送する軌条（レール）を用いた輸送機関は、道路との併用が原則で、それらは当初馬力や人力を用いた。そして、それを一八七〇年成立の大蔵省営繕司以来、内務省土木寮を経て同省土木局が、前述の鉄道省の系譜に属する官庁と複合監督してきた。一八九五年に京都市内に開業した京都電気鉄道は、電気動力による最初の「軌道」で、やがて電気鉄道として普及した。このように明治・大正期には、電気鉄道の活動範囲は都市内とその周辺、対して蒸気鉄道のそれは都市間および農村という明確な棲み分けが形成されていた。

五　都市圏の形成と「私鉄」の成立

第一次世界大戦後、都市は郊外の拡大によって次第に都市圏化した。首都圏が東京二三区への極度の集中を示したのに対し、京阪神大都市圏は三極分散的な点で世界的にも珍しい。そのため首都圏の鉄道網が東京二三区を中心

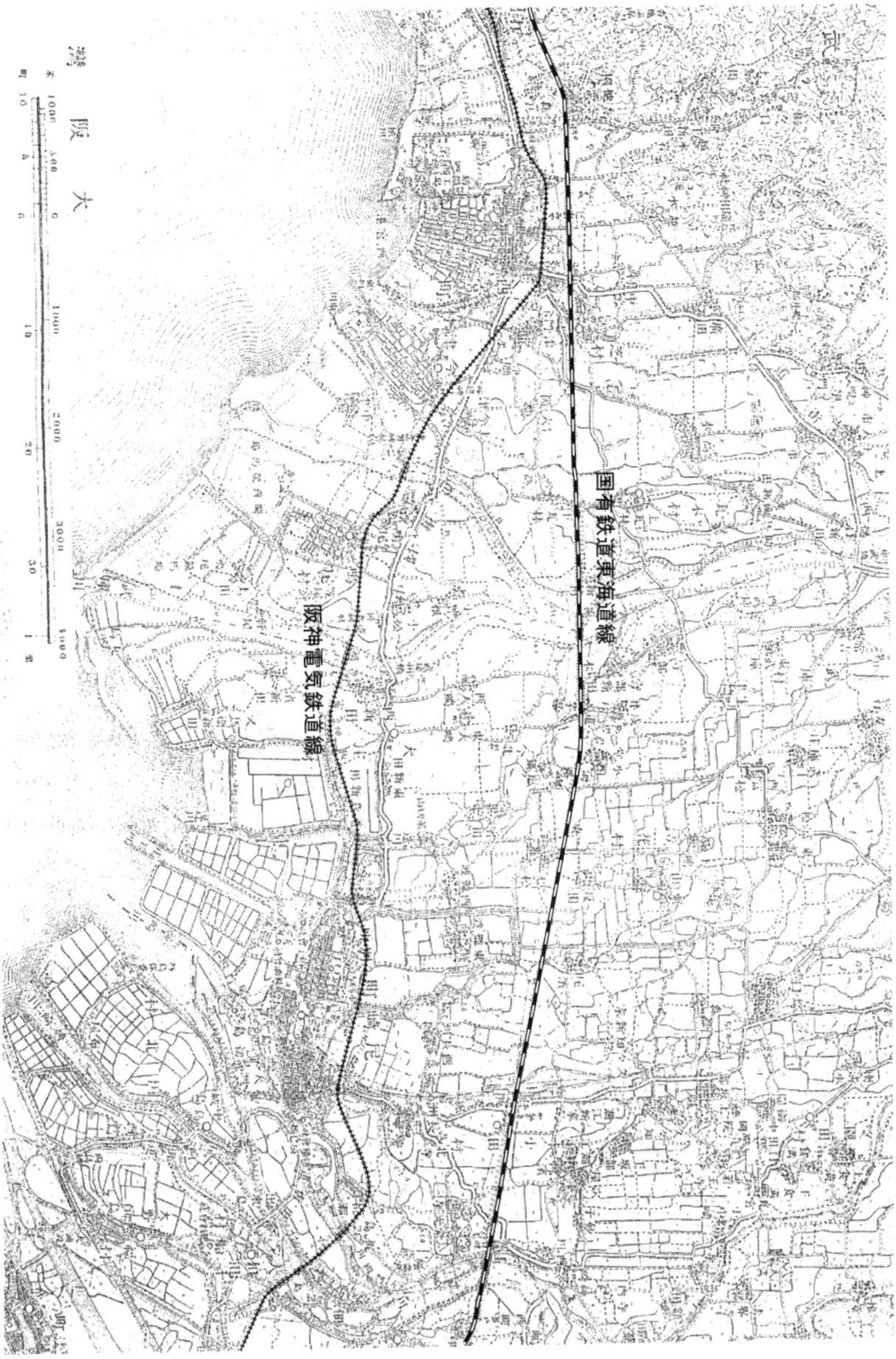

図1　1914年頃の尼崎および西宮町付近（5万分1地形図「大阪西北部」1909年測量・14年一部修正・筆者一部改正）

表1　大阪－神戸間の下り列車運転時刻

1874年5月発着時刻			
大　坂　発	西ノ宮発	三ノ宮発	神　戸　着
7:00	7:31	8:05	8:10
8:30	9:01	9:35	9:40
10:00	10:31	11:05	11:10
11:30	11:01	12:25	12:40
13:00	13:31	14:05	14:10
14:30	15:01	15:35	15:40
16:00	16:31	17:05	17:10
17:30	18:01	18:35	18:40

1907年3月発着時刻								
列車番号	始発	大阪発	神崎発	西ノ宮発	住吉発	三ノ宮発	神戸着	行先
13	新橋	5:10	－	－	－	5:55	6:00	神戸
301	大阪	5:35	5:59	6:01	6:16	6:29	6:34	明石
5	新橋	6:30	－	－	－	7:12	7:17	神戸
303	大阪	6:45	6:57	7:09	7:23	7:35	7:40	神戸
305	馬場(現・膳所)	7:19	7:33	7:46	8:02	8:18	8:23	和田山
3	新橋	8:15	－	－	－	8:55	9:00	神戸
45	大阪	8:30	8:44	8:56	9:11	9:25	9:30	広島
307	京都	9:07	－	－	－	9:41	9:46	姫路
309	大津	9:40	9:54	10:06	10:21	10:34	10:39	姫路
7	新橋	10:13	－	－	－	10:55	11:00	神戸
311	大阪	10:30	10:44	10:56	11:11	11:24	11:29	明石
313	馬場	11:02	－	11:28	11:44	12:00	12:05	姫路
43	大阪	12:00	－	－	－	12:45	12:50	下関
37	米原	12:22	－	12:48	13:04	13:20	13:25	大久保
11	新橋	12:53	－	－	－	13:35	13:40	神戸
315	大阪	13:05	13:19	13:31	13:46	14:00	14:05	糸崎
317	大津	13:52	－	14:18	14:34	14:50	14:53	姫路
35	名古屋	14:46	15:00	15:12	15:27	15:41	15:46	神戸
319	大阪	15:25	－	－	－	16:10	16:15	岡山
321	大津	15:59	－	16:25	16:41	16:56	17:01	神戸
323	京都	16:40	－	－	－	17:14	17:19	明石
325	大阪	16:50	17:04	17:17	17:32	17:46	17:51	明石
15	新橋	17:18	－	－	－	18:05	18:10	神戸
327	京都	17:47	－	18:12	18:27	18:40	18:45	姫路
329	大阪	18:15	18:29	18:42	18:58	19:13	19:18	明石
527	富山	18:47	－	19:12	19:27	19:40	19:45	神戸
31	静岡	19:56	20:10	20:22	20:37	20:51	20:56	神戸
1	新橋	20:38	－	－	－	21:16	21:20	神戸
41	京都	21:30	21:44	21:56	22:11	22:25	22:30	下関
529	富山	22:21	－	22:46	23:01	23:15	23:20	神戸
151	京都	23:16	－	23:41	23:56	0:09	0:14	神戸

出所：1874(明治7年)5月『大阪神戸間汽車発着時刻表賃金表』(三宅俊彦編『復刻版明治鉄道開業時刻表』新人物往来社　2003年12月所収）および1907(明治40年)3月『汽車汽船旅行案内』(三宅俊彦編『復刻版明治大正時刻表』新人物往来社　1998年9月所収）によって作成。

に周辺へと放射状に発達したのに対し、京阪神大都市圏のそれは三極間相互を結ぶ形態に発達した。さらに三極が五〇km足らずの間隔で近接し、各々の市街地の拡大によって、後年人口密集地が連続・一体化してしまうコナベーションとよばれる状況を生んだ。京阪神地域の輸送には都市内とその周辺で発達してきた電気鉄道が適したが、一極集中型で放射状の首都圏の輸送には都市間および農村で発達した蒸気鉄道が適していた。

すなわち、明治末期には鉄道と軌道は別の輸送機関で、輸送上の守備範囲も異なっていた。そして、各々の愛称が「汽車」と「電車」で、各々経営形態も前者の国営中心と後者の民営中心という対応関係にあった。阪神に至る前述の諸計画は、それまで都市内とその縁辺に限定されていた電気「軌道」を、都市間という比較的遠距離に活用する新規性を含み、運輸行政的には逓信省鉄道局の領域と内務省土木局の領域を曖昧化する内容でもあった。その開業は、そうした鉄道型軌道とでもいうべき交通機関を創造し、やがてそれらが前述した郊外電車の祖となった。

一九一〇年三月開業の箕面有馬電気軌道（のちの阪急宝塚線）、同年四月開業の京阪、一九一四年四月開業の大阪電気軌道（のちの近鉄奈良線）は、いずれも阪神電気鉄道の発展型であった。さらに、関東圏の大師電気鉄道（初開業は阪神より早く一八九九年一月、のちの京浜急行電鉄本線）、一九一三年四月開業の京王電気軌道（のちの京王電鉄京王線）、中部圏で一九一二年三月開業の名古屋電気鉄道郡部線（のちの名古屋鉄道名古屋本線）、九州で一九二四年四月開業の筑紫電気軌道（のちの西日本鉄道大牟田線）等によって全国的に普及し、いずれもが後年各地の代表的な地域輸送の担い手となっていった。

それでは、その郊外電車を「私鉄」とよぶようになったのはいつからであろうか。管見の範囲では一九三〇年に刊行された清水啓次郎『私鉄物語』（春秋社）あたりが最初であろう。時あたかも参宮急行電鉄（のちの近鉄大阪線の一部）が大阪―山田間に至る一〇〇kmを越える長距離「電車」を開業した年に相当する。それは郊外電車であった大阪電気軌道（近鉄の母体で、初開業は現在の近鉄奈良線）の発展型ではあったが、さすがに三重県の伊勢方面までを大阪の「郊外」とよぶことは憚《はばか》られたに相違ない。そうした例は、南海の和歌山や高野山、東武鉄道の日光、小田急電鉄の箱根にも該当した。そこで、それまでの「汽車」や「電車」という輸送機関にもとづく区分ではなく、経営形態にもとづいた「私鉄」という呼称が次第に定着したのではないだろうか。

おわりに

私鉄の原義と思われがちな「私設鉄道」の多くが実は現在のＪＲ線の前身で、一方現用の私鉄の実態が電気軌道の発展型としての「郊外電車」であることを明らかにしてみた。関西の地域形成の原動力となった私鉄とは、いうまでもなく後者である。

ところで、二一世紀の現在、旧国鉄のＪＲ線でさえ「電車」と通称される。それは、「電車」型輸送が日本の風土に馴染んだ証左であろう。日本の鉄道史は一九六〇年代まで主に国有鉄道史として語られてきたが、それ以後は「私鉄」史の比重が高まった。しかし、それは単なる学界の潮流の変化のみではない。すなわち、高度経済成長期以後の国土計画思想は、日本全体を「都市化」することにあった（土山希美枝『高度成長期「都市政策」の政治過程』日本評論社　二〇〇七年二月）。そして、そこに展開する鉄・軌道輸送が「私鉄」の追求してきた「電車」型輸送に適したのは自明でもあり、日本では結果的に国鉄の「汽車」型輸送は欧米からの暫定的な移植形態に成り下がった感がある。それは、新幹線とＴＧＶという現代の世界を代表する高速列車を比較しても、双方共に「電気」動力を用いながら、前者が動力分散の「電車」型、後者が動力集中の「汽車」型という対照性を内在させていることにも明らかであろう。日本全体が「都市化」し、しかもその都市が短距離に連続すると、関西の都市圏輸送で醸成された「電車」型輸送が有効に機能し、ＪＲ線や、究極には新幹線までもが「電車」化したのである。

もっとも、私鉄と関西の地域形成の間には、その大都市圏の分散型の特徴に加え、特にその拡大による遠距離輸送への適合的改変において企業家精神が反映している。阪神発祥の新機軸を、安定経営するうえでの諸施策を考案し、積極的な郊外開発を推進して知られたのが箕面有馬電気軌道の小林一三であり、また、それを果敢にも外縁部へと積極的に拡大させたのは京阪の太田光熈であり、あるいは大阪電気軌道の金森又一郎であった。私鉄王国としての関西の理解には、稿末で指摘した企業家精神という切り口も不可欠だが、筆者の力量に余り、かつ紙数も尽きたため、次後の課題としたい。

【参考文献】

清水啓次郎『私鉄物語』（春秋社　一九三〇年三月）
武知京三『都市近郊鉄道の史的展開』（日本経済評論社　一九八六年七月）
竹村民郎『笑楽の系譜――都市と余暇文化――』（同文舘出版　一九九六年七月）
日本経営史研究所編『阪神電気鉄道百年史』（阪神電気鉄道株式会社　二〇〇五年一二月）
三木理史「『都市鉄道』の成立――戦間期大阪市と近郊の事例による考察――」（日本産業技術史学会「技術と文明」第一四号　二〇〇三年一一月）
和久田康雄『岩波新書　日本の私鉄』（岩波書店　一九八一年六月）

「奈良」→「大阪」→「関西」→「近畿日本」

近鉄の路線網の拡大と社名の変遷を顧みる

武部宏明

開業当時の車両デボ１形

はじめに

二〇一〇（平成二二）年に創立一〇〇年を迎える「近畿日本鉄道株式会社」は、一九一〇（明治四三）年に設立された「奈良軌道株式会社」に始まるが、設立後わずか三〇日で「大阪」を冠した「大阪電気軌道株式会社」に社名を変える。その後、一九四一（昭和一六）年には、社名を「関西急行鉄道株式会社」と改称し、さらに一九四四（昭和一九）年には、南海鉄道株式会社と合併して、現在の社名の「近畿日本鉄道株式会社」となる。

創立以来、合併に伴う路線網の拡大とともに「奈良」→「大阪」→「関西」→「近畿日本」と移り変わる社名の変遷を通して、この鉄道会社の歴史を振り返ってみたい。

一　奈良軌道株式会社

明治期の大阪・奈良間の鉄道は、鉄道院の関西線が大阪の湊町駅（現JR難波駅）と奈良駅とを結んでいたが、非電化、一部単線で運転本数も少なく、所用時間もかかり、利便性の高い電気鉄道の開業が望まれていた。日露戦争の後、大阪・奈良間の電気鉄道の敷設について数派が名乗りをあげたが許可を得られず、当局の指導で一元化されて一九〇七（明治四〇）年に大阪・奈良間の電気鉄道敷設特許を得た「奈良電気鉄道株式会社」が「奈良軌道株式会社」と改称して会社設立を準備したが、経済不況等のため一時事業が停滞した。

三年後の一九一〇（明治四三）年九月一六日に大阪商工会議所内で開催された創立総会により、商都「大阪」と古都「奈良」とを結ぶ複線の電気鉄道敷設を目的とする、資本金三〇〇万円の「奈良軌道株式会社」（以下「奈良軌道」）が誕生し、この日が創業の日となった。

二　大阪電気軌道株会社（「奈良」→「大阪」）

奈良へ向かって鉄路を敷設する鉄道会社ということで「奈良軌道」と称したが、本店を大阪市東区今橋に置き、関係者の多くが大阪であった「奈良軌道」は、将来の路線網の拡大を考えて、創立総会の場で社名を「大阪電気軌道株式会社」（以下「大軌」）に改称することを決め、一ケ月後の一〇月一五日に社名を改めた。

大軌は電気鉄道の使命を「最短、最速」と考え、レールの幅である軌間（ゲージ）は鉄道院の採用する三フィー

開業当時（大正３年）の路線図（表紙および奈良の部分）

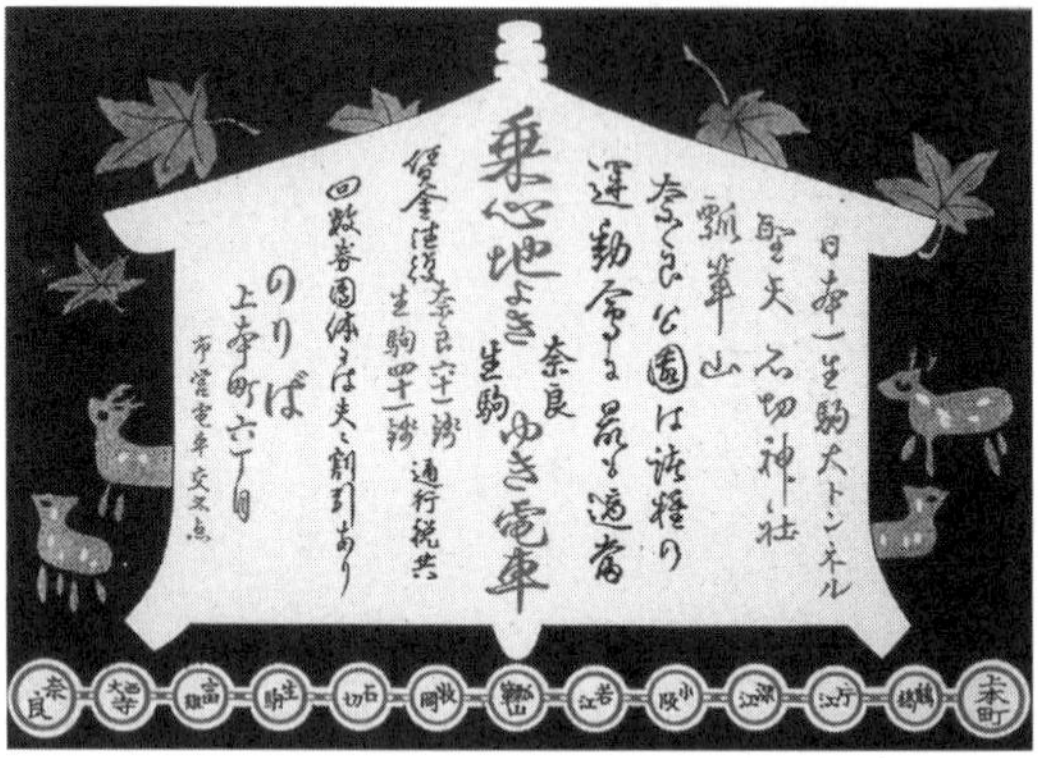

開業当時のポスター（大正３年）

大阪電気軌道の社章
（明治43年～昭和16年）

ト六インチ（一〇六七㎜）の「狭軌」より広い、四フィート八・五インチ（一四三五㎜）の「標準軌」を採用するとともに、大阪と奈良を最短距離で結ぶため生駒山を貫く経路を選んだ。そして難工事の末、一九一四（大正三）年四月一八日に当時国内では最大となる複線の生駒トンネルが完成、同月三〇日に上本町駅（大阪市）から仮駅の高天町（奈良市）間三〇・六kmで営業開始し、全線の所用時間は五五分、一〇分間隔で列車を運行した。

この路線（現「奈良線」）は、奈良に住む人々に多大な利便をもたらすとともに、奈良の社寺仏閣を訪ねる多数の人々により利用されたが、次に大軌が計画したのは、橿原神宮と大阪を結ぶ鉄道で、当初、一九二三（大正一二）年三月に大軌西大寺駅より南下する「畝傍線」二三・八km（現「橿原線」）を敷設。次に、一九二七（昭和二）年七月に大阪から直接奈良盆地南部に向かう「八木線」（現「大阪線」の一部）を敷設し、橿原神宮参拝者の利便を図った。

さらに、大軌は、伊勢神宮に向けた路線（桜井・宇治山田間）を子会社の参宮急行鉄道株式会社（以下「参急」）に敷設させ、一九三〇（昭和五）年一二月に上本町・山田（現伊勢市）間一三六・七kmを直通する高速電車を運行し、大阪から伊勢への日帰り参拝を可能とした（宇治山田駅への延長は翌年三月）。

その後、東への鉄路の延伸を意図した大軌は、一九三六（昭和一一）年九月、三重県下に路線網をもつ伊勢電気鉄道株式会社（以下「伊勢電」）を参急と合併させ桑名駅までの路線を確保し、さらに、翌年の一九三七（昭和一二）年六月に、子会社の関西急行電鉄株式会社（以下「関西急行電鉄」）により名古屋駅への乗り入れを実現する。一部に既存の旧伊勢電の線路を利用したため、大阪側が標準軌、名古屋側が狭軌と軌間が異なり、途中駅での乗り換えを必要としたが、大軌、参急、関西急行電鉄と関連する私鉄三社のみで大阪と名古屋を結ぶ鉄道路線が完通した。

三　関西急行鉄道株式会社（「大阪」→「関西」）

関西急行電鉄は、自社の営業路線は桑名・名古屋間のみであるのに、社名に「関西」の名を冠することにより、名古屋圏に住む人々に、「関西」に直接繋がる鉄道が新たに誕生したことを強く印象づけた。

そして、その後一九四〇（昭和一五）年一月一日、関西急行電鉄は参急と合併、さらに一九四一（昭和一六）年三

関西急行鉄道の社章
（昭和16年〜19年）

月一五日に、大軌は参急と合併して「関西急行鉄道株式会社」（以下「関急」）と名を変え、上本町・関急名古屋間一八七・八kmは関急一社の鉄路で結ばれることとなる。また、さらに一九四三（昭和一八）年二月一日には、阪南地区と大和において長い間競争関係にあった大阪鉄道株式会社（略称「大鉄」）と合併する。

四　近畿日本鉄道株式会社（「関西」→「近畿日本」）

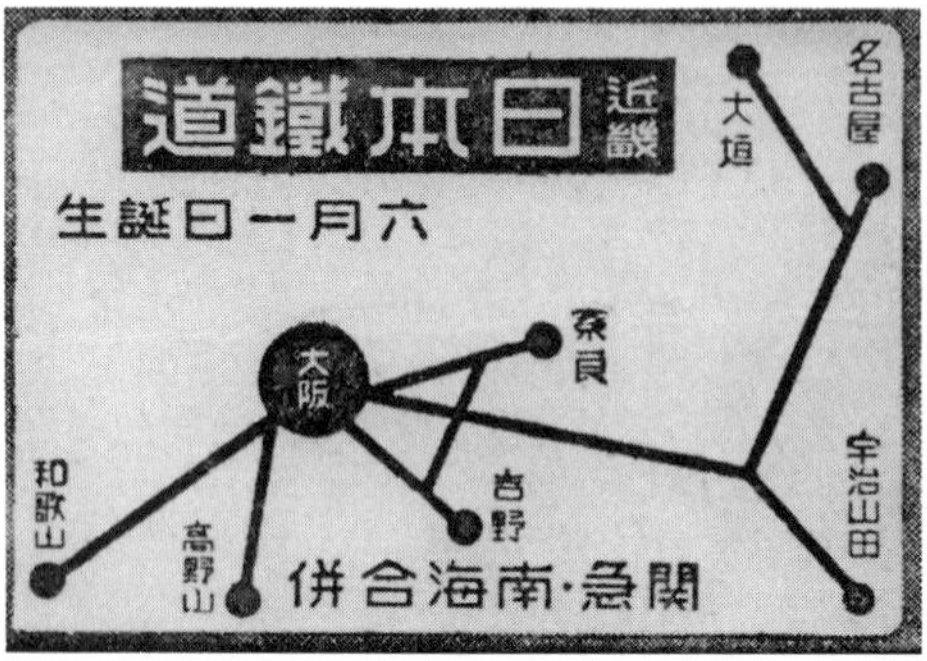

近畿日本鉄道誕生の新聞広告（昭和19年６月）

近畿日本鉄道の社章
（昭和19年〜）

その関急はさらに路線網を拡大する。戦時下の国策として、企業の合併が進められていく中で、一九四四（昭和一九）年六月一日に、一八八五（明治一八）年創業の私鉄の名門、南海鉄道株式会社（以下「南海鉄道」）と関急とが合併し、和歌山、大阪、奈良、三重、愛知、岐阜の一府五県にまたがる大私鉄「近畿日本鉄道株式会社」が誕生した。なお、旧南海鉄道の路線は一九四七（昭和二二）年六月一日に南海電気鉄道株式会社として分離した。

五　「日本鉄道」と「近鉄」

ところで、合併時の資本金二億三〇〇〇万、総延長は当時の私鉄の営業路線の約一割にあたる六三〇㎞となる大私鉄の社名は、何故「近畿日本」と決められたのであろうか。

社内を調べた限り、「近畿日本」を選んだ理由を明記した資料は無いが、関係する資料等から、当時の関係者が「日本鉄道」の名を強く意識していたことが理解できる。筆者の憶測によれば名門私鉄、南海鉄道との合併では、既に使用していた「関西」は使えず、名古屋へ延びる鉄路を有する鉄道としては「近畿」だけでは物足りない、そこで「日本」が登場するが、「日本」ではいささか大きすぎる。そして考えられたのが「西日本」。しかし、「西日本」の名は九州地方の私鉄統合で一九四二（昭和一七）年九月に「西日本鉄道株式会社」が設立されているため使えず、「日本」に「近畿」を冠する特異な社名が誕生したようだ。

なお当時の関係者は、「近畿」より「日本鉄道」のつく社名に誇りを持っていたらしく、設立後数年間の広告や車両側面の社名表示では「近畿」の文字は「日本鉄道」よりはるかに小さな活字を用いている。また、直営の百貨店二店の名称を「日本鉄道上本町百貨店（旧関急百貨店）」、「日本鉄道阿倍野百貨店（旧大鉄百貨店）」とし、「日本鉄道」を略称として使用した。

しかし、一般的には「近鉄」と呼ばれたことから、「日本鉄道」への意識は次第に低下し、数年後には「近畿日本」はすべて同じ大きさの活字で表記されるようになり、「近鉄」が略称となった現在では、英文の社名表記は「Kintetsu Corporation」となり、「Nippon」の音は消え、正式社名の「近畿日本鉄道株式会社」の他には、大和文華館（奈良市学園前所在）の敷地内に鎮座する社祠の「日本鉄道神社」と「日本鉄道霊社」にのみ「日本鉄道」の名が残され

近鉄百貨店のロゴマーク
（昭和26年～42年）

近鉄百貨店のロゴマーク
（昭和42年～47年）

ている。

なお、「近鉄」の略称を聞くと「近鉄」の文字を思い浮かべる人も多い。「鐵」の俗字である「鉄」の字は分解すると「金」を「失う」となり忌み嫌う人も多く、製鉄会社や鉄道会社では、今でも正式社名に正字の「鐵」を使用する会社もある。

近鉄では一部の部門で、「近鉄」を「近鉃」と「失」を「矢」とし「やじり」を意味する文字「鉃」をもって表記し、「きんてつ」と読ませた。しかし、沿線の広告宣伝等で多用されるため影響は大きく、多くの生徒が「鉄」を書く際に、「失」を「矢」と誤記する実態に気が付いた教師の指摘を受けたこともあり、「鉄」の表記に改めた。

六　その後の近鉄

旧南海鉄道の路線を分離した後も近畿日本鉄道株式会社（以下「近鉄」）は路線網の拡大と充実を続けるが、限られた範囲の中であえて特筆すべきは、「名古屋線軌間拡幅」と「京都駅への延伸」の二件であろう。

昭和三〇年頃の関西と中部とを結ぶ近鉄の路線は、途中の伊勢中川駅を挟んで、レールの幅は、大阪側は標準軌、名古屋側は狭軌となり、「名阪直通特急」と名乗るものの、名古屋・大阪間を結ぶ近鉄特急の旅客は、伊勢中川駅で乗り換えを余儀なくされていた。この不便を解消するため、伊勢中川・名古屋間七八・九㎞を狭軌から標準軌に拡幅するための準備工事を行っていた矢先の一九五九（昭和三四）年九月に伊勢湾台風が来襲、拡幅予定線の大半

名阪特急運転開始の新聞広告
（昭和22年10月）

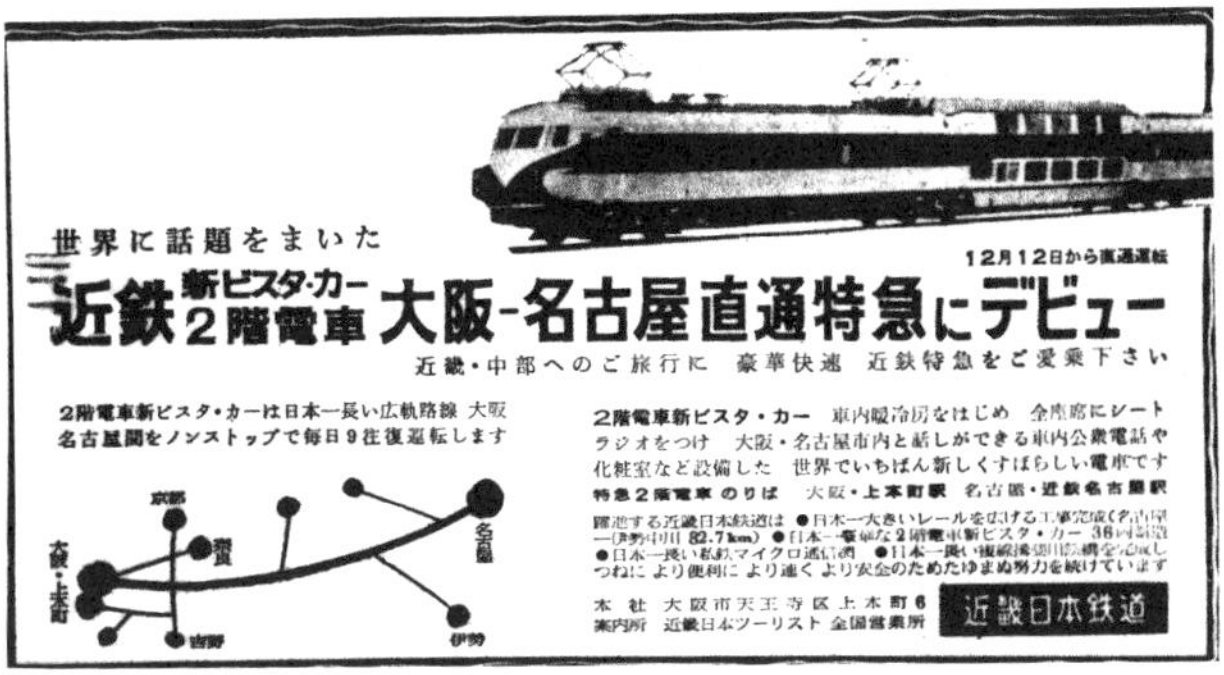

名阪直通運転開始の新聞広告（昭和34年12月）

が水没等で不通となった。このとき「災い転じて福となす」の言葉のもと、段階的に施行予定であった軌間拡幅工事を短期間で施工し、同年一一月に完成、一二月から二階建ての新ビスタカーによる名阪直通運転が始まった。

名古屋、大阪間の鉄道を利用する旅客については、東海道新幹線が一九六四（昭和三九）年秋に開業するまでは、東海道本線の日本国有鉄道（以下「国鉄」）と近鉄との間で争奪競争が行われ、最盛時にはその約七割の旅客が近鉄を利用したという。

次に一九六三（昭和三八）年一〇月一日、京都・西大寺間（三四・五km）の路線を持つ奈良電気鉄道株式会社（以下「奈良電」）と合併して近鉄の「京都線」が誕生した。

奈良電は一九二八（昭和三）年一一月に開業した鉄道会社で、開業以来、相互に列車の乗り入れを行っていたが、資本的には別会社であった。この合併により近鉄直営線の京都駅への乗り入れが実現し、東の名古屋駅とともに西

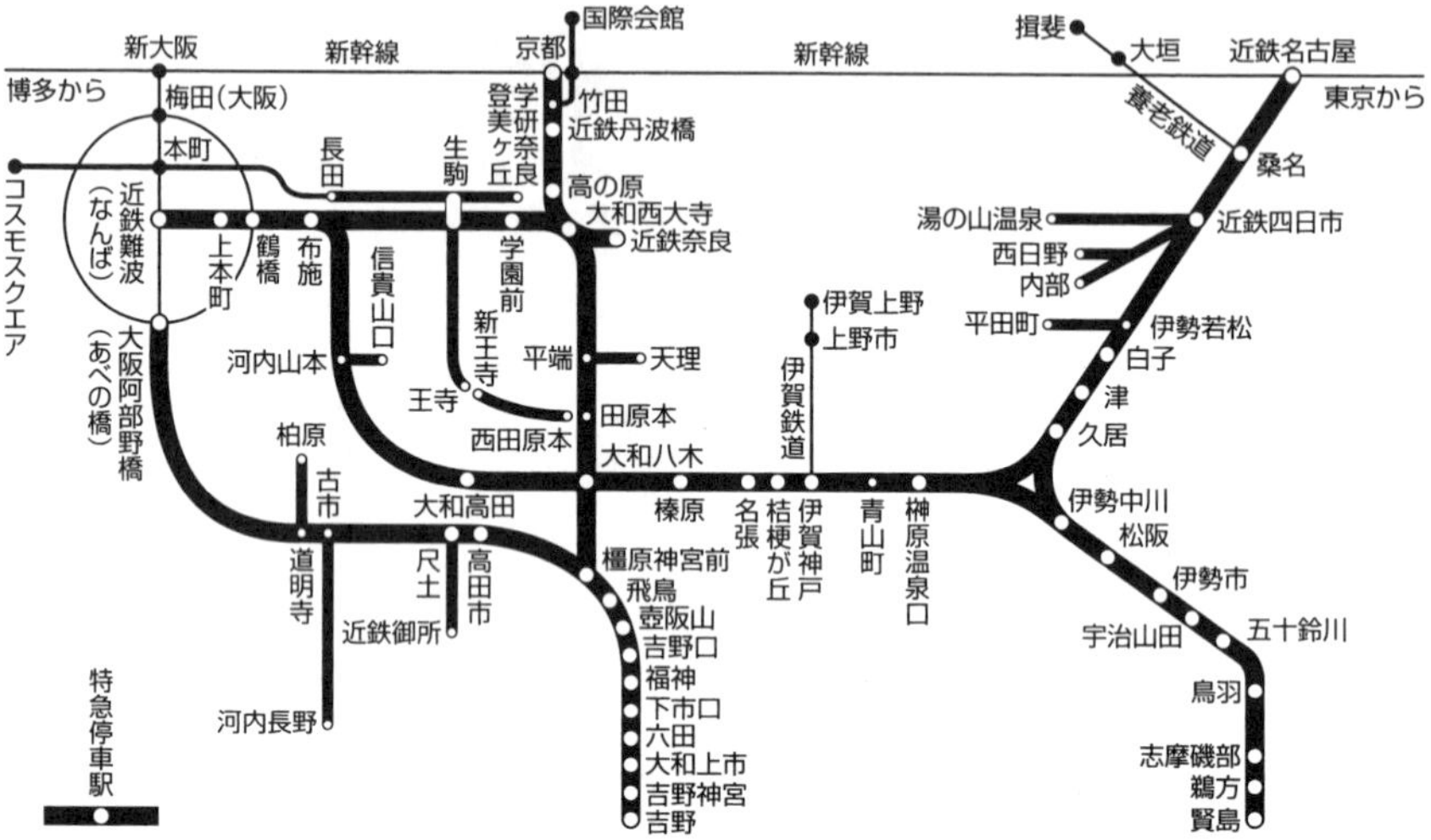

近畿日本鉄道路線図（平成19年10月現在、鋼索線を除く）

の京都駅でも新幹線との接続が可能となり、大阪、京都、奈良、伊勢、名古屋を結ぶ近鉄の特急ネットワークの枠組みが完成した。

また、この頃、奈良盆地では信貴生駒電鉄株式会社が、伊勢平野では三重電気鉄道株式会社が近鉄と合併し、三岐鉄道株式会社と国鉄を除いて、沿線の鉄路全てが近鉄の直営線となる、大阪、京都、奈良、三重、愛知、岐阜の二府四県にわたる五七三・三kmの一大路線網が生まれた。

その後は、一九七〇（昭和四五）年三月に開通した「鳥羽線」、「難波線」と二〇〇六（平成一八）年三月に全通した「けいはんな線」を除いては主要な路線の新設はないが、志摩線軌間拡幅による特急の直通運転、新生駒トンネルの完成による奈良線車両の大型化、新青山トンネルの完成による大阪線全線複線化等、鉄道施設の充実による保安度の向上と輸送力の増強は毎年のように行われている。

なお、地方交通線の見直しから、二〇〇三（平成一五）年四月一日に「北勢線」を三岐鉄道株式会社に営業譲渡した他、二〇〇七（平成一九）年一〇月一日には、「養老線」を養老鉄道株式会社に、「伊賀線」を伊賀鉄道株式会社に移管し、分社化を行った。

七　文化事業と社名

これまで、近鉄の社名の変遷をみてきたが、ここで、近鉄の文化事業と社名の関係を考えてみたい。一九一〇（明治四三）年の創業以来、大和の地を基盤に路線網の拡充を続けてきた近鉄は、多様な関連事業を沿線の内外で行うとともに、大軌の時代から「沿線文化資源の顕彰」を社業の目的の一つとして掲げ、沿線文化への貢献を常に意識して多数の文化事業を展開してきた。現在まで続く主な事業の概略を示すと、

・大和文華館　一九六〇（昭和三五）年に開館した東洋美術の美術館を運営する財団（奈良市所在）。
・松伯美術館　一九九四（平成六）年に開館した日本画の美術館を運営する財団（奈良市所在）。
・大和文化財保存会　一九六〇（昭和三五）年に設立された奈良県所在の文化財の保存を援助する財団。
・近畿文化会　一九三一（昭和六）年設立の「大和国史会」を前身とする文化団体。月刊「近畿文化」を発行し、臨地講座を開催。
・大和文化会　一九四〇（昭和一五）年発足の「通俗地理歴史会」を前身とする文化団体。東京地区で講演会を開催。

などがある。

しかし、いずれも永年、近鉄が中心となって運営されている文化事業でありながら、「近鉄」やそれを連想させる冠称は付けられておらず、知る人のみがその運営母体を知る文化事業となっている。

この文化事業の命名方には、あまり自慢したがらない近鉄の「奥ゆかしさ」の表われと筆者は理解していたが、今回調べた社名の変遷、特に、昭和一〇年代のあわただしい改称の歴史を見るとき、当時の関係者の「社名変更に対するトラウマ」の存在も否定しえないものと考えるにいたった。

八　鉄道会社における文化事業について

社名と文化事業についてふれた機会に、鉄道会社における文化事業について考えてみたい。明治、大正期においては、交通不便な地に敷設された「鉄道」は、その提供する「低廉」「最速」「最短」という輸送サービスを提供し、「人、物、情報」を運ぶことにより、沿線に住む人々に多大な利便をもたらす不可欠な存在となり、「鉄道」の存在そのものが「文化」として捉えられていたと思われるが、他に代替する手段が多種多様に存在する今日においては、かつての鉄道の持っていた社会的価値と優位性は低下し、他の交通事業者と並ぶ位置にまで至っている。

たとえば、事故後、一ケ月も二ケ月も不通として復旧されずに放置される路線や、ちょっとした事故や故障で長時間運休する電車は、多くの鉄道利用者の受ける迷惑もさることながら、反面、鉄道無しでも社会生活が維持できる事実の証明に他ならず、鉄道利用者の減少が続く今日においては、鉄道会社の存続価値そのものについて再考せざるを得ない時代となっている。

また、かつては、鉄道会社が旅客を誘致するために行う事業活動である、百貨店、遊園地、劇場などの商業娯楽施設の提供や、海水浴、ハイキング、登山などのスポーツ活動の奨励が、ある意味では文化事業として捉えられていた時代もあったように思えるが、多種多様なサービス産業が現出した今日においては、その存在価値が低下した部門も少なくなく、経費面との関係で、事業の見直しが行われたものもある。

このように考えると、今日における鉄道会社は、鉄道の持つ「安全」「確実」「迅速」「低廉」の輸送サービスの提供をより明確に行うとともに、様々な事業を通じて地域社会の向上に貢献することが求められ、その観点においては、鉄道会社だけが持つ、「沿線の存在」を活用した文化事業活動が不可欠のものとなる。何故なら、鉄道各社の沿線は、それぞれ独自かつ固有のものであり、その沿線に存在する文化、歴史を生かした文化事業こそが、沿線における文化の発展と地域の活性化をもたらし、ひいては、沿線に事業を展開する鉄道会社自身の企業価値の向上に繋がることとなる。

創業以来「大和」を中心として拡がる近鉄の沿線は歴史と文化に富み、その恵まれた沿線文化資源の顕彰が、近鉄にとって意義があり、また近鉄にしかできない文化事業となっている。

おわりに

当初、三〇㎞あまりの路線で誕生した近鉄が今日にまで続いていることは、先輩諸氏の努力のみならず、沿線の方々の理解と協力の賜物に他ならない。沿線が潤い、発展することが、企業価値の向上に繋がるとの認識のもとで、「安全」「快適」「確実」な輸送サービスを提供するとともに、各種事業の継続と拡充により地域社会の発展に寄与することが、鉄道会社の使命であり、かつ存続価値そのものであると筆者は考えている。

【参考文献】

『大阪電気軌道三十年史』（大阪電気軌道株式会社　一九四〇年一二月）

『五〇年のあゆみ』（近畿日本鉄道株式会社　一九六〇年九月）
『近鉄百貨店40年のあゆみ』（株式会社近鉄百貨店　一九七七年一二月）
『八〇年のあゆみ』（近畿日本鉄道株式会社　一九九〇年一〇月）

※掲載図版はすべて近畿日本鉄道株式会社提供。

私鉄再編

ガラアキ電車から学ぶこと

土井　勉

一　私鉄再編

1．1　阪神・阪急の経営統合

阪神間は東に大阪市、西に神戸市という我が国有数の大都市の間の地域である。南側は瀬戸内海、北側は六甲山系に挟まれて、狭いところでは幅約二kmしかない。ここを東西に結ぶ鉄道として山側からJR山陽新幹線、阪急電鉄（以下、阪急と略す）神戸線、JR神戸線（東海道線）、阪神電気鉄道（以下、阪神と略す）本線、幹線道路としては国道二号、四三号、阪神高速道路神戸線、湾岸線などが整備されている。新幹線を除く都市交通としての鉄道だけでも阪急、JR、阪神と三本の路線が並行して走っている。それだけの利用者が存在するのである。

この地域は我が国屈指の都市活動が盛んな地域であり、交通の要衝なのである。

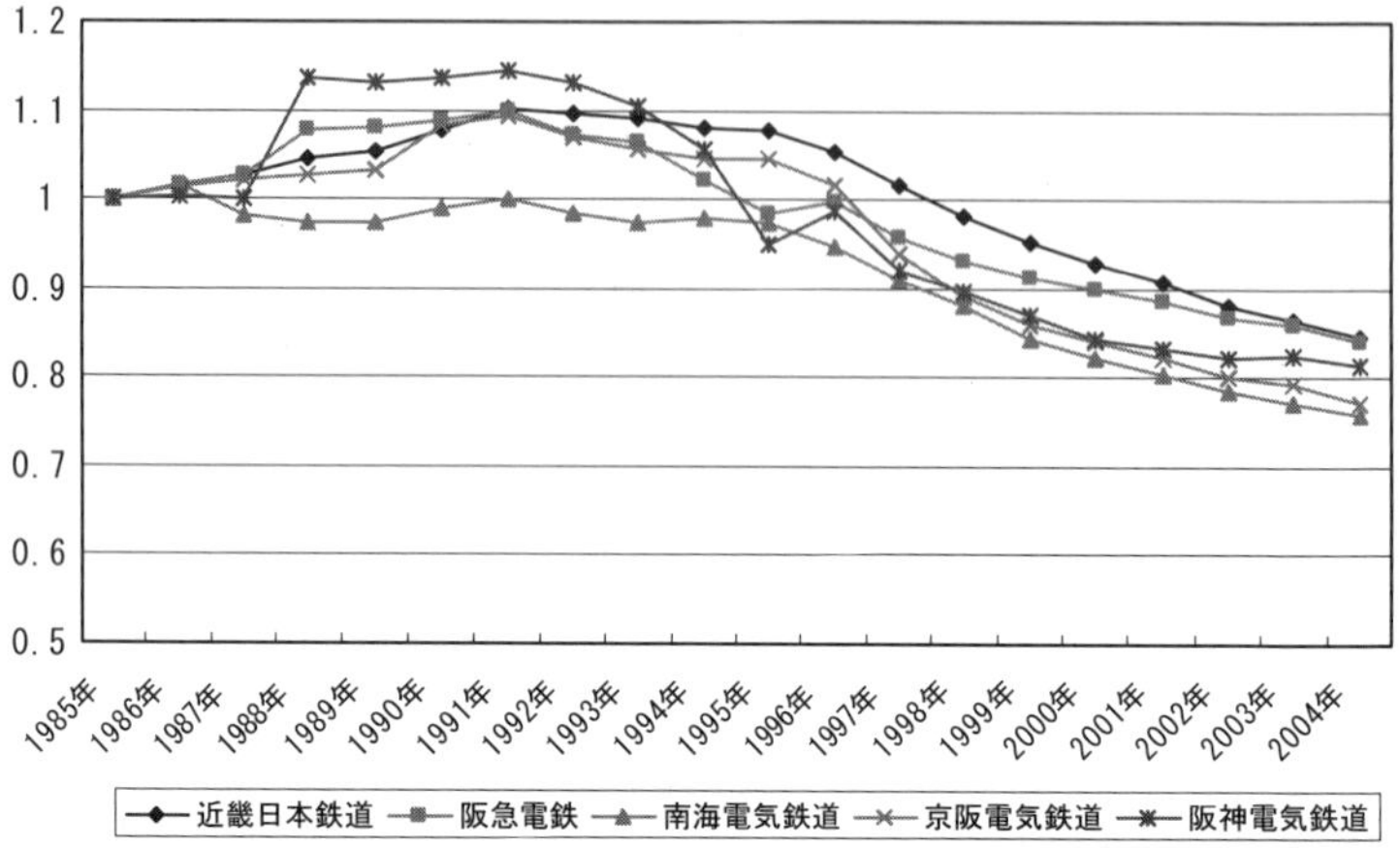

図１　関西大手五社の鉄道利用者数の推移（1985年を1.0として）
（関西鉄道協会『関西鉄軌道要覧』各年度版より作成）

一九九五年の阪神・淡路大震災の際には、これらの交通施設も被災し寸断され、日常生活をはじめ産業活動などにも多大の影響があった。

この地域の私鉄の雄として一九〇五年に開通した阪神であるが、後発の阪急に二〇〇六年一〇月に経営統合をされることになった。九〇年以上もの間、同じ地域に走っている私鉄として時には激しい競争が行われた。そのライバル企業との経営統合となったのである。

1．2　厳しい私鉄の経営状況

この経営統合の直接的なきっかけは、村上ファンドによる阪神株の大量購入であった。村上ファンドが阪神を買収しようとした意図とは異なるが、今回の私鉄再編は今後の私鉄経営のあり方について、再編も含めた関西全体の大きなパイの中で考える必要があることを示唆したという点では、極めて象徴的なものである。

図１は関西の私鉄大手五社について、一九八五年の鉄道利用者数を一・〇としてそれ以降の推移をみたものである。一九九一年頃をピークとして一貫して減少傾向が続いている。近年は一九八

五年に比べて二割もの減少となっている。しかもこの傾向は継続しそうな気配である。この利用者数の減少に連動して、各社の売り上げも減少している。経営が継続しているのは、これまで蓄積されたストックのおかげとコストの切り詰めによっているが、このままの状況が続くと鉄道の存続さえも危惧されることになる。大手私鉄でさえ、こうした状況であるから中小鉄道やバス事業の存続問題はもっと差し迫ったものになっている。さらに関西以外の地域の公共交通の状況もより厳しいものと考えられる。我が国の公共交通が次第にガラアキになりつつある。

本論では、かつてガラアキ電車を満員にすることを意図して関西で誕生した私鉄経営のビジネスモデルについて考察するとともに、今後のガラアキ状況に対する処方についても考えることを目的とするものである。

二　ガラアキ電車

図2は、一九二〇年に阪神急行電鉄（現在の阪急）神戸線が開通した時の新聞広告である。だから「新しく開通《でき》た神戸ゆき急行電車」と大きく書かれている。問題はその次のフレーズである。「綺麗で早うて。ガラアキで」「眺めの素敵によい涼しい電車」となっている。この電車は満員御礼ではなく、残念ながらガラアキだったのである。

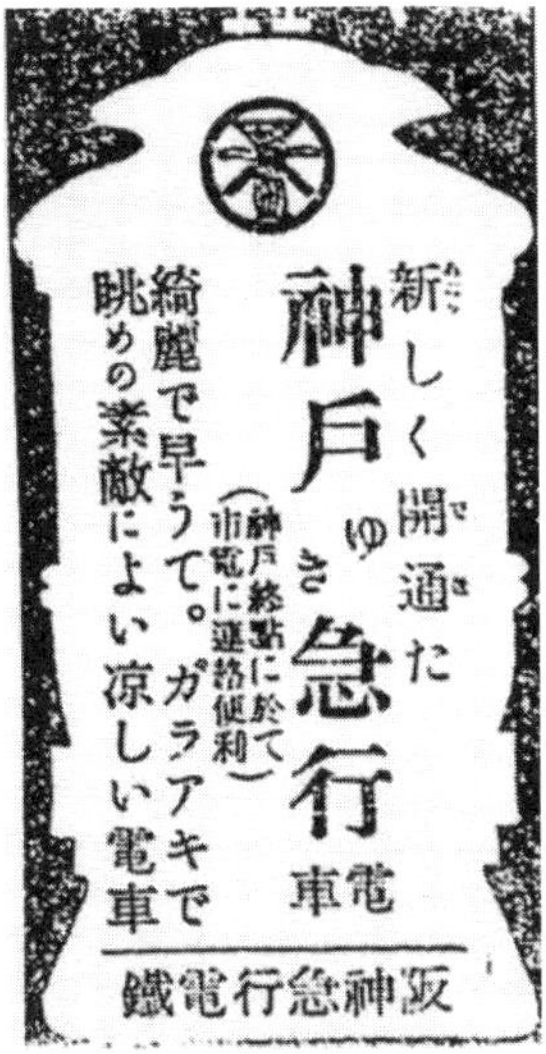

図２　阪急神戸線開通時の新聞広告（1）

一九〇五年に阪神間の私鉄として先行して開通した阪神は浜側にルートをとり、その沿線には多くの集落があり、当然ながら多くの鉄道利用者があった。一方、後発して開業した阪急のルートは山側であり、人家も疎らな地域であった。

阪急のガラアキは事実であった。しかし、ガラアキを放置しておくと鉄道会社の経営が悪化する。そのため、阪急ではガラアキを満員にするために様々な事業の取り組みと工夫が行われた。その指揮を執ったのが、阪急の実質的な経営者であった小林一三（一八七三～一九五七）である。

ガラアキ電車からスタートして、安定して鉄道経営が行えるような事業の組み合わせを行った阪急の鉄道経営の方法は、またたく間に全国の私鉄にも波及していった。行政からの補助を得ずに経営を持続的に行うことで、我が国独特の私鉄経営のビジネスモデルと言われる「小林一三モデル」が誕生したのである。

三　箕面有馬電気軌道開通と田園都市

3．1　箕面有馬電気軌道の開通

阪急の前身である箕面有馬電気軌道（以下、箕有電車と略記）は一九一〇年三月に開通した。開通時のルートは大阪の梅田駅を起点として宝塚駅を終点とする本線と、本線から分岐して箕面駅に至る支線で形成されていた。これは現在の阪急の宝塚線・箕面線と同じルートである。なお、電車の会社名にもなっている神戸市の有馬へは遂に現在に至るまで線路は延びていない。

もともと、箕有電車の路線は阪鶴鉄道（現在のＪＲ福知山線）の支線として計画されたものである。一八九一年に尼崎から伊丹まで敷設された川辺馬車鉄道を前身として、大阪の西北方面に路線を延伸し一九〇四年に福知山ま

図3　箕面有馬電気軌道開通時のポスター(2)

で開通した阪鶴鉄道は、その名前の通り大阪と舞鶴を結ぶ鉄道として計画された。しかし、尼崎駅から大阪駅までは、既存の東海道線と競合するために敷設ができなかった。そのため大阪に直接乗り入れるためのルートを別に確保しようと、大阪から池田方面への免許を取得していた。一九〇七年に、それまで多くは私鉄であった我が国の主要な幹線鉄道が一気に国有化されることになり、阪鶴鉄道も国有化された。そのため、大阪—池田間の免許は未着工のまま残った。

この未着工免許線をもとにして一九一〇年に開通したのが箕有電車である。図3は箕有電車が開業した時のポスターである。この絵柄から、夏の暑い頃には夕涼みに行くために電車を利用して欲しいというような雰囲気が伝わって来る。沿線には人家が集中している様子はない。鉄道利用者が集中するような大規模な名所旧跡もほとんどなく、箕面公園が数少ない集客力のある施設であった。宝塚の温泉もこの当時は鄙びたものであった。通勤・通学の乗客が多くある訳でもなく、ここでもガラアキ電車であった。

3.2　田園都市への憧れ

阪急が開業した一九一〇年頃の関西、特に大阪は近代産業の立地が進み「東洋のマンチェスター」と言われていた。人やモノや資本が大阪を中心とする関西に集中してきたのである。

こうした都市の産業化・近代化の一環として、関西の大手私鉄五社といわれる南海電鉄（前身の阪堺鉄道が一八八五年に開通）、阪神（一九〇五年）、阪急（一九一〇年）、京阪電気鉄道（一九一〇年開通）、近畿日本鉄道（前身の大阪電気軌道が一九一〇年に設立）などの鉄道の路線敷設が行われ、都市活動や人々の移動を支えるインフラストラクチャーとして活用されることになった。

近代産業の立地が進むことによって、製造業だけではなく商業、マスコミなど様々な企業活動さらには文化活動なども活発に行われるようになってきた。すると、こうした都市の光の面だけでなく、都市問題という影の部分も拡大することになる。

大阪への人々の集中による過密問題、産業活動に伴う大気汚染・水質汚濁などの環境問題、さらには生活環境の悪化などの都市問題が顕在化するようになった。

産業革命の進展に伴う都市問題への対応は、大阪の先輩格となるイギリスでも大きな課題となっていた。そのためイギリスでは世界に先行して一八四八年に公衆衛生法が制定されることになり、さらに建築や都市に関する様々な基準・施策が定められるようになった。こうした都市政策と共に世界の人々の関心を集めたものが「田園都市」である。

田園都市（Garden City）はエベネザー・ハワード（一八五〇～一九二八）が一八九八年に『明日の田園都市』を刊行し、続けて一九〇三年にはロンドン北郊のレッチワースに田園都市を開発したことから、都市問題に悩む世界の人々から注目されるようになった。田園都市は緑溢れる郊外において職住近接したコミュニティを形成するという、理想郷づくりを志向するものであった。

我が国でも田園都市に注目する人たちが多くいた。ハワードの『明日の田園都市』から九年後の一九〇七年には、内務省地方局有志の名で『田園都市』が出版され、当時のベストセラーにもなっている。田園都市の情報は我が国に入り、それに憧れる人たちも多くいたのであるが、現実には大阪の大商人たちが都市近郊の自然豊かな土地である浜寺などにセカンドハウスを建てるという程度であり、実際に田園都市と呼べるようなものではなかった。

阪急が鉄道を開業する一九一〇年頃は、まさにこうした田園都市ブームの真最中であった。

四　小林一三の仕事

4・1　郊外住宅地の開発

一三がガラアキ対策として最初に取り組んだものが郊外住宅地の開発という不動産事業である。不動産事業の収入で鉄道事業を支えると共に、沿線に住宅地開発を行うことで、鉄道利用者の増加を意図したわけである。

一三は箕有電車開通前の段階で沿線を自らつぶさに見て歩き、水や緑などの自然の豊かさを感じ、郊外住宅地開発を想定して用地の確保を行った。そして阪急開通時の一九一〇年には、さっそく池田室町（大阪府池田市）の郊外住宅地の分譲を実施した（図4）。

猪名川《いながわ》の左岸、池田駅の近傍に一区画が一〇〇坪ぐらいの一戸建ての分譲住宅を二〇〇戸余り造成したのである。この時まで、我が国ではこれほど大規模な郊外住宅地の開発はなかったので、全て売り切れるかどうかは、一三の賭けでもあった。

一三は、この郊外住宅地を当時ブームであった「田園都市」のイメージに重ねて開発した。

阪神も郊外住宅地あるいは田園都市への憧れを背景に大阪の郊外である西宮において一九〇九年に住宅経営をしているが、戸数も三〇戸と小規模であり、しかも借家経営であった。

それに対して、一三は一気に二〇〇戸の住宅地開発を行い、これを我が国で初めての分譲式で販売することとし

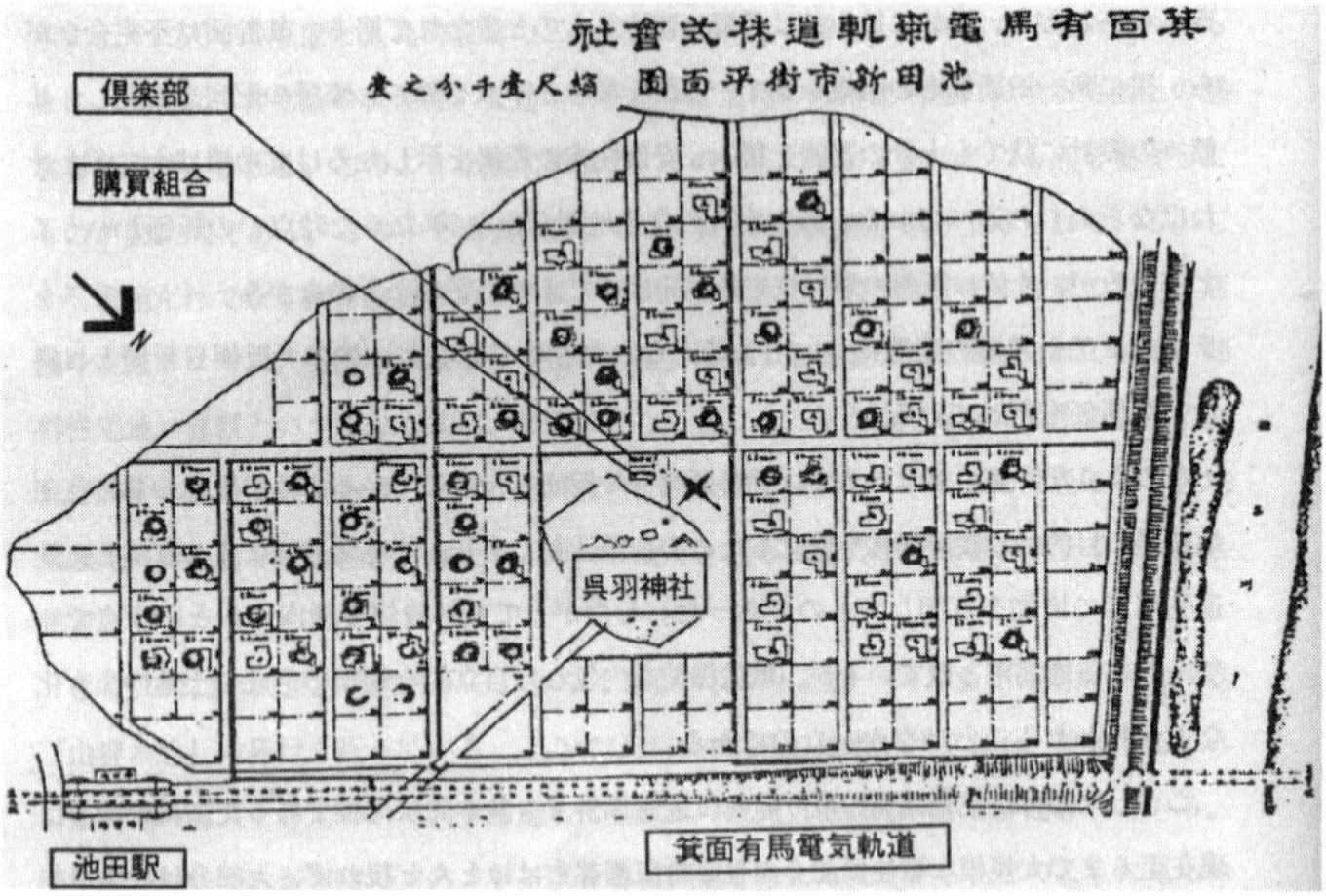

図４　池田室町の住宅地開発(3)

た。当時の主流である借家経営ではなく分譲としたのは、不動産事業収入で鉄道事業を支えることを目指したことと、沿線において人口の定着を図ることを意図したことによるものと考えられる。分譲式で郊外住宅地の販売を実施した背景には、当時勃興してきたサラリーマン階層を顧客のターゲットにしたからである。彼らは定期的に会社から月給を受け取ること、勤務先がある大阪よりも環境が良く通勤に便利な鉄道沿線に居住地を求めることが期待されること、モダンなライフスタイルへの憧れがあることなどにより、郊外住宅地開発の顧客とすることができると考えたのである。それでも分譲当時の池田室町は寂しいところであったために、住宅地の中央部には倶楽部を建設して玉突き等ができるような娯楽施設なども設置している。

住宅のデザインも工夫され、町家風でもなく、農家風でもなく、図５に見るように塀で囲まれた武家屋敷風のものとなっている。こうした住宅を所有することによって、購入者は社会的な地位がランクアップしたような気がしたのかも知れない。

当時の人たちは田園都市ブームの中で、一三の郊外住宅地開発をどのように見ていたのだろうか。

分譲開始間もない頃にあたる一九一〇年六月一一日の大阪朝日

図５　池田室町住宅地の現況（筆者撮影）

新聞の記事「都市問題の研究」では「……所謂田園都市は英国に於ても見事に成功を告げ、……箕有電鉄会社が池田に経営しつゝあるものは或いは範を之に取れるならんも、欧米に行はるゝ理想的田園都市と相距る甚だ遠く、未だ都人士を誘致するに足らざるを遺憾とす……」と田園都市との対比で辛口の批評がされている。一三の試みについて、当初の評価としては田園都市としての話題性喚起にはなったという程度だったのかも知れない。

また、六年後の一九一六年には建築家で都市問題にも詳しい片岡安がその著書『現代都市之研究』において「我国において稍組織ある郊外住宅地経営を企てたるものは、箕有電鉄会社のそれである。……其計画は不完全ながら、兎に角一田園都市の組織を立て、道路を築き、下水を鑿ち、家屋の配列を研究し、其箇々の設計に就いても十分の習練を積み、安価住宅の範例を示したるは其功績は大に多とせねばならぬ」と述べ、郊外住宅地開発について一定の評価を得てきたことがわかる。

田園都市ブームを背景に消費者に対して郊外住宅地という商品を提供し、一定の評価を得ることなどを背景として、阪急は池田室町に続き、豊中、箕面・桜井……と次々に郊外住宅地の開発を進めていくことになる。

４．２　多様な事業の展開

⑴　メディアの活用

ガラアキ電車を満員にするため郊外住宅地開発に取り組んだ小林一三は、それを世にアピールするためメディアの力をフルに活用した。一三は、もともと自ら小説を書いたこともあり、様々な局面でメディアの活用を考え、しかも自らも筆を取ったと言われている。

メディアの力を使ったのは阪急だけでなく、阪神も同様であった。例えば、田園都市への憧れに対して、阪神では鉄道開通三年目の一九〇八年に「市外居住のすゝめ」という冊子を発行して、健康面から見た郊外生活の意義などの論文を掲載している。さらに一九一四年から二年間にわたって園芸などの楽しみを紹介した「郊外生活」という月刊誌を発行している。ただ、こうしたメディアの活用は沿線紹介にはなったが、必ずしも住宅地の開発とその販売とは連動していなかった。

一方、阪急では創業の一九一〇年には「如何なる土地を選ぶべきか／如何なる家屋に住むべきか」と題した住宅地案内冊子を発行し、環境の悪化に苦しむ大阪市民に郊外生活をアピールするとともに、模範的郊外生活ができるとして池田室町の住宅地をちゃっかりと薦めている。

さらに開通から三年目の一九一三年から四年間にわたり沿線の紹介、郊外生活の楽しみに加えて分譲住宅地の紹介などの記事を掲載した月刊誌「山容水態」の発行を行っている。

図6　「山容水態」創刊号（1913年・池田文庫蔵）

「山容水態」を発行順に読むと、この雑誌の狙いが良くわかる。最初の頃の記事は、郊外生活の楽しみとして、自然豊かな土地柄であること、紳士諸君は休日には狩猟などに簡単に行くことができる等、主に成人男性を対象とした記事が多い。しかし、二年目頃から「子供部屋」「理想の台所」「育児」などの記事とともに、女性が郊外住宅地を訪問して自然や美味しい水を羨ましく思うという記事が増加する。読者のターゲットが男性から次第に女性にシフトしていった。

「山容水態」は郊外住宅地の販売促進と沿線への旅客誘致を目

的として発行している以上、限られた紙数を最も有効に活用することになる。雑誌を発行している過程で、郊外住宅地販売は男性よりも女性にアピールする方が効果的であると判断されたからであろう。

郊外住宅地では職住分離で主人は朝に大阪へ出勤すると夜まで帰宅しないが、女性達は一日中住宅地に居るため、彼女たちの意向が居住に反映されるようになったからである。さらに阪急沿線の郊外住宅地では、後述する宝塚少女歌劇の開業などとも相まって、より女性中心のまちのイメージが形成されていったように考えられる。「山容水態」はその後、宝塚歌劇を扱う月刊誌「歌劇」と沿線情報誌「ＴＯＫＫ」に分化して現在も発行が継続している。

(2)　集客施設の開発：無理にこしらえた新都会

紅葉狩りや夕涼みなど沿線にあるものだけでは集客には限界がある。そこで、集客施設として箕有電車開通時の一九一〇年に箕面で動物園開設をしている。しかしこれは早くに閉鎖され沿線では大阪から最も遠い宝塚駅周辺に宝塚新温泉をはじめとする集客施設が集められることになった。これが二〇〇三年に閉園した宝塚ファミリーランドの始まりである。

一九一三年には宝塚唱歌隊が結成され、翌一四年に宝塚少女歌劇団として宝塚新温泉のイベントの余興として初舞台を踏むことになる。少女歌劇は最初の頃、新温泉のプールを改装して作られたパラダイス劇場で公演していたが、一九二四年には宝塚大劇場が完成、三四年には東京宝塚劇場開場というように成長を続けることになる。

小林一三は自著『宝塚漫筆』で、鄙びた宝塚に無理矢理温泉を作り歌劇をつくったのは「電車を繁昌させなくてはならないから、何とかしてお客をひっぱろうとしてやったことで、……電車事業は都会と都会を結ぶから良いが、箕有電車のように大阪があっても一方が山と川ではダメだから、宝塚は無理にこしらえた都会である」(4)と述べている。

当時の梅田～宝塚間の往復運賃が三八銭であり、現在の価値に直すとおよそ三～五〇〇〇円程度となる。二〇〇七年六月現在の運賃二七〇円と比較すると一〇倍以上も高い。集客施設の開発を通して旅客誘致に熱心になるのもわかる気がする。

(3) 文化施設

宝塚新温泉や少女歌劇の創設、宝塚大劇場開設も文化施設といえるが、これと連動するようにリゾートタイプのホテルとして宝塚ホテルも一九二六年に開設された。なお宝塚大劇場と阪神の甲子園球場とは同じ二四年に開設されている。これらの施設が阪神間に続々と建設されることで、沿線は大都市近郊のリゾート地としてのイメージを高めていく。

さらに一九二九年には小林一三の用地の斡旋によって関西学院が神戸から西宮市内に移転してくる。高等教育機関の立地によって沿線の文化的なイメージが高まるとともに、通学利用者の交通は朝夕の通勤ラッシュとなる都心方向とは逆方向になるので、電車をより有効活用ができるという点からも鉄道経営にも大きなメリットがある。関西学院の他にも神戸女学院などの学校も沿線に集積していく。

(4) ターミナル百貨店

こうした様々な活動によって次第に多くの乗客が電車を利用するようになると、大阪市のターミナルである梅田駅を利用する人々も増加する。郊外居住者もあらたまった買い物などは大阪都心にあった百貨店に出かけることが多かった。三越、大丸、高島屋など我が国の百貨店のルーツの多くが都心に立地していた呉服屋であったから、当時の人々も郊外からターミナルを通過して都心の百貨店に出かけていった。ターミナルから都心までは、百貨店が用意した車で行くことが多かった。

そうした状況を見て、一三はターミナルに百貨店があれば、車に乗り換えて都心まで行く必要がなく利便性が高く事業性があると考えた。駅の売店から始め試行錯誤の結果、一九二九年に梅田で世界初といわれるターミナル立地型の百貨店として開業している。ここは大衆的で安価な商品を扱うこと、大食堂におけるカレーライスなどの新しい食文化の提供を通してモダンなライフスタイルの展示場としても機能した。

こうした一三がガラアキ電車を満員にするために手がけた様々な事業は、沿線の人たちにとっては鉄道を通路とした新しい生活文化、都市文化を体験するものであった。これらの事業は成功をおさめた。また、我が国の多くの私鉄でも同様の事業が取り組まれるようになり、鉄道経営を側面から支えることになった。

五　一三の仕事の本質——大劇場主義と新しい国民劇の創成

様々な事業を展開して、現在の私鉄経営のビジネスモデルを構築した小林一三であるが、彼の事業の本質を考えると、宝塚歌劇を事業化する時の二つの考え方に行き着くように思われる。一三は歌劇を成功させるために二つのことを考えている。「大劇場主義」と「新しい国民劇の創成」[5]である。

「大劇場主義」とは、良い演劇を低料金で提供するためには劇場を大きくしてお客さんを一度に多く入れることによって、一人あたりの入場料を安くするということである。そして実際に四〇〇〇人収容の宝塚大劇場を開設したのである。

そして多くの入場者がないと歌劇の継続ができない。多くの入場者を獲得するためには、歌劇の演劇としての質が高くないと飽きられる、あるいはリピーターが確保できない。

そのため「新国民劇の創成」が必要とされた。これは「新しい時代の感覚と装備による歌舞伎」ということである、場当たり的にヒットする興行を行うのではなく、歌や踊りや演技の出来る人を基礎から育成するために一九一九年に宝塚音楽歌劇学校（現在の宝塚音楽学校）の開設や、オリジナルの舞台づくりのために脚本、音楽などの専門家を招聘《しょうへい》して、本格的な歌劇の創造を行うことである。この考え方が今もなお生き続けていることはご承知の通りである。

こうした大劇場主義と新国民劇の創成の二つの考え方は歌劇だけでなく、沿線における郊外住宅地の開発や分譲、ターミナル百貨店の開設をはじめ様々な事業推進の根幹的な思想であったように考えられる。近年のマーケティング理論で重視されるユーザーにとっての価値や便益を高めるようなサービスや商品を提供する「顧客価値」(6)と良く似た思想に九〇年以上前から取り組んでいたわけである。

しばしば一三モデルは鉄道事業と不動産事業を両輪とすることで、日本型鉄道経営のビジネスモデルとして語られることが多い(7)。確かに鉄道事業を支えるための収支としては不動産事業が重要であったことは間違いがない。しかし、ガラアキ電車の沿線で不動産事業が成立するためには、鉄道開通による利便性向上だけでは不十分であり、一三が方向を示した質の高い新たな商品やサービスを安価に提供することで地域イメージの向上などが進むことも重要であったと考えられる。

六　再びガラアキの危機に

現在の関西の鉄道の状況は、本論の冒頭で述べたように、再びガラアキ状況に向かいつつある。この利用者数減少の背景には、関西経済の地盤沈下や事業所の域外転出などによる雇用の減少、総人口が増加しない状況での団塊世代のリタイヤによる通勤者数の減少、モータリゼーションの進行などが考えられる。

モータリゼーションの進行とは、自動車保有者が増加して、近所のコンビニエンスストアに行くのにも自動車を使う人たちが増加したというライフスタイルの面と、自動車が走りやすいように市街地を改編することで都市に集中していた人口が郊外から更に外縁部に低密度で拡大し公共交通の利用と維持が困難になるという都市構造が変化していく面の二つの側面がある。

こうした背景を見るとわかるように、公共交通のガラアキの進行は関西だけで起こっているのではない。東京とその近郊以外の我が国の多くの地域でも進行しているのである。

一方、高齢化社会の到来によって自由に自動車の運転ができない人たちの増加、京都議定書をはじめとする地球環境問題への取り組みの必要性、中心市街地の活性化への期待などを背景として公共交通に対する期待も大きくなっている。

こうした期待に応えることで、ガラアキからの脱却を図るための新たな公共交通の事業のモデルが必要となっている。そして、新たな時代を切り開くモデルも関西で取り組まれている活動に、そのヒントが隠されていると考えられる。

例えば、関西の私鉄や公営交通で構成される「スルッとＫＡＮＳＡＩ」は共通乗車カードの発行からはじまり、ライバル社とも共同した販売促進活動、料金後払いシステムを採用したPiTaPaというＩＣカードシステムの導入など利用者に対するサービスの共通化を進めつつある。特に、PiTaPaは後払い機能を活用して鉄道と商業や地域活動との連携を推進する情報インフラとしての役割を担う可能性を持っている。こうしたスルッとＫＡＮＳＡＩの取り組みは、経営から鉄道会社の再編をするのではなく、利用者から見た公共交通の利便性などの機能の再編を行うことや、公共交通を支える地域との連携を推進する取り組みであると言える。

また、二〇〇六年に廃線となった南海貴志川《きしがわ》線は、地元の人たちの熱烈な支援によって直ちに和歌山電鐵として再生され運行が継続されている。

こうした全国に先駆けた取り組みが関西で様々に実施されている。交通事業者や行政との連携、環境への取り組み、まちのインフラストラクチャー、地域の人たちとの協働などがこうした活動のキーコンセプトとなっている。かつて「大劇場主義」と「新しい国民劇の創成」という一三が確立した利用者に価値を提供する事業の思想と新たなキーコンセプトの融合によって、ガラアキ電車が再度克服されるモデルを構築し全国に発信していくことと共に、公共交通の活性化によって今以上に魅力ある関西となることが期待されている。

注

（1）茂原祥三編『京阪神急行電鉄五十年史』（京阪神急行電鉄　一九五九年）
（2）（3）阪急電鉄『七五年のあゆみ』（阪急電鉄　一九八二年）
（4）小林一三『宝塚漫筆』（阪急電鉄　一九八〇年）
（5）津金澤聰廣『講談社現代新書　宝塚戦略　小林一三の生活文化論』（一九九一年　一六〇～一六三頁）
（6）P.コトラー『コトラーのマーケティング・コンセプト』（東洋経済新報社　二〇〇三年）
（7）例えば、興銀調査三〇二『次代を見据えた鉄道グループの『破壊』と『創造』――小林一三モデルからの脱却と新しいビジネスモデルの可能性――』（日本興業銀行　二〇〇一年）

甲子園のもつ意味

武は文に譲る（Cedunt arma togae）

池田　浩

はじめに

阪神甲子園球場は、一九二四（閏大正一三年・甲子）年八月、阪神電気鉄道株式会社によって造られた甲子園経営地の大運動場の名称であるが、同時に街の名称でもある。現在では阪神タイガースのホームグラウンドとして、また高校野球の試合会場として、その知名度は全国に知られている。最近では、高校野球だけに限らず、何々甲子園といった高校生の全国大会やイベントが開催されているが、このことは「甲子園」がもはや公共の財産として認められていることを示している。そんな公共性の高い運動施設のなかで、象徴的な存在でありながらも、球場を所有する阪神電鉄が特段に宣伝するわけでもなく、永年にわたって「輸送奉仕」を貫いているのは、六甲おろしが吹き降ろす阪神間地域が持つモダンでカラッとした風土と無関係ではないように思われる。様々な人々の思いがこの地に宿った結果、生まれた地霊（ゲニウス・ロキ）のなせる業ではないだろうか。

日露戦争を経た明治の終わり頃から大正期にかけての都市は、工業化が急速に進み、紡績や製鉄工場では大量の労働力を必要としていた。都市の人口が増えるにつれて、過密な住宅状況と煤煙による公害が社会の問題となっていたので、鉄道会社は利用者を増やすために交通エリアの拡大を図り、都市居住者に対しては郊外への移転を促すキャンペーンを展開した。さらに一九二三年の関東大震災は、東京から阪神間に仕事と生活の場を移した文化人たちによるモダニズム文化を産み出すきっかけとなったが、甲子園はこのような時勢に求められた大衆娯楽の場として計画され建設された。

一　幕末からベンチャー企業の時代

阪神電鉄の初代社長である外山脩三は、幼名外山寅太といい、越後国古志郡小貫村（現在の新潟県栃尾市）生まれの士分の身分で、幕末は江戸で清川八郎などに師事したが、郷里に戻った時に越後長岡藩士河井継之助に出会う。河井は開明思想の持ち主で先見性に富み、藩主に取り立てられ執政となった後、思い切った藩政改革により莫大な借金を返済し、その余剰金をもって北越の小藩でありながらも最新兵器を購入し、西南雄藩に劣らぬ兵力を保有していた。しかし、武装中立を主張した官軍への嘆願書が受け入れられず、西軍と死闘を繰り広げて負傷した河井は、会津へ退却中の一八六八（慶応四）年八月、随身の外山寅太に「武士の世はもうおわる。このいくさが終われば、おみしゃんは商人になりゃい」と遺言して亡くなった。

もう武士の時代ではないと言われて商人を志した外山は、慶応義塾に入るが二年で退学、開成学校、共立学舎で洋学を修めたが、その当時、小林勇七郎などのベンチャーの同志に出会っている。また、一八七二年に紙幣

創業者の外山脩三

寮から大蔵省に移るまでの間には、得能良介、渋沢栄一らの世話になっており、その後大阪国立銀行が出来るまでの間、銀行の簿記関係の本の翻訳などをしており、そこで教わった簿記や銀行経営の技術を新しい時代の武器として身につけていった。

明治維新後、日本の金融システムの基礎を築き、銀行員の心構えを指導するために雇われた外国人、アレキサンダー・アラン・シャンドが著わした『銀行簿記精法』の翻訳には海老原濟、梅浦精一、小林勇七郎らが携わっていたが、これには、外山も携わっていたとあるが、薩長藩閥政府の大蔵省では、朝敵であった外山には居心地が悪かったのか、大蔵省銀行課は一旦退職したが、渋沢の勧めにより一八七九年には大阪の第三十二国立銀行の総監役に就任している。当時この銀行は過剰融資でかなり焦げついて、破綻寸前だったため、大株主が本局に人的支援を要請していたところ、一八八二年に日本銀行が創設され、外山が大阪支店長に就任している。

また、ビール醸造の視察のため一八八七年に外遊の後、銀行が担保に取った物件や商品を銀行の倉庫で扱うのは大変だということで、大阪倉庫会社という会社を作ったり、小口貯蓄の奨励の為に貯蓄銀行を一八九〇年に、企業信用調査のために商業興信所を一八九二年に作るなどしながら、衆議院議員になっている。また外遊で知り合った鳥井駒吉と協力して、一八八九年に「大阪麦酒（後のアサヒビール）」を創立する。創立委員は外山、鳥井の他に灘の沢之鶴の石崎喜兵衛、堺の澤亀の宅徳平、百三十銀行・大阪紡績の松本重太郎がいた。日露戦争の戦争景気に世の中が浮かれ始めた一九〇六年には、日本麦酒の馬越恭平が音頭を取って、外山修造らの大阪麦酒と大倉喜八郎の札幌麦酒の三社合同により、大日本麦酒が設立され、一躍、市場の七二％のシェアを有し、麒麟麦酒の二〇％に大きく差をつけた。

このほかにも多数の会社発起に携わり、銀行家・実業家として大阪財界の重鎮としての地位を得て、一八九九（明治三二）年に阪神電気鉄道を創立する。すでに神戸側には神阪電気鉄道という会社が出来ており、その後、摂津電気鉄道と社名を変更していた。大阪側では坂神電気鉄道という会社があって、これが摂津電気鉄道と合併し阪神電気鉄道になる。困難な創業時に外山は、適切な人材登用と資金調達の両面で強いリーダーシップを発揮する。電気鉄道期成同盟会などで旧知の間柄であった、電気工学博士である藤岡市助を電気顧問に、工部省の南清を土木顧問に迎え、当時最高の技術陣を擁していたのである。

特記すべきは、一八九九年に技術長として三崎省三を迎え入れたことである。三崎は一八六七（慶応三）年に兵庫県氷上郡黒井村に生まれ、東京麻布の東洋英和学校に学び、一八八七年に渡米し、一八九一年スタンフォード大学、さらにパデュー大学に編入して電気工学を修め、ＢＭＥ（機械工学士）の資格を得た。一八九四年に帰国後、藤岡市助の紹介で三吉電機工場技師となり、京都電気鉄道の電動機製造に従事し、一八九五年の試運転にこぎつけている。外山は三崎をアメリカに派遣し、鉄道技術と経営全般の視察をさせた。三崎という人物の存在は非常に大きく、彼が視察してきたアメリカやヨーロッパの遊園地、鉄道の知識と経営の考え方が、創立期に非常に役立っている。

創業時には発起人の出資金により運営されていたが、用地買収と建設工事の進展につれて、資金はますます必要となったので社債を発起人や外資に引き受けてもらうように検討したがうまくゆかず、大阪の取引銀行にも断られた結果、外山は一九〇三年春に安田系の第三銀行頭取の安田善四郎と安田善次郎立会いのもとに社債募集の契約を締結した。

こうして一九〇五年四月一二日、ついに開業の日を迎えたが、摂津電気鉄道として設立してから一二年、大阪側の坂神電気鉄道と合併してからでも、すでに九年の歳月が流れていた。大阪・神戸間を一時間三〇分で走行し、停留場の数は三四箇所、一二分おきに大阪、神戸両方向から発車し、その後もスピードアップが図られ、一九〇七年には六六分に、一九一四年には六二分にそれぞれ運転時間が短縮された。

二　明治から大正期における鉄道ブームと郊外の発展

明治末期は、日露戦争の戦勝ムードと資本主義のもとで、工業の躍進による都市化の波が押し寄せる。煤煙は大都市を覆い、人々の生活を脅かすようになる一方で、娯楽や避暑地でのリゾート開発が進み、郊外への居住が流行となっていく。

国家の成熟とともに楽観的な覇権主義が芽生え、大正期にかけては戦後の不況から立ち直り、一九一四年に第一次世界大戦が始まる頃まで電気鉄道の発起ブームは特に京阪神地区に多く、出願競争に拍車がかかっていた。その背景には都市周辺の人口増加があり、一九〇二年に大阪市の人口は九三万人であったのが一九一五年には一四六万人に、神戸市でも一九一二年の四三万人から一九一九年には六三万人へと急増している。大阪、尼崎、神戸の商工業都市としての急激な成長により郊外都市の形成が促され、これらを結びつけた鉄道は阪神間においてまだ競争の余地があることから出願計画が集中した。神戸の布引から山手を通り、西宮に達する灘循環電気軌道を巡る箕面《みのお》有馬電気軌道（阪急電鉄）との交渉は難航したあげく、一九一四年一月に北浜銀行の頭取の岩下清周が主張した阪神と箕電との合併案が八月の北浜銀行の倒産で終わりを告げ、灘循環電軌は箕電に買収され、後の阪急電鉄に発展し阪神間の競争相手となっていく。

一九一二年に拮抗していた農林業と工業の生産額は、一九二六年には工業が農林業の二倍以上になり、都会の公害も深刻化していく。阪神電気鉄道は、公害による健康被害が深刻化する都会から郊外への居住を勧めるため、一九〇八年に医学者一四人に健康の大切さと市外居住の良さを論じてもらい、とりわけ阪神沿線居住が最適であるということを沿線風景写真をグラビアとしてまとめた「市外居住のすゝめ」を五〇銭で発売した。翌一九〇九年に

阪神西宮の貸家

は箕面有馬電気軌道は鉄道開通前夜にパンフレット「住宅地御案内　如何なる家屋に住むべきか」を発行している。冒頭で「美しき水の都は夢と消えて、空暗き煙の都に住む我が大阪市民諸君よ！」と呼びかけ、郊外への居住を勧めている。

都市の隆盛とともに生まれた成金、新興のブルジョワは、大正期に入るとそのライフスタイルを確立し、新聞や雑誌、ラジオなどのマスメディアの発展は、大衆文化が花開くモダニズムが、阪神間を舞台に住宅や映像、絵画や音楽、学校やベンチャー企業など、様々なジャンルでの展開が始まる。また、一九二三年の関東大震災は、東京から阪神間に仕事と生活の場を移した文化人たちによるモダニズム文化を産み出すきっかけとなったが、甲子園はこのような時勢とともに求められた大衆娯楽の場として建設された。阪神間モダニズム文化の華開く大正期には、大規模で集客力のある郊外の遊園地を開発しようというのは、ごく自然な流れであった。

甲子園のリゾート開発には、阪神間における遊園地の事例が下地になっている。阪神沿線では、一九〇五年に武庫郡鳴尾村の酒造業者・辰馬半右衛門が武庫川右岸に五千坪の鳴尾百花園をひらき、鳴尾名物のイチゴを紹介した。後に阪神電鉄が買収して子供向けに自然体験ができる郊外学舎「武庫川学園」となり、一〇〇〇本の桜並木で有名な「武庫川遊園」を開設、花見の季節には家族連れで賑わい、苺狩り、潮干狩り、蛍狩り、月見などの季節の行楽メニューを宣伝して集客につとめた。

一九〇七年には夙川の西側一万坪に「香櫨園」という遊園と宿泊所「エビスホテル」が開業しているが、阪神電鉄が計画したというより、阪神沿線の大旦那たちによる「遊園ビジネス」の舞台になったといえる。後に「香櫨園」は外国人向けの住宅地を計画した神戸のサミュエル商会が買収したが、第一次世界大戦の勃発により頓挫した後、大神中央土地に譲渡され、昭和に入ってから結局外資系企業の幹部住宅となった。

三　紅州（べニス）か甲子園か？

阪神電鉄は甲子園経営地の住宅開発にあたり、鳴尾から香櫨園海浜にかけて非常に大きなリゾートの開発を計画し展開していく。それまでに、都市計画や造園に明るい大屋霊城に意見を求め「甲子園花苑都市」というマスタープランの作成を依頼しており、また一九二二年には大阪の通天閣をはじめ、須磨や垂水の洋館を手がけた設楽建築事務所が提出した「阪神電車翡翠ケ岡新市街及紅州遊園地」計画によると、図面にアメリカのコニー・アイランドを模したような紅州という名の遊び場が記されてあった。この一連の計画書は、その通りに反映されることはなかったが、もしマスタープランのままだと「甲子園」が「紅州」になっていたかもしれない。

ただ、近鉄の前身の大阪鉄道が同じ大屋霊城にプランを作らせた藤井寺の「一大模範的田園都市」という構想に対する競争意識もあって、一九二四年甲子園球場は藤井寺球場よりも先に作られることになる。アメリカのリゾート地を視察して参考にした宝塚や甲子園は、阪神間ならではの新しい遊園地である。百花園や桜並木の遊園、古くからの庭を愛でるような遊園ではなく、時代と大衆が求めた「大規模でモダンな」遊園地であった。

甲子園から鳴尾にかけてのリゾート開発のなかで、一九三〇年になって甲子園ホテルが出来る。このホテルは阪神電鉄の主導で、帝国ホテルの支配人であった林愛作が計画をまとめ、同じく帝国ホテルの設計者フランク・ロイド・ライトの弟子である遠藤新に依頼して、長期にわたる建設期間を経て一九三〇年に完成した有名なホテルで、同年六月の「婦人の友」に「甲子園ホテルについて」という記事が掲載されている。記事には阪神電鉄が林愛作に依頼して遠藤新が設計した甲子園ホテルについて書かれており、阪神がもっと南の浜の方に作ろうと考えていたが、林や遠藤の提案もあり、現在の場所に作られたとある。ホテルはその後、海軍病院や将校クラブを経て、現在は武庫川女子大学の学部校舎として使われている。

大正時代に入り、鉄道会社間の競争がマスメディアによって大衆に伝わるようになり、郊外での住宅開発と遊園地開発にも拍車がかかるようになる。娯楽と集客の大規模化が進み、都市化による公害や社会のストレスは、エログロナンセンスを生み出し、都市の混沌が高まった頃、奇しくも一九二三年には関東大震災が起こり、首都から逃げてきた文化人たちは阪神間に移り住み、この大移動が阪神間モダニズムの起爆剤となる。

都市化、郊外居住、大衆文化、モダニズム文化、社会に対する漠然とした不安を背景に、一九二四（大正一三）年八月、甲子園球場は開設された。阪神電鉄は、枝川と申川の廃川地二二万四〇〇〇坪に及ぶ敷地に総合運動施設と遊園地に住宅地を開発するが、このエリアを縦貫する甲子園線は、甲子園海水浴場の輸送機関として一九二六年の夏に開業している。一九二八（昭和三）年には御大典阪神大博覧会の会場の一部を利用して、甲子園娯楽場が開設された。明治時代の勧業博覧会が、大正期には新聞社が主催して鉄道会社の遊園地で展開されるようになり、一九二八年には甲子園経営地の宣伝目的として開かれた「御大典記念国産振興阪神大博覧会」のほか、一九三一年には「浜甲子園健康住宅展覧会」とともに住宅開発を行った。一九三六年には「少国民海軍博覧会」、一九三九年の「戦車展示会」など、時局を反映させた集客イベントが甲子園娯楽場で開催されている。

四　甲子園大運動場

現在の全国高校野球選手権大会の前身である全国中等学校優勝野球大会は、一九一五年の第一回大会と翌年の第二回大会は阪急の豊中球場で行われていたが、球場の規模が追いつかず、第三回大会から阪神の鳴尾球場に移った。その後、一九二四年八月に甲子園球場ができるまでは、この鳴尾球場で開催されていた。

日露戦争後、日本の馬匹改良の必要性から、政府は競馬の公認に踏み切った。一九〇七年には鳴尾に競馬場が開設されたのだが、馬券発行が問題視されたことから一九二三年までは閑散としていた。この遊休化した鳴尾競馬場（後に仁川に移転、阪神競馬場となる）を活用するために、一九一四年に第一回民間飛行大会（帝国飛行協会主催、朝日新聞社後援）を開催し、一九一六年には米人ナイルスによる宙返りや夜間飛行により、一〇万人近くの観衆が訪れた。

鳴尾球場がある鳴尾運動場は、一九一六年に第三回極東オリンピック大会の予選会が開かれるなど、様々な団体競技に使われており、一九一七年の極東大会に出場する日本・フィリピンのテニス代表選手を朝日新聞社が招待するためにつくられたテニスコートもあった。鳴尾球場は競馬場の中に野球グラウンドが二つあり、移動式のベンチが並べてあった。どちらかの試合が終わると、観客がベンチをかついで隣の球場へ運ぶというのどかな球場であったが、一九二三年に甲陽中学が全国大会で優勝したこともあり、観客がグラウンドにあふれ、移動式ベンチでは対応できなくなり、試合が中断されることも少なくなかった。

専務の三崎を中心に「枝川運動場」が計画され、技師の野田誠三らがアメリカの球場を視察して検討を進め、一九三八年三月一一日に地鎮祭とともに起工し、昼夜問わずの突貫工事を大林組が施工し、七月三一日に竣工した。

建設費総額は一〇〇万円にのぼった。当時の名称は「甲子園大運動場」で、この年が甲子《きのえね》の年に当たることに因み名づけられた。壮大なスタンドと最新の設備を有する日本最初の大グラウンドであった。

同年八月一日午前七時、阪神沿線の町村長や学校長、官署長、町村会議員や運動関係者ら招待客一〇〇〇名と阪神電鉄、大林組幹部の出席の下に竣工式が行われ、引き続き、武庫郡小学生一五〇〇校、二五〇〇名によるリレーカー

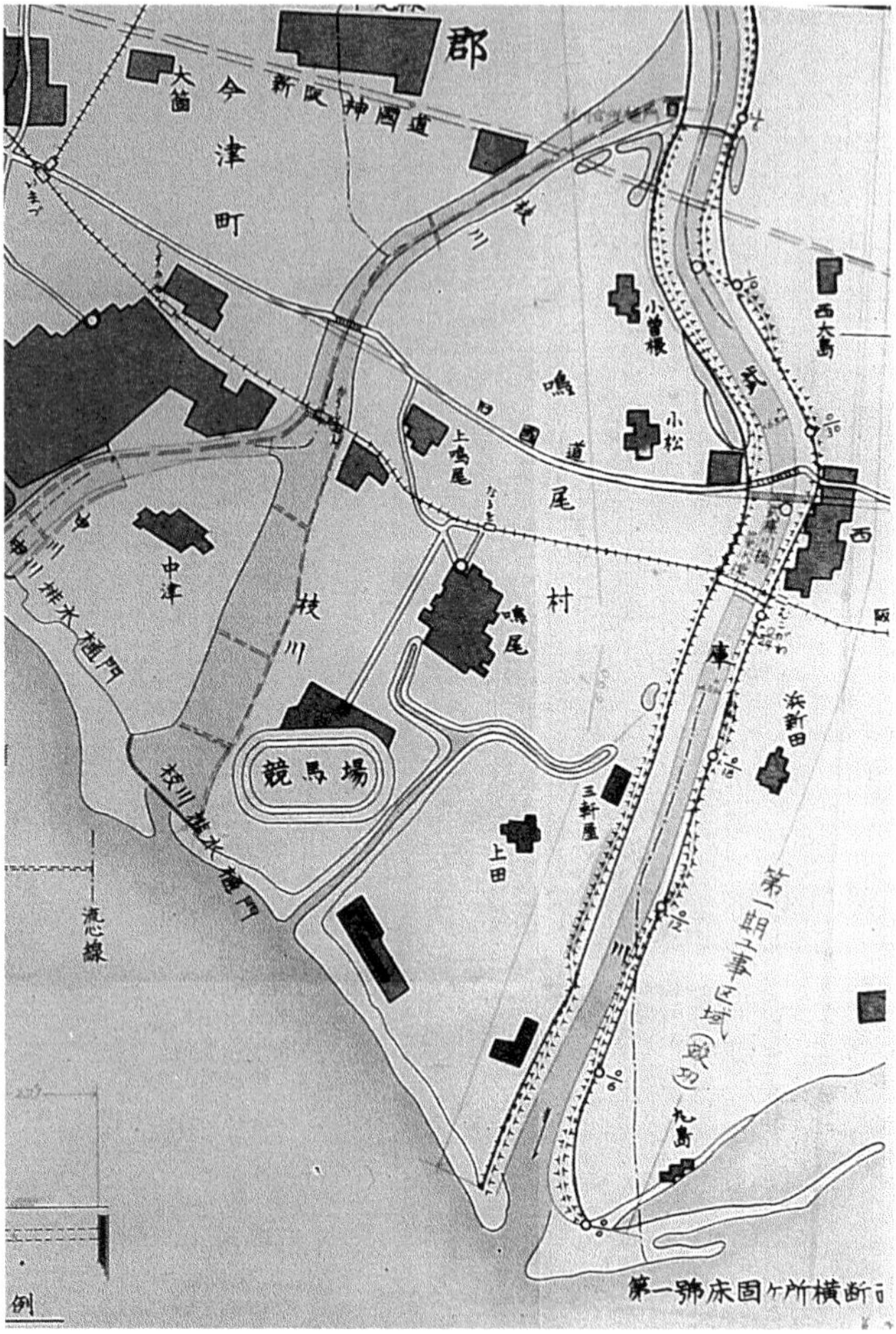

甲子園球場の建設前の地図（大正中期）

ニバルが甲子園球場の新しい芝生の上で開催されている。そして同月一三日からは、大阪朝日新聞社主催の第一〇回全国中等学校野球大会が開催され、大会三日目からは内野席があふれ、四日目からは外野席が満員となった。決勝戦では広島商業高校が優勝した。そして、第一回大会が名古屋八事球場で行われた大阪毎日新聞社主催の全国選抜中等学校野球大会も、翌年の一九三九年には、甲子園に場所を移し、第二回全国選抜中等学校野球大会が開催されている。その頃の兵庫県の予選大会は、甲子園球場で開催されており、地元の学校生徒の記憶に深く刻まれている。甲子園は、その後の日本の野球場の先駆となり、一九四〇年にできた神宮球場は、甲子園を手本としている。

昭和初期の甲子園外苑

甲子園球場貴賓室
(昭和4年3月竣工甲子園ホテルの設計と同じ、ライトの弟子でもある遠藤新)

3011型車両
(昭和29年夏の高校野球の観客輸送でデビュー)

五　運動場施設からプロ野球チームの発足へ

甲子園総合運動場の施設ではテニスコートが有名である。球場の西側には九面のコートがあり、一九二六年にはフィリピン・日本のデビスカップ出場選手による試合が行われ、一九二八年には甲子園ローンテニス・クラブが創設され、その後もコートが増設され、一九三七年に甲子園庭球倶楽部が発足して五七面のコートとなり、排水性に優れたアンツーカーコート六面が新設されるなど、これらの建設には大阪瓦斯から社外重役として赴任した片岡直方の推進によるところが大きかった。

一九三一年と一九三四年には、アメリカ大リーグの選抜チームが招待されてゲーリッグやベーブ・ルースなどの選手が来日し、日本チームと甲子園球場で試合を行った。大観衆の人気に注目した関西大学野球倶楽部の理事長だった田中義一と同マネジャー中川政人は、東京で設立されていた巨人軍に続いて関西での職業野球チームの創立を阪神電鉄に相談する。阪神電鉄の細野支配人らの協力により、一九三五年一〇月大阪野球倶楽部が創立、翌年一月には球団名が大阪タイガースと名づけられた。

「大阪タイガース来る」ポスター

職業野球最初のシーズンである一九三六年は、巨人、タイガース、名古屋、セネターズ、阪急、大東京、名古屋金鯱軍の七球団で始まり、優勝の座を争ったのはタイガースと巨人で、景浦将、松木謙治郎、若林忠志らの名選手が活躍したが、巨人の沢村栄治に抑えられた結果、初の覇者は巨人であった。

戦中戦後を経てダイナマイト打線が誕生した阪神タイガースは、一九四九年の球界分裂騒ぎの後は選手の移籍により戦力が低下するが、藤村富美男が首位打者になるなど、すばらしい成績だった。一九五三年からテレビ中継が始まり、ナイター設備の充実とともに、一九五六年には甲子園でもナイター中継が始まった。

阪神タイガースは、阪神電鉄一〇〇％資本の会社が経営する球団であるが、一つの企業の所有する球団というよりも、ファンをはじめマスメディアや野球ＯＢたちの無形の共有財産ともいうべき球団である。プロ野球の成り立ちは、職業野球の時代から、鉄道会社だけでなく、公益企業や水産会社、映画会社、新聞社が所有していたが、鉄道会社は今では阪神タイガースのみとなった。

タイガースの試合は、球場の運営と観客の輸送を阪神電鉄が担当しているからこそ成り立っており、甲子園の無形の財産はその知名度にある。全国から集まる高校野球の会場であるからこそともいえるのだが、来場する観客には地図や案内の必要がなく、当たり前のように球場に訪れることができる。このことは、大阪ドーム開業の際に体感したことだが、人々に知られていない場所に集客施設や球場を建設しても、観客がたどり着くために、どれほどの広告宣伝や案内人、警備員の配置が必要であろうか、大量輸送の経験のない交通機関との打ち合わせの連続に明け暮れても、本番には全く機能しない。球場と阪神電鉄の連携があればこそで、興行関係者ならいつも苦労させられる運営面での見えない経費の問題である。阪神梅田駅から甲子園に訪れる観客も、実に慣れたもので、試合終了後も梅田への臨時特急に乗り静かに？　帰っていく。こういう無形の財産がある甲子園球場には、貸借対照表では表しきれない価値がある。

六　昭和と甲子園

昭和戊辰の年、一九二八（昭和三）年は、昭和天皇の御大典の年に当たり、国をあげての奉祝ムードにあふれ、阪神間でも提灯行列万歳を叫んでいた（この年生まれの子の名前には「典」の字が多いとの記述がある）。この年に中学校に入学した世代は、一九三一年の満州事変、翌年の上海事変と戦時色が濃くなる時期に在学し、卒業する頃の一九三七年には日中戦争が、引き続き太平洋戦争と、戦前、戦中、戦後を体験した数少ない世代である。彼らの手記も含めて神戸一中の百年史が一九九七（平成九）年に刊行されたので、甲子園やスポーツとの繋がりを拾いながら、甲子園の持つ意味をまとめることにする。

この十五年戦争の間、彼らは明治以来の天皇絶対主義と男尊女卑、軍国主義の支配する社会で育ち、防空演習に神戸沖での海軍の観艦式があり、卒業と同時に戦争に参加し、満州やシベリアで、また南方の島々の戦地に赴いて、生き残った者は敗戦時には三〇歳であった。

神戸市内の中学野球は大正時代、一中、二中、県立商業、関西学院中が四強といわれたが、一中野球部は一九一九年に全国中等学校野球大会で初出場ながら全国制覇を成し遂げたが、以降は神港商業が全盛時代で、一九二九年に県大会で準優勝している。大正末期の一九二五年には、軍事教練が正式に実施され、学校行事の中に占める位置が増えていく。

少し前に神戸一中の第二代校長に就任した池田多助は、広島師範から神戸二中、京大英文を経て関西学院高等学部教授、大阪府立生野中学の校長から転任してきたが、英国のパブリック・スクールに範を取り「フェアー・プレーによる文武両道」を唱えてスポーツを教育全般の基礎に置いていた。

一九四三年ごろから野球用語の日本語化により、セーフが「よし」、アウトが「ひけ」となるなど、軍国主義の顕著な時局となり、軍当局や県から海軍兵学校や陸軍士官学校など軍関係の学校への入学奨励の要請がしばしば行われ、海兵の定員は一九三七年までは三〇〇名ほどであったのが、一九四二年には一〇〇〇名、翌年には三五〇〇名に膨れ上がっている。そんな一中で二年続いて自殺者があり、担当教諭が辞任し校長も進退伺いを出した。緊急集会では「諸君、どうか死んでくれるな、生命を大切にせよ」と訴えている。

これについては「戦時中に思い切った発言であったが、これは『君、死に給うこと勿れ』ではない、只々死んでくれるなという叫びであった。個人よりも全体、文よりも武へとすべてが傾き流れていく過渡期であった。」と、当時すでに北満の陸軍にいた池田校長の長男、信彦による記述がある。

また、池田校長は一中生の予科練への応募を積極的に勧めなかったことから、軍関係者との間に軋轢を生じ、憲兵隊に拘留されたため、その妥協策として在学中の次男武彦が一中からの数少ない応募者となった。特攻の直前に終戦となり、茫然空虚な時期もあったようだが、私の父武彦は多くを語らず他界した。武彦の名の由来は、武（もののふ）の語源「矛を止める」にある。猛々しく戦うのではなく、戦を未然に防ぐ意味である。これらの出来事は父と母から少しずつ聞かされて理解するに至ったが、一度動き出すと止められない戦争は起こしてはならないと心に刻んでいる。

七　武は文に譲る――Cedunt arma togae クドウントウ・アルマ・トガエ

甲子園球場は、都市化と郊外居住、大衆娯楽の必要性とスポーツ観戦という新しい文化がマスメディアとともに戦争に流れていく時勢とともに生まれた。戦時中は食料自給のためにグラウンドが畑になった時もあるし、軍事教練の場所にも使われ、戦後は進駐軍が使う施設でもあった。甲子園球場は、平和であればこそ人々が集い、競い合うことができるスポーツの場として、十代の多感な時代に戦争を経験した世代が残した記録には、必ずといっていいほど、甲子園の記憶がある。

阪神電鉄は、スポーツ観戦に来場する観客を運び、試合の後、帰る人々を見送る「輸送奉仕」という地味で単純な社是で成り立っていた鉄道会社であった。宴の後のごみ拾い、後片付けといった当たり前のことを地道にする会社であった。また、観客も熱狂するだけではなく、静かな満足を胸に秘めて帰っていくのが「プロの観客」であった。

真に残念ながら、昨今の鳴り物によるシンクロ応援は、熱狂による一体感が求められており、まだまだ成熟した文化とは言いにくい。例えばヨーロッパのオペラの終幕で、成熟した観客は再三再四のアンコールを求めないし、大リーグの観客は優れたプレーに拍手を送るベースボール文化があるが、ベースボールとは似て非なる日本の野球の成熟度は、戦前戦後に目の肥えた観客たちによってひとつのピークを迎えたものの、その域に達するには、しばらく時を待たなければならない。いつとはなく誰からとはなく、野球の試合を観にやって来る人々によって甲子園球場はにぎわっている。幾多の災害と戦災を乗り越えた人々の様々な想いが集い、日常から離れて忘れさせてくれる場所として認められている限り、甲子園はその意味を失わない。

平成は、安政、大正と同じ姿になってはいないだろうか。大災害の後、無策政治の果てに崩壊した安政、大正と共通しているとの指摘もあるのに、阪神淡路大震災から一三年が経過してしまった。飽くなき利益の追求を目指す企業は、外資による買収と再編の時期を迎えたといわれながらも、企業倫理の崩壊と経営者のリーダーシップの不在をもたらしている。

関東大震災から逃げてきた文化人の一人である谷崎潤一郎が好んだ「異なるもの・モダニズム」は、阪神間のカラッとした風土に存在したのだろう、ここに住む人々は新しいもの好きで忘れっぽいとかよく言われるが、甲子園の持つ意味とは、ちょうど「武は文に譲る」（cedunt arma togae : Let arms yield to the gown ; let violence give place to law.）とキケロが言い残したような、悲しみや苦しみを乗り越えて心穏やかな気持ちに至る、この場所に宿っているのだと思う。

【参考文献】

「大阪春秋」平成十七年春号　二〇〇五年四月

神戸一中第三十四回卒業生有志『丘の学校』一九九二年五月

佐藤清一郎「銀行の師シャンドの心得」（「日本経済新聞」二〇〇三年一一月二一日）

『神戸高校百年史　学校編・同窓会編』兵庫県立神戸高等学校創立百周年記念事業後援会　一九九七年三月

『神戸高校百年史　学校編』兵庫県立神戸高等学校創立百周年記念事業後援会　一九九七年三月

「紫麓」12号（紫麓会会誌）神戸一中四十六回卒業紫麓会　二〇〇一年五月

津金澤聰廣『講談社現代新書　宝塚戦略』一九九一年四月

橋爪紳也『講談社現代新書　日本の遊園地』二〇〇〇年九月

内橋克人『破天荒企業人列伝』（新潮社　一九八三年四月）

『阪神間モダニズム』（淡交社　一九九七年一〇月）

『阪神電気鉄道八十年史』（阪神電気鉄道　一九八五年四月）

『阪神電気鉄道百周年』（阪神電気鉄道　二〇〇五年）

竹田十岐生『阪神の百年を創った男―外山修造伝』（文芸社　二〇〇二年四月）

『阪神名勝図絵』（芦屋市立美術博物館　二〇〇五年七月）

『ファンと歩んだ70年　阪神タイガース展』（大阪歴史博物館　二〇〇五年二月）

玉木正之、ロバート・ホワイティング『講談社現代新書　ベースボールと野球道』一九九一年五月
「みなさまの足　阪神電車」パンフレット
『輸送奉仕の五〇年』（阪神電気鉄道　一九五五年四月）

※本文中の写真はすべて阪神電気鉄道株式会社所蔵。

3. 表現し発信する——ひたすら関西を語る

ＮＨＫ大阪の第一放送のコールサインは、ＪＯＢＫである。戦後間もなく、漫才で、「ジャパン・オオサカ・バンバチョウのカド」と珍妙な説明がされて、人々の笑いを誘った。それほど、ＪＯＢＫは、親しまれていた。テレビなどこの世にない時代、ラジオが家庭の娯楽の王座に居すわっていた。ラジオだから、東京からの電波に頼らないで、ローカルの局が発信しても、さほど経費がかさまなかったので、ローカル局制作番組が比較的多かったのではないかと素人ながら憶測する。

新聞が、関西のエネルギーを感じさせるのは、春夏の高校野球や高校のラグビーである。しかし、実情を垣間見ると、東京本社発信の記事が占める割合が高いそうだ。どうして、かくも、東京中心のメディア帝国ができたのだろうか。またしても勘繰りたくなるのだが、おそらく、ＩＴの進化によって、容易にデジタル化された文字が一瞬に各地に送れるから、各地で個別に制作するよりは、経費がかからないのだろう。もっと、関西から日本や世界をじっと睨みつづけるような気概のある新聞ができないものか。

いくら、ＩＴの時代といえども映画は手作り要素が多くを占める。いかにも京都の伝統産業とのつながりがあると思う。奈良を撮りつづけてきた河瀬直美監督が第六〇回カンヌ国際映画祭でグランプリに輝き、映画の表現力と発信力の凄味をひしひしと感じた。関西の「こまやか」な文化の一シーンである。

関西のメディア事情

高橋　徹

一　同じ新聞社なのに紙面は違うが……

「東京で新聞を見て驚いた。震災のことがほとんど載っていない。同じ『朝日新聞』なのに、なぜなの。ものすごくショックだった」。

一九九五年一月に発生、大災害をもたらした阪神淡路大震災から半年ほどしたころのことである。当時、現役の朝日新聞記者だった私に、神戸に住む人文科学系の学者からそう問われた。自分だけでなく、家族も親戚もひどい被害を受けただけに、久しぶりにでかけて見た東京の新聞に、震災のニュースがないのを知り、はじめて東西の紙面の違いに気づいたとのことだった。

これは何も朝日新聞だけではない。読売新聞や毎日新聞でも同じことがいえる。それは新聞社の成り立ちや印刷、発送などさまざまな問題が背景にあるからだ。もっとも、最近ではその気になれば同じ紙面を製作して、家庭に届けることは容易になった。経営的には、むしろ全国で同じ紙面を配る方が経費や効率の点では得策なのだが、新聞である以上それはできない。読者の身近なニュースを届けるのは大切な使命であり、さらに関西と関東には歴史と文化の違いがあって、そうもいかないのが現状である。

朝日新聞の場合は東京のほかに、名古屋、大阪、福岡の計四カ所に本社がある。商法上の本社は大阪であるが、企業としてのセンターは東京本社。名古屋本社、大阪本社、福岡の西部本社をまとめて「西三社」という呼び名がある。記事のやりとりは相互に行っているが、編集や印刷はそれぞれの本社が分担する。そこで出稿した記事をどう扱うのかに違いがでてくるのである。

紙面は大まかにいえば、四本社で全く同じもの、つまり「共通紙面」と各社ごとに制作する「自社組み紙面」がある。大阪制作紙面を他の本社に送ることもあるが、共通紙面のほとんどが東京での制作である。一方、自社組み紙面といっても、他の本社から出稿された記事も使うわけで、その場合は単に扱い方が違うだけということもある。技術革新と人員配置の合理化などから、年毎に共通紙面が増えているが、西三社の中でも大阪本社は自社組み紙面が多いのが特徴である。

毎日新聞も読売新聞も似たような制作方法をとっており、東京紙面と大阪紙面は、朝日新聞と同様にやはり、かなり違いあるようだ。それは朝日新聞と毎日新聞はもともと「大阪の新聞」で、後に東京に進出したといういきさつがあったからである。また「東京の新聞」であった読売新聞は、大阪進出にあたっては、とりわけ大阪人に受け入れやすい編集方針をとって、紙面づくりがされてきたことが原因らしい。そこに「関西ジャーナリズム」の特色がある。もっとも今では、東京と大阪の紙面に差があるといっても、それは身近に発生したニュースの扱いにわずかに違いがあるだけである。

ジャーナリズムとは「新聞・雑誌・ラジオ・テレビなどで時事問題の報道・解説・批評などを行う活動。またはその事業」（『広辞苑』）である。単に関西で発生した事件事故の報道の扱いが大きかったからといって、関西のジャーナリズムに特色があり、活発だとはいえない。かつて「大阪ジャーナリズム」「関西ジャーナリズム」と呼ばれていた時代のような、東京とひと味違ったジャーナリズムがあるわけではない。

二　小新聞としてスタートした朝日新聞

今では歴史的用語になったが、明治前期の新聞には「大新聞（おおしんぶん）」と「小新聞（こしんぶん）」があった。大新聞はその掲載される記事は文語体。政治上の議論が中心で、インテリ層を対象にしていた。それに比べ、小新聞は紙面の大きさも小さく、談話体で書かれ、ふりがなを付けた通俗大衆紙である。庶民の暮らしや事件事故などの出来事や、または艶ダネと呼ばれた、今で言う芸能界にあたる花柳界の話などが面白おかしく扱われていた。

一八七九（明治一二）年一月二五日に、大阪で産声を上げた朝日新聞は、その小新聞としてスタートしたものだった。そのころ東京では「読売新聞」「東京絵入新聞」などの小新聞が商業的に成功していた。それを知った生産高が大阪で一番という老舗醤油屋の長男・木村騰が、後に朝日新聞社主家の祖となる村山龍平らにもちかけて「新時代の事業」として創刊した。当時の大阪には、一八七六（明治九）年に発刊され大新聞の「大阪日報」が君臨していたが、たまたまこの時期、小新聞がほとんどないことに目をつけたのである。言葉を換えていえば、「小新聞なら売れる」という判断があったからである。

発刊にあたってまかれたビラには「其体裁タル専ラ児童婦女子ヲ教化スルヲ主義トシ、画面ヲ挿ミ、傍訓ヲ付シ、務メテ、意解ニ易カラシムルヲ要ス」とある。

創刊号は四ページで、政府広報の「官令」、「大阪府官令」「雑報」「相場」、寄稿原稿の「寄書」「広告」などからなっているが、圧倒的に紙面を割いているのが二ページ半もある、市井の出来事を追った「雑報」である。

大規模な事業として、大阪で小新聞を発行したのは朝日新聞だが、その前史としての「錦絵新聞」は、盛んに印刷されていた。これらの刊行物には「大阪錦画新聞」「大阪日々新聞紙」のようなタイトルがついたものもあった。しかし、現代的な意味での新聞ではない。発行部数は極めて限られ、刊行は断続的、ほとんどが一枚もので、瓦版の延長上の刊行物である。ただ、町中で話題の「雑報」に錦絵をそえて掲載したもので、小新聞の前史といっても間違いはない。

土屋礼子『大阪の錦絵新聞』（三元社　一九九五〈平成七〉年一二月）によると、関西で一七紙の錦絵新聞が確認されているそうで、最盛期は朝日新聞が創刊される三、四年前のことだったらしい。朝日新聞が小新聞として、一歩を踏み出した時に、関西には活字で雑報を読みたいと期待していた読者層が生まれていたのである。

三　今日型新聞の誕生

現代はあらゆる面での東京と大阪の格差は大きいが、明治の初年はまだそれほどでもなかった。江戸時代は大阪に各藩の蔵元が置かれており、東京遷都後も商都として活発な経済活動があった。つまり、活字による情報の伝達を待ち望む層は多かったのである。まして、大阪は庶民教育を目的として江戸中期に創設された学問所の「懐徳堂」があり、読み書きのできる層が多く、彼らが「新しい活字媒体」を待望していたことは想像に難くない。

朝日新聞は一気に読者層を広げ、創刊後半年もたたずに社屋が手狭になり、本社を移転する必要が生まれた。同時に小新聞の名前の元になっていた、縦三二cm、横二三cmの大きさの紙面を、縦横二・五cm広げて紙面を増やした。やがて、九月にはさらに紙幅を拡張して、「論説」欄を設けることになった。通俗大衆紙から、大きく変わりはじめたのである。当時は一般国民が、政治に参加する権利を主張した民権運動が高まっており、すでに大阪での発行部数がトップになったこともあり、その論争を無視することができなくなっていたらしい。政治・経済・外交から教養・娯楽までニュースになるあらゆる事象を報道する、今日型新聞に向けての脱皮である。

四　反骨のジャーナリスト・宮武外骨

「朝日新聞」が創刊されて二三年経った一九〇一（明治三四）年、大阪で「滑稽新聞」という、少し風変わりな新聞が発行された。Ａ４判の小新聞タイプの大きさ。発行は月二回。ページ数は通常二〇ページほど。毎週ではなく、月二回出る現代の週刊誌のようなものである。発行者の宮武外骨（一八六七～一九五五）は、東京で大新聞のパロディー版の新聞や雑誌を出し、不敬罪で服役したことのある人物だった。

編集方針は「威武に屈せず富貴に淫せずユスリもやらずハッタリもせず」「天下独特の肝癪を経とし色気を緯とす」「過激にして愛嬌あり」というものだった。二〇〇四年に廃刊となった「噂の真相」（東京・噂の真相社）に似ているが、もっと下ネタの多い新聞である。

「まちダネ」のような大衆が受ける話の紹介を目標に出発した朝日新聞は、そのころは大きく変質して、知識層を強く意識した国権主義的な新聞になっていた。いまひとつ大阪にあった毎日新聞は、その前身が大新聞であったことから、やはり政治論に重きがおかれる新聞だった。それに比べ、「滑稽新聞」は「色気を緯とす」とあるように、絵入りの艶ダネの記事が多く、かつての「錦絵新聞」をしのばせた。そのせいであっという間に関西人に受け入れられ、その時期文芸雑誌として一番読まれた「文芸倶楽部」を二倍以上も上回る八万部も発行したと伝わる。

発行者の宮武外骨といえば、一般に「薩長政府に対決した反骨のジャーナリスト」などといわれるが、私はその表現は正確ではないと思う。社会正義を旗印に新聞発行をはじめたのではなく、「滑稽新聞」を発刊することによって、反骨のジャーリストになっていったというのが正しく、彼をそうさせたのは、読者である関西人だったといっても過言ではない。

香川県で生まれた宮武外骨は、上京して東京大学入学のための進学塾に学ぶ。そこで、勉強はそこのけに新聞雑誌を読みふけり、新聞記者に憧れて「頓知協会雑誌」を創刊する。その内容は政治批判などではなく、古今東西の「頓知を利用せし偉人の事蹟」を紹介するといった、文化教養のための読み物が中心だった。定価が高いのにかかわらずよく売れて、わずか二〇歳ほどの若者だった外骨は、濡れ手に粟の大金を手にした。

ところが帝国憲法の発布間もない一八八九（明治二二）年二月に出した、二八号に掲載した記事が、不敬罪の対象となった。その内容は「大日本帝国憲法発布の勅語」と「大日本憲法の条文」をもじって作った「研法発布の囈語」と「大日本頓知研法の条文」、それに人間の骸骨が「研法」を下賜する図を付けたパロディーである。明治天皇が大日本帝国憲法を下賜する様子をモデルに、骸骨が大日本頓知研法を下賜する図にしたのが、不敬罪にあたるとして発行禁止となった。後に大審院まで争った裁判の経緯などから推測して、それほど思想性のあるものではなかったように思えるが重禁錮三年の有罪となって獄に下った。

五　関西人が支えた「滑稽新聞」

宮武外骨については、四人目の妻のおい、吉野孝雄氏による『歴史文化ライブラリー　宮武外骨』（吉川弘文館二〇〇〇年六月）というすぐれた伝記がある。同書によると宮武外骨は筆禍事件がきっかけで、「反骨のジャーナリストになった」と述べており、一般にそう理解されている。それを裏付ける資料として、吉野氏は一九五一（昭和二六）年、「毎日情報」の記者に、宮武外骨が「このこと（入獄が）あって以来、余は藩閥官僚政治の専断横恣は断じて許すべからずと感じ、新聞に雑誌にこれを極力攻撃し、藩閥官僚と連なる資本家の悪辣さに就いても仮借なき筆誅を加えてきた」とインタビューで答えたことをあげている。

もちろんこの事件で、宮武外骨が薩長政府の官僚たちに、激しい反感を抱いたのは間違いないとしても、当時操觚《そうこ》者《しゃ》と呼ばれた記者たち、なかでも大新聞の記者の多くは日ごろから同じ思いを抱いていたからで、彼だけが例外であったのではない。宮武外骨は出獄後に「文明雑誌」「頓知と滑稽」「骨董雑誌」など実に多種多様な雑誌を出すが、いずれも藩閥政治を批判したものではない。その点、筆禍事件で再三投獄された先輩記者たちの成島柳北（一八三七～一八八四）や末広鉄腸（一八四九～一八九六）と大きく異なる。彼らは出獄すると、ただちに直接間接多様な方法で筆をとり、反藩閥政府の姿勢を貫いている。

宮武外骨が「仮借なき筆誅を加えよう」と強く意識したのは、先にも述べたが「滑稽新聞」以後のことであったと思われる。東京で雑誌を相次いで出版したが、成功せずに借金に追われて台湾に逃げ、一年ばかり養鶏業者として暮らす。その後、対馬、讃岐を経て大阪に来て「大阪新報」の広告取りや校閲をして暮らす。そんな宮武外骨を「ただものではない」と見抜いたのが、京町堀四丁目で福田堂という印刷業を営んでいた福田友吉であったという

（吉野孝雄、前掲書）。その福田の支援があってはじめて「滑稽新聞」が創刊されたのである。

「滑稽新聞」と宮武外骨については、木津川計・立命館大学教授が的確に紹介した短文があるので、その一部を拝借する。二〇〇一年五月、朝日新聞大阪本社のアサコムホールで開かれた「反骨のジャーナリスト・宮武外骨展」に際して寄稿したものである。

宮武外骨は明治の「月光仮面」であった。「疾風のように現れて、疾風のように去って行」った〝正義の味方〟だった。（略）

官憲の弾圧に挑み、あえて銘打った〝自殺号〟が秩序壊乱罪で発売停止をくらった〇八年一〇月、国家権力の強権に外骨は憤然、文字通り〝自殺〟を遂げた。（略）

警察官の収賄、検察の腐敗、官吏の堕落、商人のインチキなどを外骨は指弾してためらわず、筆誅を加えてたじろかなかった。

（朝日新聞大阪本社版　二〇〇一年五月一二日付）

外骨が「反骨のジャーナリスト」になっていったのは、繰り返すが発行部数八万部という読者に支えられたからであった。当時、関西で最大の発行部数の「大阪朝日新聞」（注）が一四万部だったことを思えば、いかに関西人の「滑稽新聞」への支援が大きかったかよくわかる。約八年半の間に罰金・発禁一六回、外骨を含む関係者の入獄五回というのが、その代償に官憲から受けた待遇だった。

（注）朝日新聞は、一八八八（明治二一）年「めさまし新聞」を買収して、東京で「東京朝日新聞」を創刊、そのため大阪で発行していた朝日新聞を「大阪朝日新聞」と改名。一九四〇（昭和一五）年に題号を「朝日新聞」に統一する。

六　反骨の風土

官憲の弾圧に屈して、「滑稽新聞」は消滅してしまうが、一七三号まで続けて発行できたのは①スポンサーとなった福田友吉の支援 ②多数の読者 ③優秀で反骨精神を持った顧問弁護士団の存在を無視できない。

福田友吉は外骨より三歳年長で、二人が出会った時にはすでに大阪で屈指の印刷所を経営、月刊誌二四種類の定期印刷を請け負っていたという。二人は廃刊後も交流を続け、一九三四（昭和九）年に福田が七一歳で亡くなるまで、親交があったそうだ。顧問弁護士団については、吉野の前掲著に詳しいが「優秀な顧問弁護士を備えていたからこそ『滑稽新聞』は世の中の不正と正面切って正々堂々と闘うことができたのである」という記述はまさにその通りだろう。

もちろん、たまたま大阪に優秀な弁護士が住んでいたというのではなく、「正しいことは正しい」と主張できる反骨精神を持った人物を支持する風土があることを見過ごしはならない。その風土が「滑稽新聞」の八万部という部数を支えたのである。言葉を代えれば、「滑稽新聞」は大阪の風土が生んだ新聞だったのである。

「滑稽新聞」廃刊後の二五年ほどたった一九三三年の話になるが、大阪市の天六交差点で「ゴーストップ事件」という出来事があり、当時のマスコミは大いに書きたてた。陸軍と警察が真正面から対決し、昭和天皇までもが憂慮する国家的な抗争事件となった。

発端はゴーストップ（信号機）を無視した兵隊に、警官が注意したことからだった。結果的には警察が譲歩させられ、それ以後軍部の横暴はひどくなるが、大阪人は「正しいものは正しい」と主張した警察に同情し、マスコミも警察に味方する論調が多かった。これは軍部が法律を超えて勝手気ままに振る舞いだすきっかけとなった事件として有名だが、大阪人の気質を表す事件としても知られる。

もちろん、大阪人の気質がこの時に突然生まれたわけではない。江戸時代以来、第二の都市で商都として栄え、権力なにするものぞ、という本音で生きる商人文化が背景にあった。しかし、この反権力的風土が、やがては言論の弾圧の口実となり、日本の言論界の最大の筆禍事件となった白虹事件となるのである。一九一八（大正七）年のことだった。

七　寺内内閣に敵視された朝日新聞

一九一四（大正三）年ヨーロッパで第一次世界大戦が勃発し、日英同盟を結んでいた日本は、アジアのドイツ領で参戦する。戦いは四年余りも続いたことで、異常な戦争景気が起き、諸物価が高騰し始めた。その間ロシアでは革命が勃発、社会主義国家が誕生した。その波及を危険視した欧米や日本などの列強はロシア革命への干渉に乗り出し、シベリアに兵を送ることになった。

戦争が終わると他国は撤兵したが、日本は反革命政権の支援を名目に、駐兵しつづけることになる。大戦の影響で高騰した物価は、さらに上がり、一九一八（大正七）年には卸売物価（東京）は同三年の二倍になった。その中心は米価である。地主や米商人たちが、投機目当てに買占め、売り惜しみをした結果だった。その結果、富山の漁村女性の行動がきっかけとなって、「米騒動」と呼ばれる全国的な民衆騒動が発生した。それは七月から九月に及び、全国三八市、一五三町、一七七村から約七〇万人が参加したといわれる。当時は元長州藩の軍人・寺内正毅首相を首班とする挙国一致体制を目指した内閣で、言論統制に強硬な姿勢をとっていた。

もちろん新聞は黙って政府のいいなりになっていたわけでなく激しく反発した。もともと寺内内閣と新聞との「戦い」は、先の大隈重信内閣が総辞職した直後からはじまっていた。元老の山県有朋らが、大隈を引きずり下ろして、議会政治のルールを無視して寺内を首班に指名したのでないかと指摘したことから、双方の関係は悪化していたといういきさつがあった。真っ先に報じた「報知」が発刊停止となり、それを東京朝日新聞が批判したことで、東西の朝日新聞が、寺内内閣と対決姿勢を明らかにしていった。

とりわけ「シベリア出兵」では、それに反対する朝日新聞の論調は厳しく、寺内内閣の「朝日新聞敵視策」が高まった。ただし、シベリア出兵問題についての各紙の論調は複雑で「あえて図式的な色分けをすれば、反対論に立ったのは東西の朝日新聞であり、『大毎』『東日』は慎重論、『万朝報』『読売』『国民新聞』など多くの新聞は出兵論、もしくは政府よりの社説を展開した」（峯隆『新聞人の群像』中央公論新社　二〇〇七年三月）といわれる。朝日新聞は寺内内閣にとってもっとも許しがたい新聞だったのである。そこに「米騒動」報道が発生した。

八　米騒動と大阪朝日新聞

東西の朝日新聞が富山県で発生した米騒動の第一報を伝えたのは、一九一八（大正七）年八月五日のことである。やがて同月九日ごろから京都、大阪、神戸などで不穏な動きが高まった。暴徒が米穀商に押しかけ、打ち壊しや米の略奪、放火などを次々とおこし、軍隊が出動して鎮圧する事態となったのである。

この騒ぎに対して朝日新聞は、「抜本的な米価調整を説き、売り惜しみの取り締まり強化」を訴え、政府の無策ぶりを攻め立てた。わけても大阪朝日新聞の論調は峻烈で「国民世論を無視して対露出兵を強行した非立憲的な内政、外政の妄断が、米価騰貴の重大要因をつくった」として寺内内閣の辞職を要求する政府攻撃の記事を書き続けた。（『朝日新聞社史・大正昭和戦前篇』一九九一年一〇月）

騒動は名古屋、東京にも波及、一四日には東京市内各地で大規模な暴動が起き、たまりかねた政府は通信社と新聞社に対して「米騒動に関する一切の報道を禁止する」という水野錬太郎内相通告を出す。これを受けて東京朝日新聞はただちに紙面をつくりかえたが、すでに紙面が出来上がっていた大阪朝日新聞は、米騒動に関係する記事の鉛版を削りとって印刷した「惨めな紙面」を読者に提供する（一九一八〈大正七〉年八月一五日付）。しかし、そこで政府への最後の抵抗として、前代未聞の紙面を作ったのである。その内容を前掲書は次のように説明している。

社会面のトップに初号活字四段抜きで『寺内内閣は斯くの如き理由の下に各地の米騒擾に関する一切の記事掲載を禁しせり』の大標題を打ち出し、掲載禁止命令の全文、水野内相、永田警保局長の談話を入れ『右の理由によって我社は今後米騒擾に関し、一切報道の自由を奪われたれば此の重大な時期に於いて十分報道機関たるの責務を尽くす能わざるに至った事を読者にお断りする次第である』と付記した

削りとられた無残なスペースと、なぜそうなったのかの理由の裏事情を載せた記事で作った紙面である。その紙面を見た官憲側がどんな印象を受けたのかの記録はないが、おそらく激怒したに違いない。紙面で見る限り、禁止命令に背いているわけではないので、発行停止などの処分もできないだけに、大阪朝日新聞に対する憤りは高まっていたことを想像するのは難しくはない。それがやがて、駆け出し記者が書いた、ささいな記事をもとに新聞社の存亡の危機に直面する「白虹事件」の遠因となっていくのである。この白虹事件によって、権力に立ち向かう姿勢を強く持った大阪の報道は力を失ったばかりでなく、新聞界そのものが国家権力にひれ伏し、言論の自由は失われていったのである。

九　白虹事件

八月一四日に出された寺内内閣の米騒動報道禁止措置に対し、東京の各社幹部で組織した「春秋会」は一五日に早くも解禁を求めて立ち上がった。それに刺激されて、大阪でも一七日に「寺内内閣糾弾」のための近畿新聞通信社大会を開く。会場の大阪ホテルに集まったのは五府県の新聞、通信社五三社の代表一三七人だったと記録されている。さらに二五日に再び、同じ会場で大会を開き、前回を上回る八六社、一六六人の記者たちが集まった。会議は昼食をはさんで四時間に及び「宣言」と「決議」が採択された。宣言は「寺内内閣は言論圧迫がひどい。権力乱用して、国憲を蹂躙し、国民の安寧福祉をおろそかにしている。その結果、鎮圧に軍隊を出土させなければならないという米騒動という不祥事を引き起こした。それで言論擁護、内閣弾劾の大会を開いた」という、寺内内閣の責任を問うもので、それを受けた「寺内内閣ハ失政ノ責任ヲ負ヒ速ヤカニ処決スベシ」と、直接的な表現で内閣辞職を迫るものになった。大会の座長は朝日新聞社の村山龍平社長だった。

大会の様子は同日の夕刊（ただし、日付は二六日）に掲載され、大阪朝日新聞では一面に本記、社会面トップに雑報という派手な扱いだった。この社会面の雑報にあった「白虹日を貫けり」の字句が、「朝日新聞そのものの存亡の危機を招き、日本言論弾圧史上、特筆すべき筆禍とされる『白虹事件』に発展することになった」（同前掲書）のである。「白虹日を貫く」という表現は、中国の史書には「国に内乱が起こる天象」という意味で使われた言葉である。書いたのは京都帝大国文科を出た若い記者で、後に本人も「若気のいたり」と述べているが、衒学的な記述だった。当時にあっても、他の記事で使われたのなら、あまり問題にもならなかった可能性が高いが、マスコミがそろって「寺内内閣の辞任を迫る」という緊張した大会の様子を説明した紙面である。

かねてから朝日新聞、とりわけ大阪朝日新聞の記事に目くじらを立て、機会をとらえて弾圧を加えようと狙っていた寺内内閣は、この記事を見つけて、チャンス到来と「発行禁止」、つまり「廃刊」に追い込むために告発、捜査、裁判へと官権を動員する。その後の詳しいいきさつは省くが、官憲による記事のチェックはますます厳しくなり、大会の座長だった村山社長が暴漢に襲われ、右翼組織による不買運動が始まった。情けないことにこれを機会に発行部数を増やしたい、と考えた同業他社による誹謗中傷などが続き、村山社長は「廃業やむなし」の方向に傾いたといわれる。しかし、思いとどまって再建を目指し、一〇月一五日に「社長辞任、編集幹部の総退陣」を発表した。

続いて判決が出る直前の一二月一日、事件の経過と報道機関として今後のありかたなどを「本領宣言」として社告で掲載した。それは「自社の非」を認め、創刊以来不文律として実行し「朝日新聞編集綱領」としてまとめた「根本理念」に立ち返ることを、読者に公表したものだった。この「本領宣言」はのちに「朝日改過の書」と揶揄されることになる。

こうした一連の朝日新聞社側の動きが影響を及ぼしたのか、判決は求刑に比べて寛大なもので、検察も控訴せずに百余日で決着した。だが、この事件を契機にもはや内閣の辞任を求めるような過激な記事は掲載できなくなっていった。やがて、新聞は政府の広報紙へと変わっていくのである。

一〇　日本型新聞の誕生　客観報道

この白虹事件が、日本のメディア界に及ぼした大きなことのひとつは、四項目の「朝日新聞編集綱領」の成文化である。まとめられたのは社告として掲載されるより半月ほど前で、会社存亡の危機に直面していた時だけに、その第一は「上下一心の大誓を遵奉して、（略）天壌無窮の皇基を護り、国家の安泰国民の幸福を図る」と天皇制絶対主義の文言を使っている。しかし、一方では「不偏不党」「正義人道に本《もと》づき」「報道の確実敏速」「記事は清新を要し、忠厚の風を存すべき」などと、現代の朝日新聞綱領にも使われた文言が記されている。

実はこれ以後他の新聞社も、似たような新聞制作の規範を制定し、この「不偏不党」的な文言を盛り込むようになる。政論を掲げ、真っ向から政府と対決も辞さない覚悟で制作されていた「大新聞」の精神はこの段階で消滅することになる。いわゆる「客観報道主義」になったのである。もっとも朝日新聞はその後も普通選挙と軍縮の問題でキャンペーンを張るが、もう白虹事件以前の激しさはなくなってしまった。

一一　大阪と東京の違い

興味深いことに御用新聞化したとはいえ、大阪と東京の紙面にはよく違いが見られた。例えば、満州事変勃発の記事をあげてみる。よく知られているように満州事変の発端は、奉天軍閥と言われている張作霖が鉄道を爆破したのではなくて、日本の関東軍によるものというのは、今はもう歴史的事実になっている。

爆破の第一報が入って来たときには、だれが仕掛けたのかもちろんまだ分からない。現地から、まず大阪朝日に電信電報が届き、東京朝日に伝えられた。それを見た東京側は補足取材をして「張作霖の奉天軍閥が満鉄を爆破、日清両軍戦端を開く、わが鉄道守備隊応戦す」という見出しをつけて掲載した。要するに奉天軍閥が爆破したのだという記事になったのである。それに対して大阪は「奉天の北方で日清が激戦中である。わが軍は支那平野の一部を占領して、奉天城を攻撃した」と、客観的な記事を載せる。東京は政治部記者から、政治的な作為の情報が入っており、それを念頭にいれて紙面を作ったといわれる。

いまひとつ、大阪と東京の違いをあげる。明治時代の後半、朝日の主筆として活躍した池辺三山という有名なジャーナリストがいる。慶応義塾で学んで佐賀県庁に就職、その後「山梨日々新聞」で論説を書き、右翼系の国粋主義的な新聞「日本」の論説を書いていた人物である。その池辺が熊本藩主だった細川護成のおもり役としてパリに行き、五年間暮らして、向こうから「巴里通信」という記事を「日本」に寄稿していた。帰国後の一八九六年に朝日新聞が社員として迎えるが、彼が大阪朝日新聞に書いた論説で有名なものに「日中和親論」というものがある。日本と中国は仲よくやるべきで、軽蔑するのはいけないという客観的な文章だった。

当時はもう日本が中国に対して威張り始めている時期だっただけに、日本は友好の精神で付き合わないといけないという主張は注目された。その池辺は一年ほどして、東京に行って論説を書くが、そのときには「近隣友好」などという論調はなく、民族主義者に戻ってしまう。大阪にいた時に「日中和親」などを主張したのは、大阪に国際協調を重んじるそういう雰囲気があったからではないかと思われる。こうした大阪朝日新聞と東京朝日新聞の違いを裏付ける例はいくらでもある。それは歴史や風土の違いもあるのだろうが、やはり権力からの距離というところで差があるのではないだろうか。

一二　夕刊紙が多かった関西

二〇〇〇年ごろには姿を消してしまったが、戦後長い間、関西では多くの夕刊紙が発行されていた。「夕刊京都」「大阪新聞」「大阪日日新聞」「関西新聞」「新大阪」などなど。そのほとんどが、軟派と呼ばれる記事で、勤め帰りの人を対象にした駅売りで捌いていた。それが東京資本の「夕刊フジ」や「夕刊ゲンダイ」に読者を奪われ廃刊してしまった。

夕刊紙発行が盛んだったころ、東京から出張してきた人たちから「関西にはどうしてこんなに夕刊紙が多いのか」と何度か問われたことを覚えている。おそらくそれは大阪で「小新聞」が成功して大新聞社になったことや、「滑稽新聞」が受け容れられたこととは無関係ではない気がする。肩肘はった政治論争ではなく、「ちょっとした話のタネがほしい」「気楽に読み飛ばせるものがほしい」という要望があったからではないかと思う。

東京資本の夕刊紙に読者を奪われてしまったと書いたが、いまひとつの強敵はスポーツ紙だったようだ。熱烈な阪神ファンを思い浮かべてもらえれば分かるが、関西のプロ野球熱は女性から子供までも巻き込んでいる。スポーツ紙の愛読者も多く、そのスポーツ紙には性風俗を扱うページもあり、普通の夕刊紙は食われていったのである。直接比較分析したわけではないが、同じタイトルのスポーツ紙でも、関西で発行するものには、かつての普通の夕刊紙的な軟派記事の割合が多いという話を聞いたことがある。

一三　「小新聞」的発想こそ、復権の鍵

二〇〇〇（平成一二）年に六九歳で亡くなったが、黒田清という大阪生まれのジャーナリストがいた。京都大学経済学部で学んだ後、創刊したばかりの大阪読売に入社して新聞記者になった。社会部長時代には「黒田軍団」と呼ばれる書き手の記者集団を縦横に使って特ダネをものにし、反響を集めた連載記事を続々と紙面化したユニーク

な存在だった。

私自身はその黒田が社会部長だった時代に、社会部遊軍記者だったことがあり、相次ぐ特ダネや好評な連載企画記事に悩まされたことがある。なかでも自らも執筆した「窓」は、ありふれた庶民の立場に立って、その憤りや感動をはじめ、お涙頂戴的な記事のコラムは異色のものだった。一言でいえば「いかにも大阪的な記事」が、多くの読者をひきつけた。ライバル紙のコラムだったが「かなわないなあ」と思ったことがしばしばある。しかし、黒田はこのコラムに書いた記事に反感を抱いた大阪本社社長にうとまれ、やがて社を去り、フリーのジャーナリストになる。

新聞社をやめた本当の理由は権力闘争に敗れたのだろうが、社長側を支えたのは、東京読売の社長だったといわれている。詳しいいきさつについては有須和也『黒田清　記者魂は死なず』（河出書房新社　二〇〇五年一二月）に詳しいが、対立の基礎にあるのは大阪的紙面と東京的紙面の問題もあるような気がする。身近なものごとに焦点を当てようとする「小新聞」的発想と、大所高所からニュースを追おうとする、かたちをかえた「大新聞」的発想の戦いである。この「小新聞」対「大新聞」の戦いは、今後の関西のジャーナリズムを考えるうえで、重要なキーワードになりそうな気がする。

二〇〇四年暮れの「産経新聞」（大阪本社版）の連載「大阪の時代――輝きはいつから失われたのか」（第5部ジャーナリズム12　大きい車どけてちょうだい、一二月二二日付）で、黒田の「窓」が引き合いに出されていた。その中に「かつて新聞の世界に『大阪ジャーナリズム』という言葉があった。それは『窓』がそうであったように、多くの読者に支えられていたからこそ実現できたのだと思う。日常の中で、どうすることもできないが、誰かに聞いてほしいという声。そうした声をすくい上げ、社会に問題提起してきたのが、輝いていたころの大阪の新聞ではなかったか」と、皆川豪志記者は書いている。

そういえば関西のどのメディアにも、黒田的な視点でニュースを追う記者が少なくなっている気がする。「東京ばかりに顔を向けている」とよくいわれる。

現在、全国紙の最大の競争相手は、地方紙だといわれる。とりわけ県を単位とした新聞である。それぞれに県下の新聞購読者のうち占有率が五〇％になる新聞がある。地域に密着したきめ細かいニュースが盛り込まれているのが、なによりの売りである。「小新聞」の伝統が生かされている。それに対して全国紙は地方版で対抗しようとしているがとても地方紙に太刀打ちできるものではない。

関西、なかでも大阪に限っていえば、そこには他の府県のような地方紙がないことから、地域に密着した報道がおろそかになりがちである。つまり、「大新聞」的な紙面づくりが主流になっている。文化関係の紙面はもちろん、家庭面、生活面と呼ばれるような日々の暮らしを追ったページにさえも、登場人物に首都圏の人が圧倒的になってきた。それでは関西の読者が、紙面になじめなくなるのは当たり前のことである。「小新聞」的発想を重視した報道を重視する姿勢を復活しないかぎり、関西のジャーナリズムの復権はないであろう。

東京から大阪へ　読売新聞の場合

永井芳和

一　ゼロからの出発

戦後、読売新聞が東京から大阪に進出し、どのような歩みを辿ったかを考察する。二〇〇七（平成一九）年四月のABC部数をみよう。日本ABC協会（発行部数監査協会）が出している新聞の発行部数だ。読売新聞の大阪本社管内の部数は二五四万部、朝日新聞のそれは、二三四万部、毎日新聞が一四五万部、産経新聞が一二三万部である（表1）。新聞の価値は発行部数によって決まるものではないが、一つの目安になるだろう。読売新聞の大阪発刊は一九五二（昭和二七）年一一月二五日で、この五五年間で読売新聞はゼロから二五四万部増えたことになる。一九五二年の他の新聞の部数は、朝日が一四四万部、毎日が一三五万部だった。朝日は九〇万部増加、毎日は一〇万部増やした。なぜ、東京から来た読売が大阪でこれだけ増えたのかを、述べていきたい。

私は一九七〇年に入社し、一九五二年当時のことは知らない。ただ、論説委員時代に『読売新聞大阪五十年史』

の編集にかかわったため、社史づくりを通し、かつての事情をいく分、知る立場にあった。それでも、入社以来、記者生活を続け、編集局と論説委員会を経験しただけだ。新聞社では、紙面をつくる編集局のほか、それを売る販売局があり、大事な収入源の広告局、社のイメージアップを図る事業局、一般の民間企業と同様に社員の人事管理をしたり、給与を決めたりする総務局、経理局などがある。これらを直接知らないので、編集局から見た大阪進出史を考えていく。

表1　2007（平成19）年4月　全国紙大阪本社管内ABC部数

朝　刊	部数	前月比	前年比
読　売	2,544,949	−2,613	1,671
朝　日	2,340,303	13,243	−10,439
毎　日	1,449,210	35,739	3,794
産　経	1,226,896	3,021	6,345
日　経	775,309	508	−9,233
合　計	8,336,667	49,898	−7,862

読売新聞には数多くの社史がある。大阪発刊三年後の一九五五年に、『読売新聞八十年史』を刊行した。一九七六年には『読売新聞百年史』を出し、その一一年後に『読売新聞発展史』を、一九九四年には『読売新聞百二十年史』を発刊している。これらは東京本社中心の社史である。これに対し、一九九五年の『読売新聞大阪発展史』と、二〇〇二年の『読売新聞大阪五十年史』が、社史の大阪本社版だ。それ以外に、一九八〇年と一九八二年に大阪本社の社会部だけの動きを追った『社会部史1』と『社会部史2』が出ている。なぜ、こんなに社史が多いのだろうか。普通、社史をつくる場合、外部に発注するなど費用や時間がかかるのにもかかわらず、新聞社には調査したり執筆したりする人材が多く、比較的簡単に社史をつくることができるため、トップが交代すれば、その記録を残そうと、いくつもの社史が誕生したのだろう。私が経験していない部分はこれらの社史の記述をもとに論述していく。

近代新聞のスタートは、小野秀雄らによると、播磨国生まれの浜田彦蔵が幕末の横浜居留地でつくった「海外新聞」である（小野秀雄『新聞研究五十年』毎日新聞社　一九七一年七月）。浜田は船頭の家に育ち、乗組員をしていた船が遠州灘で暴風雨に遇って難波した。漂流中にアメリカ船に救助され、アメリカに渡って学び、一八五九（安政六）年に通訳として九年ぶりに帰国したという（『日本近現代人名辞典』吉川弘文館　二〇〇一年七月）。「海外新聞」では、海外の商品相場といった貿易の情報が提供された。

その後、明治時代になって東京で東京日日新聞（現毎日新聞）、読売新聞、大阪で朝日新聞など、現在につながる新聞が誕生した。庶民に広く新聞が読まれるようになるのは、一八七七（明治一〇）年の征韓論をめぐる西南戦争からだ。人々は新聞で、九州で起きた西郷隆盛軍と政府軍の戦闘の様子を知った。すでに徴兵制の整備が進んでいたものの、その政府軍はまだ諸藩の武士階層の出身者が中心で、勝敗の報道が国民の心を捉えたのだ。

当時の新聞の特徴は論説中心の大新聞と、小説など大衆文芸を売り物にした小新聞の区別だった。読売新聞は小新聞からの出発であり、作家の尾崎紅葉の小説「金色夜叉」などの作品を掲載して、人々の支持を得てきた。これに対し、東京日日新聞や、大阪では小新聞として発刊したが、東京に進出した後の朝日新聞などは、政府のさまざまな施策に独自の論陣を張った大新聞である。そんな新聞界の中で、大阪として特筆すべきは錦絵新聞の発展だ。錦絵新聞は明治初期、現在の社会面で掲載される事件、事故などの記事を煽情的な浮世絵を付けて見せた新聞だった。土屋礼子は「東京で錦絵新聞が発刊され始めると、まもなく大阪にも伝播」し、「地元発刊の日刊紙の空白を埋めるように、錦絵新聞は大阪で唯一『新聞』と名のつく印刷物として人気を博した」と言っているのである（土屋礼子『大阪の錦絵新聞』三元社　一九九五年一二月）。

東京では錦絵新聞が付録扱いだったのに対し、大阪では一七種類も誕生したという。大阪が新聞を大衆的なものとして受け入れたことは、考慮に入れるべきだろう。それはテレビニュースのワイドショー化ともつながる。ニュースを親しみやすく、受け入れやすく、おもしろく伝えるという効果があった。関西テレビ制作の「発掘！あるある大事典Ⅱ」で番組をおもしろく、わかりやすくするため実験データなどを捏造したのは論外だが、こうした大阪の伝統を念頭に置いておきたい。

朝日新聞、毎日新聞、産経新聞はいずれも大阪が発祥の地だ。一九二三（大正一二）年の関東大震災で、東京は壊滅的な被害を受けた。新聞社も同じだった。朝日と毎日は被害のなかった大阪から、金と人を送り込んだ。これで力関係が逆転した。両紙は震災前から東京でも新聞を出していたが（毎日は東京日日新聞を買収していた）、関東大震災で大阪の新聞が全国紙として力をつけたのだ。

『読売新聞百年史』は「西から東へきて成功した新聞はあるが、東から西へいって成功した新聞はない」と書いている（『読売新聞百年史』読売新聞　一九七六年一一月）。東京にあった読売は戦前、全国紙を目指し、大阪でも発刊しようとしたものの、失敗した。戦時統制下という事情もあり、東京中心のブロック紙としてとどまったのだ。ほかにも東京から大阪進出した新聞はあったが、わずか数カ月で東京へ戻ったという。朝日、毎日は東京では熾烈な販売競争をしながら、大阪では一緒になって東京から進出した新聞に対抗した。このため、東京の新聞が戦前、大阪で成功しなかった。

なぜ、大阪の新聞なのか。新聞の役割の一つに権力のチェック機能がある。大新聞、小新聞のうち、論説を中心とした大新聞が何かを主張する場合、権力の中心にある東京では権力と同調するか、反権力になるケースが多い。主張に対する影響も大きい。権力とは少し距離があった方がいい。大阪の新聞は大衆化などを通し、権力との距離感を自然に身につけていったのだと思う。だから、大阪の新聞が東京に出ても受け入れられたのだろう。

日本で民俗学を確立した柳田国男は一九二四年七月から一九三〇（昭和五）年九月までのほぼ六年間、朝日新聞の論説委員だった。朝日は一九一八年、米騒動の民衆の動きを伝えた記事で、君主への反乱を意味する「白虹日を貫けり」と書き、政府から発行禁止処分を受けて論説を担当していた首脳陣が退陣した。柳田らを入社させることで人心一新をはかった。この間、柳田は東京の朝日新聞に三八九編の社説を書いた。すべて『定本柳田国男集』の別巻一、二（筑摩書房　一九六三年一二月、一九六四年六月）に収録されている。社説には署名がない。社論として手直しが入り、個人が書いた扱いをされない。しかし、当時は違っていた。一九一四年、朝日は社説の論文規定をつくり、会議で社説を決めるとした（『朝日新聞社史大正・昭和戦前編』朝日新聞　一九九一年一〇月）が、柳田は自ら書いた社説すべてをスクラップしており、我々が検証できる。書き直した社説は原文と掲載文の両方を残した。編集局長だった緒方竹虎から書き直すよう頼まれた二編で、皇室問題を扱った内容だ。朝日がその時代、いかに皇室に神経を使っていたかを示している。

論文規程は「社論ノ統一ヲ図ル為メ論文記者中ヨリ一ケ年ヲ限リ論文主任者ヲ置ク事」「論文主任ハ毎日論文記者会ヲ開キ、各自ノ意見ヲ徴シ社論ノ方針ヲ定ムル事」「論文主任ハ社説トシテ掲載スル論文以外紙面全体ニ対シテモ統一ヲ図ル事」「論文主任ハ東西朝日新聞ノ論調ヲ整フル為メ社論ニ関シテ東朝（東京朝日新聞）ノ主任者ト協議シ必要ノ際ニハ連合協議会ヲ開ク事ヲ得」とする。現在の論説委員会議とほぼ同じである。筆者が書く内容を述べ、意見を出し合い、委員長が最終的な判断をするシステムだ。それで個人の意見ではなく、社論としての社説になった。柳田の頃は、論文規程も有名無実だった。

柳田の三八九編の社説はすべて、東京朝日にしか掲載されず、大阪朝日は皆無だ。柳田は自ら文化を社説で論じるために朝日に入ったと言う。「映画か落語か」「花を駅頭に」「落語と放送」などだ。同じ日、大阪朝日の社説は「いわゆる政界の現状打破」「進んで調停せよ、日本と露支紛争」「緊縮財政と失業対策」だった。柳田が東京の社説で落語家にラジオ出演を勧め、駅に花を置こうと主張していた時、大阪朝日は天下国家を論じていた。大阪にあった新聞が権力から一歩離れ、天下国家を論じたから東京に進出しても成功した。東西の朝日新聞が社説を統一したのは二・二六事件後の一九三六年五月だ。軍国主義体制への危機感から言論を自主規制していった（永井芳和「文化とメディア」〈熊倉功夫編『遊芸文化と伝統』吉川弘文館　二〇〇三年三月〉）。

二　読売新聞の大阪進出

読売新聞の創刊は一八七四（明治七）年一一月二日である。東京で産声をあげ、小新聞として「金色夜叉」など小説を売り物に、大きく部数を伸ばした。しかし、関東大震災によって経営危機になり、内務官僚だった正力松太郎が社長として乗り込む。正力は紙面改革などで、読売の経営を立て直した。それはラジオのプログラムの掲載だ。当時、ラジオは現在のテレビやインターネットと同様、新聞の存在を脅かすものだった。正力はこれを逆手にとり、新聞にラジオのプログラムを掲載し、新たな新聞の役割をつくったのだ。

さらに、現在のプロ野球を一九三四（昭和九）年に創設した。大日本東京野球倶楽部といい、巨人軍の前身だ。正力は大衆にアピールする手法を使い、東京のブロック紙として部数を伸ばしていく。ところが、第二次大戦中の一九四五年五月二五日の東京大空襲で、社屋が全焼する。戦後は、第一次、第二次の読売争議で労組支配の新聞時代も経験した。大阪への進出を決めるのはこうした時期だ。

戦後の混乱期、新聞業界では虚々実々の駆け引きがあった。戦時中から国によって新聞用紙は統制され、割当てだった。戦後もＧＨＱ（連合国軍総司令部）が同じ政策をとった。この時期の大阪の新聞界を克明に描いた小説である足立巻一『夕刊流星号』には、大阪読売新聞も登場する。足立によると、ＧＨＱは戦争責任がそれを煽った全国紙にもあるとして、全国紙の夕刊発刊を制限、用紙の割当ても限度があった。このため、全国紙は別会社をつくり、夕刊紙を発刊した。夕刊流星号は毎日新聞がつくった夕刊紙「新大阪新聞」を舞台にしている。毎日は夕刊の発行部数を制限され、子会社に夕刊流星号という新聞を発刊させ、傘下に置いた。かつて梅田の地下街にあった夕刊紙を扱う売り場は、大阪で終戦後に生まれた夕刊紙文化の名残である。

夕刊紙を生んだ新聞用紙の統制が一九五一年五月一日、撤廃された。資金があれば自由に用紙の調達ができ、新聞が発刊できるようになった。同時に新聞の販売形態も変わる。翌一九五二（昭和二七）年はまだ、戦時中と同様、共同販売だった。現在、新聞の販売は専売制で、全国紙では日本経済新聞を除き、読売、朝日など決まった新聞しか扱わない販売店がほとんどだ。当時は販売店がすべての新聞を扱い、店にとってはどの新聞が売れてもよかった。読売の大阪進出はこの共同販売が専売に切りかわる直前だ。専売制になって、部数競争が激化するときである。一九五二年という年を詳しくみよう。四月二六日に戦争協力者の公職追放が解除され、二日後の二八日にサンフランシスコ平和条約が発効した。五月一日にはデモ隊が皇居前広場に突入、警備陣との衝突で二人の死者が出るメーデー事件が起きた。七月四日にオーム真理教事件で適用について論議された破壊活動防止法が成立した。戦後処理は一段落したものの、日本社会のいたるところには、まだ大きな混乱も残っていた。

文化の面では、四月一〇日にNHKラジオが「君の名は」の放送を始め、ブリジストン美術館、箱根美術館、東京国立近代美術館が相次いでオープンした。「週刊朝日」「サンデー毎日」「週刊産経」などの週刊誌の発行部数が急増し、最初の週刊誌ブームが起きた。その後、雑誌社系の週刊誌が創刊され、第二次の週刊誌ブームが起きるが、第一次は新聞社系の週刊誌の発行部数が大幅に増え、その合計は一二〇万部になったという。角川書店が『昭和文学全集』を、新潮社が『現代世界文学全集』を出し、全集ブームにもなった。戦後の混乱を引きずりながら国民が知的なものに飢え、文化的な関心が高まった時代だ。そんな時代に読売新聞が大阪に進出した。新聞業界にとっても、日本にも大きな節目だった。だから、読売の大阪進出も社会から受け入れられる時代の要請があったのである。

『読売新聞大阪五十年史』の目次を掲げておこう（表2）。読売は戦前も大阪での発刊を計画、再度の挑戦だった。しかし、戦後は正力が大阪進出に消極的になった。新しい流行に敏感だった正力は今後、テレビの時代になると

表2　『読売新聞大阪五十年史』目次

思ったのだろう。最初の民間放送である日本テレビの開局を認めさせようと、さまざまな働きかけをした。読売一社ではむずかしく、朝日、毎日に協力を求めた。両社はその代償に読売が当分、大阪に出ないよう要求した。読売の大阪進出が脅威だった。正力は当時、大阪進出に乗り気ではなかった。

販売の中心にいた務台光雄が全国紙を目指し、隠密裏に大阪進出計画を進めた。社内にも、正力に対しても、できるだけ隠そうとした。最後は専売制移行を利用、正力が「専売になると、務台を抑えられない」と朝日、毎日に通告した。大阪進出前後の『読売新聞大阪五十年史』のコラムのタイトルは、「家族にもカムフラージュ」「金庫に金がない」「机、いすは中古品」「物品購入の申請ラッシュ」などであり、経営状態がよくなかった中での、ひそかな大阪進出だったことを示している。「家族にもカムフラージュ」は進出準備のため、東京から大阪に出張しても、家族に目的を明らかにできなかったという。「金庫に金がない」は東京の会社だったので大阪では信用がなく、すべて現金取り引きになって金庫が底をついた話だ。社内の机や椅子はほとんど中古品で、会社が発足、少し落ち着くと、物品購入の申請が各支局から殺到した。記者を集め、専売の販売店を募集する。記者は地方紙などから引き抜いた。

新聞記者は地理を知らないと、仕事にならない。東京から大阪に来て、火事の現場に行くよう指示されても、その場所がわからず、まごまごしていては他社に負けてしまう。だから、幹部は東京から来るが、一線の記者は現地で調達せざるを得なかった。当然、記者経験者だけでは足りず、学校の先生や、文章を書くのが好きな人を入社させた。私が入社した一九七〇年、教師だったり、夕刊紙にいたりした人が多く、まさに混成部隊だった。販売店も土地の有力者らに依頼、一度につくった。当時は九州も大阪本社管内だったため西日本全体の販売店網を整備していった。

東京と大阪の文化風土の違いを、考古学報道から述べよう。縄文時代の遺跡は東日本で多く見つかり、「東高西低」というものの、関西では、弥生、奈良、平安の遺構が出てくると、それ以上は掘らない。掘り進むと、こうした遺構がつぶれるからだ。しかし、東日本では弥生、奈良、平安の遺跡が少なく、さらに掘っていく。だから、縄文時代の遺構が多く出る。考古学という学問の、ある意味での限界といえる。邪馬台国の所在地をめぐる報道も問題である。私自身、大阪で三五年以上、新聞記者をやっており、自省をこめて言うが、大阪本社の各紙の邪馬台国報道は畿内説偏重で、首を傾げてしまう。考古学界の長老で東大名誉教授の斎藤忠に取材した際、「邪馬台国はいくつあってもいい」と聞いたことがある。「魏志倭人伝」に登場する邪馬台国、同じ時代に邪馬台国より進んでいた地域、邪馬台国と同程度の文化を持っていた地域……。邪馬台国の所在地をめぐるニュースを報じる際、「魏志倭人伝」に書かれた邪馬台国と限定したい。そうした厳密な使い方をしないと、考古学は「学問」として成り立たないだろう。大阪に本社を置く新聞は「邪馬台国の畿内説がより有力になった」と書くと、一面のニュースになる。なぜ、明らかになったことを淡々と伝えられないのか。ジャーナリストと同時にサラリーマンであり、その間を揺れ動き、偉くなりたいという性だ。

特ダネをできるだけ大きく載せたいという功名心、発表された発掘結果の扱いが他紙より小さいと、上司に怒られるという危機意識などが、そうさせていると思う。考古学報道は終戦後から本格的になった。皇国史観の呪縛から解き放たれ、静岡の登呂遺跡の発掘が一九四七年七月に始まり、新しい歴史学が誕生した。が、敗戦直後で新聞のページ数が少なかったこともあり、小さく報じただけだった。考古学記事が一面のニュースとして扱われるのは、一九七二年に奈良県明日香村の高松塚古墳で極彩色の壁画が発見されてからである。

近代新聞は百年以上の歴史を誇っている。事件報道ではほとんどの新聞が一九八九年から、逮捕者の名前を呼び捨てにせず、「容疑者」などというように変わった。考古学報道は登呂から六〇年、高松塚から三五年の歴史しかない。記者がより専門性を身につけ、取材対象を批判的に見る訓練をしないと、捏造が問題となった旧石器発掘報道のように、戦前と同様、考古学者の主張を「大本営の発表」として垂れ流すだけになってしまうことを危惧する。朝日新聞記者の中村俊介が『文化財報道と新聞記者』（吉川弘文館　二〇〇四年三月）を書いた。こうしたメディア側の検証が生まれたことを評価したい。邪馬台国の所在地をめぐる報道には、東京と大阪では大きな温度差がある。それは文化の違いともいえるだろう。読売新聞は大阪進出に際し、この違いを最大限に活用した。全国紙であっても、徹底して関西中心に編集した。東京の読売新聞を大阪で出すのではなく、大阪の読売新聞をつくる方針だった。だからこそ読者の心を捉えたのだ。

三　大阪社会部

読売新聞の大阪進出を語る際、忘れてはならないのが、一九七六（昭和五一）年に大阪社会部長になった黒田清の存在だ。東京本社には、政治部、外報部などがあり、記者の活躍分野は広い。しかし、大阪ではそうした部はなく、社会部中心の新聞づくりになる。部長に就任した黒田は黒子だった記者を紙面に登場させ、高踏的になりがちな新聞を変えた。社会部デスクとして大阪本社版で連載を始めた「戦争」は、記者が体験をもとに戦争への思いを描いた。一九八五年に「新聞記者が戦争を庶民の視点で捉え、語り継いだ」として第三三回菊池寛賞を受けた。連載一〇年目だ。

黒田は部長時代、「男」「女」「民主主義」などをテーマにした連載を社会面で展開した。紙面に記者をインタビューの聞き手や進行役として登場させ、取材対象と読者の距離を縮めたのだ。一九七九年に大阪市阿倍野区で起きた三菱銀行北畠支店での人質事件の際は、黒田の面目躍如だった。猟銃を持った犯人の男が警官や行員を射殺し、女子行員を裸にして立てこもった事件である。誰も考えなかったユニークな紙面づくりを指示する。取材していた新聞記者の動きを、そのまま社会面で伝えたのだ。事件は一月二六日午後に発生した。警官の突入は二八日朝だ。二七日の夕刊、二八日の朝刊では、事件はまったく動かない。普通の紙面づくりでは、内容に乏しく、読者に読まれない。現場を中継するテレビは、シャッターを降ろした北畠支店を写したままだ。新聞はテレビと同じでいいのか。どうすればテレビに勝てるか。黒田にそんな思いがあったかは、わからない。

動きがないとき、どのような紙面をつくるか。黒田は取材する新聞記者の動きをドキュメントで描き、社会面をつくった。冬に屋外で張り込み、事件の成り行きを見守る記者は寒さとの戦いだ。ある記者の妻は夫が寒さに耐えられるよう、股引きを現場に持って行った。黒田は以前から日程の決まっていた旧制高校の同窓会に行き、深夜に会社へ戻ってきた。それらを社会面で伝えたのだ（読売新聞大阪社会部『ドキュメント新聞記者』講談社　一九八〇年一月）。しかし、東京本社は怒った。東京の紙面ではそんな原稿を使うことはできないと、テレビの現場中継や時事通信が流した原稿を参考にして、独自に社会面をつくった。

事件が動かないとき、記者の動きで伝える社会面は新鮮に映った。久米宏はテレビの報道番組のキャスターになり、ニュースを人々にとって身近なものにした。その先駆けである。事件の関係者を揶揄し、視聴率を上げようとするワイドショーとは違う。大きな事件の報道を記者の動きを伝えることで、読者にも身近にした。その面を評価したい。新しい時代の新聞づくりだ。黒田が率いた大阪社会部には、時代を切り開く力があった。それでも、全国紙がそんな記者の動きを伝えるだけでいいのかという批判など、黒田の社会面づくりに賛否両論あることを明記しておく。

黒田が社会部長になった二年後の一九七八年四月、大阪発刊から二五年五か月で、ＡＢＣ部数が読売二一三万部、朝日二一〇万部、毎日一五八万部となり、読売が大阪本社管内で初めて朝日を追い抜いた。部数だけが新聞のいい、悪いを決める指標ではないが、大阪でナンバーワンになり、新聞が売れたことを示している。そのころの紙面はどうだったのか。一九八三年に刊行された東京社会部ＯＢの本田靖春の著書『ちょっとだけ社会面に窓をあけませんか――読売新聞大阪社会部の研究』（潮出版社）をみてみよう。本田は「同じ平面での読者との対話をいつも心掛け、紙面を通して送り手の側からは読者の顔が見え、受け手の側からは記者の顔が見える、といった新聞づくりに成功している」と述べている。

当時、新聞は題字が違うだけで紙面の内容は同じだと批判されていた。現在、社説は朝日新聞の主張と産経新聞が激しく対立する。産経に近いのが読売新聞で、朝日の主張に似ているのが毎日新聞だ。しかし、当時はいまほど差がなかっただろう。だから、新聞はどの新聞も一緒だという批判が強かった。そんな時代に黒田は記者たちを紙面に登場させ、他紙とはまったく違う新聞づくりをした。紙面で記者の顔を見せ、一人ひとりの読者と交流させた。本田はかつて東京社会部のエース記者だったが、社主の正力松太郎におもねる東京本社の体質に嫌気がさし、読売を退社した（本田靖春『我、拗ね者として生涯を閉ず』講談社　二〇〇五年二月）。喧嘩をして東京本社を辞めた。決してかつての身内だから、評価した訳ではない。むしろ、東京読売にない庶民性、読者重視といった新聞のあるべき姿を黒田の大阪社会部に感じたから、そのように書いたと思う。

東京を拠点としていた読売新聞は大阪進出の際、大阪の風土にあわせ、大阪の読売新聞をつくろうとした。大阪のニュースを柱に、紙面をつくった。そして、黒田を中心とした大阪社会部が、記者を狂言回しに使い、読者との交流を通し、他紙と違う紙面づくりをした。それが、読売新聞の大阪での部数を伸ばす原動力になった。過去、東京から大阪へ出た新聞がなぜ成功しなかったのか。その失敗に学んだ。日本の顔、首都である東京風を吹かさず、大阪独自の新聞をつくろうとしたからこそ読売が大阪でもしっかり根付いた。

朝日、毎日、読売の三大新聞のうち、いまも読売新聞は東京、大阪、西部の三本社で別々に記者を採用している。

それは、三本社が別会社になっているためだ。朝日、毎日は全国一本社体制になっている。そのどちらがいいかはわからない。ただ、ここにも大阪の独自性を尊重した読売の精神がみられる。

とはいっても、二〇〇二（平成一四）年には持ち株会社の読売新聞グループ本社を設立し、東京本社のほか、大阪本社、西部本社、中央公論新社、巨人軍を下に置く形に再編した。また、朝刊一面の「編集手帳」、夕刊一面の「よみうり抄」といったコラム、社説を一部、大阪で違う原稿に変えていたものの、一九九二年にこれを一切やめ、「社論」として統一した。署名原稿は増えたが、記者が読者への架け橋として紙面に登場する連載はほとんどなくなった。逆に、朝日新聞が連載などで黒田の手法を使うのが、目立っている。

二〇〇四年、産経新聞は大阪本社発行の社会面で、「大阪の時代——輝きはいつから失われたか」というタイトルの連載をした。その中で、黒田社会部がつくったいくつかの紙面を、時代を切開く大阪ジャーナリズムと持ち上げた。「新聞社が同業他社について批判であれ、賛同であれ、このような形で批評するのは半ばダブーであった」というにもかかわらず、それをした（皆川豪志『あの大阪は死んだのか』扶桑社　二〇〇五年三月）。大阪中心の独自の紙面づくりをしてきた読売新聞が全国紙の体裁を整える一方、他の新聞は黒田時代の大阪読売になろうとしているようにも見える。

インターネットの普及によって新しいメディアの時代が始まった。地方紙もホームページを持ち、どこにいても求める地域のニュースを読むことが可能になった。新聞の地域性は崩壊に向かいつつある。大阪の新聞、東京の新聞という区別はあっても、今後は情報の画一性が問われる時代になるのだろうか。企業、団体だけでなく、個人さえもインターネットの中にホームページを持ったり、ブログを開設したりでき、情報の発信が容易になった。インターネット上では書き手と読者の交流が掲示板を通して簡単だ。そんな時代に、全国紙というマスコミの役割はどうあるべきか。インターネットは匿名社会で、根拠のない誹謗中傷も流れる。ともに自殺に誘うサイトや、憎む相手を金を払って殺すよう見知らぬ人に依頼するサイトが存在しているところに危うさを感じる。マスコミはインターネットでは保障されない情報の信頼性を担っていこうとするのか。それがキーボード操作だけで消えるモニターの画面ではなく、活字、印刷文化として千年以上の歴史を誇る新聞の主要な役割となるのか。マスコミである全国紙がインターネットに対抗、より記者のさまざまな顔を紙面に登場させ、ミニコミの性格も持たすよう変えていくのか。インターネット社会と違うのは、読売や朝日といった歴史に裏付けされた全国紙の記者の主張というブランドによる保証しかない。

少子高齢化社会を迎え、いま以上の部数増を期待できない。広告収入はしだいにインターネットに奪われていく。趣味の多様化が進む中で、イベントによる企画収入増の目論見もかつての金山を探す山師のように難しくなった。そんな二一世紀に全国紙は一〇〇〇万、八〇〇万という現在の部数を維持できるのか。新しい全国紙のあり方、経営で適正な部数はあるのか。新しい新聞のあるべき姿を考えるのは団塊世代が退場した後の人たちである。

【参考文献】

読売新聞社
『読売新聞八十年史』（読売新聞　一九五五年二月）
『読売新聞百年史』（読売新聞　一九七六年一一月）
『読売新聞発展史』（読売新聞　一九八七年一一月）
『読売新聞百二十年史』（読売新聞　一九九四年一一月）
読売新聞大阪本社
『読売新聞・大阪発展史』（読売新聞大阪本社　一九九五年一一月）
『読売新聞大阪五十史』（読売新聞大阪本社　二〇〇二年一一月）

『社会部史1』（読売新聞大阪本社　一九八〇年九月）
『社会部史2』（読売新聞大阪本社　一九八二年一〇月）
読売新聞大阪社会部『ドキュメント新聞記者』（講談社　一九八〇年一月）
朝日新聞社『朝日新聞社史大正・昭和戦前編』（朝日新聞　一九九一年一〇月）
小野秀雄『新聞研究五十年』（毎日新聞社　一九七一年七月）
『日本近現代人名辞典』（吉川弘文館　二〇〇一年七月）
土屋礼子『大阪の錦絵新聞』（三元社　一九九五年一二月）
足立巻一『夕刊流星号』（新潮社　一九八一年二月）
本田靖春『ちょっとだけ社会面に窓をあけませんか――読売新聞大阪社会部の研究』（潮出版社　一九八三年八月）
本田靖春『我　拗ね者として生涯を閉ず』（講談社　二〇〇五年二月）
皆川豪志『あの大阪は死んだのか』（扶桑社　二〇〇五年三月）
永井芳和「文化とメディア」（熊倉功夫編『遊芸文化と伝統』吉川弘文館　二〇〇三年三月）

京都と映画

小川順子

はじめに

日本の映画史を語るときに、牧野省三に言及しないものはないといっても過言ではない。「日本映画の父」と後に称せられることになった彼が、京都と無関係に語られることもまずない。だが、日本にシネマトグラフを紹介した稲畑勝太郎が京都と関連して言及されることは意外と少ない(1)。稲畑と京都という接点を思い起こせば、映画は日本に伝来したときから京都と関係を持っていた事があらためて確認できるであろう。以来、今日まで京都は、日本映画と密接な関係にある。すでに多くの研究が日本映画に関してなされてきているが、本論ではとりわけ「京都」と「映画」について、映画伝来から現在に至るまで時を追いながらまとめていきたい。なお、最初に断っておくが、本論で扱う「映画」は、リュミエール兄弟が発明した「シネマトグラフ」をその始まりとする。

一　映画草創期

稲畑勝太郎がリヨンの工業学校に留学中、同級生にオーギュスト・リュミエールがいたことが縁となり、後に渡仏した稲畑が再会したリュミエールから、彼ら兄弟が発明したシネマトグラフに接する機会を得たこと、さらには興行権を得て帰国したことは映画史の繰り返すところである。その稲畑は、染色技術を学ぶための京都府からの派遣留学生であり、後に渡仏した時の彼の立場は、京都モスリン紡績会社の監査役であった。つまり、稲畑は、京都の特性ともいえる伝統を尊ぶ反面、新しいものを積極的に取り入れようとする側面から生まれた京都府の政策方針の中にいたわけである。京都の職人が支える伝統産業と京都（人）が最新のものに興味を示す、いわゆる「新しいもの好き」が、まさに映画が京都に根付く一つのポイントといえよう。彼が、本来の渡仏の目的とは別に、「シネマトグラフ」という当時の最新技術を日本に紹介することを決意した点にもその側面はあらわれているように思える。

京都が映画発祥の地という説は、稲畑勝太郎が一八八七年に二台のシネマトグラフを持ち帰り、京都・四条河原にて日本初の試写会を行ったという話に由来する。『稲畑勝太郎君傳』には、次のように記されている。

偖ていよ〳〵シネマトグラフを試写する一段となつたが、当時屋内で試写することは相当な危険が伴つたので、四条河原の野天に於て試写会を開くことに決し、同年二月これを実行したが、何といつても我国では最初のことで、技術の不熟練のために、カーボンに通ずる電流の程度さへ、見当がつかず、電流が通ずるとカーボンが飛び、危険此の上もない有様で、折角の試写も好成績を挙げるに至らなかった。／そこで種々思案の末、京都電燈会社の長谷川技師に依頼し、その考案に依つて、島津製作所に命じて適当の変電器を製作させ、数回試験

した結果、辛うじて公開を為し得るまでの自信が出来た。(2)

すなわち、最初の試写実験の時には二台の機械とも壊れてしまい失敗に終わったのである。その機械を再び映写できるように修理したのが、京都電燈会社と島津製作所の技術であった。この二社の協力により、漸く試写が成功したのは、京都電燈会社内にてのことであり、先の引用とは多少矛盾するが一八八七年一月末から二月初頭の「雪の降る日」であったと記録に残っているらしい。京都府京都文化博物館学芸員の森脇清隆によると、この当該時期は毎日雪が降っていたと気象台に記録されており、実際に試写が成功した日付を確定する決定的な資料が出てきていないそうである。(3)

ちなみに京都電燈会社は、現在の中京区紙屋町・立誠小学校の跡地の辺りである。この通りは、賑やかな河原町通りに比べると細い静かな通りではあるが、立誠小学校跡地の向かいの南側には京都の割烹料理「たん熊北店」があり、また西木屋町通りと交差する角には、川端康成の小説にも出てくる料理屋「瓢正」が軒を連ねる。川端康成が映画に関心を抱いていた作家の一人であることを思えば、この地で始まった映画との深い縁が想起されまいか。

無事に、試写を終えた稲畑勝太郎が、シネマトグラフの興行を大阪から始める一方で、シネマトグラフの技師として稲畑とともに日本にやってきたコンスタン・ジレル（*Constant Girel*）は、京都など日本の風景や日常生活を撮影した。田中純一郎は「映画製作が初めて日本で試みられたのは、シネマトグラフを輸入した稲畑勝太郎が、リュミエールの工房から連れて来た技手ジュレールに頼んで、京都で歌舞伎劇を撮影させたことがあるが、それをもって最初といえよう(4)」と記している。すなわち一八九七年の京都の祇園や四条小橋などの町並みが、動く画の記録として残っているのである。(5)持ち帰った欧米の最新技術であるシネマトグラフを日本に紹介した稲畑であるが、彼は、この機械が娯楽媒体として大衆に受け入れられるだろうと考え、それをよりうまく活かせる人物にシネマトグラフの興行権を譲ることにした。その人物は、稲畑とともに京都からフランスへ留学生として派遣された横田万寿之助と、アメリカに留学していた弟の横田永之助である。兄の万寿之助はしばらくすると手を引くため、実質的には弟の永之助がシネマトグラフ（以下、映画とする）の興行を引き受け、全国巡業をはじめ、一九〇一年に横田兄弟商会（後に横田商会と改名）を設立する。こうして、映画興行は映画会社として組織化され定着していく(6)。

二　映画産業の定着と発展

映画が日本に上陸した当時は輸入したフィルムなどを上映していただけであったが、そのうち興行主などの要求などにより、日本独自の映画製作が始められることになった。俳優を使った劇映画製作を日本で最初に始めたのは東京の吉沢商店(7)であるが、京都の横田商会も自社の映画製作に踏み切る。そのときに横田永之助が白羽の矢を立てたのが千本座を経営していた牧野省三であった。牧野省三の息子であるマキノ雅弘によると「省三なら、芝居にくわしく、専属の俳優を持ち、おまけに小屋まで持っている。活動写真の種とり（当時、撮影のことをこういった）にこれほど最適の人物はいない(8)」と思われていた。また、省三自身もすでに映画に対して関心を持っていたらしい(9)。こうして、横田とマキノの出会いにより、京都における映画産業が本格的に始動していくのである。

牧野省三が後に「日本映画の父」と呼ばれることは、もはや言を俟たないであろう。牧野省三が製作した第一作は、一九〇七年の『本能寺合戦』である。この作品に出演した役者はちょうど千本座に来ていた旅まわりの一座であり、吉田山に近い真如堂境内にて撮影がおこなわれた。内容は森蘭丸奮闘の一幕ものであったそうだ。マキノ雅弘によると「当時は監督といわず〝狂言方〟（のちにマネージャーとよばれた）と称し、演出から装置、衣装、大道具、小道具などの立案、発注、出写（ロケーション）会計など、一切の事務をさせられた(10)」そうである。これだけのことを一手に引き受けなくてはならないとなると、千本座の座主であり、興行主であり、自らも芝居に精通している省三であるからこそ、成し得たのだろう。牧野省三は、試行錯誤を繰り返しながら、京都というロケーションの豊富な地の利を活かし、千本座に来る役者を出演させ、劇映画製作を本格的に開始する。

1　映画館

劇映画が製作されるようになると、当然それを上映する場が必要となる。そこで映画を上映するために、常設館が建設されることになった。京都初の常設映画館は、一九〇八年二月、中京区新京極錦を上ったところにある興行場が「電気館」として改造されたものであった(11)。その後、芝居小屋などが集まっていた新京極地区を中心に映画館が設立されていく。『京都シネマップ映画ロマン紀行』（人文書院　一九九四年）によると「明治45年（1912）の正月興行では、新京極地区に9館の活動写真館があった。世界館（新京極六角南入ル）、パテー館（新京極蛸薬師北入ル）、みかど館（同）、第一八千代館（第二新京極）、中央電気館（同）、三友倶楽部（同）、常設館（新京極裏寺町角）、オペラ館（新京極錦小路南入ル）、歌舞伎座（新京極四条北入ル）で、西陣地区にも千本座（千本一条北入ル）と第二八千代館（千本今出川南入ル）の2館があった」「大正15年（1926）、京都市内では映画館が急増して23館が正月興行を行っている。新京極地区では、松竹座、富士館、京都キネマ倶楽部、帝国館、マキノキネマ、歌舞伎座、中央館、第一八千代館の8館、西陣地区で大黒座、第二八千代館、マキノ倶楽部、千本座の4館、伏見地区の帝国館、常盤館2館のほか七条通に蛭子館、南大正座、宝座、三条通に三条館、日本座、本町通に本町館、島原に大内館、大宮通に西陣帝国館、岡崎公園にパラダイスと、はじめは新京極、西陣の盛り場だけに限られていた映画館が市内各所に散らばった(12)」そうである。最初の常設館から二〇年弱の間に、映画が大衆娯楽として拡まっていく様子が窺える。また、次に述べる撮影所とあわせて、この当時の京都の町が映画によって活況を呈しているさまは、並木鏡太郎監督の『京都花園天授ヶ丘』（愛媛新聞社　二〇〇三年五月）に詳しく記されている。なお、戦後一〇年の映画館のあり方、あるいは映画産業と京都の相関関係については、加藤幹郎『映画館と観客の文化史』（中央公論社　二〇〇六年七月）を参照されたい。

2　撮影所

横田商会はこれまで映画製作を寺社の境内を借りて行ってきたが、一九一〇年に京都で初の撮影所を開設する。場所は二条城西南櫓下の辺り（中京区西ノ京北聖町）で、広さは約三〇〇坪とされており、通称「二条城撮影所」と呼ばれている。[13] その撮影所にて製作された第一作が『忠臣蔵』である。主演は尾上松之助。尾上松之助および時代劇スターについては後述することにし、まずは、京都の撮影所を中心に映画産業を概観していこう。

次に作られた撮影所は、通称「法華堂撮影所」であり、場所は上京区天神通一条下ルところにあった日蓮宗十如寺（通称法華堂）の辺りである。一九一二年一月に先の二条城撮影所から横田商会が移転のために建てた六〇〇坪ぐらいの大きさの撮影所であったという。同年九月、横田商会と吉沢商店、エム・パテー商会、福宝堂の四社が統合し「日本活動写真株式会社」、通称「日活」が誕生する。そのため、この撮影所は「日活関西撮影所」となり、引き続き映画製作が行われた。とりわけ尾上松之助を主演とした映画が量産され、「閉鎖までの六年間に、ここで作られた松之助映画は四百本以上に及び、ピーク時には月九本の配給も行ったという」[14]。その映画はすべて時代劇映画であった。「社寺や古い街並みが多く残る都市景観、伝統文化や芸能が温存されているという文化的特性、あるいは舞台美術においても、工芸、服飾などの伝統産業従事者が多数いたことなどが、時代劇の一大産地京都を育てる素地となった」[15]といわれるように、日活になった後、東京では現代劇、京都では時代劇を製作するようになる。映画美術に関わる一例を挙げよう。法華堂撮影所の近くに高津義家が商う古道具屋（古美術商）があった。映画製作の小道具のために、撮影所の人たちはこの古道具屋を利用し始めた。蔵田敏明によると、牧野省三が「映画のレベルを上げるためには、小道具に本物を使わなければいけないと思い立ち、映画の道具貸しの請け負い（レンタル）業を高津義家に依頼」したそうである。[16]これが現「高津商会」であり、現在でも日本の映画製作を支える小道具を扱う会社である。

日活は、一九一八年に法華堂撮影所から、北区大将軍一条町に「関西撮影所」を移設する。通称「日活大将軍撮影所」と呼ばれ、約一五〇〇坪ぐらいの広さであった。撮影所の移転に関しては、前年の台風により被害を受けたため、あるいは周辺の住民との問題など諸説あるが、撮影所の広さなどを鑑みると映画産業が大衆娯楽として定着し、より多くの映画製作・配給の要望があったと考えられよう。そして、一九二三年に関東大震災がおきる。日活の向島撮影所が被害を受けたことにより、「現代劇部」の映画製作のために大将軍撮影所が増築されることになり、この年に約二九〇〇坪、すなわち撮影所はほぼ倍の広さに拡大される。それに伴い、これまで東京で製作していた人材が多く京都にやってくることになり、京都は映画製作のメッカとなる地盤が築かれたといえる。

もう一つ、京都の映画製作を活気づけたのが、やはり関東大震災がきっかけになった「松竹下加茂撮影所」の開設である。東京（蒲田）を中心に映画製作していた松竹が、かねてから準備していた左京区下鴨宮崎町の一一二九坪の土地を急遽、整備したのが一九二三年である。その後、鴨川沿いにさらに九〇〇坪拡張し、京都における映画製作に着手する。しかし、蒲田撮影所の復興が早く、ほとんどが東京に戻ってしまい、一時、活動は不振に陥る。そのため、他のプロダクションに撮影所を貸すような形で映画製作が行われる。例を挙げると、独立プロダクションで活動していた衣笠貞之助監督がこの撮影所を借り、実験映画『狂った一頁』を製作している。また、阪東妻三郎プロダクションの映画配給を松竹が行うことで、阪妻プロの作品もここで製作される。一九二六年に「松竹京都撮影所」と名称を変更し、翌年、林長二郎（長谷川一夫）というスターを売り出すことで、松竹の時代劇製作が本格化していく。戦後まで使用されていた撮影所であるが、一九五〇年にフィルム倉庫から出火し大惨事となり、二年後、自社系列の京都映画株式会社に撮影所を売却する。そのため「京都映画撮影所」となり、映画だけではなくテレビ作品などが製作されるようになるが、一九七四年に京都映画が太秦に移転することになり閉鎖された。

時が前後するが、一九二一年に牧野省三は日活を退社して「牧野教育映画製作所」を興し、北区等持院北町にある足利家の菩提寺・等持院の境内に撮影所を構えた。いわゆる「等持院撮影所」である。牧野省三を中心とした映画製作所は、その後、社名を「マキノ映画株式会社」「マキノキネマ株式会社」などと変更し、映画製作を続け、日本映画史に名を残す多くの人材がマキノのもとに集まり、また、当時無名であった寿々喜多呂九平や阪東妻三郎、高木新平、月形龍之介などが世に出て行った。前述した衣笠貞之助が監督デビューしたのもこの撮影所である。しかし、資金難より一九二四年に東亜キネマと合併し、「東亜キネマ等持院撮影所」となる。翌年、牧野省三が東亜キネマを去ったことにより、撮影所名は「東亜キネマ京都撮影所」[17]に変更。一九三三年まで映画製作が行われていた。

一九二五年、東亜キネマを去った牧野省三は、右京区花園天授ケ丘町に「マキノプロダクション御室撮影所」を建設し、新たにスタートを切る。撮影所の広さは六〇〇〇坪、四つのステージや現像室などがあったという。先に挙げた並木の書名は、まさにこの撮影所のことである。省三を慕って人々が集まり、ここでもまた多くの逸材が輩出される。たとえば、山上伊太郎や八尋不二、市川右太衛門、嵐長三郎（寛寿郎）、片岡千恵蔵などが挙げられる。息子のマキノ正博[18]が監督デビューするのもこの撮影所においてである。しかし、一九二八年に牧野省三の自宅が全焼し、ライフ・ワークとして取り組んでいた『実録忠臣蔵』のフィルムが一部焼失。さまざまな映画界における駆け引きなどが重なり、一九二九年七月に日本映画の父は息を引き取った。省三の死後、正博・満男（光雄）の二人の息子が跡を継ぐが、経営不振のためにマキノプロダクションは解散した。「その後撮影所は『正映マキノ撮影所』、『宝塚キネマ撮影所』、『エトナ映画京都撮影所』と名を変え映画製作を試みるが、いずれも出火、倒産等で昭和10年にその歴史に幕を降ろすことに」なった(19)。

「御室撮影所」と同年の一九二五年、現在の右京区太秦蜂ケ丘町に阪東妻三郎プロダクションがスタジオの建設に取りかかり、翌一九二六年「阪妻プロ太秦撮影所」が完成する。だが、個人のプロダクションは力が弱く、結局この撮影所も次々と持ち主が変わっていく。但し、明記すべきは、「阪妻プロ太秦撮影所」が太秦に作られた最初の撮影所であり、また、戦争を経て現在に至るまで撮影所として製作が続けられている点である。撮影所の変遷をたどると、一九三〇年に松竹の傘下に入り、「松竹太秦撮影所」となるが、同年、大阪（長瀬）の撮影所が焼失した帝国キネマが映画製作のために太秦撮影所にやってくる。この「帝キネ太秦撮影所」時代に、撮影所の拡張が行われたという。一九三一年に帝国キネマは経営難により、新興キネマとなり、それに伴い撮影所名も「新興キネマ太秦撮影所」となる。一九四三年に戦時下の統制により新興キネマは大都映画、日活の製作部門と合併し、大映株式会社となる。撮影所は「大映京都第二撮影所」と名称を変更。一九四七年には、撮影所は東横映画へ貸し出され「東横映画撮影所」として使用される。一九五一年に東横映画は、大泉映画、東京映画配給と合併し、東映株式会社となる。撮影所は引き継がれ「東映京都撮影所」となり、最終的に二万二〇〇〇坪に拡張され、日本最大の撮影所となった。現在の東映太秦映画村は、この撮影所の一部にあたる。

一九二七年、日活は右京区太秦多藪町に一万三〇〇〇坪の土地を入手し、「日活太秦撮影所」の建設をはじめ、翌年には「大将軍撮影所」から移転する。そして数々の名作を世に送り出す。たとえば、伊藤大輔監督と大河内伝次郎が組んだ『忠次旅日記』や『新版大岡政談』などが挙げられるだろう。またトーキーへと移行する中、個人のプロダクションは経営困難になり大会社に吸収されていく。そのような流れの中で日活へ入社したのが、阪東妻三郎、片岡千恵蔵、嵐寛寿郎などの時代劇スターであり、日活時代劇は黄金時代を迎える。しかし、戦時下になり映画製作本数の制限、前述した一九四三年の映画会社の統合で、日活時代劇の黄金時代は幕を閉じる。統合によって大映映画会社となったため、撮影所は「大映京都第一撮影所」後に「大映京都撮影所」となり、戦後、数々の国際映画祭受賞作品を生み出し、再び黄金時代を迎える。だが一九七一年に大映は倒産し、一九七四年に新たに大映映画株式会社が設立され、撮影所は「株式会社大映京都映画撮影所」と改名。貸スタジオとして再出発するものの、日本映画自体の斜陽という時代の流れには勝てず、敷地を次々と売却し、一九八六年には撮影所は消滅する。

貸スタジオといえば、一九二八年に右京区花園土堂町に京都初の貸スタジオが建設されたという。「日本キネマ双ケ丘撮影所」である。当時、スターが個人プロダクションを作っていたが、小規模のために共同の撮影所を使用することにした。きっかけとなったのは既存の映画界における製作や配給システムに対する不満が常設館主側から起こったことであり、呼応するように「日本映画プロダクション連盟」を結成し、この撮影所を拠点としたことである。双ケ丘撮影所にて製作したプロダクションは、「片岡千恵蔵プロダクション」「嵐寛寿郎プロダクション」「山口俊雄プロダクション」「中根龍太郎喜劇プロダクション」「市川小文治歌舞伎映画プロダクション」「山本礼三郎プロダクション」「武井竜三プロダクション」である[20]。だが、撮影所は一年ともたずに閉鎖される。一九三一年に再び個人プロダクションを起こした嵐寛寿郎が新興キネマと提携し、この撮影所にて製作を行う。また、入江たか子プロダクションは溝口健二監督による『滝の白糸』をこの撮影所にて製作している。一九三五年には「松竹京都第二撮影所」となるが、活気溢れる撮影所とは程遠かった。一九五一年に宝プロダクションが、新東宝作品の製作のために撮影所を借りたが、翌年には使用されなくなった。

双ケ丘撮影所から出発した片岡千恵蔵は、一九二九年、右京区嵯峨野秋街道町にある材木屋の一部を借りて「千恵蔵映画嵯峨野撮影所」とする。千恵プロは日活と提携することで経営を安定させ、意欲的な作品を世に送り出していく。トーキー化の波にもうまく乗り、一九三三年にはトーキー・ステージを建設するなど、一九三七年に千恵蔵が日活に入社（千恵プロの従業員も同様）するまで、映画史に残る軌跡を作った。すぐに淘汰されてしまうスターの独立プロダクションの中では特筆すべきことである。千恵蔵のもとには若い才能が集まったとよく言われる。確かに千恵プロの成功には、片岡千恵蔵というスターだけではなく、稲垣浩や伊丹万作、山中貞雄といった若い監督たちの才能も大きく関わっていた。日活に入社し千恵プロが解散した後は、「日活第二撮影所」となるが、四年後には閉鎖した。

映画がトーキーへと移る中、一九三三年、右京区上刑部町に約二〇〇〇坪の敷地に、トーキー用の貸スタジオが建設された。「J・Oスタジオ」である。太秦発声がこのスタジオを借りて映画製作を始めた。翌年、J・Oスタジオは株式会社として独立し、貸スタジオだけではなく自社映画の製作を始める。一九三七年、J・OスタジオはP・C・L映画製作所と東京宝塚劇場などと合併し、東宝映画株式会社となり、撮影所は「東宝京都撮影所」となる。この撮影所は、いい意味でも悪い意味でも記憶されるところである。トーキーが出発点として建設され、山中貞雄監督の『河内山宗俊』や『人情紙風船』、日独合作映画『新しき土』などの作品を生み出した場所である。しかし、スター引き抜き問題から美少年スターとして地位を確立していた林長二郎が暴漢に顔を切られた事件が起きた舞台もここである。戦時下の統制により一九四一年には閉鎖した。

一九三四年、永田雅一が第一映画社を興し、翌年、右京区嵯峨野千代ノ道町に「第一映画嵯峨野撮影所」が落成する。だが、一九三六年九月に第一映画社は解散し、永田雅一は新興キネマ京都撮影所の所長に就任する。わずか二年であったが、第一映画社には伊藤大輔、溝口健二、山田五十鈴などが集っており、この撮影所では『浪華悲歌』『祇園の姉妹』が製作されている。なお、上記の三人は永田に同行し、解散後は新興キネマに入社した。撮影所は、新興キネマ京都撮影所の一つとなり、貸スタジオとして大日本天然色映画が使用している。新興キネマが大映になった時に、「大映京都嵯峨野分撮影所」となったが、まもなく軍需工場となり、撮影所の運命を終えた。

一九三五年、マキノ正博は右京区太秦堀ケ内町に「マキノ・トーキー製作所」を開設する。中川信夫、松田定次、沢村国太郎、月形龍之介、原駒子などが集まり製作がおこなわれたが、一年半後の一九三七年にマキノ・トーキーは資金難により解散する。その後、東宝系のプロダクション「今井映画製作所」がこの撮影所を使用し、名称も同様に変更するものの、一九三八年には、今井映画も解散。一九四〇年に松竹が撮影所を買収し「松竹太秦撮影所」となる。松竹は「日本特作映画プロダクション」の撮影用にするが、一九四一年に松竹系列のプロダクション「興亜映画撮影所」となる。明くる年「松竹太秦撮影所」に戻る[21]。一九五〇年の下加茂撮影所の火災後から一九六五年まで、松竹の主力撮影所として機能する。その後、貸スタジオとして使用され、一九七四年には下加茂撮影所を使用していた京都映画株式会社がこの撮影所に移ってきたため、名称は「京都映画撮影所」となる。一九九五年、京都映画株式会社は松竹京都映画株式会社と社名を変更し、撮影所は「松竹京都映画撮影所」として現在も東映と並んで、太秦にて製作が行われている。

その他にも、小さな撮影所が作られては消えていっているが、紙数の関係で割愛するが[22]、京都の映画産業を振り返る上で重要な撮影所は以上である。このようにみると、日本のハリウッドと呼ばれるのにふさわしいのは、一九三〇年代の太秦地域だろう。一九三五年の太秦には九つの撮影所が林立していたことになる[23]。また、雑誌「キネマ旬報」の一九二六年から一〇年間のベストテンに選ばれた映画をみると、全九六作品中六六作品が京都で製作された映画であるという。撮影所の数においても、作品の質においても、昭和に突入する頃より、京都は映画のメッカとなったといえる。

3　スターとスター・システム

日本初の映画スターといえば、尾上松之助である。一九〇九年、牧野省三に誘われ『碁盤忠信』で映画デビューし、たちまち日本中に顔を知られていく。これはフィルムが複製でき、日本中どこでも彼の映画（写真）を観ることが出来るというメディアが引き起こした現象である。もちろん彼を主演にした映画が大量生産されたことも起因している。一九〇九年から一九二六年までの間に一〇〇〇本以上の映画に出演したという。[24]一九二六年九月一六日に行われた日活の社葬では、日活側の会葬者が三〇〇〇人、往来にファンが二〇万人詰め寄せている。彼がいかにスターであったかが推測される。日本初のスターが時代劇スターであり、また時代劇映画というものが歌舞伎をベースに作られたジャンルであり、時代劇は京都を中心として製作されてきた。京都という場所が時代劇製作にうってつけであることは前述した。最後に、時代劇スターについて触れておきたい。[25]

牧野省三が天才的なプロデューサーといわれる一つに、彼の映画スターを育てる、あるいはスターの資質を見抜く慧眼が挙げられる。映画の特性をうまく利用し、松之助を育て、時代劇映画の一つの基盤を作り上げた。これが銀幕上のスターを良くみせ、スターを中心に映画が作られるという一つのスター・システムへとつながる。スター・システムの是非はここでは不問にふす。[26]しかし、京都の映画産業の興隆には欠かせないシステムであったといえる。実際、先に挙げた撮影所を見ても、スターの独立プロダクションによるものも多い。また、スターが定型化すると、それを乗り越える作品なり、新たなるスターなりが求められ、映画産業が発展していったともいえる。そのことは、時代劇スターの系譜をたどることで明らかになるだろう。

松之助に続くスターとして、阪東妻三郎が挙げられる。主演映画だけの松之助とは違い、彼は大部屋俳優から上がってきた。また、既存の講談や歌舞伎による映画ではなく、オリジナルの脚本を書く寿々喜多呂九平とのコンビがスターとなるきっかけになる。あらゆる意味でも松之助と対照的であり、彼の出現が時代劇映画の革新と重なるのも、定型化したものを破ろうとする新たな気流をあらわしている。月形龍之介や高木新平も、ある意味、同じ潮流に分類できるだろう。阪妻の次のスターとして出てくる市川右太衛門や片岡千恵蔵、嵐寛寿郎（長三郎）は、牧野省三により最初からスターとして売り出された点では、松之助と似ている。しかし、阪妻がスターとして初めて個人の独立プロダクションを興したように、彼らもまた、顔が売れると独立プロダクションを興し、御仕着せの会社の企画ではなく新たな可能性を探求しようとした点では違っている。このようなプロダクションがたとえ数ケ月で頓挫したとしても当時の映画産業を賑わしたことはみてきた通りである。

定型化しある意味マンネリ化した時代劇に対抗し、新風を巻き起こすことになったスターには、他に大河内伝次郎や、林長二郎（長谷川一夫）も挙げられるであろう。そして、上記のスターたちが、映画会社を渡り歩きながら、戦後においてスターとして君臨できたのも、スター・システムのおかげである。戦後に売り出される中村錦之助、東千代之介、大川橋蔵、市川雷蔵、勝新太郎なども同じ道を歩んできたといえる。

スターを如何によくみせるかという点で、たとえば撮影や照明などの技術が工夫されたであろうし、新たなスターを作るためには新しいシナリオやスタイルが作り出されたであろう。また、スターの名にあやかる観光産業も都市にとっては重要だ。確かに「1スジ2ヌケ3ドウサ」というように、役者は一番重要ではないかもしれない。だが、スターを活かすも殺すも作品を製作する監督をはじめ全スタッフの力である。スター一人では成立しないが、スターがいてこそ成立する面もある。そのような意味では、京都は多くの時代劇スターを生み出し、スターとスター・システムにより映画産業が発展したと考えられる。

おわりに

京都の町は、東京に比べると戦火によって焦土と化すという体験をしていない。撮影所の数は減少したとはいえ、基本的に戦前から受け継がれている。戦後、新しい価値観や風潮が出てくる中、時代劇映画に関しては、基本的には戦前から踏襲されたものである。しかし、それは戦前から何も変わらずにマンネリ化したという意味では決してない。劇的に変化したように見えないかも知れないが、同時代の社会の変化や思想を取り入れて、時代劇という姿を借りて時代を反映させてきたのである。黙々と踏襲されてきたからこそ、そこに積み重ねられた技術や知識の厚みは、日本映画にとって欠かせないものとなっている。

目覚しいメディア環境の変化により、古典的な意味における映画は力を失ってきているかもしれない。だが二〇〇七年五月に、東映京都撮影所はコロンビアミュージックエインタテインメントと共同し、ネット配信用の映画を完成したと報じられた。ネット配信を対象に、太秦がもつ映画資産を活かした京都映画産業の活性化プロジェクトである。完成した映画作品は『メタル侍』という時代劇映画である。また同年四月、立命館大学映像学部が、松竹京都映画撮影所と連携してスタートした。映画産業および関連する多くの地場産業と、教育・人材育成が結びつき、発信していく。京都は映画都市として、新たな局面を迎えようとしている。

注

（1）但し、日本映画と京都、あるいは映画都市京都として語る場合は別である。
（2）高梨光司編著『稲畑勝太郎君傳』（稲畑勝太郎翁喜壽記念傳記編纂會　一九三八年一〇月　二九九〜三〇〇頁）
（3）二〇〇六年一月二八日に国際日本文化研究センターにて開催された共同研究会「『関西』史と『関西』計画」の報

告による。また、これまでのこの試写について言及されたものの中にも、一週間に及ぶ実験が雪の降る中に行われたというようなまとめ方のものも少なくない。しかし、試写に成功した具体的な日付に触れているものは残念ながらない。

（4）田中純一郎『日本映画発達史Ⅰ』（中央公論社　一九七五年一二月　六七頁）

ジレルの表記は、田中のようにジュレールとされているものも多いが、同一人物である。

（5）本稿は、京都に焦点化しているが、稲畑が京都に持ち帰ったシネマトグラフと同じ機械が二台、横浜に上陸している。そして横浜や東京を中心に、やはり当時の町並みや日常生活など日本の風俗が映像で記録されている。

（6）横浜に上陸したシネマトグラフのほうも、やはりエム・パテー社、吉沢商店、福宝堂という映画会社によって組織化され、定着していく。

（7）『稲妻強盗』一八九九年、撮影：柴田常吉。題名に関しては『清水定吉稲妻強盗』『ピストル強盗清水定吉』など文献によりズレがある。但し当時の柴田常吉は吉沢商店の準専属であった。ちなみに、日本人による芸妓の踊りや歌舞伎の一幕、時事記録などの撮影はすでに行われている。四方田犬彦は「日本人による映画撮影は、一八九八年に東京の小西写真館に勤める浅野四郎が、『化け地蔵』と『死人の蘇生』なる短編を撮ったことをもって、嚆矢とする」と述べている。（四方田犬彦『日本映画史100年』集英社　二〇〇〇年三月　四二頁）

（8）マキノ雅弘『カツドウ屋一代』（栄光出版社　一九六八年九月　二九頁）

（9）同右、二九～三〇頁

（10）同右、三一～三二頁

（11）日本で最初の映画常設館は浅草の電気館である。一九〇三年に芝居小屋（見世物小屋）から映画上映の専門へと切り替えられた。

（12）岩崎健二「第五章　興行街」（中島貞夫、筒井清忠、加藤幹郎、岩崎健二『京都シネマップ映画ロマン紀行』人文書院　一九九四年九月　一二二頁）

（13）ちなみに、日本で最初に建てられた撮影所は、一九〇八年、吉沢商店による東京の「目黒撮影所」といわれている。

(14) 鴇明浩「日本映画黎明期と明治の京都」（「別冊太陽九七号　日本映画と京都」平凡社　一九九七年四月　一二頁）
(15) 同右
(16) 蔵田敏明『シネマの京都をたどる』（淡交社　二〇〇七年三月　七六頁）
雨宮睦子「映画の小道具と美術館」（「別冊太陽　日本映画と京都」〈前出〉一一〇〜一一二頁）参照。
(17) 当時東亜キネマは、兵庫県西宮市の甲陽公園内に、「甲陽キネマ撮影所」を持っていた。
(18) 当時の表記。後の雅弘、雅裕、雅広など表記を変えていく。
(19) 中島貞夫「第一章　撮影所の変遷」（『京都シネママップ映画ロマン紀行』〈前出〉三一頁）
(20) 同右、三八頁。富田美香編『映画読本　千恵プロ時代』（フィルムアート社　一九九七年七月　八頁）など参照。
(21) 松竹は下加茂撮影所があるため、「松竹京都第二撮影所」と記すものもある。
(22) 鴇明浩&京都キネマ探偵団編『京都映画図絵』（フィルムアート社　一九九四年九月）、『京都シネママップ映画ロマン紀行』（前出）、「別冊太陽　日本映画と京都」（前出）、『シネマの京都をたどる』（前出）、田中純一郎『中央文庫日本映画発達史』（I〜V、一九七五年一二月〜一九七六年七月）などを参照されたい。
(23) 本文では触れていないが、右京区太秦面影町に一九二九年〜一九三七年の間、「嵐寛寿郎プロ撮影所」がある。嵐寛プロを加えて計九つである。
(24) 撮影中に体調不良を訴え、そのまま病床につき、同年九月に逝去。
(25) 当時の一本の映画が短編であったこと、初期の頃はカメラがほとんど据えっぱなしであり、編集に要する時間が現在とは全く違うということは、考慮しなくてはならないだろう。
(26) 牧野省三自身が、映画人生において、結果的にスター・システムに苦しめられることになったことは、これまでさまざまな形で言及されている。また、スター・システムの弊害についてもこれまで議論されているところである。

4．歴史文化と観光——「日本的」なるものを見せる

関西といえば、すぐに文化と観光という短絡的な発想は、いかにも単細胞的にみえる。関西の鉄道会社の方々に「観光が関西の基幹産業になれるか」とたずねたことがあった。「とんでもない」と異口同音の返事だった。歴史文化と観光をむすびつけるのは、いかにも、書生臭い。だけれども、これまでの関西の観光戦略が十分ではなかったのではないかという、反省があるのかどうかも、疑わしい。

寺社仏閣めぐりの観光など今どき人を惹きつけない、などと一蹴してしまっては、にべもない。関西は一つなどというのは、どうも実体に合わない。関西は一つずつなどと、最近サミットの会場を洞爺湖にもっていかれたことを揶揄して語られた。大阪も、京都も、神戸も唯我独尊なのだ。観光も同様なのだ。京都は日本文化の中心とお高くとまって、その母体となった奈良のことを振り向きもしない。だが、仮に歴史文化ということばを使うならば、歴史の道筋に見合った観光ルートを関西でつくらねばならないのではないか。「歴史街道」というプロジェクトは、そのような趣旨で企画されたようだし、「街道」という名にふさわしい実体がともなえば、期待してよいと思う。だが、より核心的な関西観光は何といっても、「日本誕生」の土地であることを売り出すのが、最重要である。ナショナリズムなどというラベルを貼りたければ、貼ればよいが、日本を根底から検証するためのツーリズムなのだ。関西は「日本沈没」を救うことができるかもしれない。

京都の景色

樋口忠彦

はじめに

明治大正時代に、日本の風景はどのように推移したのか、このことに関心をもって、柳田國男は昭和の初めに「風光推移」（『明治大正史　世相編』〈『定本柳田國男集　第二四巻』筑摩書房　一九七〇年五月〉）を書いている。明治大正の風景において「何が新たに生まれた美しさで、何が失われた大切なものであるか」、これを記録にとどめておこうとしたのである。なぜそんなことをしたのか、柳田は次のように書いている。

人は兎に角に風景というものを心安く、且つ自由に楽しむことが出来るようになった。それは何れもみな明治大正の世の、新しい産物と云ってよいのである。但し欠点を強いて挙げるならば、是ほど親密に我々の生活に織り込まれて居るものを、まだ多くの人は自分の物とまでは思って居ないことである。衣食や住宅を楽しくするように、是を人間の力で統御することが、出来ないもの、如く諦めて居る者がまだ多い。（中略）而して単なる無関心の為に、不必要に未来の幸福を壊そうとして居るのである（現代仮名遣いに改めた）。

景色は、「外見から受ける美的な感じ」で、一人一人の心に生じるものである。体験した人にとってはリアリティーのある、真実の世界である。しかし、感じという体験であるから、いつかは忘れられてしまう可能性のある、はかないものでもある。柳田は、たとえば、自分が生まれ育った明治大正時代の田園に新たに生まれた美しさを、「田園の新色彩」としてよく心にとどめ、この時代の大切な景色資産として、昭和の人たちに伝えようとしたのである。

このことを、江戸時代ではどうであったのか、いや景色が日本に誕生してから、どうであったのか、我が国のあるいはそれぞれの地域の景色資産として、しっかりと把握しておく必要があるのではないだろうか。それは、まだ未確立の「日本景色史」という分野の仕事になるだろう。宗教史や文芸史や美術史や民俗史などの文系分野から、表現された景色の歴史を学び、庭園史、建築史、都市史、農山村史などの理系分野から、物的環境の歴史を学び、日本景色史をまとめていく必要があるだろう。

取りあえず、我が国に生まれてきたのは主にどんな景色か、それを時間軸に並べるとどうなるか、ということで、数年前に次のような仮説を立ててみた。

草木ものいふ気色、神々の気色、国見の気色／けしき、四季のけしき、年中行事のけしき、名所のけしき、洛中の景色、文明開化の気色、国立公園の風景、インフラと生活環境の景観、そして持続可能な景色、というものである。

不確かなところはあるが、日本の景色を歴史的に位置づけながら見ていく上で、少しは役に立つと考えている。ここでは、この流れの中に京都の景色を位置づけながら、その魅力ある特徴を探ってみることにしたい。

一　けしきと風景と景観

景色については、「景色」、「風景」、「景観」と三つの言葉が現在使われている。

小学館の『日本国語大辞典』（第二版　二〇〇一年四月）によると、「気色」と「風景」は中国から入ってきた言葉であるという。「気色」は『源氏物語』などでは頻繁に使われていて、平安時代に大和言葉化していったと考えられている。高校時代によく利用する古語辞典を引くと「けしき」は頻出度の高い重要語になっている。これが「景色」と表記されるようになったのは中世末期から近世である、と『日本国語大辞典』は記している。「風景」という言葉は、「気色」と同じ頃に中国から入って来たようであるが、どの古語辞典にも取り上げられていないので、日本での使用頻度は低かったようである。この言葉がひろく使われるようになるのは、一八九四（明治二七）年に出版されベストセラーになった志賀重昂《しげたか》の『日本風景論』以降ではないか、と私は考えている。

それから地理学ではよく使われてきた「景観」は、独語のLandshaftあるいは英語のlandscapeの翻訳語で、明治の後期頃から学術用語として使われていた。一般でも使われるようになるのは、一九八〇年代ではないかと考えられる。

「けしき」について、『日本国語大辞典』は、「物の外面の様子、有様。また、外見から受ける感じ。」という意味としている。フィジカルな様子、有様と、それから受ける感じということであり、「けしき」は理系と文系の両方にまたがっている。学問的には超域的な分野である。近代的学問は、それゆえこの世界を真正面に取り扱ってこなかった。しかし、一般人にとっては、たとえば「風雲のけしきはなはだ悪し」（『土佐日記』）、あるいは「空のけしきもうらうらと」（『枕草子』）という表現のように、景色はごく日常的な経験にかかわる世界である。

二　景色として見る

物的な環境があるからといって「景色」があるわけではない。「山があれば山の景色があるわけではない。景色として山を見るから、山の景色はある。」西洋人にこう言われて、驚いたことがある。

西洋人がアルプスの山々を景色として見るようになったのは、一八世紀のことだと言われている。それまでは大地の醜いこぶとか、交通の障害物として見られていて、美しい景色とは見られていなかったという。山がどうして出来るのかという地形学や、標高に従って植生がどう変化するかという植物生態学などが発展して、そういう理科的知識が普及した。ちょうど同じ頃に、サブライム（崇高美）という美意識が西欧で生まれた。そういう背景があって、アルプスの景色は発見されたといわれている（マージョリー・ホープ・ニコルソン著　小黒和子訳『暗い山と栄光の山』国書刊行会　一九八九年一一月）。

物的環境があれば、自動的に「景色」もあるのではなく、物的環境を「景色として見る」という見方があって「景色」は見えてくるのであり、まさに景色は、理系と文系にかかわる世界である。

三　体験文化としての景色

次に「景色」というものをもう少し人間の体験に即して考えてみよう。ある人が美しい景色を「体験」する。その感動を他の人に「伝達」する。伝え聞いた人も出掛けていって「なるほどすばらしい」と感動する。このことが、口コミや様々な表現媒体を通して多くの人々に伝達され、多くの人々が、その景色の美しさを、間接的にあるいは実際に享受するようになっていく。こうして、その景色は、地域の共通資産・共有資産、名所、文化としての景色、環境文化になっていく。

景色は個人の知覚的・心理的体験であって、他人にそれを伝達しないかぎり、個人の体験世界にとどまるという性格のものである。個人的に体験された景色のまま、この世から消えていった景色は、数限りないと考えられる。「景色」と「表現」と「文化としての景色＝環境文化」は深く関わっている。景色は表現されることで共有され、文化としての景色、共通の環境文化になる。つまり、表現されないことには他人に伝達されない。これは意外に忘れられていることであるが、重要なことである。

景色の伝達、共有に関わるものには、口伝え、和歌や俳句や紀行文、物語、絵画、名所図会、小説、写真、映画、テレビ、旅行案内書などがある。景色は、こういう媒体がないかぎり伝えられないし、共有化されない。そして、これらの媒体を通してしか、景色の見方を知ることはできない。

ところで、景色の見方は、人によって違う。地方によっても違う場合がある。たとえば、京都人にとっての雪景色と新潟の豪雪地帯の人にとっての雪景色とは見方が違う。民族によっても見方が違う景色がある。景色は時代によっても違う。見方に応じて、世界にはさまざまな景色がある。

四　持続可能な景色づくり

一九九〇年代以降、「持続可能な開発」ということが言われるようになった。現在の世代のニーズだけではなく、将来の世代のニーズも損なわないような開発をすべきだ。多様な資源と多様な可能性を将来に残すような開発をすべきだ、という主張である。

これは地球温暖化等にかかわる資源や可能性だけではなくて、さまざまな資源や可能性についても言えることで、景色についても、さまざまな「景色」資産やその可能性を将来に残すように開発すべきだ。

すると、「景色の育て方」を考えていくうえで大切なことは、最初に、私たちに馴染みがあるのはどんな景色かということを再認識する必要があるのではないかと言うことである。馴染みがあるということは、文化になっているということである。

第二に、そのためには、日本人のさまざまな景色の見方を振り返ってみる必要があるということである。地域ごとに異なる景色を育ててきた可能性もあるので、地域ごとにどんな景色が育っているか、あるいは、育っていないかを調べてみる必要がある。そこから、地域にふさわしい景色の育て方を考えていくのが望ましいということになる。

五　京都の景色

以上のような観点から、京都はどんな景色を育ててきたのか、ということを考えてみたい。三年半ぐらい前に、京都に転勤になった。その数年前から、京都の景観問題をどう解決したらよいかということを、建築学会の特別委員会で議論して、京都の景観問題は国家の施策として考えるべきではないか、という提言策定に係わった。京都在住の研究者との研究だったため、大変勉強になった。京都に住むことになり、住んでみると、またいろいろなことが見えてきた。そんな経験を踏まえながら、京都にはどんな景色が育ってきたのか、それをたどりながら、京都の景色の魅力と今後の京都の景色のあり方について考えてみたい。

そのために、日本にはどんな景色の歴史があったのか、それをたどってみたい。日本人が関心を持ってきた景色は、すでに述べたように一〇種類ほどではないかと私は考えている。本論ではこれらの景色を取り上げ、これらの景色と関連づけながら、京都が育ててきた景色の特徴を明らかにしていきたい。

六　アニマティックな気色

最初は、景色になる前の景色として「アニマティックな気色」があったであろうと考え、それを「草木ものいふ気色」とした。これは『日本書紀』の「草木もことごとく能《よ》く言語《ものいふ》ことあり」、あるいは「巌根《いはね》、木の株《もと》、草の葉も、なほ能《よ》く言語《ものいふ》」という表現を参考にしている。

草木や岩も人間と同じようにしゃべっていた、そういう時代があったと『日本書紀』は記している。京都・青蓮《しょうれん》院《いん》のこのような楠（写真1）を見れば、現在のわれわれも、もののけ（物の気）のようなものを感じないわけではない。嵐のときや夜中に、こういう木の下を歩くときに、なにか感じることはある。あるいは、川の瀬や淵に接するときも感じることがあり、瀬や淵が何かしゃべっていると思えることがある。

宮沢賢治の作品に使われている「擬声語」に着目したのが、作家の井上ひさしである。宮沢賢治は擬声語を使うのがうまい、と彼は言っている（井上ひさし「忘れられない本」〈『風景はなみだにゆすれ』中央公論社　一九七九年四月〉）。あらためて宮沢賢治の童話を、擬声語に線を引きながら読み直してみる。確かに、井上ひさしが指摘するよ

写真１　青蓮院の楠

うに、宮沢賢治は擬声語の使い方が巧みである。

どっどど　どどうど　どどうど　どどう　青いくるみも吹きとばせ
すっぱいかりんも吹きとばせ　どっどど　どどうど　どどうど　どどう

いうまでもなく『風の又三郎』の冒頭に書かれている文章である。

宮沢賢治は、子どもがとらえた世界を、擬声語で表現しているといっていい。擬声語で表現されているこの世界は、『日本書紀』が「草木ものいふ」と記す世界に極めて近いのではないだろうか。

小西甚一は『日本文藝史Ⅰ』（講談社　一九八五年七月）で、「古代の日本人にとって、自然は、親しみ深さと畏怖すべき厳しさとの両面を持ちながら、人間と切り離されない存在であった」として、「自然と人間との隔てのなさ」を日本文藝の特質としている。平川祐弘・鶴田欣也編の『アニミズムを読む』（新曜社　一九九四年一月）は、川端康成の文学などにアニミズムの影響を感じ取って、「日本人は、自然界と人間界を分けて考えなかった、それは別に古代だけではなくて川端文学など現代の文学にも多く認められる」としている。

京都を取り囲む山々は意外と深い。そこから流れでる川の水はいまも清冽なようにみえる。京都は「草木ものいふ気色」を、いまだ身近に感じることができる大都市である。

七　神様と祭の気色

「草木ものいふ気色」が、だんだんと神様の気色に変わっていく。日本には八百万《やおよろず》の神が坐す《います》、といわれている。新潮日本古典集成の『古事記』によれば、『古事記』が取り上げている神様は三二一柱であるという。『古事記』は、八百万柱の神様を、三二一柱に整理整頓したということであろう。

多神教的な宗教観を持つ日本人にとって、森羅万象の気色は神様の気色であった。また、祭も神様の気色であった。神様が来臨し巡行される。神様をもてなす。神様が帰られる。これらの儀礼は、ハレの気色であった。

京都葵祭の御蔭祭《みかげまつり》や、斎王がミソギをするミアレ神事、あるいは祇園祭の山鉾巡行、これらの気色は多くの人々を魅了している。『枕草子』に「心ちよげなるもの御霊会の振幡《ふりはた》とか持たる者」と表現されているのは、神様の依代である振幡をかざして御霊会（現在の祇園祭）行列の先頭を行く人のことである。この行列を描いた絵が、『年中行事絵巻』に残されている。行列を眺めるために沿道には桟敷が設けられ、多くの人々が祭見物を楽しんでいる。清少納言もこの中の一人だったのだろう。清少納言の時代には、この祭の行列は、「気色」から「けしき」になりつつあったといえる。

京都にはいまでもたくさんの祭がある。これほど祭がある都市は世界でも珍しいのではないか。八百万の神様が坐すがゆえに、祭もたくさんある。そして、これは京都だけの話ではない。日本の山辺や水辺では、八百万の神を迎える由緒ある祭が、いまでも執り行われている。

八　国見の気色／けしき

第三に、「国見の気色／けしき」を取りあげる。国見の行事について、土橋寛は『古代歌謡と儀礼の研究』（岩波書店　一九六五年）で次のように述べている。「天地の生命力が蘇生し、それが最も盛んに活動しはじめる春」に、住処＝生息地（ハビタット）を、眺め見下ろせる丘陵や小山にのぼって、歌をうたい、踊り、食べ、妻問いをして、秋の豊作を予祝する行事があった。このときの歌を国見歌と言い、それは「天地の活動をほめたたえ、その活動を助けて、秋の豊穣を祈願する」歌で、それが国見歌ではないかという説である。

大和には　群山《むらやま》あれど　とりよろふ　天の香具山　登り立ち　国見をすれば　国原は　煙立ち立つ　海原は　鷗立ち立つ　うまし国ぞ　蜻蛉島《あきづ》　大和の国は（『万葉集』巻一・二）

舒明天皇の国見歌である。ここでの煙や鷗は、大地の生命力が蘇生し、盛んに活動し始めたことの象徴であって、それを誉めることによって秋の豊作を祈願した、というのが土橋寛の解釈である。見ているのは、草木ものいふアニマティックな気色である。しかし、この歌は、単に山の上からの眺望を叙景した歌ともよめる。国見儀礼の歌が、叙景歌にだんだん変化していったと、土橋寛は考える。「気色」であるとともに「けしき」でもあるので、気色／けしきと表現できるだろう。

「やまとは　国のまほろば　畳《たた》なづく　青垣　山籠れる　やまとし美し《うるは》」（『古事記』）という歌も、国見儀礼の歌とも叙景歌ともよめる。藤原京の気色／けしきについては、藤原宮の御井の歌がある。これは泉を誉めたたえる歌である。「天知るや　日の御蔭の　水こそは　常久《とこしへ》ならめ　御井の真清水《ましみづ》」（『万葉集』巻一・五二）と、この長歌は締めくくられる。そこに至るまで、延々と宮殿を取り囲む周りの山を誉めたたえている。香具山を誉め、畝傍山を

写真２　大文字山から京都盆地を望む

誉め、それから耳成山を誉め、そして吉野の山を誉め称える。そういう地形が形づくる大きなスケールの気色を誉めたたえ、その山々に取り囲まれた宮殿の中心に湧き出ている泉を最後に言祝ぐという構成になっている。当時の人たちの「気色／けしき感覚」が大変よく表現された長歌である。現在、このような天地一体の感覚で気色／けしきをとらえることのできる人は、ほとんどいないのではないだろうか。

久邇京については大伴《おおともの》家持《やかもち》の歌がある。

今造る　久邇の都は　山川の　清《さや》けき見れば　うべ知らすらし（『万葉集』巻六・一〇三七）

今造ろうとしている久邇の都は、山川が清らかで美しいところで、そういう場所に都を造ろうとするのはまことにもっともなことだ、という歌である。都と都市を同じと考えがちである。しかし、都＝ミヤコは、宮＝ミヤと、ココ・ソコのコのことであるという説（『岩波古語辞典』一九七四年一二月）からすれば皇居のことであり、「山川の清《さや》けき」ところに皇居をつくるというのは、確かにまことにもっともなことと納得できる。

久邇京を誉めたたえる長歌も『万葉集』が伝えている。「山並みのよろしき国」、「川波の立ち合う郷」、「川近み瀬の音ぞ清き」、「山近み鳥が音響《とよ》む」、それから「秋されば　山もとどろに　さ雄鹿は　妻呼び響め　春されば　岡辺もしじに　巌には　花咲きををり」（『万葉集』巻六・一〇五〇）と、誉めたたえているのはすべて自然の気色／けしきである。そして、そういうところに都＝皇居を定めるのは、すばらしいことだとうたっている。これが古代日本人の都＝ミヤコ観であった。

平安京遷都の詔には、「葛野の大宮の地は山川も麗しく、……此の国山川襟帯《きんたい》、この形勝によりて……」（『日本後紀　上』講談社　二〇〇六年一〇月）とあり、これも着目しているのは山川のけしきである（写真2）。平城京を誉めたたえた有名な歌に、「青丹よし　奈良の都は咲く花の　匂ふがごとく　今盛りなり」（『万葉集』巻三・三二八）がある。この歌から、宮殿や寺院建築が林立する壮麗な都市をわれわれは思い浮かべるが、この歌は、大宰府に左遷された人が都を想って詠んだもので、実景を表現しているわけではない。

管見であるが、壮麗な古代の宮殿や寺院の気色／けしきを描写した表現を私は知らない。現実には見えていたはずであるが、気色／けしきとしては見られていなかったのではないだろうか。

京都を取り囲む山並みは、古都保存法などによりよく保存されていて、高圧電線の鉄塔を目にすることもない。町の中を流れる鴨川には、パリのセーヌ川とは違って、河原に草が生えている。コントロールはされているが、自然を感じることができる。京都は、「山や川と一体になった居心地の良いミヤコ＝住処、生息地（ハビタット）」を理想とする考えが生み出した傑作ではないかと思う。

九　西欧の都市

西欧や中国の都市は城壁都市だといわれる。城壁の中に都市があって、その外側に田園があって、その外側に自然がある。

ヨーロッパの都市について、バートン・パイクが『近代文学と都市』（松村昌家訳　研究社出版　一九八七年一一月）で興味深いことを書いている。「西欧都市には、誇りと罪、という二律背反のイメージがずっとつきまとっている」という。なぜ罪のイメージなのか。このことについてパイクは次のようにいっている。「西欧人が都市に対して罪悪感」を持っている根拠は、「都市は自然からの分離を意味し、神によって創造された自然の秩序に対する人間の意志の押しつけである」と西欧人は考えているからだという。旧約聖書等を引き合いに出して、都市を造ったのは人殺しや犯罪者だとも書いている。

都市の建設は、神の定めた秩序である自然、それに対する干渉行為であるから、西欧人は都市に対して罪悪感を持っているというのである。「だから、都市を破壊するときは、物理的破壊だけでなく、儀式によって根こそぎにした」という。

都市を建設する場合、西欧人は境界を定めて、その中に都市という人間の世界を造る。そして、周りの田園と自然は、神が造った世界であるから、できるだけ侵さないようにする。そういう考えが根底にあるようである。現在でも、市街化区域の拡大は、西欧諸国では大きな政治的争点になっている。

山川と一体になった住処・生息地をよしとする日本人の考え方とは、根本から違うように思える。しかし、罪悪感もなく市街地を止めどなく拡大させていく日本人の生息地観に問題がないとはいえない〈拙著『郊外の風景』〈教育出版　二〇〇〇年八月〉を参照〉。「都市」という言葉は幕末頃から使われるようになったので、翻訳語と考えられる。それ以降の、すなわち近代以降の日本人の都市観は、日本における「都」観あるいは「住処・生息地」観そして「まち」観と、西洋における「都市」観との間で、混乱し続けている。

一〇　四季のけしき

「四季のけしき」は、もっとも人気のあるけしきである。

　形見とて　何か残さむ　春は花　山時鳥《ほととぎす》　秋はもみぢ葉

私は良寛を身近に感じる新潟に二〇年間住んでいたので、愛着のある歌である。四季のけしきは、日本人にとってこれほど重要な意味をもっていた。

「四季歌は、宇宙の運行が秩序立って行われていることを寿ぐ歌であった」、と古橋信孝（『古代都市の文芸生活』大修館書店　一九九四年四月）は言う。たとえば、「春過ぎて　夏来たるらし　白栲《しろたへ》の　衣ほしたり　天の香具山」（『万葉集』巻一・二八）、この歌は単にけしきを詠んだものではなく、天皇が国民を代表して、秩序立った宇宙の運行を寿いでいるというのである。なかなか興味深い解釈である。

写真３　店頭に花を生けた町家

　唐木順三は、『古今和歌集』が四季の歌から始まることについて、次のように書いている。「古今集の撰者たちが、季節季節の風物によって触発される心をうたうことが和歌の本筋だと認定したということである。」（『日本人の心の歴史　上』筑摩書房　一九七〇年）これ以降、すべての勅撰和歌集は四季の歌から始まる。四季のけしきは、ますます人気のあるけしきになっていく。

　現在でも桜の名所とか、紅葉の名所とか、四季の景物の名所が我が国にはたくさんあり、多くの人々を魅了している。私はいくつかの地方大学で教えてきたので、また地域計画にも関心があるので、例えば京都なら京都新聞というように、ローカルな新聞を読んできた。京都に来て面白いと思ったのは、四季の景物や年中行事のことが、頻繁に新聞に紹介されることである。しかもほとんどはカラー写真で紹介される。桜、睡蓮、アジサイなどの名所は他の地方紙でも紹介されるだろうが、沙羅の花の名所が取り上げられるのには驚いた。京都では、町家の店頭に四季の花が生けられているのもよく目にする（写真3）。

四季のけしきとともに、年中行事のけしきすなわち月次《つきなみ》のけしきも、月日の運行と人々の生産や生活のリズムにかかわる重要なけしきであった。元旦、初詣から年末のおけら詣りまで、年中行事のけしきは、いまでも京都では普段の生活のけしきになっている。

二　歌枕・名所のけしき

歌枕の概説書『能因歌枕』が登場するのは一一世紀末のことであるから、それ以前にすでに数多くの歌枕が知られていたことになる。歌によまれた名所を訪ねて、歌によまれたけしきを懐かしみ、詠み人をしのびながら、新たに創作する。これが日本文学の伝統であった。

『能因歌枕』に登場する京都の歌枕は、「をぐら山・かめやま・あらしの山・おとは山、おほはら山・ふかくさ山・さが野・いわくらの小野、うぢ河」である。近世に入ると、挿絵のついた名所案内書である「名所図会」が出版される。先駆けは一七八〇年刊行の『都名所図会』で、一七九一年には『大和名所図会』が、一八三四年には『江戸名所図会』が刊行されている。挿絵が入り、和歌や俳句が引用され、名所の謂れが記述されている。最近のガイドブックよりは文化的なレベルはだいぶ高い。

長い間、日本の都であり続けた京都は、日本の歴史の表舞台であった。それゆえ、京都は、どこもが歴史的名所であり、『都名所図会』が刊行された頃には、もはや押しも押されもせぬ、我が国随一の名所都市になっていた。

一二　洛中の景色

「まちの景色」が発見されるのは、今まで見てきた気色やけしきと較べるとだいぶ遅れる。御霊会の行列を描いた『年中行事絵巻』は、だいたい一一世紀から一二世紀の作といわれている。京都の町屋の原型ともいえる建物が描かれてはいるが、絵の主題は祭の行列である。「まちの景色」、すなわち町並みと賑わいのある通りが、絵の主題になるのは『洛中洛外図』においてである。

『洛中洛外図』は一六世紀初頭に描かれ始める。高い視点から京都全体を国見したような絵になっていて、まさに京都の国見絵である。そこに四季の景色、月次の年中行事の景色、そして著名な山川・神社・寺院などの名所の景色が描かれている。すでにここで取り上げてきた「けしき」である。もう一つ、新たに描かれたのが、京都の町並みとその通りでの生活の景色、すなわち「まちの景色」、「洛中の景色」である。

たとえば舟木本では、店頭と通りと、そこでの人びとの生活の様子が、大変生き生きと描かれている。日本の建物は柱梁構造なので、店内と店外の通りとの間に、壁を設ける必要は無い。このため店の内部が、通りに対して開放的で連続的である。これが、店頭と通りに賑わいを生みだすことになる。

江戸時代に刊行された日本各地の名所図会にも、『洛中洛外図』と同じように、店頭を通り側から鳥瞰するように描いた店頭絵が、数多く描かれている。このような見方の「まちの景色」が、如何に共感を得たかということの証左である。

現在、たくさんの観光客で賑わっている寺町通り、新京極通り、錦小路など京都の多くの通りは、ここで見てきた『洛中洛外図』に描かれている通りの型を、現在も継承している。

おわりに

柳田は「風光推移」で、我が国に伝えられてきた景色は、京の貴族や風狂人の眼鏡にかなった景色であったと述べている。京都の景色をふり返ると、確かにそういう出自の景色が多かったといえるかもしれない。ただ、「是ほど親密に人びとの生活に織り込まれている景色」、と表現するほかないのも京都の景色の特徴である。京の貴族や風狂人の眼鏡にかなった景色も、実はそのような景色にほかならなかったのであり、そこに京都の景色の普遍性もあったのである。

※掲載写真はすべて筆者撮影。

考古博物館の将来像

宇野隆夫

はじめに

博物館には色々の種類のものがあり、その中でも考古博物館は、少なからぬ役割を担っている。夏休みの宿題を仕上げるために、博物館に行って調べものをした記憶がある人は少なくないであろうし、旅に慣れた人なら初めての地では最初に博物館を訪れるものである。その地域について、色々と知ってから博物館を出ると、風景が親しみやすく変化していることは、よく経験することである。他方、近年、国立・公立博物館の運営方法の転換や集客力の低下、低金利による経営難など、博物館の危機が指摘されることが少なくない。

博物館は、地域の文化力を高める上で大切な存在であり、関西にも多くの博物館が存在してそれぞれに大きな役割を果たしてきた。日本の博物館では歴史系博物館の比率が高いことに特色があり、その中にはほとんど考古部門・考古展示を含んでいる。また考古専門の博物館も少なからず存在する。ここでは博物館の過去を振り返りつつ、考古博物館を中心としてその将来像について考えることとしたい。

一　考古博物館

考古資料を収蔵・展示する博物館は日本では、歴史系博物館に含められることが多く、また民俗資料などを扱うものが少なくないため、考古博物館の範疇は必ずしも明確ではない。その中でも比較的はっきりとした考古博物館には、以下のようなものがある。

その一つは考古遺跡と深く関わる型の博物館であり、関西では京都市考古資料館（京都市　平安京）、与謝野町立古墳公園・はにわ資料館（京都府与謝野町〔旧加悦町〕　蛭子山古墳・作山古墳）、独立行政法人国立文化財機構・奈良文化財研究所飛鳥資料館（奈良県高市郡明日香村　飛鳥宮都・寺院）、同・平城宮跡資料館（奈良市二条町　平城宮）、唐古・鍵考古学博物館（奈良県磯城郡田原本町　唐古・鍵遺跡）、大阪府立弥生文化博物館（大阪府和泉市　池上曽根遺跡）、大阪歴史博物館（大阪中央区大手前　難波宮・大阪城ほか）、大阪府立狭山池博物館（大阪府大阪狭山市池尻　狭山池）、尼崎市立田能資料館（兵庫県尼崎市田能　田能遺跡）、播磨町郷土資料館（兵庫県加古郡播磨町東本荘　播磨大中遺跡）、滋賀県立安土城考古博物館（滋賀県蒲生郡安土町　安土城）、銅鐸博物館（野州市歴史民俗博物館、滋賀県野州市辻町大岩山遺跡）、紀伊風土記の丘資料館（和歌山市岩橋　岩瀬千塚古墳群）など多くのものがある。

これらの遺跡密着型博物館は、地域の重要遺跡について詳しく研究・展示するとともに、それを通じて、その時代の日本列島や国際関係等について広く研究・発信する活動をおこなっているものが多い。

遺跡密着型博物館に対して、主に遺物コレクションを収蔵・研究・展示する型の博物館がある。泉屋博古館（京都市左京区鹿ケ谷　中国古銅器・鏡鑑ほかの住友コレクション）、高麗美術館（京都市北区紫竹上岸町　朝鮮古美術などの鄭コレクション）、依水園（寧楽美術館、奈良市水門町　東洋古美術などの中村コレクション）、大阪市立東洋陶磁美術館（大阪市北区中之島、東洋陶磁を中心とする安宅コレクション）、和泉市久保惣記念美術館（大阪府和泉市内田町　東洋古美術を中心とする久保コレクション）、辰馬考古資料館（兵庫県西宮市松下町　銅鐸・縄紋土器・書画ほかの辰馬コレクション）、酒ミュージアム（白鹿記念酒造博物館、兵庫県西宮市鞍掛町　白鹿酒造コレクション）、白鷹禄水苑（集古館・暮らしの展示室、兵庫県西宮市鞍掛町　白鷹酒造コレクション・調度ほかの辰馬コレクション）、黒川古文化研究所（兵庫県西宮市苦楽園　東洋古美術などの黒川コレクション）などである。独立行政法人国立文化財機構・京都国立博物館（京都市東山区茶屋町）や同・奈良国立博物館（奈良市登大路町）は、この型の博物館の最も大型・多彩なものであると思う。

これらのコレクション型の博物館は、それぞれの分野の第一級の考古資料を収蔵・研究・展示するものが多く、また美術工芸資料をあわせもって、美術館の名称をもつものも少なくない。美術館が博物館の一種であることは、後で述べる。

もう一つは、大学・研究所など研究機関に付属する型の博物館である。京都大学総合博物館（京都市左京区吉田）は現在、文・理の総合博物館となっているが、三〇万点をこす世界各地の考古資料はその重要な一角をなしている。同志社大学歴史資料館（京都府京田辺市多々羅都谷）は、歴代の考古学担当教官が調査した全国の遺跡の資料と同志社大学キャンパス内遺跡（平安京）の調査・研究成果を展示している。大谷大学博物館（京都市北区小山）は仏教・歴史・文学・芸術など海外資料を含む約一万二千点を収蔵・研究・展示し、大阪大谷大学（大阪府富田林市錦織）も博物館を設置している。天理大学附属参考館（奈良県天理市守目堂町）は、世界各地の生活文化・考古美術資料約三〇万点、また地元の布留遺跡資料を研究・展示する最大規模の附属博物館である。関西大学博物館（大阪府吹田市山手町）は、学史的にも重要な本山（神田孝平）コレクションほかを中心として、考古・歴史・人類学資料を研究・展示する。神戸大学海事博物館（神戸市灘区六甲台町）は、西洋型帆船模型・和船模型、航海用具や船部品などの実物資料、船大工資料、海図など海事全般にわたる資料を研究・展示している。

先に遺跡密着型博物館としてあげた、独立行政法人国立文化財機構・奈良文化財研究所飛鳥資料館と同・平城宮跡資料館は、大学・研究所付属型博物館でもある。また大和の考古資料を広く研究・展示する奈良県立橿原考古学研究所附属博物館（奈良県橿原市畝傍町）も、この型の充実した博物館の一つに数えられるべきである。

上記の三つの型の博物館に対して、一般にもっともなじみの深い考古博物館は、地域型の博物館であると思う。それは都道府県や市町村の公立歴史系博物館であることが多く、考古・歴史・地理・民俗資料などを用いて、地域における人類の登場から近・現代までを、通史的・総合的に研究・展示していることが多い。コレクション型博物館の一つとして示した京都国立博物館・奈良国立博物館は、日本という地域を対象とする地域型の博物館でもある。

それは、京都府だけでも、京都府京都文化博物館（京都市三条高倉）、京都府立丹後郷土資料館（京都府宮津市字国分）、京都府立山城郷土資料館（京都府木津川市山城町上狛）、向日市文化資料館（京都府向日市寺戸町南垣内）、大山崎町歴史資料館（京都府乙訓郡大山崎町字大山崎）、南丹市日吉町郷土資料館（京都府南丹市日吉町天若登地谷）、美山かやぶき美術館・郷土資料館（京都府南丹市美山町島朴ノ木）、京丹後市立網野郷土資料館（京都府京丹後市網野町木津）、舞鶴市郷土資料館（京都府舞鶴市字北田辺）などがあり、ここでは他の都道府県の例示は多くに過ぎるので、省略する。また前述の型の博物館にも地域型博物館の役割を果たしているものが少なくない。

以上、日本の考古博物館には、大きくは四つの型（遺跡密着型博物館、コレクション型博物館、研究機関付属型博物館、地域型博物館）があり、一つの博物館が複数の型にまたがる活動をおこなっている場合もあることを示した。このような分類にこだわった理由は、博物館の将来像はまず、それぞれの特色を生かす方向で考えるべきであり、その上でそれらの連携や全体としての将来の方向性を考えることが必要であると思うからである。

二　博物館という名称およびその社会的役割

1　博物館という名称とその枠組み

「博物館」はそれに近い者にとっては慣れ親しんだ名称であるが、家族や専門外の友人などに聞くと、やや難しくて取り付きにくいイメージがあるようである。また世界的には美術館・科学館・産業館・海事館・戦争館・植物園・動物園・水族館・プラネタリウム館なども博物館の一種であることは、あまり知られていないことと思う。美術館に勤務して博物館法に詳しい友人ですら、美術館が博物館の一種であるとすることには、強い抵抗感をもっている。

ヨーロッパでは、博物館には長い歴史があり、通説に従うならば、博物館 Museum の名称はギリシア神話の女神ミューズの館であるムゼイオンに由来するという。ミューズは九人の学問の女神の総称なので、博物館は「学びの女神館」というような意味であろう。そのためか「ミュージアム」が柔らかさや美しさを感じさせる語感をもつのに対して、たしかに「博物館」は中性的で硬い感じがする。美術館関係者が、博物館という名称を嫌うことも故なしとしない。

日本で博物館という用語が使われだしたのは、幕末~明治初めの頃である。椎名仙卓によると、一八六〇（万延元）年に日米修好通商条約批准のために派遣された幕府の使節団員は、ワシントンにおいてパテント・オフィス（特許局陳列場、特許に関する資料に加えて世界の自然史・民族資料を展示）やスミソニアン研究所を見学する機会をもった（椎名仙卓『日本博物館発達史』〈雄山閣　一九八八年七月〉）。

これらの施設について、各団員が色々の呼称を残しているが（パテント・オフィス：百物館・物品館・宝蔵、スミソニアン研究所：究理の館・百貨貯蔵所）、通訳をつとめた名村五八郎元度は一人、パテント・オフィスの鳥獣・鼈介・海草類などの自然史資料を見学して、この施設を博物館と日記に記した。自然史 Natural history 資料を博物と訳したのであるが、動物学・植物学・地質学の総称を博物学とする近代日本の一つの伝統の端緒をみることができる。なお私が個人的にもっとも好きな訳は「究理の館」である。

以後、欧米の情報が日本に多く伝えられるようになる中で、万延使節にも参加した福沢諭吉は、一八六二（文久二）年のヨーロッパ六カ国派遣使節での経験に基づいて、一八六六（慶応二）年に『西洋事情』初篇を刊行したが、そこで「博物館は世界の物種、古物、珍物を集めて人に示し見聞を博くする為めに設くる者なり」と述べている。古物には考古・美術・工芸資料が含まれると思うが、ここで博物館の実例としてあげられているものは、自然史館、医学館、動物園、植物園などであり、それは現在の自然史博物館に近いものであった。

日本の博物館は、一八七一（明治四）年に設置された文部省博物局と翌年に設置された太政官博覧会事務局が中心となって、その設置を推進することとなった。それは当時の一大イベントであった博覧会の開催と深く関わっていたが、明治五年に文部省博物館が東京湯島聖堂において日本で最初の博覧会を開催し、書画・古物・動植物標本などの展示が人気を呼んだ。この太政官（内務省）系と文部省系の博物館が所管をかえつつ、それぞれ現在の独立行政法人国立文化財機構・東京国立博物館と同・国立科学博物館に至っている。また文部省小石川薬園に端を発して一八七五（明治八）年に設置された小石川植物園が、現在、東京大学理学系研究科附属植物園となっていることも付記しておきたい。

このように博物は当初は、自然史の色彩が強かったが、明治政府の博物館設置政策の中で、自然系標本を収蔵・展示する博物館と、古物系標本を展示する博物館とに二大別されて、生き物を扱うものは博物館から除外されたとみなして良いであろう。日本のやや特殊な博物館の枠組みはこの頃にできたものと思う。また欧米の博物館展示に比べて、日本の博物館展示では、写実的な人や動植物の模型配置を嫌う伝統があることも、この日本的な博物館の枠組みと無関係ではないと思う。

博物館の将来を考えるとき、このような日本的伝統に基づいた名称をどうするかは、かなり重要であると思う。ここでは「ミュージアム」を「博物館」と訳すが、将来的には「博物館」や「美術館」などの名称を廃止して、例えば「ミュージアム」に統一することが望ましいと考える。

2　博物館の社会的役割

博物館の社会的役割は、時代とともに変化する。例えばイギリスの大英博物館やフランスのルーブル美術館などヨーロッパの主要博物館が、植民地が世界に拡大した時代に国家的な文化政策と関わる一面をもったことは、当時としてはやむをえないことであったと思う。ここでは第二次世界大戦後に、博物館に対してどのような社会的役割が期待されるようになってきたかについて、瞥見することとしたい。

欧米の動向も多様であり決して一つではないが、その最大公約数として、イコム（ＩＣＯＭ、The International Council of Museum、国際博物館会議、本部パリ）の公式ページに載せる一九六四年から現在に至る、博物館の定義の変遷をみることにしたい（http://icom.museum/hist_def_eng.html）。そこには以下に簡訳するような博物館の定義の推移を示している。

一九四六年の定義：博物館は公共に対して開かれた、美術、技術、科学、歴史・考古資料に関するすべてのコレクションを含み、動物・植物園を含むが、展示室をもたない図書館は除く。

一九五六年の定義：ここでいう博物館は、文化的価値をもつ資料・標本（美術的・歴史的・科学的・技術的コレクション、動物・植物園、水族館）について、色々な手法による保存、研究、高度化、とりわけ公共の喜びや教育のために展示をおこなうことを目的として運営される、あらゆる永続的な組織を意味する。恒久的な展示室をもつ公共図書館および文書館も博物館とみなされる。

一九六一年の定義：イコムは、文化的あるいは科学的に重要な意義をもつ資料のコレクションについて、研究・教育・楽しみのために、保存・展示をおこなうすべての恒久的組織を博物館とみなす。

一九七四・一九八九・一九九五・二〇〇一年の定義：博物館は、人類とその環境の資料について、研究・教育・楽しみを目的として収集・保存・調査・対話・展示をおこない、社会とその発展に貢献し、かつ公共に対して開かれた非営利的な恒久的組織を意味する。

第二次世界大戦直後の一九四六年定義では、博物館のイメージが、コレクション収蔵型博物館であり、コレクションの筆頭に美術をかかげていることが印象的である。また動物・植物園を博物館に含めることは当然のこととして、展示室をもつ図書館や文書館も博物館に含めている。ここでいう博物館は貴重なコレクションを収蔵して社会に公開する組織である。

一九五六年定義では、博物館のイメージが変わる兆候をみることができる。コレクションそのものより、それらを保存・研究・高度化・展示する活動に力点を移し、その活動の目的として公共の喜び delectation と教育をあげていることが注意をひく。

一九六一年定義に至ると、コレクションの例示をやめて、標本資料については文化的・科学的という二分野に大別している。博物館の実例については、次条で、図書館・文書館の保存組織・展示室、自然・考古・民族学的・歴史的記念物・遺跡、植物・動物園・水族館、自然保護区、科学センター・プラネタリウム館という五分野をあげている。そこには遺跡密着型の博物館が世界的に増加する動きをみることができる。

一九七四年定義は、その後、変更されることなく現在まで踏襲されているものである。その特色は、資料に関して文化的・科学的という二大別すらなくして、人類とその環境の資料として一括し、その活動内容は収集・保存・調査・対話・展示であり、活動の目的は研究・教育・楽しみを提供して、社会とその発展に貢献することであると、シンプルに定義している。なおこの時点で、非営利的という博物館の条件が追加された。

一九七四年から以後の博物館定義の変更内容は、次条の細則についてであり、一九八九年定義では博物館の定義の適用が、組織の経営体や地域やコレクションの性格によって制限を受けることがないことを明記し、博物館員養成・支援組織を加えた。一九九五年定義では、国際的・一国的・地域的博物館という分野を追加し、これは地域型の博物館の重要性を意識した変更であったであろう。二〇〇一年定義では、電子化 digital creative activity の分野を加えている。

イコムの博物館定義は、今後の社会情勢の変化や技術の発展に応じてさらに変化していくであろうが、基本的な定義は安定してきている。その基本理念は、資料分野の如何を問わず、基本的な博物館活動を通じて、公共に研究・教育・楽しみを提供することにより、社会に貢献するというものであろう。

以上に対して、日本では博物館にどのような社会的役割が期待されていたであろうか。

日本の草創期の博物館をみると、博覧会・啓蒙と古物・旧物保存が二つの大きな役割であった。しかし内務省博物館が農商務省をへて一八八六（明治一九）年に宮内省に移管され、また一八八八年から一八九七年にかけて宮内省臨時全国宝物取調局が大規模な宝物調査を実施したことを契機として、古物・旧物保存が博物館の中心的な任務になっていった。この宝物調査は、一八九七（明治三〇）年の古社寺保存法に連なり、日本の博物館の性格がいよいよ定まることとなる。なおこのような宮内省博物館の在り方は、文部省系の博物館（東京教育博物館、現在の国立科学博物館）が、ジオラマ・参加型展示を進めるなど、啓蒙・教育の役割を重視し続けたことと対照的であった。

このような古物・旧物保存を主な任務とする日本の博物館が大きく変わったのは、第二次世界大戦後のことであった。このことを一九五一年に発布された博物館法からかいまみることとしたい。

博物館法総則第二条には、博物館の定義として、「歴史、芸術、民俗、産業、自然科学等に関する資料を収集し、保管（育成を含む）し、展示して、教育的配慮の下に一般公衆の利用に供し、その教養、調査研究、レクリエーション等に資するために必要な事業を行い、あわせてこれらの資料に関する調査研究をすることを目的とする機関（社会教育法による公民館及び図書館法による図書館を除く）のうち、地方公共団体、民法第三四条の法人又は政令でその他の法人が設置するもので第2章の規定による登録を受けたものをいう」と記している。

この一九五一年の博物館法における博物館定義をイコムのそれと比べると、イコム一九五六年定義を先取りしている所のあることが注目される。特にその目的として資料を一般公衆に公開して、その教養・調査研究・レクリエーションに資することを掲げ、またその具体的な仕事の内容として資料の収集・保管・展示を明示したことは、非常に先進的であった。日本の博物館法における博物館定義は、世界をリードするものであったと言ってよい。

他方、博物館法で博物館資料として示しているものは、歴史・芸術・民俗・産業・自然科学等である。「等」がついているとはいえ、イコム一九四六年定義で、美術、技術、科学、歴史・考古資料、動・植物園をあげていることと、かなりの違いがある。また博物館法では図書館を展示機能の有無に関わらず博物館と別のものと位置づけて、文書館には言及がない。

博物館法の博物館資料の例示の順序をみると、博物館法では歴史が筆頭にあげられているのに対して、イコムの例示では古い順から、美術・美術・文書館・文書館・自然・自然・自然が筆頭である。また博物館法では考古資料の例示がなく、イコムでは一九五六年を例外として、他の定義ではすべて歴史と考古とを併記していることと、対照的である。

博物館法施行以後に追加された法規で重要な意義をもつものは、一九七三年に文部省が告示した「公立博物館の設置及び運営に関する基準」である。ここでは博物館を人文系博物館と自然系博物館に大別して、その両分野にわたるものを総合博物館とした。イコム一九六一年の定義では博物館資料について「文化的あるいは科学的に重要な意義をもつ資料」として説明するだけであり、この区分すら一九七四年には廃止したことと比べると、人文系と自然系という二大別へのこだわりは相当に特異であり、ここに第二次世界大戦以前の日本の博物館の在り方、さらには文・理を区分する日本近代の学問の伝統が根強く生きていることを知ることができる。

ただここで人文系の資料とされたものは「考古、歴史、民俗、造形、美術等の人間の生活及び文化に関する資料」であり、「考古」がはじめて歴史から分離されたことは、考古博物館にとって大きな意味があった。

以上のように、第二次世界大戦後に日本の法律で定めた博物館の社会的役割は、「資料の収集・保管・展示を通じて、一般公衆の教養、調査研究、レクリエーション等に資す」ことであり、イコムと大きな違いはない。それに対して博物館を人文系・自然系に二大別することはかなり特異であり、第二次世界大戦前の伝統が強く残ったと考えられる。そのためかどうか、日本の博物館では総合博物館ですら、人文系展示と自然系展示の寄せ集めであり、調査・研究・展示活動での相互交流が乏しいと感じることが少なくない。

三　考古博物館の将来像

博物館法の施行以後、特に高度成長期を中心として、日本の博物館は急速な増加期を迎えたが、この時期に設置された博物館の特色の一つに、公立の歴史系博物館が多いことがあった。第二次世界大戦前では、歴史系博物館は八八館中の一〇館と、動物園・植物園・水族館の一二館よりも少なかったが（網干善教編『博物館概説』〈関西大学出版部　一九九八年一〇月〉）、二〇〇四年度には日本博物館協会加盟の三、九六五館中、歴史系博物館は四七％と約半数を占めるようになっている（服部敬史「博物館二様論――地域博物館の新たな役割――」〈「月刊社会教育」二〇〇六年一一号　通巻六一三号〉）。そしてこの歴史系博物館の約九七％が公立館であり、そのほとんどは考古部門あるいは考古展示を備えている。

これら歴史系博物館は、第二次世界大戦後の日本社会において大切な役割を果たしてきたが、近年、その集客力の低下・財政事情の悪化など、博物館の危機とその克服の必要性が語られることが多い（服部前掲ほか）。このことについて静岡市立登呂博物館を例にとり、みることとしたい。

1　型別の考古博物館

戦後日本において、考古資料に基づいた歴史教育が始まったことは、それだけで大きな社会的意義をもつものであった。静岡市登呂遺跡は、第二次世界大戦中（一九四三年）に軍事工場を建設する中で発見されて小規模な調査が実施された。この遺跡の本格的な発掘調査は静岡市登呂遺跡調査会によって一九四七年から始まったが、考古学・日本史・建築史・地質学・植物学・農業経済史などの分野の研究者による総合的な調査体制をとったことが大きな特色であった。この調査が、日本考古学協会結成の契機になったことは、よく知られていることである。このような学際的な調査体制は、この頃しばしば試みられたがその後、行政的な発掘調査の体制が整えられる中で、必ずしも継承されなかったものである。

登呂遺跡からは、住居と倉庫からなる集落、矢板で区画した水田、農具や機織具のような生産用具と各種生活道具が発見されて、弥生時代の農村の姿が復元された。この成果は日本の歴史を復元する上での考古学の重要性について多くの人々に強い印象を与え、一九五二年には、登呂遺跡は特別史跡に指定されて整備が進められた。そして一九五五年に静岡考古館が開館して現在の静岡市立登呂博物館に至っている。

その後、登呂遺跡は、教科書の歴史の記述で必ず触れられるようになり、静岡市立登呂博物館には、年間二〇～三〇万人の人々が訪れた。しかし時が経過して、施設も老朽化して入館者数も年間八～九万人程度まで減少したため、一九九九年から登呂遺跡再整備事業が始まり、遺跡の発掘調査・再整備・博物館建替えが進められている。

博物館の社会的役割は、公共に対して研究・教育・楽しみを提供することであり、それは新鮮な知的刺激を発信することにほかならない。登呂遺跡は、第二次世界大戦以前の神話に基づいた上古の歴史観から脱却する時期に、名もなき農民の営為が歴史の原動力を生んだことを人々に即物的に実感させたことにおいて、大きな発信力を生んだのである。

ただし研究の進捗は不断になされるので、如何に重要ですぐれた展示であっても、時とともに発信力が低下することはやむをえない。登呂遺跡の次世代の調査である佐賀県吉野ケ里遺跡や大阪府池上曽根遺跡などの成果からは、弥生時代が決して牧歌的な農村社会の段階ではなく、都市と呼びうるような大規模で複雑な構造をもつ集落が出現して、身分の差が生まれ、戦争を想起させる殺傷例が増加した時代であったことが明らかにされている。勿論これらの点が考古学界の通説になっているわけではないが、常套的な展示に満足するのではなく、遺跡に根ざした意欲的な発信をおこなうことが、遺跡密着型博物館の役割であると思う。

調査機能をもった遺跡密着型博物館は、遺跡という資産があるので、もっとも将来像を描きやすいものである。博物館と関わる遺跡あるいはその関連遺跡において、保存に配慮しつつ小規模でも継続的な学術調査を実施して、毎年、特別展でその成果を速報すると同時に、二〇年に一度程度、その蓄積を生かした遺跡の再整備と展示の更新をおこなうことが、その社会的な役割を果たす上で、最も近道である。

なお調査あるいは研究機能をもたない博物館は、本来、博物館といえないはずであるが、実際には、発掘済みの遺跡・遺物の管理・展示機能を業務の中心とする博物館も少なくないことが現実である。その場合、学芸員の充実、あるいは有力博物館との連携によって、本来の役割を担っていくことが求められるであろう。

コレクション型で、遺跡の学術調査を実施できる博物館は、かなり限られている。ただし第一級の重要考古資料を所蔵する博物館は、その分野の第一線の研究者を学芸員としてもつことが多く、その研究成果を特別展や展示に生かすことで、遺跡密着型の博物館とは異なる発信力をもつことが可能であろう。研究機能をもたないコレクション保管型の博物館は、調査機能をもたない遺跡密着型博物館と同様の工夫が必要となる。

研究機関付属型博物館の場合は、調査・研究の多くを大学や研究所が担うので、通常の博物館とはやや異なる将来像を描く方が良いであろう。博物館学や情報学を備えた研究機関に付属するものであれば、デジタル技術を駆使した先端的な展示の実験をすることも良いであろうが、旧態然とした展示のままでも、それそのものが歴史的遺産である場合が少なくない。いずれにせよ、この種の博物館は研究機関と社会との接点であり、母体となる研究機関の研究の内容に応じた発信以上の社会的役割をもたせることは、有益ではないと思う。

地域型博物館は、遺跡密着型・コレクション型博物館と重なるものがあるが、公立博物館の比率が高く、また総合的な通史展示をおこなうものが多いため、多彩な活動をおこなうための基盤が相対的に整っている場合が多いといえる。同時に、それは個性的な活動を打ち出しにくく、その危機の度合いも高いということでもある。それは特定の遺跡を発掘調査したり、特定の遺物の研究をしたりして克服できるようなものではない。

そのため服部敬史が提示するように、都道府県の中核地域型博物館と市町村の博物館が連携して活動を分担して、都道府県地域型博物館は総合・通史展示館に、市町村地域型博物館はテーマ展示館に特化しようとする提言は、傾聴に値するものである。現在、テーマ館は、長期低落傾向が最も著しいものであるが、大学などとは異なり、市町村地域型博物館には、色々のテーマを次々と提案・実現する広い視野と実務能力とをもった学芸員が少なくない。

以上、博物館の型にこだわった理由は、現在、博物館に対して一律的な社会的要請が強まっていることを感じるからである。とくに昨今、展示・普及活動重視のため、調査・研究活動をおこなうことが難しくなってきている事例を聞くことが少なくない。調査・研究の裏付けのない展示・普及活動は、新鮮味がなく魅力の乏しいものにならざるを得ないことが、周知されなければならないであろう。展示・普及活動によって公衆に教養と喜びを与えるには、個々の博物館がそれぞれの特徴を生かして調査・研究の地力を高めることが必須であることを、強調しておきたい。

2　考古博物館の展示

欧米の博物館を見聞すると、明治期以来の日本の博物館展示のやや特殊な伝統を払拭したいと思うことが少なくない。基本的に、分かりやすく復元的な展示を追求する必要があると思う。

⑴　分かりやすい展示

国立歴史民俗博物館館長をつとめた佐原真が後半生において常に強調したことは、分かりやすい言葉を使うことの大切さであった。ただし実際には博物館展示の解説でも、難解な考古学専門用語を使用することが依然として少なくない。将来の博物館では、少なくとも小学生用、中学・高校生用、大学・社会人用、研究者用、外国人用の解説を用意するべきである。経験的には、一番簡単なものは研究者用解説であり、知識を最も必要とするものは小学生用解説である。繰り返すが、調査・研究による地力が分かりやすい展示の源泉である。

日本の博物館のもう一つの特色は、復元的な展示が少ないことである。コレクション型の博物館であれば、復元は遺物復元・修復で十分であり、研究機関付属型博物館なら研究内容に応じた展示をすればよい。これに対して遺跡密着型博物館や地域型博物館では復元展示が重要であるが、遺物と遺構の模型・図面・写真の展示が主体をなすことが少なくない。

これには理由があり、日本の場合、中世以後であれば、文献・絵巻・絵図などから、比較的詳細な復元が可能であるが、それ以前ではかなり難しいからである。また遺跡整備には一定の制約があり、中世の城に天守閣を復元するなどの暴挙を防ぐ仕組みもある。そして建物の姿や人の姿を、どのように復元するべきか研究者間で意見が分かれることが少なくない。

このことをどうするかは博物館展示のかなり本質的な問題であり、私は「正しい」歴史を教えるという姿勢をまず捨てるべきであると考えている。歴史は考えるものであって覚えるものではないし、またそうでなければ歴史を学ぶ喜びは生まれない。一つの建物の柱穴列でも、復元には色々な案があり、どのような立場から特定の案を採用したかを説明することが、分かりやすくまた、それを見る者の知的な好奇心をそそると思う。そして折角、遺跡を復元しても、そこで生きる人々の姿を示さないと不気味なゴーストタウンになることを知るべきである。

(2)　ハイテクを使った展示

博物館展示は、ガラスの展示ケースの中でおこなうことが多いので、視覚的な展示になりやすい。これに対して五感にうったえる展示が徐々にではあるが増加してきている。

博物館で音声受信機を用意し、展示の位置を認識して多言語で解説したりその場にふさわしいＢＧＭを聞かせたりすることは、珍しくなくなってきている。また触れることのできる資料を用意したり、ショップやレストランで古代の食物・食卓を用意したりすることも徐々に増加してきている。

また参加型の展示を作る上で、ハイテクは非常に大きな潜在力をもっている。将来の博物館では、資料はガラスケースに収まっていても、観客は展示ケースの前に用意したモニターで資料を三六〇度の方向から詳細に観察できるようになるであろう。またそのモニターは資料が発掘された状況に切り替えることができて、そこでは遺跡の三次元復元モデルの中を自由に歩くことができるようになる。それが町場であれば、バーチャルの商人や商品が並んでいて声をかけてくるであろうし、城であれば伏兵が弓矢を射かけてくるかもしれない。さらにモニターを切り替えると、上空から遺跡が鳥瞰できて立地地形を観察できるし、さらに上空に昇ると、その地域、日本列島、ユーラシア大陸をながめることができる。そして観客は自由に空を飛んで、関連の遺跡やその出土品を見に行くことができるであろう。

このようなことは、ＧＩＳ（地理情報システム）とＶＲ（バーチャル・リアリティー）の技術によって、現在でもかなりの水準で実現できるものである。さらに、ＧＩＳの空間解析技術を使うと非常に魅力的な展示素材を作ることが可能である（宇野隆夫編著『実践　考古学ＧＩＳ』ＮＴＴ出版　二〇〇六年一二月、考古学ＧＩＳデータベース http://www.nichibun.ac.jp/iseki/index.html）。

ハイテクを駆使することによって博物館の展示が一新されることは、おそらく遠い将来のことではないと思う。そしてそれらは、ハイテクを用いた調査・研究によって飛躍した成果の発信であることが何より大切なことである。

3　文・理の境をこえて

上で述べたようなことを実現するには、考古学だけで可能なことではなく、その枠をこえることが不可欠であると思う。そして将来の考古博物館を良いものにする上で一番大切なことは、人文系という呪縛を取り去ることである。

例えば古代都城は、正確な天文観測に基づいて建設したが、その背景には天地・北極星に対する宗教観念が存在した。古代都城の模型を復元展示する部屋には、簡易型プラネタリウムを設置して、当時の太陽・月・星を天井に映し出すことなど、非常に簡単なことであるがまだそのような試みをおこなった例を知らない。日本古代の北極星（真の北極に一番近い周極星）が、現在の、こぐま座α星ではないことを知るだけでも面白いことと思う。

欧米で博物館が発達した時代は、博物学が発展した時代でもあった。そして博物学の力が博物館の魅力の源泉であったであろう。これに対して二〇世紀には学問分野が細分される方向性で発展したため、研究の水準は高まったが、学問としての魅力は乏しくなったように思う。しかし二一世紀には、情報システムの飛躍的な発達を背景として、色々な分野の情報を横断的に得ることができるようになるため、私は文・理の境をこえた博物学あるいは博学的な研究分野が復活すると考えている。

もしそのような状況ができるとしたら、考古博物館の調査・研究機能は、一つの鍵を握るであろう。考古遺跡を適切に調査するには、その記録においても、多彩な資料の分析においても、文・理を含む広範な研究者の連携が必要であり、学際的な研究のモデルを作ることが可能である。そしてその成果が増えるほど、リアルな復元的展示を行えるようになると思う。

結び

現在、博物館は、公私立を含めて、財政の悪化、低金利などの影響を受けて、困難な局面を迎えている場合が多い。ただしこのような時期であるからこそ、地域の文化力を支える博物館の将来を考えることは重要であると思う。その立場から、以下のような諸点を提案した。言うはやすく、おこなうは難しであるが、博物館という貴重な文化拠点を振興する一助になれば幸いである。

・博物館の発信力の源泉は調査・研究機能にあり、博物館の型に応じてその能力を高めることが、魅力ある展示や普及活動をおこなう近道である。

・遺跡復元を含めて考古博物館の展示は、分かりやすく知的好奇心を刺激するものであることが望ましく、ハイテクをおおいに活用しつつ、復元・参加型の展示をおこなうことが必要である。

・日本の博物館は欧米より、文・理の別にこだわるという特色があり、考古博物館はこのような在り方を払拭して、総合型の新しい学問分野を創出する研究拠点になるべきである。

・学際的な状況ができたら、博物館という用語にこだわらず、「ミュージアム」など学びの館の総称にふさわしい名称に転換することが望ましい。

俊乗房重源をめぐる断想

青木 淳

はじめに

中世仏教の成立とその展開について思いをめぐらせるとき、一一八〇（治承四）年一二月の平重衡による南都焼討ち、そして俊乗《しゅんじょう》房《ぼう》重源《ちょうげん》（一一二一～一二〇六）を中心とする東大寺復興造営にいたる経緯は、その後の美術史や宗教史などを含めわが国の文化史上に大きな足跡を残した。以仁王の挙兵とそれに呼応した南都大衆と平家一門の抗争は、結果として東大・興福の両大寺を灰燼に帰し、千名を越す死者を出すという惨劇を招いた。『平家物語』はこの情景を語り継ぐことで、後世の戦記物語における仏教的な因果説や戦死者たちの鎮魂譚などの祖型となり、またその成立過程において平家琵琶、『一言放談《いちごんほうだん》』や『古今著聞集《ここんちょもんじゅう》』のような説話集、安居院《あぐい》澄憲、聖覚一門による唱導が創出されたことも忘れられない。この再建期における東大寺に参集した勧進聖や職能民、またその統括者として大勧進職を務めた重源とその同朋衆は、こうした過酷な状況下において新たな時代の宗教文化の創造に深く関係した人物たちであった。

東大寺の復興造営では、当時六〇歳を過ぎた重源がその造営領国として播磨、備前、安芸、周防、肥前といった畿内から西国にかけての平家没官領を下賜した。結果として重源とその勧進集団はこの一帯をその活動の基盤とし、そこに結集された人員や情報、資材は東大寺の復興造営という目的に向けて結実化した。そのことはのちに中世以降における関西地方の社会、経済、文化に通底する特性とも言うべきものを各地に胚胎させる契機となった。

本論ではこの中世における東大寺再建を取り巻く人々に関係する史料から垣間見えてくるその独特な勧進の文化と、その事業にあたり中心的な役割を担った重源が活動の基盤とした畿内から西国において創造した、中世的な信仰空間の形成過程について、いくつかの歴史的な断片を取り上げながらみてゆきたい。

一　行基から重源へ

若き日の重源がいかなる信仰の場に身を寄せていたのか定かでない。一三歳のとき醍醐寺で出家し、同寺金剛王院の源運の弟子となり、一七歳で四国、一九歳のとき大峰山、御岳山、葛木山、熊野などの聖地で修行を重ね、さらに「東鄙奥州」や「鎮西」へも遊行していたことが伝えられる。三十代の重源は醍醐寺において源師行を檀那として「大蔵卿堂」と称された大仏様による八角二層の堂宇と下醍醐栢杜堂、九体丈六堂といった諸堂を建立し、ここに唐本（宋版）一切経を施入したことなどが知られる（『醍醐寺新要録』「紀氏系図」など）。一一五二（仁平二）年のころより重源は、源雅俊の建立した白川天皇中宮藤原兼子の廟所である醍醐寺円光院の理趣三昧僧となり、ついで右大臣源（久我）雅定の遺骨を醍醐寺一乗院へ埋葬し、また、藤原兼重の墓塔建立へ結縁するなど、村上源氏一門を外護者として貴顕の人々の造寺造仏や葬送儀礼に関係する中で勧進僧として頭角をあらわすことになった（中ノ堂一信「東大寺大勧進職の成立――俊乗房重源像の再検討――」〈『日本史研究』一五二号　一九七五年四月〉）。

近年行われた東大寺南大門金剛力士像の修理では、吽形像の面相部構造材より右大臣師房、左大臣俊房、中納言師時、師任、醍醐寺僧正房覚など村上源氏歴代の追善結縁銘が確認され、重源と村上源氏、醍醐寺、東大寺との密接な関係があらためて知られるところとなった。中世の東大寺が「源氏の氏寺」(『大鏡』)と称されたように村上源氏との関係は深く、彼らが重源の大勧進職就任にあたり少なからぬ影響を与えたことを物語るところとなった。その後、一一六七(仁安二)年のころ重源は入宋し、東大寺の第二代大勧進となる栄西(一一四一〜一二一五)とともに帰国したと伝えられる(『元亨釈書』)。重源の勧進により一一七五(安元二)年に高野山延寿院に施入した梵鐘の銘記には、聖慶ら村上源氏一門の結縁銘とこの時までに三度入宋したことが記され、史料こそ確認できないが同様のことを九条兼実にも語っていることから、重源の入宋は事実とみてよかろう(『玉葉』寿永二〈一一八三〉年一月二四日条、あとの二回は仁平年間から久寿年間にかけてのことか)。のちに重源は宋の阿育王山舎利殿建立のための用材を、領国である周防国杣より調達しており(『南無阿弥陀佛作善集』)、重源、栄西という東大寺大勧進の歴代がいずれも入宋僧であった事実は、顧みると、彼等が入宋経験者であることこそがこの復興造営の大勧進職に求められた要件ではなかっただろうか。

しかし大勧進職就任にいたるまでの重源の足跡、特にその宗教的環境を知る手掛かりは少なく、六〇歳を過ぎてなお東大寺の大勧進職に就くにあたり、まず求められた資質は、やはり天平時代の僧行基のそれに通じるものであったのであろう。近年、大阪・狭山池の中樋部分の遺構から鎌倉時代に重源が行った築堤とその修復について記された碑文が偶然発掘された。その銘記は「右池者、昔行基菩薩行年六十四歳之時、以天平三年歳次辛未、初築堤伏樋、而年序漸積及毀破」と東大寺創建期の行基の遺徳を偲びつつ、奈良時代の開発による狭山池とそこで築構した堤や導水樋の状況について語り、このたびの修復にいたる経緯を述べている。

また碑文には「爰依摂津河内泉三箇国流末五十余郷人民之／誘引、大和尚南無阿弥陀佛行年八十二／歳時、自建

仁二年歳次壬戌春企修復／即以二月七日始堀土、以四月八日始伏石／樋、同廿四日終功、其間道俗男女沙（弥）少／児乞丐非人等、自手引石築堤者也、是／不名偏利為饒益也、願以此結縁□□／一佛長平等利益法界衆生、敬白」と続き、摂津・河内・和泉の郷民のために道俗男女、沙弥、幼子、乞食までもがその石樋の再構築にあたり、労働力として参集したことを伝える。行基や重源による狭山池の開発と勧進は、やはり『華厳経』『賢愚経』などに説く福田思想や利他思想によるものであるが、行基以来この畿内における信仰と地域開発の密接な関係がここにも伝えられていたことがわかる。また南河内下流域の南都諸寺の諸荘への灌漑や、この地が大仏再建にゆかりの深い河内鋳物師の本拠地であることも当時のこの地域における地縁的なネットワークの存在を考える手掛かりといえよう。ほぼ同時期に神護寺復興の勧進を行った文覚（一一三九～一二〇三？）による紀伊国桛田荘、狭山池の修復事業では重源のもとで小勧進をつとめた高野聖鑁《ばん》阿弥陀仏による備後国太田荘の場合など、同時代に活躍した勧進僧たちはその所領における新田開発を積極的に行ったことが知られ、地域開発の原動力としての信仰力の存在が見え隠れする。（佐藤亜聖「考古資料からみた重源上人の行動とその背景――狭山池出土石棺の背景――」〈「南都仏教」第八〇号二〇〇一年九月〉）。

東大寺の勧進職は喜捨勧進ばかりではなく、大工や番匠、仏師、石工、鋳物師などの職能民を差配し、木材や石材、銅、漆など資材の調達、さらには東大寺に関わる地域社会の活力を忌憚なく収斂するための仕掛けを創造し、活性化することをその職能として求められた。重源の場合、各地での道路の修復（備前国）、港湾の開削（播磨国）、灌漑池の修築（和泉国）、架橋（山城国）、また地域の古社寺の復興整備や湯屋の設置（周防国）、さらには大陸との交易という部分までその職能性を発揮した。行基から重源にいたるこうした社会事業は、古代から中世を通じて東大寺の経済的な基盤をなすもので、平安時代以来、大輪田泊《おおわだのとまり》ではその修築費を勝載料《しょうさいりょう》と称して往来の船舶から通行料を徴収しているほか、重源の時代にも魚住・大輪田両泊の修復のために両泊を通過する船舶より石別一升の徴収を行っている（鎌倉時代後期の東大寺は兵庫津での徴税権も獲得している。林屋辰三郎編『兵庫北関入船納帳』中央公論美術出版　一九八一年七月）。こうした事蹟は重源をして「よろずにはかりごとかしこき人なりければ、そのころのことわざにて支度第一俊乗房」と『法然上人行状絵図』（第九巻）に語られた記事を思い出させられる。重源は復興造営の勧進が始まると、畿内京中の貴顕のもとを訪れ喜捨勧進を行う一方、西行に代表されるような多才な職能性をもつ勧進聖や技術者を各地に遣わした。このことが後に、中世における地方文化の活性化に影響を及ぼしたことも見過ごせない。

二　重源、快慶と職能民たち

周知のように鎌倉時代を代表する仏師快慶は重源のもとで多くの造像活動に関係した。東大寺はもとよりその別所である播磨浄土寺、伊賀別所新大仏寺、高野山などに残る作品がそれにあたる。快慶が重源と親交を結んでいたことは、重源の同朋衆の一人として𑖀（安）阿弥陀仏と号していたことからも知られ、また大阪・八葉蓮華寺阿弥陀如来像や京都・遣迎院阿弥陀如来像などでは多数の結縁者を集めての造像活動を行っていることからも重源の勧進事業に快慶が深く関係していたことが知られる。しかし一二〇三（建仁三）年に南大門金剛力士像が運慶・快慶らを大仏師として造立され、この年の一一月三〇日に東大寺総供養が営まれたことで同寺における復興事業はほぼ終結した。またその三年後に重源が八六歳で入滅すると、重源の配下として活躍した仏師などの職能民の多くはここを去らざるをえなかった。運慶は父康慶からその工房を譲られ、旧知の鎌倉幕府に関係した造仏や東寺、神護寺といった京都を中心とする寺院での造像や古仏の修理にあたったが、快慶の場合、重源の死を契機としてその造像活動の場は運慶一門のそれとは距離を置き、おそらくその工房とは袂を分っていたものと考えられる。

快慶の足跡をたどってゆくと、複数の人間関係または法縁関係からなる外護者とそのネットワークの協力により造像が行われていたことがわかる。岡山・東寿院の阿弥陀如来像の像内納入品資料（結縁交名）からは、その点でいくつかの新たな事実が認められた（拙稿「仏師快慶とその信仰圏」〈伊藤唯真編『日本仏教の形成と展開』法蔵館　二〇〇二年一二月〉。重源亡き後、快慶は当時新興教団として信仰者を集めていた法然の浄土宗、中でも信空、感聖、證空といった高弟たちと造像を通じて関係を持っていることが確認されたのもその一例である（拙稿「解題　東寿院阿弥陀如来像の像内納入品資料」〈『日文研叢書三四輯　東寿院阿弥陀如来像像内納入品資料』二〇〇五年三月〉）。また快慶の弟子行快は一二一二（建暦二）年造立の滋賀・玉桂寺阿弥陀如来像、一二三五（文暦二）年造立の滋賀・阿弥陀寺阿弥陀如来像などを造立している。前者は法然の滅後一周忌にあたり造立されたものであり、後者は浄土宗諸行本願義系の人々の結縁が確認された作例である。しかし快慶も一二二七（嘉禄二）年ごろには他界したものと考えられ（「京都・極楽寺阿弥陀如来像像内納入品資料」）、一三世紀中葉に行われた京都・蓮華王院千手観音像の復興造像に弟子の行快や栄快が関係して以降の快慶工房の消長は定かでない。

また重源が登用した職能民の中で宋人鋳物師陳和卿、石工伊行末との関係もまた興味深いものがある。陳和卿は大仏鋳造の功により、一一八六（文治二）年に周防国宮野庄預職、一一九〇（建久元）年伊賀国広瀬、阿波、有丸庄（『東大寺続要録』）、ついで播磨国大部荘などを下賜された。陳和卿は慣例に倣いいずれの荘地も東大寺に寄進し、自らはその預職となるなどしてわが国における一門の経済的な基盤をこの東大寺復興事業を通じて取得した。ただし陳和卿の所領の多くは、東大寺再建に必要な用材の確保をも含むものであったと考えられる（岡崎譲治「宋人陳和卿伝」〈『美術史』三〇号　一九五八年九月〉）。陳和卿はまた「東大寺唐人入道和空」と称され、出家の身であったこと、東大寺以外にも興福寺東金堂後戸本尊（三尊像）を造立したことなどが近年知られ、当代を代表する南都鋳物師として名を馳せたことが知られる。また「造東大寺惣大工宋人陳和卿」（「東大寺上院修中過去帳」）と記されるように、いわゆる大仏様建築の導入も含めて宋の技術移入など、鎌倉時代の復興において新たな宗教的な空間の創造に寄与した一人でもあったのであろう（横内裕人「『類聚世要抄』に見る鎌倉期興福寺再建――運慶・陳和卿の新史料――」〈『仏教芸術』二九一号　二〇〇七年三月〉）。しかし大仏の開眼以後の陳和卿は下賜された荘地の人々と衝突を繰り返し、また東大寺大仏の再興がなったのちもその荘園を私領化したことで寺家とも対立し、重源の晩年にはその職を解された（元久三年〈一二〇六〉「宋人陳和卿濫妨停止下文」〈『随心院文書』〉）。

同じく宋人石工の伊行末は一二六〇（正元二）年まで生存したことが知られ、東大寺法華堂前の石灯籠はその晩年（一二五四年）の作品のひとつである。その竿部に刻まれた銘文には「伊権守行末」とあり、彼にもやはりその功に対して「権守」の官職が与えられたものと考えられる。またその息行吉、孫行氏らも畿内を中心とした地域で活動していることが確認されており、南都との地縁性はその歴代により深められていたものと考えられる。この石工集団は血縁により代を重ね、行氏の晩年に登場する行恒の時代には備前（保月宝塔・六面石幢　一三〇五～一三〇六年作）、紀伊（地蔵峰寺地蔵菩薩石仏　一三二三年作）、摂津（多田院石灯籠　一三四〇年作）といった地方へとその活動の場所を広げているが、その多くは畿内から西国にかけての重源所縁の地であった。

三　中世東大寺におけるサロン的「結衆」

一二〇一（建仁元）年、やはり仏師快慶により造立された東大寺僧形八幡神像の像内には約一五〇名の結縁者の銘記が確認されている。本像は東大寺鎮守八幡宮の御神体として造立されたもので、鎌倉時代の復興造営の造像のなかでも極めて重要な意味を持つものであった。この結縁交名には後白河法皇（故人）、後鳥羽上皇、土御門天皇、八条女院、七条女院、守覚法親王といった皇族、東大寺別当弁暁、敏覚（故人）、高野聖明遍、静遍、後鳥羽上皇の護持僧長厳《ちょうげん》といった当代を代表する僧綱が名が連ねていることからもその状況を察することができる。

またこの銘記で注目されるのが「造立施主巧匠𑖀𑖽阿弥陀佛快慶」という作者快慶に関する記事である。これは快慶が製作者であると同時に、この造像にあたっての中心的な役割を果たす「施主」という立場から関係していたことを示すものである。またここには説経師安居院澄憲、管弦の名手藤原孝道、あるいは亀王丸、寿王丸、菊、千鳥、宇《う》礼《れ》支《し》幾《き》といった童子や遊女、白拍子のように当代の芸能に深く関係したと思われる人物がこの像内銘に名を連ねており、これもまた当時快慶がおかれていた環境を物語るものといえよう。そしてこの造像が当時まだ無位の仏師快慶によるものであるにも関わらず、当代を代表する貴顕の人々が結縁し、身分や職分を越えて施主と結縁者の関係がここに成立していることも興味深い。これは本が、中世における造寺造仏などに結縁する人々がその所属する宗派や職分を超えた、恐らくは私的な信仰の場において非階級的な「結衆」を形成したことを示す興味深い事例といえよう（拙稿「東大寺僧形八幡神像の結縁交名」〈『密教図像』一二号　一九九三年一二月〉。また高野山に伝来する「普賢延命法」の紙背文書では「安阿弥陀仏御房」と宛名されており、これは運慶や陳和卿同様に快慶も出家者であったことを物語る。）。

こうした東大寺におけるサロン的な「結衆」は、やはり平安時代末期に活躍した僧俊恵《しゅんえ》（一一一三～一二〇一？）の周辺にも認められる。俊恵は歌人源俊頼の子で、若くして東大寺で出家した。俊恵は京白川の自坊を歌林《かりん》苑《えん》と称して藤原隆信、源頼政、二条院讃岐、殷富《いんぷ》門院《もんいん》大輔《たいふ》、鴨長明、寂蓮法師、道因法師など当代を代表する歌人を招いては和歌政所と称し独自の歌壇を生み出した（簗瀬一雄『俊恵研究』加藤中道館　一九七七年一二月）。歌会や歌合せは当時、雲居寺、出雲寺、毘沙門堂など京、畿内各地の寺社において道俗を交えて多く開かれ、道因法師などが関係した一一七〇（嘉応二）年住吉社歌合、一一七二（承安二）年広田社歌合、一一七九（治承三）年の別雷《わけいかづち》社《しゃ》歌合、一一八六（文治二）年西行による『二見浦百首』など寺社の復興造営に関係しての催事も認められ、重源も文治二年の伊勢神宮参詣では稚児舞、管弦、歌会などを奉納している（「(文治二年）大神宮参詣記」）。

またこうした歌合せや歌会の伝統は、ほぼ同時代に発生した連歌会の「結衆」へと継承されたものと考えられ、鎌倉時代初期の『新古今和歌集』成立期に藤原定家や家隆らの周辺でその形式が確立されたとされる。その後、鎌倉時代中期になると道生や寂忍らにより「花の下連歌」と呼ばれる連歌会が催された。松岡心平氏はその場所が当時葬送地として知られた東山霊山の鷲尾や出雲路の周辺であったこと、また死者や葬地の隠喩である枝垂れ桜の下で催されたことをして、そこに花の下連歌の「鎮魂祭儀的性格」を指摘する（『宴の身体』岩波書店　二〇〇四年九月）。時代は下るが一四八八（長享二）年に催された『水無瀬三吟百韻』も、後鳥羽上皇の月忌に宗梢とその高弟肖柏、宗長らがその追善のために行ったものであり、連歌の「座」の仕掛けの中に残るこうした死者への追善と鎮魂の伝統は、共同体の中の死者儀礼に関わるという点において重源や快慶を取り巻く「結衆」の性格に類似したものが認められる。

『沙石集』は当時の連歌の座について、皇族から地下のものまで「よろづのもの」が参会し、身分や職業を越えた無縁の人々の集会であったことを伝える。鎌倉時代後期の僧善阿（生没年不詳）は七条道場金光寺の時衆であったが、貴賤の門弟を多く抱え連歌会をしばしば営み連歌式目の制定にも関与するなど、関白二条良基をして「近代地下の宗匠」と称された人物であったと伝えられる。連歌師たちによるこうした身分や職業を越えた共同体の性格は、重源の時代の勧進事業におけるサロン的な「結衆」との関係を想起させるものがある。重源により付与された阿弥陀号（のちの阿弥号や阿号）は、それを名乗る限りにおいてその匿名性により「無縁」という立場を得る一方、この無縁性と匿名性は重源らによる勧進事業においては、不特定多数の民衆の指向性を共有させる際に重要な役割を担ったものと考えられる。

四　重源と法然をむすぶもの

重源が熱心な浄土教信仰者であったことは、『南無阿弥陀仏作善集』の記事、あるいは現存する播磨浄土寺の遺構、そして快慶が造立した数多くの阿弥陀像などからも知ることができる。元来は真言僧であった重源がいかなる経緯で浄土教の信仰者となったのかという議論には諸説あるが、おそらくは高野山における覚鑁流の真言念仏がその契機となったと考えられる。それは密教的な性格の強い浄土教であったが、重源は阿弥陀仏号を多くの人々に付与し、各地で迎講を執り行うなど、勧進の手段として浄土教信仰を最も効果的に利用した。慈円の『愚管抄』には「東大寺ノ俊乗房ハ、阿弥陀ノ化身トイフ事出キテ、ワガ名ヲバ、南無阿弥陀仏ナド之名ヲツケヽルヲ、マコトニヤガテ、我名ニシタル尼法師多カリ、ハテハ法然ガ弟子トテ、カヽル事ドモシイデタル、誠ニモ仏法ノ滅相疑ヒナシ」（第六）という記事がみえる。重源の阿弥陀仏号は『南無阿弥陀仏作善集』のなかで「阿弥陀仏名付日本国貴賤上下事建仁二年始之成廿年」と認めているように、東大寺復興造営と並行して阿弥陀号の付与が行われたと考えられる。重源の同朋衆による「結衆」は身分や職業、性別などを越えて広まり、『愚管抄』の記事によれば、果ては法然の弟子にまで阿弥陀号を付与していたことを伝えている。

法然と重源の浄土教の性格の違いは明らかだが、重源はこの阿弥陀仏号の付与を東大寺復興造営のための勧進の手段として用いその結縁者を勧進のための同朋衆としている。このことは視点を変えれば、法然の念仏勧進に見られる念仏信仰の易行性と、それを共有する信仰者の関係に通じるものがある。しかし重源はその勧進活動の延長線上において、その同朋衆による独自の教団組織を形成することはなかった。重源は法然より一二歳年長で、この両者がまったく同時代に畿内を中心に積極的な浄土教信仰による勧進活動を行ったことは周知のとおりだが、この両者の直接的な関係を当時の記録から確かめることは難しい。従来、両者の関係を伝える資料は、法然関係の資料に一方的に偏りをみせる。初期の法然伝の一つである『法然上人伝記』（醍醐寺本）、『法然上人行状絵図』などによると、大寺大勧進職へ法然が重源を推挙したこと、一一八八（文治四）年の京都・大原勝林院での「大原談義」、二年後に重源の招請で行われた「東大寺三部経講説」、「浄土五祖像」の請来のことなどが伝えられるが、いずれも伝承の域を出ない。ところが両者の関係を改めて検討すべき資料や記録が近年になって複数確認されている。

その第一は、建久年間に京を中心に勧進が行われたことが知られる快慶作の京都・遺迎院《けんこういん》阿弥陀如来像の結縁交名があげられる。遺迎院は法然の弟子證空（一一七七～一二四七）の創建にかかる寺院で、この阿弥陀如来像の像内からは約一万二千名の結縁交名が確認されている。そしてこの結縁交名を家系や職業、身分といった「結衆」の要因から紐解いてゆくと、そこにはいくつかの人間関係の上に成立するネットワークの存在が認められる。中でも一一八五（文治元）年に壇ノ浦で滅亡した平家一門の交名は、平経盛・忠度・有盛・行盛・基盛・経正・通盛・惟盛・資盛・清経・教盛・宗盛・重盛・重衡・知盛・時盛・時忠など一門の名と源行家・義仲・義経・頼政、藤原良通など保元の乱以来の物故者たちの名が認められ、いずれもその死後に残された縁者たちによる追善供養を目的とした結縁といえる（図１）。さらにここでは葉室顕時一門や藤原通憲一門など、先の村上源氏同様に重源や快慶の外護者であった一門の存在

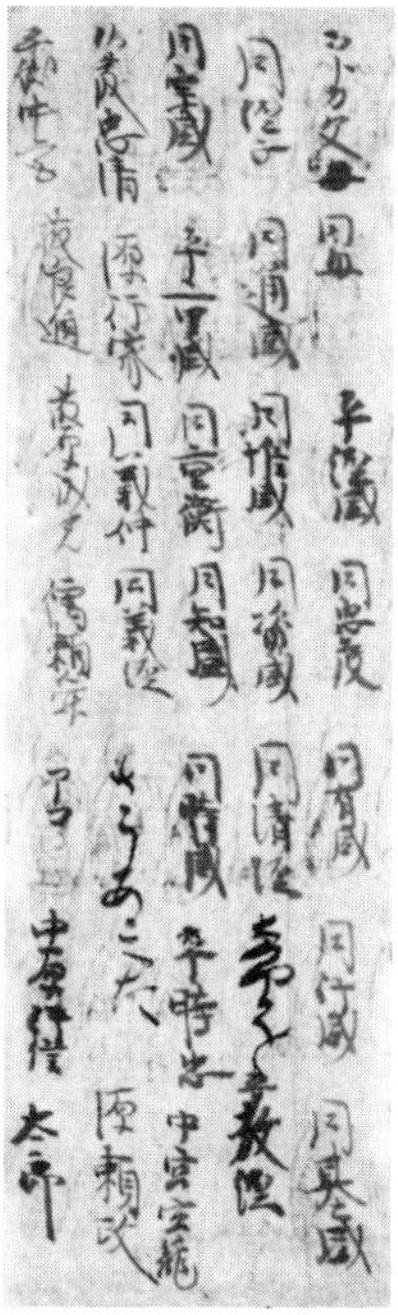

図１　遺迎院阿弥陀如来像像内納入品・平家一門交名

も確認されている。

また遣迎院阿弥陀像の場合、その特異な勧進集団の存在も注目されるところである。そこには重源、栄西、明遍、鑁阿など東大寺・光明山寺系ならびに高野山系の勧進聖、また京の市中を中心に勧進活動を行っていた印西、湛斅《たんごう》、縁念といった比叡山や観性など西山往生院系の勧進僧が名を連ねている。鎌倉時代初期に畿内を中心に活躍した勧進僧たちもまた、この勧進事業において通交する相互関係を持ち得ていたということは、歴史的に対向関係にある南都北嶺の僧が、重源のもとで協働の場を形成していたという点からも注目されるところである。結縁者の重源・明遍・慈円・顕真・湛斅・印西などは東大寺・高野山・大懺法院《だいせんぽういん》・四天王寺など平家所縁の地にあって、この戦乱期に命終した人々の鎮魂の儀礼に関係した僧侶たちであり、それゆえにこの結縁造像は非業の死を遂げた多くの死者たちの鎮魂と供養を目的としたものと考えられる（青木淳『日文研叢書第一九輯　遣迎院阿弥陀如来像像内納入品資料』一九九九年三月）。

第二に、先に紹介した快慶による東寿院阿弥陀如来像への感聖、信空といった法然の門弟の結縁や、一二一二（建暦二）年に法然の一周忌に当たり造立された滋賀・玉桂寺《ぎょくけいじ》阿弥陀如来像などが快慶門下の行快の手にかかるものと考えられ、一二三五（文暦二）年にやはり行快が造立した滋賀・阿弥陀寺阿弥陀如来像では法然門下の諸行本願義系の人々の結縁が確認されるなど、快慶ならびにその工房の仏師が積極的に法然教団に接近していたことがあげられる。その背景には、天台座主慈円や顕真、安居院澄憲、聖覚、明遍といった当代を代表する僧綱と重源や快慶との関係を介してのものが想起される（拙稿「滋賀・阿弥陀寺阿弥陀如来像の結縁交名」〈『印度学仏教学研究』四三―二　一九九五年三月〉）。

第三に、中世東大寺におけるサロン的な「結衆」の存在については先にふれたが、ほぼ同時期に比叡山とその周辺において同様な「結衆」の存在が確認されることである。大原三寂と称された貴族出身の出家者寂念、寂超、寂然ら兄弟に代表されるように、当時京大原には著名な遁世者が集住していた。大原勝林院もそうした場所のひとつであったが、『法然上人行状絵図』（巻六）によると、ここで一一八八（文治四）年に天台座主顕真の招請により南都の東大寺重源（真言）、光明山寺明遍（三論）、興福寺貞慶（法相）、菩提山仏心、天台の顕真、大原上人湛斅、長楽寺印西、竹林院静厳、蓮嵯峨往生院念仏房（資料によっては安居院澄憲、聖覚、栂尾明恵などもこれに列する）といった人々が参集し、衆生出離、凡夫往生についての議論がなされたことを伝える。

この大原談義はその「結衆」した人々の顔ぶれや事実関係を示す史料性に乏しく、また物語の展開がすべて法然の思想に帰結していることからもこの参会は伝承の域を出ないものとされてきた。ところが、ここに列した東大寺重源（遣迎院阿弥陀如来像）、光明山寺明遍（東大寺僧形八幡神像）、興福寺貞慶（播磨浄土寺阿弥陀三尊像開眼導師）、天台座主顕真、大原上人湛斅、長楽寺印西（以上、遣迎院阿弥陀如来像）、蓮嵯峨往生院念仏房（快慶による清涼寺本尊修理）、安居院澄憲（東大寺僧形八幡神像）、高山寺明恵（快慶による高山寺釈迦如来像造仏・現存せず）など仏師快慶を介して重源と法然との関係を見てゆくと、快慶による造像の場を介して相互の人間関係が成立することがわかる。

この大原談義において法然が語ったと伝える「凡そ仏教多門なれども、聖道浄土の二門を出でず。（中略）然るに聖道門は、有智持戒の人にあらずば、これを修行すべからず。浄土門は、極悪最下の機の為に、極善最上の法を授けられたれば、有智・無智を選ばず、在家出家を嫌わず、弥陀他力の本願を信ずれば、往生疑いなし。就中末法に入りて七百余歳、時期相応の教行は、唯念仏の一門なり」（『法然上人行状絵図』巻六）という内容は、重源をして法然の浄土教が時期相応の思想であり、それはまた新たな時代の勧進の方便として着目された可能性を感じる。この談義の最後に重源による阿弥陀仏号の付与について「かの時、大仏の上人俊乗房、又一の意楽を興して、我が国の道俗、閻魔王宮に跪きて、名字を問われんとき、仏号を唱えしめんために、阿弥陀仏名を継ぐべしとて、自ら南

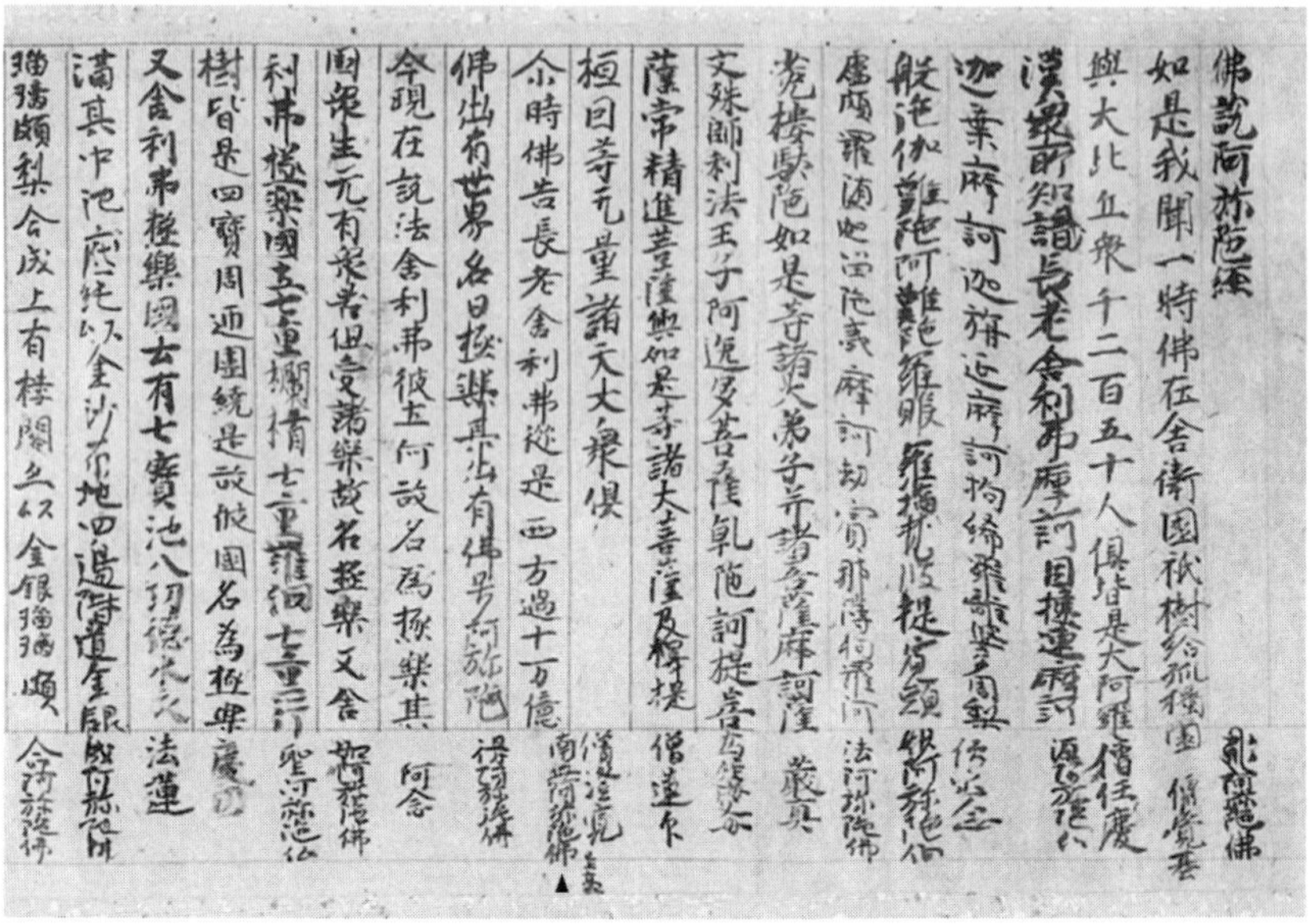

図2　大阪・一心寺結縁経「南無阿弥陀仏＝重源」部分

無阿弥陀仏とぞ号せられける。これ我が朝の阿弥陀仏名の初めなり」（同上）と語っているが、この念仏往生の下りは古典落語『お血脈』の一節に援用されているものである。

第四に、近年その史料性が確認された大阪・一心寺に伝来する「一行一筆結縁阿弥陀経・般若心経」（通称、一心寺結縁経）は、金剛峯寺、東大寺、光明山寺、延暦寺、西山往生院の僧が阿弥陀経と般若心経を一行ずつ異なる人物により書写された結縁経である。この資料で興味深いのが金剛峯寺覚禅、東大寺重源（南無阿弥陀仏＝重源　図2）、光明山寺明遍、延暦寺慈円、印西、顕真、西山往生院観性といった当代を代表する僧侶たちの結縁である。高野山金剛峯寺（新別所）、光明山寺（東大寺別所）、西山往生院（比叡山別所）はいずれも本寺と別所の関係にあり、またその構成が南都北嶺の僧綱と勧進聖の名を交えて列記していることもその特異性として興味深い点である。また、この一心寺結縁経の「結衆」は快慶による遺迎院阿弥陀如来像の像内納入品資料の結縁交名にみえる「結衆」と同一の人員構成をみせることも注目される。さらにこの交名には、天台僧の中に「仏子源空（法然）」という署名が見えること、ここに参集する人々の多くが先の大原談義に列していること、またこの経巻末行にある「文治五年六月廿四日」は大原談義の催されたとされる文治年間とも重なること、など興味深い史料といえる（奈良国立博物館特別展『大勧進重源』図録　二〇〇六年四月）。

第五に重源と法然に関係する記録として、一二〇六（建永元）年六月一九日の『三長記《さんちょうき》』の記事があげられる。「専修念仏の事、源空（法然）上人門弟等、一向に勧進の間、かえつて諸宗を誹謗し、余行においては、出離の要にあらざる由、あまねくこれを称す、これによりて仏法衰微に及ぶべきの由、興福寺衆徒これを訴へ申す、仍て宣下せらるべきなり、その趣かくの如し、もしこの宣下に依り、念仏また衰微せば、すでに罪業なり、計ひ申さるべし」という内容は、同年に執筆された貞慶の「興福寺奏状」に対して、法然に近い位置にあった三条長兼がその処分を危惧し諸卿を訪ねたことの記録である。そのなかで松殿基房は、まず衆徒の奏上をもって「一旦勧進上人重源に尋ね、あらためて興福寺衆徒に諮るべし」と伝えている。しかし重源はこれに先立つ六月六日に八六年の生涯を閉じ、結果として法然とその一門はそれぞれ処分を受け入れることになる。「興福寺奏状」を契機として旧仏教と法然教団は一層の対立関係を深めるが、『三長記』の記事にみられるように両者と関係の深かった重源の存在は、南都または旧仏教と法然教団にとって緩衝的な役割を果たしていたことがうかがわれる（田村圓澄『日本仏教思想史研究　浄土教篇』平楽寺書店　一九五九年一一月）。

五　祖霊鎮魂と勧進

かつて石母田正氏は平安時代の浄土教信仰の広がりについて、貴族社会内部に芽生えた煩悩と罪悪感、あるいは都市の下級貴族の孤独と無力感がその基底となり、人々の集う平安京の都市的現実や不安が体験的なかたちとなって幅広い階層に受け入れられたことを指摘している（石母田正『中世的世界の形成』伊藤書店　一九五四年六月）。この時代の浄土教信仰は、まさにこうした都市的な空間において急速に活性化を始め、またその一方で重源による喜捨勧進、法然による念仏勧進が貴賤を問わず広がりを見せたことはすでに述べた。そして彼らがその布教の方便、または手段として用いたのが人々の死後の救済という命題であった。

遣迎院阿弥陀如来像にも死者追善を意味する「過去」または「尊霊」と記された交名が多くみられ、造像勧進の目的として死者たちの鎮魂の問題が関係していたことがわかる。また先に紹介した平家一門の追善結縁も、かつての御霊信仰の持つ鎮魂性という部分を浄土教が包摂しつつあることを物語るものといえよう。新たな時代の為政者にとって、これら戦乱での死者たちの鎮魂と供養は、その治世のために不可欠なものであった。『平家物語』が「平家の怨霊にて世のうすへきよし申しあへり」と語る時代思潮に対して、建久年間に源頼朝が行った八万四千基塔の供養（「建久八年一〇月四日源親長啓白文」〈『鎌倉遺文』九三七号〉）などはその一例である。また九条兼実は新たに鋳造された大仏の胎内に「近年合戦之間、死亡侯輩、奉始先帝至于大官」のため書写した法華経を納めたが、その料紙は彼がこの戦乱期に関係した物故者たちからの書状を漉返ししたものであった。一連の重源による東大寺をはじめとする勧進事業のもう一つの側面は、こうした死者供養のエネルギーをいかに勧進の手段へと合理的に変換してゆくかということではなかっただろうか。

一般に死者たちへの鎮魂の儀礼は、残された親族、縁者たちによって執り行われたが、重源や快慶の生きた保元・平治の乱から承久の乱にかけての人々は、その血縁関係や政治的な状況が複雑に入り組んでいることから、祖霊としてその祭祀を執り行うか否かは世情を強く反映するものであった。そうした状況下において、重源をはじめとする勧進聖たちの「無縁」性は、亡者たちの供養や鎮魂の場において重要な役割を担った。東大寺を焼討ちにした平重衡の場合も、『平家物語』の中では法然を戒師として受戒、出家し（「重衡受戒」）、のちに捕縛され木津河原で斬首されるとその首と遺骸は重源の差配によりその妻のもとへと届けられ、さらに高野聖でもある重源により高野山において重衡の遺骨は埋葬される（「重衡被斬」）という展開をみせる。

こうした戦乱期における勧進聖と鎮魂儀礼の関係は、鎌倉時代末期に発生をみる陣僧（従軍僧）たちの職能性へと継承されたものと考えられる。陣僧の多くは時衆の僧侶で、中でも『太平記』に語られるそれは戦場に赴き、時に負傷者の手当てをし、また戦死者たちの供養と埋葬、そして遺品や遺言を親族に伝えることを生業とした。その一方で彼らは、戦場で見聞きしたことを「いくさ語り」として執筆し、また説経の話題とした。記録によると一四六六（応永七）年七月、信濃国大塔の合戦に従軍した時衆の頓阿弥《とんあみ》はその相貌が醜く卑しき風体であったが、連歌を侍従周阿弥に、早歌は諏訪頓阿・会田弾正の両流を、物語は古山珠阿弥に学ぶというように時代の芸風を担った人々に学んだ人物であった。この頃の阿弥陀号（阿号）を名乗る時衆の中より、諸芸に通じた芸能者が多く輩出し連歌師、庭師、絵師となった同朋衆があらわれる。時衆は元来様々な出自、身分、職業に身を置く者たちであったが、彼らは同朋の信仰者としてもその職能性を発揮した。そしてその淵源をたどるとき、かつて重源のもとへと参集した阿弥陀号を名乗る同朋衆のことがやはり想起される（村井康彦『武家文化と同朋衆』三一書房　一九九一年一月）。

六　勧進と芸能空間の創出

『続日本紀』に「小僧行基ならびに弟子等、街衢《がいく》に零畳《れいじょう》し、妄りに罪福を説く、朋党を合わせ構へ、指臂《しひ》を焚き剝ぎ、歴門仮説して、強いて余物を乞い、いつわりて聖道と称して、百姓を妖惑す」（養老元年〈七一七〉四月条）という行基に関する記事がみえる。後に東大寺創建の功により菩薩号が与えられた行基であったが、若き日のその宗教者としての姿は為政者の眼には不興なものとして受け止められた。ここに語られる行基は、同朋者と徒党を組み信仰の証として指臂に火を灯し、また強引に喜捨を乞い歩くような狂信的な集団と映っている。こうした行為をして勧進と呼ぶべきか悩ましいが、しかしこうした行動が結果として不特定多数の民衆の信仰意識を高揚させる契機となることを行基は認識していたのではなかろうか。

浄土教思想はある種の終末論であるが、その刹那的感覚は一方で華やかな芸能的な興行へと展開を見せる。その祝祭性は京都・即定院で毎年営まれる練供養（迎接会）や宇治平等院の遺構に代表されるような死と堕獄という連続した陰鬱なイメージの対極にある雅やかな空間を創出した。平安時代の空也の念仏踊りは、のちに一遍らのそれへと引き継がれることになるが、その様相は原始的で狂騒的な性格を帯びた死霊鎮魂の儀礼であったと考えられる。九六三（応和三）年、空也は鴨川の河原で僧六〇〇名を請じて金字大般若経を浄写し転読供養を営むが、これなどもきわめて見世物的性格が強い儀礼であったと考えられる。また空也は「険しき路に遇ひては即ちこれを鏟《なら》し、橋なきに当りてまたこれを造り、井なきを見るときはこれを掘る。号《な》づけて阿弥陀の井という」（『日本往生極楽記』）と伝えるように、架橋や道路の整備などの社会事業は行基による勧進の系譜に連なるものといえよう。重源もまた、東大寺再興の勧進帳と後白河法皇の綸旨を貼り付けた異様な一輪車を五畿七道に廻らせている。これも勧進事業における興行性の演出であったかもしれない（『南無阿弥陀仏作善集』）。

こうした浄土教信仰の伝統は、中世の東大寺復興事業における芸能や勧進興行との関係の中で育まれたものも少なくない。南都復興に関連して東大寺の楽所や興福寺にも芸能民たちの座が形成され、彼らは後に中世の勧進興行の担い手となった。勧進の気運は地方においても起こり、それは建長年間には「当世勧進充満国土」（『鎌倉遺文』七八八六号）と勧進の習俗がわが国の日常空間の風景として語られている。記録上の勧進芸能の初出は、一二四八（宝治二）年に摂津勝尾寺で行われた稚児舞楽とされるが、稚児舞自体は平安時代より醍醐寺や天王寺などの大寺院で催され、寺院社会にあっては独特な興行性を持つ催しであった（中ノ堂一信「中世的勧進の展開」〈『芸能史研究』六二号　一九七八年七月〉）。

一二〇五（元久二）年一二月に重源は現存するものでは最後の「勧進帳」を東大寺で認めている。ここで重源は東大寺東塔を再建するにあたり千人の童子を用い、十方の童児により「法華経」を暗誦させるという催しの意趣を述べている。稚児の聖性は寺院社会においては特別な扱いを受けた。清浄無垢な稚児は天台座主慈円、醍醐寺座主勝賢、仁和寺守覚法親王など当代を代表する高僧が寵愛したことが知られ、それらは舎利会や練供養などにあっては不可欠な存在でもあった。重源や快慶の信仰空間においても、迎講（播磨浄土寺・渡邉別所）や舎利会（天王寺）、百万遍念仏（同前）、不断念仏（善光寺）といった芸能性と興行性を併せもった儀礼を各地で行ったことが『南無阿弥陀佛作善集』にみえる。また快慶による岡山・東寿院阿弥陀如来像の納入品資料の一つである「天王寺少人記」は、天王寺舎利会に舞童を見に来た、おそらくは僧侶による寵愛する稚児について記された文書である。稚児舞は貴顕の人々、とくに高位の僧侶たちに愛でられた遊興の一つで、快慶の作品からこうした文書が発見されたことも興味深いが、ここにあげた稚児愛好者の多くがいずれも快慶と関係の深い人物であることもまた留意すべきところであろう（『東寿院阿弥陀如来像像内納入品資料』前掲）。

表1　久野健編『造像銘記集成』より平安時代後期の結縁造像の作例を抄出

年　代	作　例	結縁者数
天治元（1124）年	岐阜・蓮華峰寺菩薩坐像	約20名
太治五（1130）年	大分・長安寺太郎天像	約60名
天承元（1131）年	鳥取・大山寺阿弥陀如来坐像	約30名
長承二（1133）年	滋賀・善明寺阿弥陀如来坐像	約30名
保延六（1140）年	長野・光明寺薬師如来坐像	約20名
永治二（1142）年	滋賀・金躰寺阿弥陀如来坐像	約45名
仁平元（1151）年	高知・豊楽寺釈迦如来坐像	約80名
仁平元（1151）年	広島・三滝寺阿弥陀如来坐像	約80名
平治元（1159）年	愛知・平勝寺観音菩薩坐像	約20名
永万元（1165）年	福井・棲雲寺阿弥陀如来坐像	約40名
治承三（1179）年	兵庫・薬師堂薬師如来坐像	約70名
治承三（1179）年	長野・覚音寺千手観音像	約20名
寿永元（1182）年	愛知・龍照院十一面観音像	約70名

おわりに

東大寺が灰燼に帰したという事実は、道俗貴賤の人々にとって様々な喪失感を残すところとなったが、一方でこれが契機となって東大寺における重源、法然、栄西、そして運慶や快慶といった人々の登場を催す結果となった。このことは、鎌倉時代の芸術や思想、信仰など精神的な側面にまで多くの影響を及ぼすことになるが、まさにその中心的な位置にあった重源は、ある意味でこの新たな価値観を模索する人々にとって先導な役割を果たしたといっていい。中世仏教の成立の「場」と東大寺復興に関わる勧進の特色は、まさに快慶の造立した仏像に象徴されるように民衆との勧進を通じての結縁の「場」の創出と、またさまざまな階層の民衆を同朋衆として「結衆」化してゆく仕掛けを構築していったところにある。またこの重源や法然が活躍した平安時代後期において畿内から西国にかけて地域の民衆を集めての結縁造像の事例が多く見られる。特に中部から畿内、西国に集中して複数の結縁者による結縁造像例が増加しており、これは鎌倉仏教における信仰の拡散と民衆化の基底に通じるものと考えられる（表1）。その多くは一族一門による、血縁また地縁的な共同体を背景とした造像と考えられ、重源はこうした集団を意識的に勧進事業へと取り込んでいったものと考えられる。
かつて五味文彦氏は「一揆がより広く意識されるようになったのは承久の乱後のこと」と指摘したが（五味文彦『中世社会と現代』山川出版社　二〇〇四年五月）、それは畿内において東大寺復興造営などの大事業も終息期を迎え、また相次いで成立する新興教団が地方の民衆との間に連帯を深めはじめる時期に重なる。これは重源、法然、快慶といった人々による同朋「結衆」が、その「無縁」性、「匿名」性、そして「非階層」性が独自の共同体を構築してゆく過程で生じた問題意識の表象として、一味同心の一揆集団へと変貌していったと考えることはある意味で自然な成り行きではなかろうか。重源による勧進事業はその活動の基盤となった畿内から関西圏において活性化し、開発事業、鎮魂儀礼、勧進興行など寺院空間における機能性、またはさまざまな現象面へと影響を及ぼすことになるが、中世以降のこうした事象が重源の時代の中で胚胎していたことを最後に指摘し、語りつくせぬ筆を擱くことにしたい。

【参考文献】

堀池春峰編『重源上人の研究』（南都仏教研究会　一九五五年七月）
小林剛編『奈良国立文化財研究所史料第四冊　俊乗房重源史料集成』（吉川弘文館　一九六五年五月）
堀池春峰『南都仏教史の研究』（法蔵館　一九七〇年～二〇〇四年三月）
小林剛『俊乗房重源の研究』（有隣堂　一九八〇年九月）
千田稔『天平の僧行基――異能僧をめぐる土地と人々――』（中央公論社　一九九四年三月）
東大寺南大門仁王尊像保存修理委員会編『仁王像大修理』（朝日新聞社　一九九七年五月）

5. 国土計画と関西――自立へのプログラム

道州制はいずれ実現するであろう。国土交通省の国土形成計画もそれを視野に入れて各地方の独自性を盛り込む方向で進んでいる。ならば、関西の独自の地域形成計画をどのように、作り上げてゆけばよいのだろうか。

意識をするなといわれても、首都圏を意識してしまうものだ。だけど、首都圏の文化の爛熟をうらやましく見るのは、やめた方がよい。爛熟期の文化は、やがて頽廃に向かうのは必至である。関西の文化は歴史的にみて、爛熟の華美を拒絶してきた。京都は、時にいささか例外的ではあったのは、地方から都に上ってきた人たちが、都の文化にみさかいもなく耽溺したからだ。関西の文化の本質は、先にも述べたが「こまやか」にある。この「こまやか」ということばから、あまりにも多くのことを語り、かつ解きあかすことができる。ここでは、それについて述べないが、いずれその機会があろう。

関西の国土形成計画も、「こまやか」な視点からなされるのがよいであろう。大阪、京都、神戸の三都物語に重点をおくような大雑把な議論は不要で、近江、紀伊、大和、播磨、但馬、丹波、丹後あるいは越前の各地方に十分な活性化の糧を用意するという「こまやか」な方法はないものか。大阪や京都あるいは神戸にコンパスの中心を定めて円を描くのではなく、周縁部に中心を設定するような広域計画の転換ができないものかと思案してもよいであろう。

地理学で、面白く「ビートルズ・イノベーション」とよばれることがある。地方都市のリバプールから、新しい音楽の波がロンドンなどの大都市に伝播した現象をいう。関西にもそのような風を吹かしてみたい。

道州制の歴史的前提

畿内・三関・関西をめぐって

上田正昭

一　道州制への動き

国と基礎自治体との間に位置する広域自治体のありようを見直すことよって、国と各地域の自治体の機能を再構築しようとする道州制にかんする論議は、政府のみならず都道府県や経済界をはじめとする各界で、近年とみにさかんになっている。

道州制の導入については、市町村合併が進んだことによって、都道府県の市町村を補完する事務が縮小し、市町村の合併がさらに進捗すれば、都道府県そのものが空洞化してゆくこと、あるいはいわゆる地方分権を進めるためには、権限と財源の受け皿として国と基礎自治体との間に位置する広域自治体を再編成する必要が生じていること、さらにグローバル化・高齢化・人口の減少化のなかで、都道府県をこえるさまざまな広域的課題が具体化しつつあり「新たな公による地域づくり」が求められていることなど、道州制実現への期待がますますたかまっている。

広域におよぶ交通と観光の整備、災害対策や環境の保全、社会資本の充実と福祉の増進、アジアとの国際的ネットワーク、地域の活性化を増進するための行政・企業・ＮＰＯの協力など、さらなる地域力の結集が要請されている。各自治体の国への依存体質を改変し、国の権限を大幅に広域自治体に委譲して、重複行政を回避しながら、行政組織のスリム化を計ることが大きなねらいとなる。

二〇〇六（平成一八）年の二月二八日に、「道州のあり方に関する答申」が、地方制度調査会第五回総会において決定され、同日内閣総理大臣に答申が提出された。そして道州制の区域例１（九道州）・区域例２（一一道州）・区域例３（一三道州）が提示された。そのいずれの案でも関西の区域が設定されていることにかわりはない。区域例１は北海道、東北、北関東信越、東京、南関東、中部、関西、中国四国、九州、沖縄であるのに対して、区域例２では、北関東信越が、北関東と北陸に分かれ、中部が東海に、中国四国が中国と四国とされている。区域例３では東北が北東北と南東北に分かれ、九州が北九州と南九州に区分されている。

道州制の区域は、社会経済的・地理的・歴史的・文化的条件を勘案され、区域の制定手続きは、国は道州の予定区域を示し、都道府県は意見（変更案等）を定めて国に提出しうるとし、国は意見を尊重して区域に関する法律案を作成することになっている。東京については周辺県を合わせて一つの道州とすることを基本とし、東京都の区域のみをもって、一つの道州等とすることも考えられるとしている。

こうした国の動向のなかで、日本経団連は平成一九年の三月、都道府県を広域自治体に再編するための法律を二〇一三年までに制定し、約一八〇〇ある市町村を三〇〇～五〇〇の「基礎自治体」に再編すべきとする提言をとりまとめた。

この提言では、全国を一〇区域程度の道や州に分け、国の役割は外交・防衛・司法・財政・金融などの必要最小限に限定し、産業・雇用・教育などに関する政策や権限を国から道・州に移し、地域間の経済格差の是正や行政改革を目指すべきだとする。そして医療・介護・消防など住民に身近な行政サービスは基礎自治体が担うとしている。さらに国と「地方」の役割分担を明確にすることで、行政を効率化し、公務員数の削減につなげ、道州税・道州債による「地方」独自の財源確保や、国が地方に渡す補助金・地方交付税・交付金の配分を道州間の協議で決める新制度の導入も視野に入れての提言となっている。

道州制の導入はたんなる都道府県制の改変のみにとどまらない。国と広域自治体・基礎自治体のありようを再構築するものであり、国や自治体の行政改革はもとよりのこと、国民生活にも多大の影響を及ぼす大きな改革である。道州制は、広範な国民的論議の動向を反映して集約すべきであり、その導入は「地方分権」の内実化につながる。

二　地域行政の推移

わが国の国郡制が確立したのは「大宝令」の施行のおりからである。七世紀後半のころは国評制であって、国郡制が具体化したのは「大宝令」においてであった。「大宝令」の成立の時期については七〇〇（文武天皇四）年三月までに完成していたとみなす説もあるが、『続日本紀』の文武天皇四年三月十五日の条に「令文を読み習はしめたまひ、又律の条を撰び成さしむ」と記す「令文」は旧令（飛鳥《あすか》浄御《きよみ》原令《はらりょう》）であり、「律の条を撰び成さしむ」は、新しい「大宝律」の撰集のはじまりを意味すると解釈すべきであろう。なぜなら同じ『続日本紀』の文武天皇四年六月十七日の条には浄大参刑部親王・直広壱藤原朝臣不比等ほか一九名らに「勅して、律令を撰び定めしめたふ」とあるからである。もしすでに「大宝令」が文武天皇四年の三月一五日までにできあがっていたのであれば、同年六月十七日の条では「律を撰び定めしたまふ」と記されたにちがいない。ところがこの文に「律令」と明記するのは、この時点ではなお「大宝令」は未完成であったとみなすべきである。したがってその文につづく「禄を賜ふこと各差あり」も、「大宝令」の完成にともなう賜禄ではなく、「大宝律令」の撰修関係者の任命にともなう賜禄であったと理解される。

いまもし、この文の「律令」が「大宝令の編纂終了にともなう編纂者への賜禄」と井上光貞「日本律令の成立とその注釈書」（『律令』岩波書店　一九七六年一二月）のように解釈するなら、なぜ「律令を撰び定めしめたまふ」とあるのかが改めて問われねばならぬ。そして井上光貞説が正しいとするなら刑部親王・藤原不比等ら一九名は「大宝令」の編纂にかかわったかどうかが疑問となる。

『続日本紀』の七〇一（大宝元）年八月三日の条に「三品刑部親王・正三位藤原朝臣不比等」らをして「律令を撰び定めしめること、是に始めて成る」とあるとおり、「大宝律令」は大宝元年の八月三日に完成し、翌年の一〇月一四日「律令を天下諸国に頒ち下す」こととなった。

この「大宝令」の実施によって全国は五八カ国と三島に分けられ、七一二（和銅五）年九月二三日に陸奥国から出羽国が分離、七一三（和銅六）年四月三日に丹波国から加佐・与佐・丹波・竹野・熊野の五郡を分割して丹波国を設定するなど、国の分置や併合が進んで九世紀以降には六六カ国二島となった。

そしてそれぞれの国に国司、五百あまりの郡に郡司が任命配置されたが、全国は畿内（後述参照）と七道（東海道・東山道・北陸道・山陰道・山陽道・南海道・西海道）に区分された。このうちの七道は行政区画というよりも、都と各地域の幹線道路名であった。

鎌倉時代以後国ごとに守護が配置されたが、守護大名のなかにはたとえば細川・畠山・山名などのように数カ国を領有するものもあった。戦国の争乱を経て江戸時代には幕府と各藩の支配体制いわゆる幕藩体制が成立するが、一八六七（慶応三）年の時点では幕府の直轄する天領のほか、御三家（尾張・紀伊・水戸）をはじめとする親藩二三・譜代一四五・外様九八が各国に配置されていた。

明治の新政府は一八六八（慶応四）年の閏四月二一日に「政体書《せいたいしょ》」を公布（頒布は二七日）、各国を府・藩・県の三治制を実施する。そして九府二〇県二七三藩が設けられた。その府・県は徳川幕府の天領であり、府は幕府の府に由来し、県はヤマト王権の直轄地である御県《みあがた》・ヤマト王権の支配単位であった県《あがた》にもとづくと考えられる。

翌年の版籍奉還によって、藩主が知藩事に任ぜられたが、一八七一（明治四）年の七月一四日に廃藩置県を断行、知藩事を免官して政府の官吏をあらたな県知事に任命した。このおりに二六一の藩が県となり、従来の府県とあわせて三府三〇二県となった。それ以降県の統合が進んで、同年の一一月二二日は三府（東京・京都・大阪）七二県となった。なお、北海道は一八六九（明治二）年の七月に蝦夷地を七道にならって北海道と改めて開拓使の管轄下におき、琉球は一八七二（明治五）年に琉球藩となり、一八七九（明治一二）年のいわゆる琉球処分によって沖縄県となった。

この三府七二県のありようは、律令国家における各国の大きさにほぼ準ずるものになっていることをみのがせない。そこには一八六七（慶応三）年の一二月九日の「王政復古の大号令」にも述べられているように、「諸事神武創業ノ始ニ基《もとづ》キ」とする理念が反映されていた。「王政復古」の「古《いにしえ》」とは具体的には神祇官・太政官の二官と八省（中務・式部・治部・民部・刑部・兵部・大蔵・宮内の各省）および国・郡制をモデルとするものとなった。したがって一八六九（明治二）年の七月八日の「職員令」では二官・六省（民部・大蔵・兵部・刑部・宮内・外務の六省）となり、前述の「政体書」以後の府・県・藩以降の「県」が「県《あがた》」制を投影しての行政区域名となる。

その後明治政府による強引な県の統合によって、一八七九（明治一二）年の一二月には三府三六県となったが、一八八八（明治二一）年の一二月には三府四三県の構成となる。そして一九四三（昭和一八）年七月には東京府は東京都に移行した。北海道は一八八六（明治一九）年に内閣直属の北海道庁に属し、一九四七（昭和二二）年の「地方自治体法」によって他府県と同様の自治体となった。

こうした県・郡の統合を経て現在の四七都道府県におよぶが、戦後の都道府県制度が新憲法にもとづく自治体としてあらたにスタートした。sのプロセスの原則としていまや、「地方分権」の内実化をめざす道州制の導入による再編の段階を迎えている。

三　畿内国の成立

昭和に入ってまもなく一九二七（昭和二）年の段階で、田中義一内閣の行政制度審議会で早くも「州庁設置案」が提起されていたことは注目にあたいする。当時の府県を自治体とするかわりに、数府県を包括する行政区としての六州を設け、各州に州庁を設置して州長官を任命しようとするものであった。府県を自治体としながらも州を中央集権下におこうとしたこの案は、いま論議されている道州制とはおもむきを大きく異にするが、国と府県との間に広域の行政機関を設けようとしたこころみがあったことはたしかである。

律令体制の成立過程においても、さまざまな工夫が積み重ねられていた。たとえば大和国・山背《やましろ》国・摂津国・河内国を包括する畿内制の創出がそうであった。畿内および近国の制のなりたちについては、別に「畿内および近国の歴史的考察」（『近畿圏』鹿島出版社　一九六五年七月）で論究したが、そのおおよそを略述するとつぎのとおりである。

〝畿〟の原義は『令義解《りようのぎげ》』が「謂ふこころは猶彊《なおさかい》の如し」とするように、その原義は「境界」にある。その用例は古く、国畿とか王畿とかあるいは邦畿などについての規定は、『周礼《しゆらい》』にもみえている。『周礼』では、国畿・王畿・邦畿のほかに、九畿などの語も用いられており、国畿（王畿・邦畿）は、王都を中心とする東西南北五百里（方千里）の地域をさし、九畿とは国畿を除いた侯畿・甸畿《でんき》・男畿・采畿・衛畿・蛮畿・夷畿・鎮畿・蕃畿を意味した。この王都を中心とする畿の観念がしだいに強調されるようになって、王畿の内部つまり畿内という行政区画ができあがってくる。したがって『令義解』も畿内を「王畿之内」と定めるのである。中国で畿内制を実施した確実な例は、曽我部静雄説によると、北魏《ほくぎ》をおこした太祖道武帝であって、三九八（天興元）年「封畿を正し、邦甸を制す」と『魏書』太祖道武帝本紀に記載されているのが早い。この場合の畿内制は、王都である平城を中心にして、東西南北の四至を定め、方千里の地域を画するものであった。その後北魏は東魏・西魏にわかれたが、畿内制は、東魏に受けつがれて首都鄴《ぎょう》を中心に設けられた十郡の皇畿・畿郡の制となり、さらに東魏ののちの北斉《ほくせい》にあっては、八郡の京畿・畿郡の制となったことが指摘されている。ついで隋《ずい》の煬帝《ようだい》の時にも（六〇七〈大業三〉年）、畿内制が施行され、唐の玄宗の時にいたって（七三三〈開元二一〉年）唐における畿内制が具体化をみる。

ところでわが国における畿内制は、いつ成立したのか。その内容ははたしていかなるものであったか。畿内制にかんする初見の史料は、かの有名な六四六（大化二）年正月の「改新之《かいしんの》詔《みことのり》」第二条の「初めて京師を修め、畿内国《うちつくに》の司・郡司・関塞《せきそこ》・斥候《うかみ》・防人《さきもり》・駅馬《はいま》・伝馬《つたわりうま》を置き、鈴契《すずしるし》を造り、山河を定めよ。（中略）凡そ畿内は、東は名墾《なばり》の横河《よこかわ》より以来、南は紀伊の兄山《せのやま》より以来、西は明石《あかし》の櫛淵《くしふち》より以来、北は近江の狭々波《ささなみ》の合坂山《おうさかやま》より以来を、畿内国とす」という文である。

いわゆる「改新之詔」の信憑性については、いろいろの議論がある。その所論はおよそつぎのとおりである。七二〇（養老四）年に最終的完成をみた『日本書紀』の編者らによる修飾を認められながらも、『日本書紀』に記載する「改新之詔」は、もとの詔をかなり忠実に書きとどめているとみなす説、天智朝の「近江令」によって書かれたとする説、天武朝にできあがり持統朝に施行された「飛鳥浄御原令」にもとづいて潤色されたとする説、さらに文武朝の「大宝令」に準拠して記録されたものとみる説など、諸説が互いに対立している。『日本書紀』が記す「改新之詔」は、四条から構成されており、はじめにそれぞれ主文があって、第二条以下では「凡そ」にはじまる副文が付記されている。従来は凡条すなわち副文をのちの造作とみる説が有力であったが、最近では副文のみならず主文もまたのちの作為によるものと主張する見解が提出されるにいたった。

こうした諸説のうちのどれをとるかによって、第二条にみえる畿内制の規定がいつなりたったものと解釈するか、畿内制成立についての理解は、おのずから異なってくる。原詔としての条文を承認するなら、畿内の制は六四六（大化二）年にできたことになる。「近江令」によるものと解釈すれば天智朝、「浄御原令」の反映とするなら天武朝、「大宝令」の投影とみるなら文武朝というぐあいに、そのなりたつ時点はそれぞれに相違してくるわけである。

近畿の意識形態がまとまるためには、まず畿内という行政区分が前提になるわけであるから、その成立をいつとなすかの点を度外視することはできないし、またそのことをたしかめないで、その史的考察を確たるものにするわけにはいかない。そこでまず、「大宝令」や「養老令」の畿内にかんする規定と「改新之詔」との関係をみることにしよう。七一八（養老二）年の「養老令」では、たとえば「田令」に「凡そ畿内に官田を置く」とあって大和・摂津・河内・山背をその範囲としている。その場合の畿内が「王畿之内」であることは、『令義解』『令集解《りょうのしゅうげ》』に明らかである。「大宝令」が規定した畿内も「養老令」と異なるものでなかったことは、「大宝令」の注釈書である『古記《こき》』によって推定できる。

それならば、「改新之詔」にいうところの畿内国はどうか。副文には東は名墾の横河（伊賀国名張川）、南は紀伊の兄山（紀伊国、和歌山県伊都郡かつらぎ町）、西は明石の櫛淵（播磨国明石郡内、神戸市塩屋付近）、北は近江の狭々波の合坂山（近江国逢坂山）とあって、「大宝令」「養老令」令制の畿内の定め方とは性質を異にしており、国によって示すのでなく四至《しいし》によってその地域を定めているのが注意される。これは、「改新之詔」にいわゆる畿内国が、明らかに「大宝令」令制以前のものであったことを物語っている。

「改新之詔」第二条における畿内国設定の方法は、中国畿内制における二つのタイプつまり北魏平城型と東魏・北斉の鄴型のうちの前者の平城型に属する。「大宝令」「養老令」令制の畿内はどちらかといえば鄴型である。両者には明瞭な差異があったといってよい。それなら「大宝令」以前にすでに存在した平城型の畿内制は、いつ成立したのか。

その問題については、第二条の主文に「畿内国の司」とあり副文に「畿内国とす」とあるように、「畿内国」という独自の表現をとっているのが注目される。

もっともこの「畿内の国司」の原文は「畿内国司」であって、（1）「畿内と国司」・（2）「畿内の国司」・（3）「畿内国の司」と三通りの読み方が可能である。しかし主文にも副文にも「国司」の規定がないばかりでなく、国司制が具体化するのは「大宝令」からであって、この「畿内国司」は副文に「畿内国とす」とあるとおり「畿内国の司」と読むほかはない。

なぜ「畿内」と表記せずに「畿内国」と記述しているのか。前述のとおり「大宝令」の畿内は明確に四国による四畿内であったが、持統天皇の称制三（六八九）年の六月に施行をみた「飛鳥浄御原令」においては、四至による北魏平城型の畿内であった。その四至の地は飛鳥浄御原宮から四方へでる「大道」の境界に位置する交通上の要地であって、壬申の乱以後の軍事的にも重要な地帯であったことが畿内国という特別区を設定せしめたと考えられる。

『日本書紀』の天武天皇二（六七三）年五月の条には畿内の公卿大夫・臣・連・伴造らの官人出仕の法が詔され、ついで五（六七六）年四月の条には外国（畿外国）の人の官人出仕について「臣・連・伴造の子および国造の子をば聴せ」の勅のあったことを記載するが、これは畿内が官人供給の地として強く意識されていたことを物語る。そしてたとえば持統天皇四（六九〇）年四月の詔でも「京と畿内」が特別視されていた。交通の要域であり、軍事・

官僚機構の重要地帯であったが故に「畿内国」という特別区が必要となった。

以上の検討によって「改新之詔」の四至による畿内国制は「飛鳥浄御原令」にもとづく反映であることが明らかになったが、それなら四畿内と近国の制はどのようにしてなりたっていったのか。

四　畿内と近国

前述したように「大宝令」の畿内は大和・山背・摂津・河内の四カ国で構成されたが、この四カ国畿内制は「飛鳥浄御原令」施行後に具体化して「大宝令」において明確となる。そのプロセスは持統天皇六（六九五）年四月の条に「四畿内」とみえるのをはじめとして、同年五月・六月・九月の各条に四例もあり、ついで『続日本紀』の文武天皇の大宝元（七〇一）年六月の条の「四畿内」となる。

「大宝令」で確立した四畿内制は、七一六（霊亀二）年の四月に河内国の大鳥・和泉・日根の三郡が和泉監となり、さらに七五七（天平勝宝九）年の五月に和泉国が河内国の南部前記三郡を分割して成立すると、畿内は五カ国で構成されることになる。

この畿内の周辺の国々が「近国」として位置づけられるのはいつごろからであろうか。「養老賦役令」には、「凡そ調庸物は年毎に八月中旬に起輸し、近国は十月卅日、中国は十一月卅日、遠国は十二月卅日以前に納め訖《お》えよ」という近国・中国・遠国にかんする規定が定められている。そこにいわゆる近国が、畿内にたいしての近国の意味であることはいうまでもない。しかもその範囲は、すでに「大宝令」において明確になっていたと考えられる。というのは『古記』が近国について言及しており、近国として伊我（伊賀）・伊勢・尾張・参河・丹波・因幡・備前・

阿波・紀伊・讃岐・近江・三野・若狭・但馬《たじま》・播磨・淡路の国を列挙する。この近国の制度は『延喜式』（巻二二）にも受けつがれて、前記の国々以外に志摩・丹後・美作《みまさか》が加わる。

ここにいう「近国」は、流刑地の「三流」すなわち近流・中流・遠流のそれとは異なり、たとえば『続日本紀』の神亀元（七二四）年三月の条に「諸流配の遠近の程《みちのり》を定む」として「伊豆・安房・常陸・佐渡・隠岐・土左（土佐）の六国を遠とし、諏方（諏訪）・伊予を中とし、越前・安芸を近とす」とは内容が違う。唐の流刑では本人の居住地からの距離によって遠・中・近を定め、流三千里・二千五百里・二千里と区分したのに対して、日本の流刑地が都を中心に近・中・遠がきめられている点も軽視できない。

それなら、「大宝令」にいう近国がいつごろから史料にみえるかといえば、『日本書紀』の天武天皇五年十一月の条にみえる勅に「当に近き諸国」とあるのが早い。畿内では公民の負担する調の半分と庸の全部を免除する優遇策が講じられていたが、そうした優遇策が制度化するまでには、いわゆる近国についても、調や労役の負担軽減がはかられたことがある。天武天皇一三（六八四）年には、伊賀・伊勢・美濃・尾張の四国において、調の年には労役を免除し、労役の年には調を免除するというような一年ごとに交替して調か労役かを省くという詔がだされたり、持統天皇六（六九二）年に、伊賀・伊勢・志摩の国造らに冠位を賜って、同年の調と役を免除したりしたことなどがそれを物語る。

伊賀・美濃・尾張などは、壬申の乱において重要な役割をはたした地域であり、伊勢・志摩は、伊勢神宮ゆかりの地域であった。そのことが、六九七（文武天皇元）年の八月、文武天皇の即位に当たって、とくに全国の庸の半分と租や雑徭を免除するという課役免がなされたが、それとは異なる処置をとらせた理由になったのでもあろう。そして同時に、畿内に隣接する国々が、畿内についで重視されており、とくにその支配に意を用いたことが物語られているのである。

畿内と近国にもとづくいわゆる「近畿」という用語が誕生する背景をかえりみれば、畿内および近国の歴程の検証は、近畿における道州制のありようを検討するさいにも必要な作業となろう。現在では関西イコール近畿と位置づけて論議されているが、意外にも「近畿」という用語が具体化してくるのは、一九〇五（明治三八）年のころからであった。たとえば山崎直方・佐藤伝蔵共編の『大日本地誌　巻四』では京都府・大阪府・兵庫・奈良・三重・滋賀・和歌山各県が近畿として扱われている（藤岡謙二郎「近畿圏の形成とその歴史地理学的分析」『近畿圏』）。そして一九五六（昭和三一）年四月には「首都圏整備法」が、一九六三（昭和三八）年七月には「近畿圏整備法」が施行された。この「近畿圏」という発想は、道州制の区域を吟味するさいにも軽視するわけにはいかない。

五　総領と三関

「大宝令」の国郡制に移行するまでに、国の範囲を越えた複数の国にまたがる総領や大宰が存在したこともみのがせない。『日本書紀』の天武天皇八（六七九）年三月の条には「吉備大宰石川王」とみえるが、『播磨国風土記』の揖保郡広山里の条に都可村《つか》を「石川王、総領なりし時、改めて広山里となす」と記す。吉備大宰は吉備総領とも称されて、吉備のみならず播磨国にも支配をおよぼしていたことがわかる。

同じ『日本書紀』の天武天皇十四（六八五）年十一月の条には周芳総領、持統天皇三（六八九）年八月の条には伊予総領の記事がある。なお周芳総領については『続日本紀』の文武天皇四（七〇〇）年十月の条にも周防総令と記す。持統天皇三（六八九）年の八月の条に伊予総領田中朝臣法麻呂《のりまろ》とみえる人物は、持統天皇五（六九一）年七月の条には「伊予国司田中朝臣法麻呂」とあって、この場合には国司が総領を兼ねていたことがわかる。

筑紫大宰は『日本書紀』の推古天皇十七（六〇九）年四月の条以降にしばしば登場するが、天智天皇七（六六八）年七月の条では「筑紫率」とあり、『続日本紀』の文武天皇四（七〇〇）年十月の条には、石上朝臣麻呂を「筑紫総領」となし、小野朝臣毛野を「大弐」となすと記載する。筑紫大宰もまた総領とよばれていたことがうかがわれる。

筑紫大宰は大宰府の長官であって、西海道諸国の統括と対外交渉などを担当したことは多言するまでもない。この筑紫大宰を除く吉備大宰（総領）や周防総領・伊予総領などは「大宝令」の施行によって姿を消した。こうした吉備大宰・吉備総領など、「大宝令」による国郡制確立以前に複数の国にまたがる支配機構が模索されていったプロセスは、国を越える広域行政へのひとつの動きとして注目される。

古代における交通のほか政治、経済、軍事・警察などにもっとも重要な役割を果たしたのが三関《さんげん》であった。伊勢国の鈴鹿関・美濃国の不破関・越前国の不破関がそれである。「大宝令」の「公式令」「考課令」「軍防令」「関市令」などの本文・注釈書によっても、この三関国が重視されていたことが推察される。

三関以外に『日本書紀』の天武天皇八（六七九）年十一月の条の竜田山と大坂山（穴虫峠）の関、「衛禁律」や「関市令」（『令義解』）の長門・摂津の関、『新撰姓氏録』にみえる和気関、「類聚三代格」の承和二（八三五）年十二月三日の太政官符にみえる長門国関、白河・菊多の剗《せん》（塹柵の関）、あるいは『出雲国風土記』に記す手間剗・戸江剗・阿志毘縁山剗・遊託山剗・荒鹿坂剗・三坂剗・多岐岐山剗のほか臨時に設けられる径・山の剗などがあった。

これらの関や剗のなかでも、三関はもっとも重視されて、「軍防令」によれば三関は兵士を配して警備し、鼓吹・軍器を置いて三関国の国守がこれを固守した。三関は非常のさいにとりわけ重要な役割をになったが、東国からの進入を阻止することよりも、天皇の崩御や反乱のおりに、事変が東国に波及することを防ぐことに主眼があったとみなされている。天皇の崩御や反乱などのおり、ただちに朝廷から固関使が派遣されたのもそのためであった。

延暦八（七八九）年になると、国内政治の安定や交通の阻害を理由として三関は廃止されたが、弘仁元（八一〇）年には伊勢国の鈴鹿関・美濃国の不破関に近江国の相坂関を加えた新三関が設定された。もっとも相坂関は延暦一四（七九五）年の廃止（『日本紀略』）以前に存在しており、その設置の時期はさだかでないが、七八九（延暦八）年の三関廃止のさいに、長岡京守備のために臨時に設けられたのでないかと思われる。『文徳実録』の天安元（八五七）年四月二十三日の条には、相坂関の北に竜花（竜華）関・南に大石関を設置したことがみえている。当時飢饉や疫病が続発して民政が乱れ、盗賊が横行して政情が不安であったことが設置の背景にあったが、「京中郡盗鎮撫」のあとは、竜花・大石の両関はその機能を喪失した。

なお、和気関は「古関の意義」（「畿内および近国の歴史的考察」『近畿圏』）で論述したが、播磨と備前の間に一時的に設けられた関のひとつであったと考えられる。

越前国の愛発関と美濃国の不破関・伊勢国の鈴鹿関の「三関」の記事の初見は『続日本紀』の和銅元（七〇八）年三月二十二日の条の勅に「大宰府の帥・大弐、并せて三関と尾張守等とに、始めて傔杖を給う」の記事で、このほか一七箇所に「三関」が登場するが、北陸道に愛発関・東山道に不破関・東海道に鈴鹿関が設けられたのは、いったいいつごろであったのか。これを明記する史料はないが、『日本書紀』に記す六七二年の壬申の乱のおりすでに「鈴鹿関」がみえ、また「不破道」が大海人皇子側と近江朝廷側との重要な争奪となっていたこと、そしてそれらの三関の位置が近江国のまわりにあって、大津宮からの北陸・東山・東海各道の出口に相当することなどから、天智朝には設定されていたと推測される。この三関の東側が「関東」であり、三関の西側が「関西」とよばれるようになったことは後述するとおりである。

六　関西と西国

関東が史料にみえるのは関西よりも早く、『続日本紀』の天平十二（七四〇）年十月二十六日の勅であった。そこには「朕（聖武天皇）意う所有るに縁《よ》りて、今月の末暫く関東に往《おもむ》かむとす」と記す。ついで同じく『続日本紀』の天平宝字元（七五七）年十二月九日の条には、尾張宿禰大隈が壬申の乱で功績をあげて、功田四〇町を与えられたことを述べ、「淡海朝廷（天智天皇）諒陰の際、潜かに義を以って警蹕《けいひつ》を興し、潜《ひそ》かに関東を出づ。時に大隈参迎へて導き奉り、私第を掃《はら》ひ清めて遂に行宮と作《な》し、軍資を供助す。其の功実に重し」として、「令に依るに上功なり、三世に伝ふべし」と述べている。

ここにいう関東とは鈴鹿関の東であって、いわゆる「関東地方」の関東ではなかった。これは後述する東・東方・東国《あづまのくに》がもともとは「養老令」の「公式令」にいう「坂東」すなわち「駿河と相模《さがみ》の堺なり」（『令義解』）の東の地域ではなく、やはり鈴鹿関以東の関東の地域を指すのと同様であった。

関西の史料における登場は、関東よりもかなり遅く、『吾妻鏡』の治承四（一一八〇）年十月二十一日の条にみえる「先ず東夷を平ぐるの後、関西に至るべし」であり、ついで『吾妻鏡』の建仁三（一二〇三）年の八月二十七日の条に「関西三十八カ国の地頭職」とみえている。この関西は「三十八カ国」という国数から推しても、不破関・鈴鹿関以西の西日本を指すと考えられる。

この「関西三十八カ国」については、五畿内と南海・山陰・山陽・二島を除く西海諸道の国々および東海道の伊賀・東山道の近江を加えたものとする説と、伊賀にかえて北陸道の若狭を加える説があるけれども、いま関西イコール近畿とみなすような狭義の「関西」ではなく、不破関・鈴鹿関以降の西日本を指す広義の関西であったことはたしかである。

それなら東国と西国はどうであったか。

『古事記』には倭建命の東征伝承のなかで、倭建命が姨《おば》の倭比売命《やまとひめのみこと》に「天皇既に吾に死ねと思ほす所以か、何にしかも西の方の悪《あ》しき人等を撃ちに遣はして、返り参上り来し間《ほど》、未だ幾時《いくだ》もあらねば、軍衆を賜はずと、今更に東方十二道の悪しき人等を平《ことむ》けに遣はすらむ」と嘆く注目すべき一節がある。ここでは「西の方」の熊襲に対して、「東方十二道の悪しき人等」がまつろわぬ人びととされている。この東方十二道は「東方十二国」の意味で、『日本書紀』の大化二（六四六）年三月二日の詔に「東方八道」と記すのと同類の書き方であり、『高橋氏文』に「東方諸国道十二氏」とみえるのが参考になる。この十二国の内容を本居宣長がいうように、伊勢・尾張・参河・遠江・駿河・甲斐・伊豆・相模・武蔵・総・常陸・陸奥と解釈するのがよいか（『古事記伝』）、大化二（六四六）年三月二日の詔の「東方八道」の美濃・尾張もしくは遠江・信濃以東の十二国と考えるのがよいか、速断はできないが、いわゆる「関東地方」の「東方」でないことは明らかで、美濃・尾張ないしは尾張・参河・遠江以東の「東方」とみなすのが妥当であろう。

もっとも別に論証したように、『古事記』の倭建命の東征伝承では、入水した弟橘比売を偲んで「吾妻はや」の言挙《ことあ》げをしたところを足柄の坂とする、いわゆる坂東を「あづま」とした意識もあったが、『古事記』の東・東方・東国の観念には伊勢の鈴鹿関・美濃の不破関以東の地域が含まれていた。

そのことは『日本書紀』により明確である。壬申の乱のとき（六月二四日）、大海人皇子が「東に入らむとす」の「東」とは、鈴鹿関の東であり、「是の日、途《みち》発ちて東国に入りたまふ」という「東国」とはいわゆる「関東地方」ではなく、やはり吉野から伊勢へと向う途中の東国であった。

さきに関西の用例よりも関東の方が早く、関西の用例は関東よりかなり時代が降る点ついて言及したが、西国の用例もまた東国よりはるかに遅れる。管見では貞永元（一二三二）年閏九月一日の法令に「畿内近国并びに西国」と記す例が早い。そして天福二（一二三四）年五月一日の追加法の「西国御家人所領」あるいは『吾妻鏡』の建長六（一二五四）年十月二日の条の「西国堺相論の事」の西国は畿内近国から九州を含む地域を指した。

なぜ関西や西国が関東や東国の用例よりも遅いのであろうか。それは関東や東国は畿内からの呼び名であったのにたいして、関西や西国では東に重点をおいた東からの地域呼称であったからである。換言すれば西の王朝を中心とする東の地域のよび名が関東・東国であったのにたいして、のちに覇権を掌握するようになる、東の武家勢力ないしは武家政権を中心とする西の地域のよび名が関西・西国であったといえよう。

ここで参考となるのは西国三十三所の観音巡礼の巡礼順である。三十三所の観音霊験所巡礼は、白河天皇のころ平等院の行尊が一二〇日を費やして三十三所の巡礼を企てたのが古いとされているが、中世さらに近世へとうけつがれていった西国三十三所の観音札所の巡礼順は、一番の紀伊国那智山の青岸渡寺を南限とし、西限は二十七番の播磨国の書写山円教寺であり、北限は二十八番の丹後国の世野山成相寺・二十九番の丹後国の五月葉山松尾寺であって、最後は三十三番の美濃国の谷汲山華厳寺である。この巡礼札所の順番は時計廻りで巡礼札所の順番も東国の視点からの巡礼順であったことが推察される。

いまは近年論議のたかまっている道州制の歴史的前提ともいうべき畿内国と近国の制のなりたち、および関西と西国の問題を中心に若干の考察をこころみたが、広域行政と「新たな公による地域」づくりは、律令国家成立の段階からさまざまにこころみられていたことがたしかめられる。道州制論議に多少なりとも参考となるところがあれば幸いである。

【参考文献】

岸　俊男『日本古代政治史研究』（塙書房　一九六六年五月）
京都大学近畿圏総合研究会編『近畿圏』（鹿島出版会　一九六九年七月）
『上田正昭著作集　第六巻』（角川書店　一九九九年七月）

国土と関西

関西を創造する

大石久和

わが国における関西の位置を考えながら、わが国の発展のために、この地域がいかにあるべきかということを議論する視点はいくつもあると思う。ここでは文化や人文の見地からではなく、政治、自治体のあり方や、経済的側面から論ずる。

関西への応援歌を歌うつもりで、三つの視点で考えてみたい。

一　「倭《ヤマト》」が「日本《ニッポン》」になったところ、関西

成立が明確である国々とは異なり、わが国はいつ、どこで統一的な国家となったのかが、時間軸を過去に伸ばしていくと、濃霧の際、遠方の道が霧の中に消えていくような感じで、不透明である。

この国は、この国土の上で、この国土に暮らす人々によって、日本国となったのであるが、「ヤマタイ国」を出

発点とするとしても、それがいつのことか、それがどこの地においてのことなのか、定説が確立しているわけではない。

古代史ロマンといわれるように、このことがわれわれのルーツに対する興味をわきたたせ、多くの研究と一般の方々の関心を引きよせる力となっている。

しかし、この国が「日本国」となったのは、都が置かれた場所でいえば、この関西、現在の奈良県域であったことは間違いがない。京都の平安京に落ち着くまで、都は奈良県下を転々としたし、大阪府下でも、外交首都とでもいうべき難波京が設けられていたなど、広く関西を中心に都をおきながら、日本は日本になっていったのである。

したがって、関西は日本の歴史そのものを刻んできた地域であった。そのことは、関西が他の地域に対して持つきわめて有利な条件であって、これは歴史・時間の経過であるから、後から追い越せるものではない。したがって、唯一性という意味でいうと、わが国の歴史の黎明期・不透明な時代から、文字による歴史が残る時代を迎えて、ここから日本国になったという形成の歴史のすべての痕跡が関西にある。そういったものを持っているという関西の全国に対する地位は、他に変わりようがない。そうすると、その地位を生かした関西の魅力づくりというのは、どうあるべきなのか。あるいはどうしていけばいいのか。現在、関西でそのことが真剣に議論されているかというと、どうもそうではないというように思う。関西が持っている歴史的遺産、神社仏閣であれ、美術造形品であれ、その他諸々のものを、日本中の人々と、あるいは世界の人々と共有する。そして、関西というものを日本の成り立ちについて考え、日本人であること、日本になったことの意味を考えていただく場所としてとらえたいのである。

安田喜憲氏が説くように、ヤギやヒツジなどの家畜を持ち、ミルクと小麦で育ってきた世界の圧倒的部分に対し、長江から環太平洋に展開する、家畜を持たず、米と漁撈で育ててきた文化圏にある日本は、世界の先進国の中でも特異な国である。

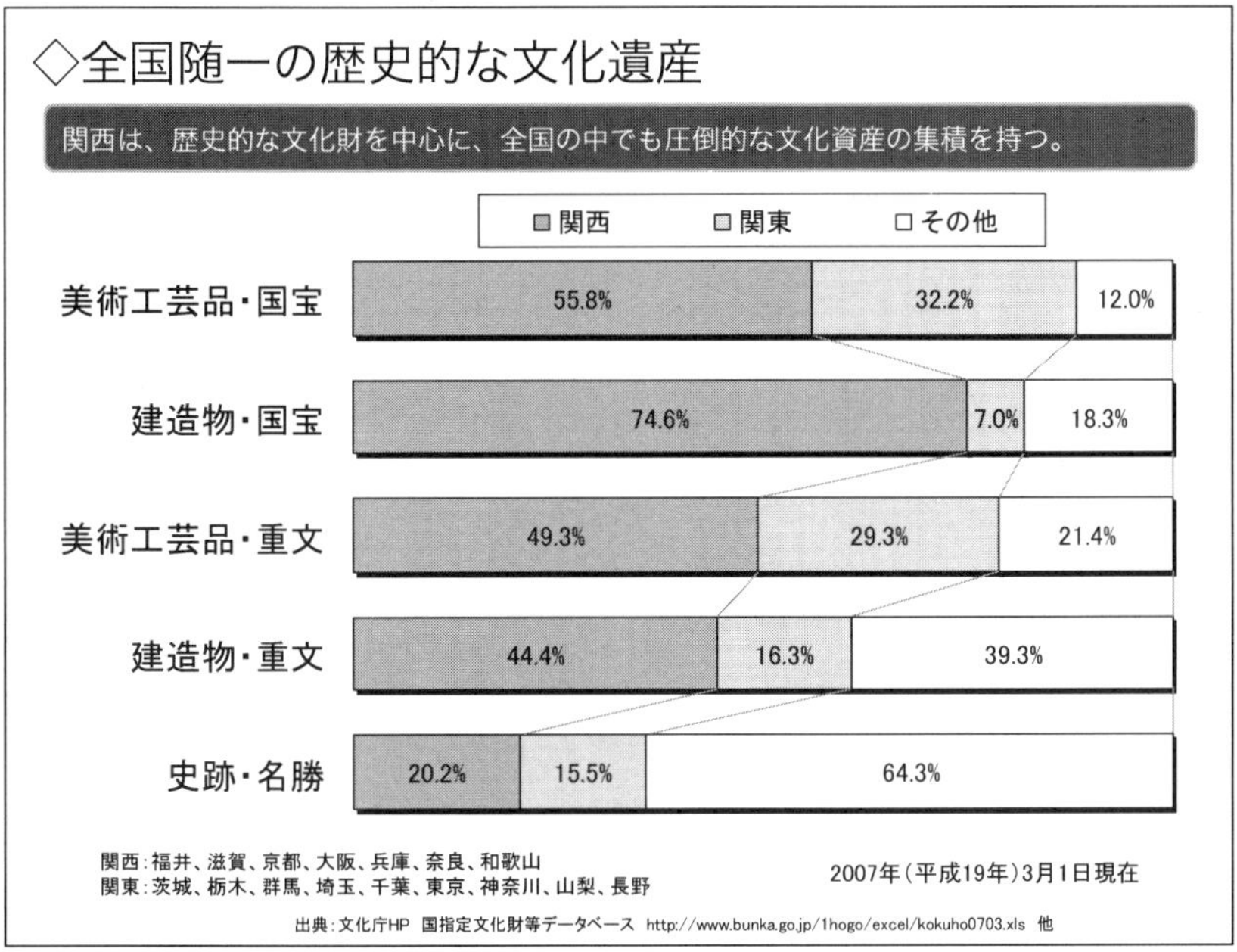

気候条件にも恵まれたこともあって、この国では人間同士の殺戮・惨殺の歴史に代えて、協調・調和の歴史がある。なかでも日本では、特別に「和の精神」「話し合いの精神」が強調された文化を育んできた。

したがって、海外の人々に日本人が持っている諸性格、ものの考え方、生き様、生き方、考え方（Way of Thinking）を理解し、感得してもらう地としてきわめて有効である（これらは間違いなく関西の地で育まれたものであるし、今日なお関西において特徴的である。例えば、日本人はルールに甘いといわれるが、文章化されたルールというよりは、「隣を見て自らをふり返る」という自己規定は関西に強く残る。悪く作用すると「うちだけやあらへん」ともなる傾向があるが）。そもそも国際化や国際協調とは、最近の風潮のように、ありもしない世界標準に合わせていくといったものではなく、違いを認めあって、共に生きていくことでなければならない。とすると、昨今やたらと孤立しがちなわが国が、安全保障という意味ででも、われわれがどういう時にどのようなものの考え方をするのかを知っていただく場所として関西ほどいいところはない。関西にできるだけ海外の、それも指導層の方々に来ていただいて、日本人の考え方、日本人の優しさ、心遣い、自然への思いやりを実感していただいて、「普遍的にみてもこの考え方、この感じ方は重要だ。尊敬すべしだ。人類の財産だ。」という感覚を持ってもらう場所として、関西を生かしていく工夫の仕方があるのではないか。関西以外の場所ではそのことは考えられない。これは関西を考える上で絶対のポイントであると思う。

その意味でも「国際日本文化研究センター」が京都に存在している意義は大きいが、これは学者だけの議論にするのではなく、市井の人々の議論にする必要がある。何万人というレベルで海外の人々の理解を深め、その理解の仕方を知ることで自らを知るという、お互いに理解を深める意味で、政治や行政の側が、もっと「関西を利用」しなければならない。関西は、それを受け容れる用意がなされなければならない。関西は「日本人というもの」「日本人の発想」を内外に発信する基地でなければならない。

二　地域連携で補完しあうべき関西

関西を考える上での絶対のポイントのもう一つは、対東京意識が可能な、ほとんど唯一の場所であるということである。将棋の坂田三吉をモデルとした『王将』という村田英雄の歌にもあるように、「明日は東京に出てゆくからにゃ　何が何でも勝たねばならぬ」というのが関西人であった。これは関西以外の土地では、このような気持ちを持って東京に行くということはない。関西以外ではそれを考えられるだけの歴史や集積、経済ポテンシャルがないからである。つまり、東京に対抗できるという意識と実力という意味ででは、日本全体をみても、唯一といってもいい場所である。地域構造の違いを関東と比べてみると、関東は間違いなく、東京一極集中であり、東京に横浜市や千葉市、さいたま市などが付属しているという状況である。それほど、東京の存在が卓越的である。横浜市も千葉市もさいたま市もそれぞれに独立した大都市、特徴や歴史を持っている町ではあるが、それにしても東京との関係で常に見なければならない都市である。つまり、きわめて卓越した東京があって、その周辺にいくつかのまとまりがあるという存在に対して、関西は京都と大阪と神戸の三都市がそれぞれに発展しながら、成り立っているエリアであるといえる。和歌山や奈良、姫路、大津も大きい都市ではあるが、卓越性でいうと、関西はこの三都市の連合であるともいえるし、広く府県でみれば、京都府、大阪府、兵庫県の県全体といってもいいような構図である。大阪はかなり大きい街であるが、それでも関東における東京の存在とは相当に違う。そして、東京も横浜も千葉もさいたまも、一部は明治時代以降、一部は高度経済成長期以降に成長してきた都市ではあるが、比較的新しく集積があったという意味ででは、ほとんど特徴的な差異がないのに対して、京都や大阪、神戸はかなり違う。

関東と違って、きわめて個性の違う都市が三つある。それが関西の売りである。京都は長い間、都があった場所であり、大阪は長い間商都として栄えてきた場所であり、神戸は幕末の開港以前からの港湾機能が卓越した場所であるといった発達の仕方をしてきた。京都では、現在も多くの信者を持つ仏教の中心的な寺院がたくさんあるが、大変大きな人口を抱えて、経済的にも京セラ、ワコール、堀場などの新しい産業が活発に全国に貢献し続けている町である。一方、都は東京に移ってしまったが、その分だけ新しい時代からの破壊も少ない。京都に都が移ってしまったがゆえに、そのままの有り様で今日まできてしまった奈良もその一例である。したがって仏像遺産でいうと卓越的に存在している。

さらに、文化財や国宝という意味でいうと、日本では奈良・京都と東京に集中している。東京の国宝が博物館の中に存在する国宝であるのに対して、奈良・京都にある国宝は、自然のその国宝ができた時のままの姿、国宝があるべき場所にある存在として、われわれは接することができるのである。神戸はファッション・お菓子の町でもあるし、明治以来の文明開化が華を咲かせたといういろいろなものの発祥地でもある。

また、大阪の食い倒れ、京都の着倒れ、神戸の履き倒れといった違いもある。三つのそれぞれの特色のある町が存在している。わが国が高度経済成長をしていく時代にあれば、すべてが発展していたことから、より大きくなるということを目指し得たけれども、人口減少する時代にはそうはならない。例えば、大阪は頑張ればいつかは東京のようになれるといったことを夢見ることができたが、これからは大阪は大阪として、大阪の特徴に特化していかざるを得ない。そうすると、大阪にないものは、他の町に求めなければならない時代になるわけであって、端的にいうと、都市連携・地域連携の時代になる。お互いに足らざるものをお互いが補い合う相互間の関係にもなり、自分たちの町が何なのかというアイデンティティーを確立するという意味でも、そういったことが重要になってくる。連携できるということは、連携するための核になるものを自覚する、足りないものを自覚するということであり、それを相手に求める関係にもなる。つまり主体的な地位がより必要となってくる。

ドラッカーが〝自らの独自の強み（コア・コンピタンス）は何かを知ることこそ企業経営の本質である〟といっているが、地域経営についても同じことである。三つの都市、三つの府県が何を強みとし、何を足らざるものとして連携していくかを主体的に考えていかなければならない。

関東では八都県市首脳会議があって、一九七九（昭和五四）年に六都県市首脳会議として発足し、一九九二（平成四）年に千葉市が政令指定都市になって七都県市首脳会議となり、二〇〇三（平成一五）年にはさいたま市が政令指定都市になって八都県市首脳会議となった。東京という圧倒的な存在を中心にこれらの町が集まって、具体的な取り組みもいろいろと行われている。最近までに五〇回、年に一～二回開催され、地方分権や環境問題にそれぞれ提言を出してきた。特に、最近では石原都知事の強い意志もあり、ディーゼル車排ガス対策に関するアピール、ディーゼル車排出ガス対策推進に関する宣言、そして八都県市のディーゼル排ガス規制基準の設置、八都県市条例適合ステッカーを作って、ディーゼル車に貼り付けるところまでに至った。現在、わが国では国として、ディーゼル車から排出するPMに対する世界で最も厳しい基準を作り、八都県市に流入してくるトラックが、この基準を満たしていなければならないとした。全国のディーゼル車・物流車の圧倒的部分が東京市場・関東市場を目指しているから、結果として全国的なディーゼル車の排ガス規制の先鞭をつけるといった役割も果たしたのである。

一方、関西の個性の違う三都市は、個性の違いをわきまえた付き合い方を現在しているのか。七つの都市と県が集まって、共通の課題について対処することが行われているかというと、残念ながらそのような話は聞いたことがない。経済界でも、関経連は経団連の傘下ではなく、非常に独立色が強い経済界であるが、それが兵庫の経済界や京都の経済界、あるいはその他の所に呼びかけて、経済界として関西というものを特徴付ける、打ち出す動きをしているかということになると、残念ながらそうではない。少なくとも、経団連の中にあるような委員会活動が、活発に全国の国民の注目を引くような形で行われているかというと、情けないことにそうではない。関西が持つ唯一性、関西の都市が持つ連携可能性といったものを生かしきっていない。そのことは、私は関西にとっての不幸でもあるし、日本にとっても不幸であると思う。

東京は現在なお、急速な膨張を続けている。世界機能を日本が分担するようになった時代に、一九八七（昭和六二）年をピークとする東京一極集中と批判されながら、人口を集めた時代があった。その後東京は、一旦人口増加を大きく減らしたが、規制緩和の時代を迎えて一極集中が加速している。規制緩和による起業は、東京でこそ、最も活発に行われている。したがって、オフィス床の二〇〇七年問題などたくさん指摘されたにも関わらず、現在東京のオフィス床はまだ不足気味という状況が続いている。関西のだらしなさがそのことを許しているという自覚が

◇最近の八都県市首脳会議における活動状況

第45回	・首脳会議において協議し決定した項目について、 集中して検討を行う首都圏連合協議会を設置し、 当面、青少年の健全育成に向けた取組と地方分権の実現に向けた三位一体の改革への取組について検討することを決定
第46回	・地方分権の実現に向けた「三位一体の改革」に関する八都県市としての意見を表明 ・青少年の健全育成に向けた取組について条例の強化・共通化に取り組んでいくことを決定
第47回	・夏のライフスタイルの実践について取り組んでいくことを決定 ・広域防災・危機管理体制の強化を図るため、 「八都県市災害時相互応援に関する協定」を一部改正  ←八都県市条例適合ステッカー
第48回	・「三位一体の改革」に関する八都県市としての意見 ・首都圏の広域的な連携を図るための道路ネットワークの整備促進に関する提案 ・政令指定都市に係る県費負担教職員制度の見直しに対する要望 ・2016年東京オリンピック招致に関する決議 ・2008年主要国首脳会議（サミット）の横浜誘致に関する決議
第49回	・地方分権改革の推進に関する意見　・「首都圏連合フォーラム」の開催について合意 ・国勢調査の調査方法等の抜本的な見直しに対する要望 ・不正な行為による硫酸ピッチの生成と保管の禁止についての要望 ・構造計算書偽装問題に係る建築基準法の見直しに関するアピール
第50回	・今後の地方分権改革の推進に関する意見　・「東京オリンピック招致」に関する意見

出典：千葉市HP　http://www.city.chiba.jp/kikakuchosei/kikaku/download/8aramashi50.pdf　他

◇三大都市圏と地域圏人口の推移

地方圏から三大都市圏への人口流出は、1961年の65.1万人をピークに収束傾向にあり、2006年には13.6万人まで減少している。

＜三大都市圏及び地方圏における人口移動（転入超過数）の推移＞

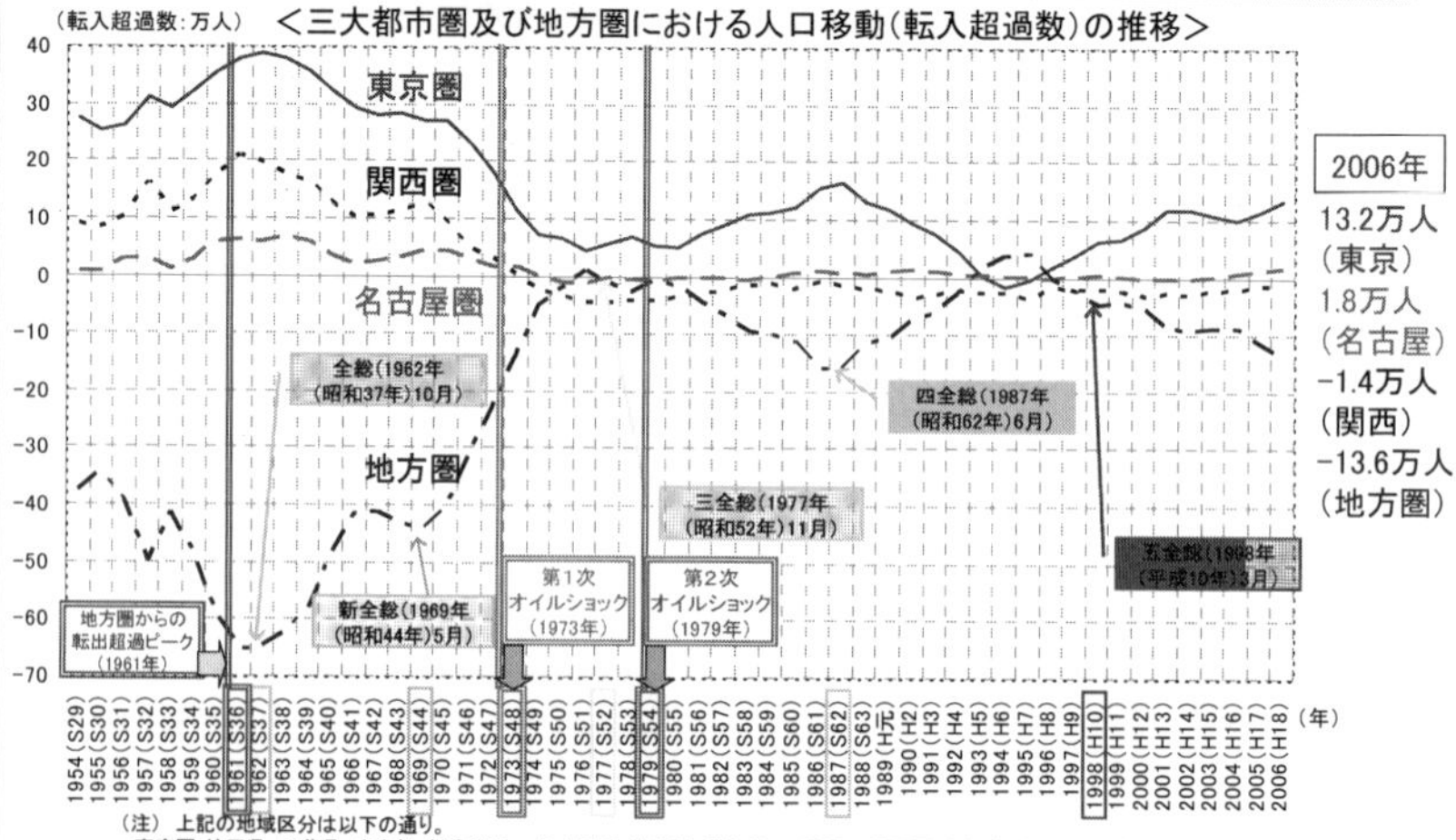

（注）上記の地域区分は以下の通り。
東京圏：埼玉県、千葉県、東京都、神奈川県　名古屋圏：岐阜県、愛知県、三重県　関西圏：京都府、大阪府、兵庫県、奈良県
三大都市圏：東京圏、名古屋圏、関西圏　地方圏：三大都市圏以外の地域
出典：総務省「住民基本台帳人口移動報告」　http://www.stat.go.jp/data/chouki/zuhyou/02-33.xls　他

関西に必要であるというように思う。それは、大阪だけの役割・京都だけの役割・神戸だけの役割でもない、大阪と京都と神戸が連携して担わなければならない役割、そのことが担われていないということの証であるというように思う。

関西が連携して「日本の第二軸」としての役割を果たし得ていないことが、東京の膨張を促進している。関西から聞こえて来る話が、経済界の人事抗争の話であったり、サミットの連携と協調なき誘致合戦であったりする。このことが東京に膨張圧力をかけているのだという感覚のなさ、第二軸を担うことができる能力のある地域を預っているのだという使命感のなさが、大同を捨てて小異に走らせているのである。

こうして、大地震の予感に震えながら、東京の肥大化が進み、日本の脆弱化が深まっている。

三　「中京圏」とともに、日本の第二軸となるべき関西——中央圏構想

かつてなら、議論は以上で閉じていてよかったし、今でも関西単独で関東と向かい合うといった高い気位は必要だと考える。しかし、これだけ大阪と東京の差が拡大し、なおかつ中京がきわめて元気であるという状況を考えると、それだけでは議論が十分ではないという状況になってきたといわざるを得ない。国土の構造を調べてみると、東京に対する第二軸がこの国ではあまりに貧弱であるという問題がある。かつては二眼レフ論を展開しながら、関西がその役割を担うといってきたけれども、新幹線が整備され、高速道路が用意されるにつれ、大阪が持っていた全国的中心性が徐々に失われていったという結果だけが残った。一九七五（昭和五〇）年以降でみても、関西圏は滋賀県を含んでみても、一貫して人口を減らし続けている。細長く分断され易い国土の形状からみても、日本の第

◇金融機能の低下

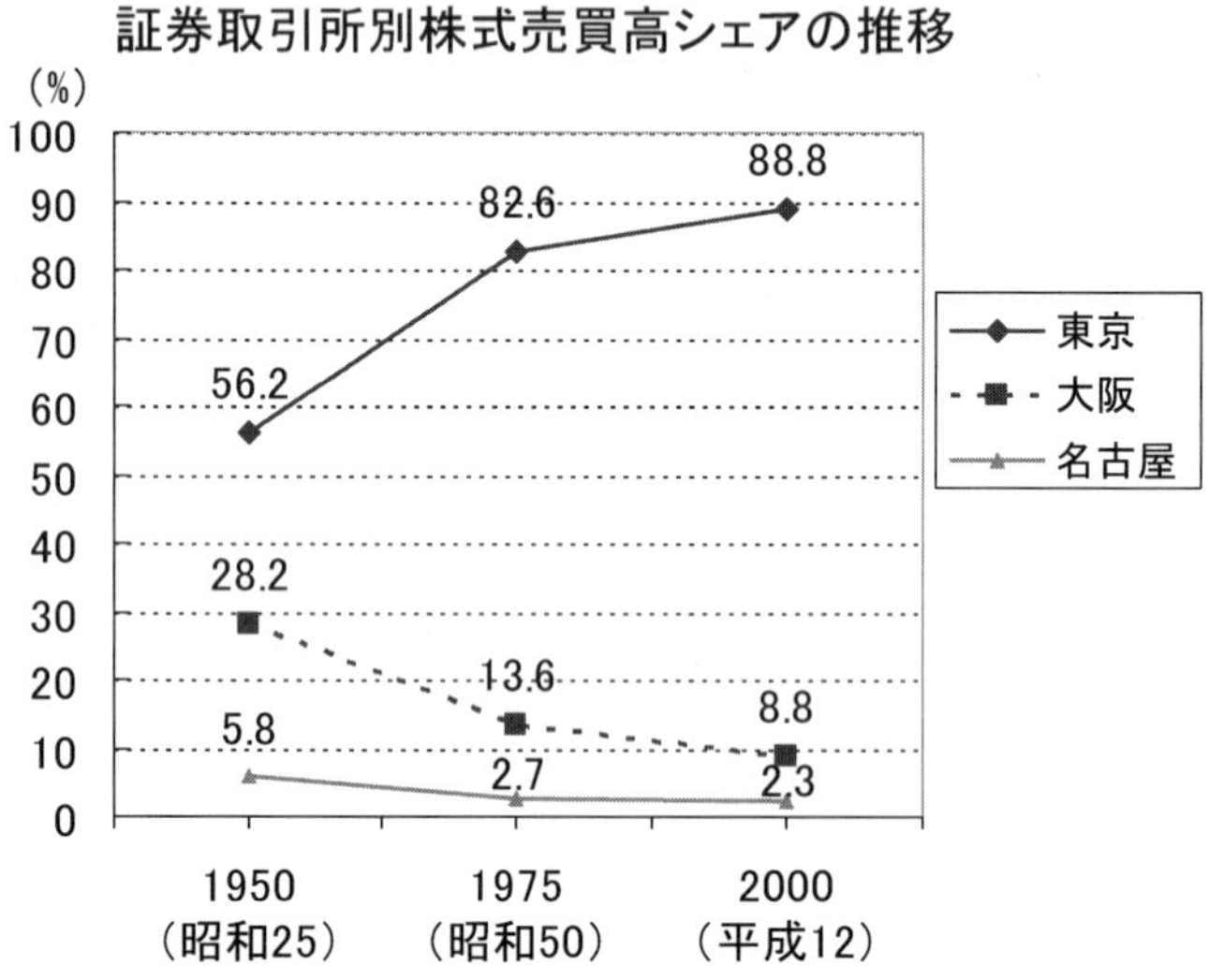

◇鹿児島進学高校の進学先の割合

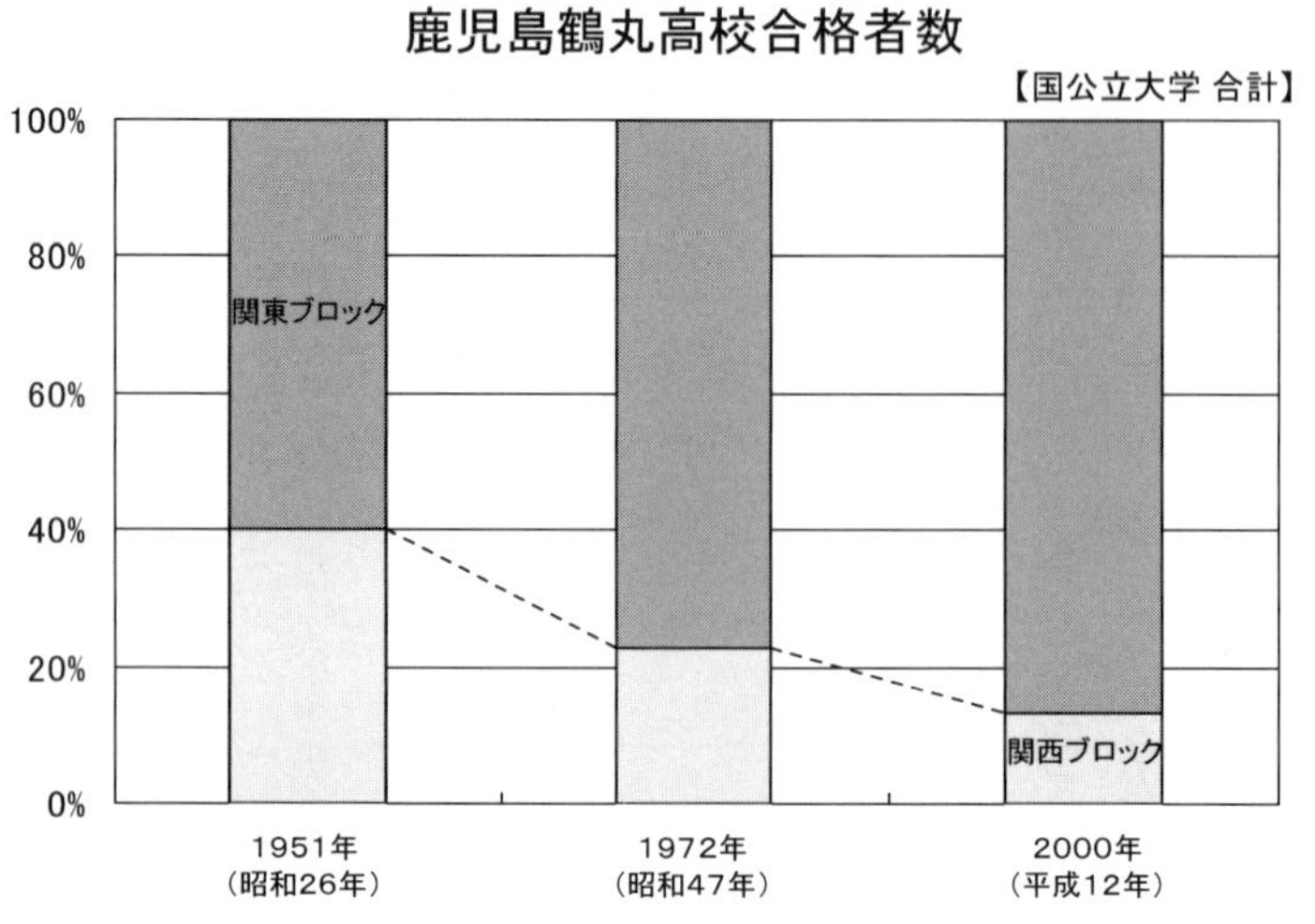

◇中部と関西の連携（関東との経済規模比較）

○中部・関西が連携すれば、経済規模は、関東に匹敵。

中部：富山、石川、福井、山梨、長野、岐阜、静岡、愛知、三重
関西：福井、滋賀、京都、大阪、兵庫、奈良、和歌山
関東：茨城、栃木、群馬、埼玉、千葉、東京、神奈川、山梨、長野

	中部・関西	関東
GDP 県内総支出（平成16年度）	158兆円	198兆円
製造品出荷額 工業統計表（平成17年度）	121兆円	88兆円
商品販売額 商業統計（平成16年度）	157兆円	249兆円
人口（万人） 国勢調査（平成17年度）	3，902万人	4，458万人

二軸を担う地域が東京・関東以外にぜひとも必要である。これは大地震が常にきてしまう、台風・洪水による大災害などが常にきてしまうことを考えると、国土運営論がまるで議論できていない国だということになる。

二〇〇七（平成一九）年三月二五日に発生した能登半島地震は、わが国の大地震発生時代への先触れだともいわれるが、いずれにせよ、長い間、関東は地震の空白地帯になっていることは間違いない。それに備える必要があることになると、特に関東を襲う地震に備えて、関東の第二軸をどう考えるかにつながるが、そうしたときには、中京圏と関西圏が相互補完性から見ると、この圏域を一体的にとらえ、関東圏に対峙するエリアとして考えることが必要なのではないか。関西と中京を加えてみることによって、産業構造的にも相互換しあえるものもあるし、水資源や土地利用の優位性などを考えても、両方が補完しあうことによって、補いあえるものは非常に多いというように思う。また、大学や研究機関の集積をみても、中部・関西連合でほぼ関東に比肩しうる。最近でこそ、そういったことをやろうという意欲が少しは出てきたが、従前では、名古屋の人間が一番きらいなのは関西弁ということだったし、関西は東京こそ相手にするが、名古屋ごときを相手にできるかという考え方だった。

しかし、ここで考えていただきたいのは、東京に対する対抗軸になりうるエリアは、この両方をプラスしたエリアしかないということである。それだけのインフラ、人、もの、金の蓄積はあるわけであるから、そういう自覚をぜひ持ってもらいたいものである。以前、私はこれを仮に「中央日本」という考え方にまとめ、仮説として提出したことがある。関西と中京という概念を超えて、日本の真ん中「中央日本」が関東圏と向かい合うという考え方である。そうしないと、何もかもが、東京になら立地することは許してしまうことになる。一番目が東京なら、二番目は何が何でも関西でなければならない、名古屋に日本の二番目ができることは、関西としては許さないといった感覚をもつことがすなわち、東京の肥大化に協力していることになるのである。東京がどんどん肥大化せざるを得ないのは、そういったものの考え方であるということを、われわれ関西人は自覚すべきなのである。従来のこのような思考が、関西を東京から見れば単なる一地方でしかない地位へと追いやったのだ。

今年は国土形成計画を作らなければならない最初の年である。そういう時だからこそ、日本のなかで関西とはなにを担うのかという議論を進めなければならないのである。

※出典のない掲載図版はすべて筆者作成。

「畿内」と淀川

道州制の単位としての河川流域

尾田栄章

はじめに

川・水と人とは深く結びついている。しかし残念ながらわれわれ日本人ですらその繋がりを忘れてしまっている。そこで、川・水と人との関わりについて最初に写真をご覧いただき、その上で河川流域を単位とする行政組織：フランスのAgence de l'eau（水機構）とナイル川流域一〇カ国から成り立つ機構・Nile Basin Initiativeについて紹介したい。

関西論の議論で不思議に思うのは、なかなか淀川が話題に上がってこないことである。関西、関西よりも畿内の方が律令国家・日本に明確に結びつく概念だと思うので畿内を使うが、そのベースになっているのは淀川だと考えている。古代の律令国家を作った人たちは淀川流域をしっかりと認識していた。この時代の淀川には当然ながら大和川を含んでいる。大和川が分離されたのは、江戸に入ってからのことだ。

当時の人々は生駒山脈から金剛山脈に至る山々を越えて行き来していた。山頂から畿内全体を眺めることが出来た。地形の高低差も含めて自分の掌に置くがごとく畿内全体を頭の中にイメージしていたに違いない。

関西で道州制を考えるならば、この畿内を単位とすべきだというのが本論の主旨である。その上で、実現方法について考えたいと思う。

地方自治法の改正がなされた今、本当にやる気があれば「淀川流域広域連合」はすぐにでも作れる。少々アジ演説気味ではあるが、やる気があるかないかだけの問題だと思っている。

一　人と水・川との結びつきの深さ

人と水・川との結びつきについて先ず述べたい。以下の議論の前提になることでもある。

〈ミレニアム開発目標と水〉

今、国際社会が取り組んでいる最大の課題が Millennium Development Goals（ミレニアム開発目標）の達成である。この課題に水がいかに深く関わっているかを説明したい。逆に言うと「ミレニアム開発目標」を達成するための具体的な手段として、水問題の解決が極めて大きなウェートを持っているということである。

「開発目標」には具体的に八つが挙げられている。

最初は「極度の貧困と飢餓の撲滅」。アフリカの現状を見ればわかるように、土地がないのではない。水がないために使えない土地が広がっているのだ。これが貧困問題の根底に横たわっている。二番目の「初等教育の完全普及」と三番目の「ジェンダーの平等と女性のエンパワーメントの達成」に関しても水がかかわっている。家族の水の確保は主として子供と女性の仕事。水の確保に毎日多くの時間が使われ、子供の就学機会と女性の社会進出が妨げられている。四番目以降の「乳幼児の死亡率の削減」、「妊産婦の健康の改善」、「ＨＩＶ／エイズ・マラリア」の問題についても、すべてに水問題が深く関わっている。

ミレニアム開発目標そのものが水問題といっても過言ではない。

しかし水の専門家自身がそうは捉えていなかった。ミレニアム開発目標と水との関係を、七番目の目標「環境の持続可能性の確保」の中の項目：「安全な水の確保と衛生設備の整備」だけに絞って議論していたのである。ところが先に述べた七つの開発目標に水がどのように関係しているかを解析すると「ミレニアム開発目標の三分の一以上が水問題と関係している」ことがわかった。例えば「極度の貧困と飢餓の撲滅」に関する水の寄与率は三〇％、「初等教育の完全普及」も三〇％、「ジェンダーの平等と女性のエンパワーメントの達成」は二〇％と算定される。勿論いろんな条件を仮定した上での試算ではあるが。

逆にいうと、ミレニアム開発目標の三分の一以上は水問題さえ解決できれば達成できるということになる。開発目標を達成するための具体的な方策が見えてきたともいえる。

この解析結果を「国連事務総長・水と衛生に関する諮問委員会」に報告したことがある。興味を持って受け止められ、多くの議論があった。以降、水が持つ多様な側面に注目した議論が展開されるようになった。なお諮問委員会の議長は当時橋本龍太郎元総理。国連事務総長の諮問委員会の議長を日本人が務めるのはこの委員会だけで、亡くなられたのは本当に残念なことであった。

〈土地、水、エネルギー〉

別の視点から水を考えてみる。

われわれの生産や生活を支える条件は、最終的には水・土地・空気・エネルギーに帰結する。日本人は制約条件として土地を第一に思いがちだ。日本の国土からいえば当然である。しかし世界全体から見れば決してそうではない。地球上全体の四七％は乾燥地、使い難い土地なのだ。水がないからに他ならない。水さえ供給できれば使える土地は地球上には腐るほどある。水がないから腐りようもないのだが。土地問題は水問題でもあるわけだ。

これは日本でもかつては同じ事情であった。われわれの祖先は水と闘ってこの安全な土地を造ってきた。水を治めて農地を創り出し、水を供給するために溜池を創ってきた。「土地」を創ってきた長い歴史がある。それを忘れてしまって、土地が制約条件だと思いがちだが、決してそうではない。

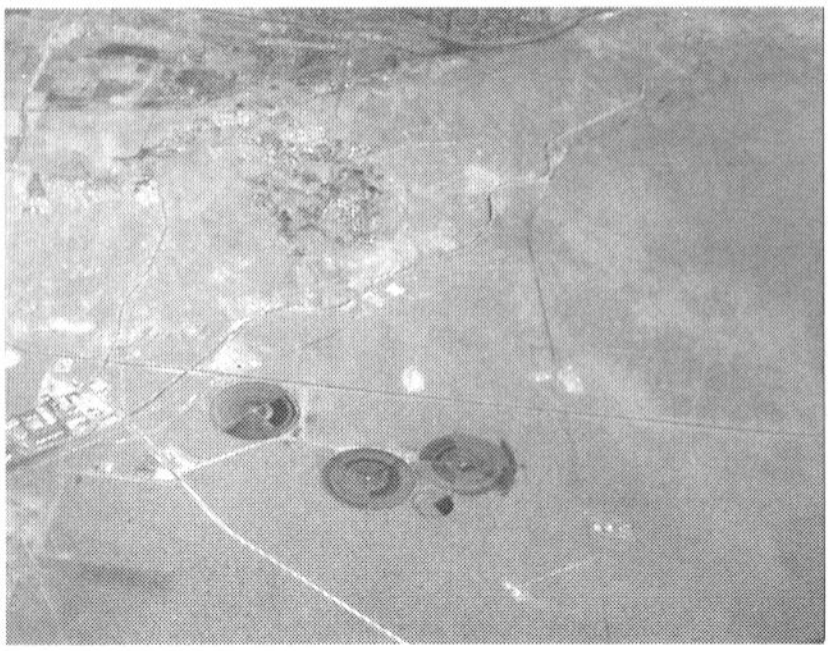

写真１　アメリカの乾燥地帯

例えば写真1はアメリカの乾燥地域、ほとんど砂漠に近いところ。この円形の緑は農地である。化石地下水と呼ばれる孤立した地下水をポンプで抜きあげ、直径一kmもあるようなスプリンクラーで散水している。このような巨大装置を使って農業経営がなされている。

化石地下水を使い尽くすと農地そのものが捨てられる。農業が持続可能かという議論の根底にはこのようなイメージが横たわっている。

次にエネルギーとの関係を考えてみる。電力エネルギーにおける水力発電が占める割合は世界全体でみれば一六％。必ずしも大きいとはいえないが、原子力発電とほぼ同程度の割合となっており、エネルギーの面から見ても水のウェートは決して無視することは出来ない。ちなみに日本は世界第七位の水力発電量を誇っている。原子力発電でも火力発電でも、冷却用水の果たす役割は大きく、水辺に発電所が立地するのはこのためである。この面でも水はエネルギー問題に深く関わっている。

〈「水辺」の持つ意味〉

次に水が人間の感性に与える影響を紹介したい。

写真2はセーヌ右岸に展開するパリ海岸。通常は自動車専用道路だが、夏の期間だけ通行止めにして、砂を持ち込んで砂浜を作り出し、椰子の木箱を並べる。「パリ海岸」の誕生だ。最初に始まったのが二〇〇二年。一年限りの事業があまりの好評で年中行事になったと聞いた。今も続いている。

写真2　パリ・プラージ（海岸）

これと同じことを東京でやろうとして、どこかの空き地に砂を持ち込み椰子の木を並べた人がいたとのこと。しかしながら人が集まらない。水辺がなかったからだ。水の持つ魅力をしらない人には困ったものだ。

写真3は同じセーヌ河畔の国立図書館、ミッテラン大統領記念図書館である。本をイメージした建物が並んでいるが、基本コンセプトはセーヌ川。セーヌの空間を取り込み、更には対岸と一体的にするために不思議な橋を架けている。**Simone de Beauvoir** 歩道橋で、セーヌにかかるパリ市内の三七番目の橋。

写真3　フランス国立図書館（ミッテラン大統領記念）

女性の名前を冠するのはこれが最初とのこと。さらに面白いのがプール船。セーヌで泳げば良いものをと思わないでもないが、プール船まで作って川との一体感を醸し出そうとしている。これは民間ではなくパリ市が作っているとのことで、フランス政府やパリ市がセーヌの水空間をしっかりと取り込もうという意識を明確に読み取ることが出来る。

もう一つセーヌの事例を上げる。エッフェル塔の横に出来たばかりのMusée（博物館）はアフリカ、アジア、オセアニア、アメリカの伝統美術・文化に特化している。シラク大統領の肝いりで出来たが、ここでもセーヌ川が基本コンセプトになっている。橋桁が木製の歩道橋を架け、水辺を取り込んでいるのだ。このように感性の街づくりを目指して世界の大都市は動いている。

次はソウル市内を流れる清渓川（チョンゲチョン）。蓋がされて道路となり、更にその上を高架道路が走っていた（写真4）。この状況下で清渓川の復元を市長選挙の公約に掲げて当選したのがイ・ミョンパク前市長。よく聞いてみると、清渓川の復元は大きな争点にはならなかったようだが。

前市長は当選すると、速やかに復元案を市民に示し、地元折衝に臨み、工事を開始した。そして二〇〇五年一〇月一日には完成式典を挙行している。この間、たったの一期四年。前市長は、毎土曜日の午前中を清渓川復元のための会議に当て自ら陣頭指揮を取ったのである。

なによりも印象的だったのは開通式後の風景である。一〇月一日、写真5を写したときは夜の一〇時を過ぎていた。ソウルのことゆえ寒く、川の水は冷たい。それなのに多くの人が川に入り、老いも若きも女性も男性も川の中を歩いている。まさに大都市に水辺があることの重要さを見事に語っていた。感動で思わず涙が頬を伝った。

写真6は北京の事例、天安門広場のすぐ横に復元された菖蒲河である。二〇〇八年の北京オリンピックに向けて復元されたのだ。

それに対してわれわれは東京オリンピックのときに何をしたか。川に蓋をした。国立競技場の前を流れる渋谷川を覆ってしまったのだ。

東京都は二〇一六年のオリンピックに立候補した。「前の東京オリンピックの負の遺産を清算し、新たなミレニアムに生きる大都市のモデルを創り上げたい」とでも宣言すれば世界の注目を集められるに違いない。残念ながら

写真4　清渓川の復元（東大門付近の前の姿）

写真5　30万人のソウル市民に祝われる清渓川

写真6　菖蒲河（北京）

写真7　「渋谷川」の電柱広告

石原知事にはそんな戦略はないようだが。

渋谷川は小学唱歌「春の小川」の舞台となった川であるが、流域に住まう人は全く忘れ去っている。「ここに『春の小川』の流れがありますよ」ということ知ってもらうために、「渋谷川ルネッサンス」では写真7のような電柱広告を出した。

水が人間活動に果たす役割、単に物質面だけでなく、精神面・感性にとっても重要だという認識が深まれば、河川流域を単位とする取り組みがもっと盛んになるのではなかろうか。

二　河川流域を単位とする世界の取り組み

河川流域を単位とする世界の取り組みについて先ず見ておきたい。国内河川と国際河川の代表例をお示しする。

〈国内河川――フランス〉

フランスでは、全土を大きく六つの河川流域に分け、それぞれに水機構（Agence de l'eau）を設置している。なぜ六つかというと面白い裏話がある。フランス独特の教育制度が絡んでいる。フランスでは有力な各省がそれぞれ所管の大学校（グランゼコール）を持っている。水に関わる有力省庁は三省、このような全国組織を作る時には三の倍数でないと困るのだそうだ。

この六つの水機構はそれぞれが財政的に独立した行政組織であり、地方公共団体代表、水利用者代表、国家機関代表、それに水機構事務局代表の四者からなる行政委員会の下で活動している。具体的には川からの取水者より課徴金を徴収し、それを財源に河川環境を改善する事業に補助するという仕組みである。補助対象には公的機関だけでなく民間企業も含まれる。面白い例では、一見関係がないように見えるダム事業にも充当されている。川の水量が増えればそれだけ水環境がよくなるという考えに立っているのである。

水機構にはもう一つ別の意味が隠されている。フランスには市町村が三六、七八五もある。一番大きいのはパリ市。約二百万人である。これにはバンリュー（郊外）は含まれていない。一番小さな市町村では人口ゼロ。定住人口なしでも独立した市町村として成り立つようだが、このへんのからくりはわからない。市町村の上にカントン（小郡）とアロンディスマン（郡・区）があり、その上にデパルトマン（県）が一〇〇ある。一〇〇県ではあまりにも多いというのでこれをまとめる役としてリージョン（地域）を置いているが、これでも二六になる。

そのためより大きな行政単位として活用したいという遠大な狙いもあって水機構が設置されたと随分以前に聞いたが、今のところは水に関する行政しかしていない。今後どのような動きが出てくるのか見守っていきたいと思う。

〈国際河川――ナイル川（Nile Basin Initiative）〉

ナイル川の流域は一〇カ国で構成されており、流域面積で言えば琵琶湖・淀川流域の約三六〇倍もある。しかし人口で言えば一五倍しかなく、そういう意味では琵琶湖・淀川流域も十分大きな河川流域ということになる。

ナイル流域一〇カ国の水大臣が相集ってつくった機構：Nile Basin Initiative では水問題を流域全体で取り組もう

としている。具体的な活動としては、流域国間の協力関係を強化するために、まず信頼関係を築くことから始めている。スーダンが内戦に近い状態になっていることを考えると、流域国が同じテーブルについていること自体がすでに大きな第一歩だといえる。

実は世界銀行がプロモーターになって、陰に陽に流域諸国に働きかけてやっとここまでたどり着いたのである。エキスパートとして携わっているデビット・グレイさんの要請で、第三回世界水フォーラムの前に一〇カ国の大臣会合を日本で開催した。この時、琵琶湖・淀川流域について説明する機会があった。各大臣が一番興味を持ったのは、琵琶湖総合開発事業に関して下流府県が上流県の負担の一部を肩代わりする制度であった。各国は下流の比較的富裕なエジプトから負担を求められないかと考えたようである。

グレイさんが会議開催を日本に要請した理由は「呉越同舟」である。流域国の水大臣が遠く日本まで飛び、同じホテルで同じ飯を食することこそが大きな目的であった。皇太子殿下にも拝謁し、強い感銘を受けて帰国した。一〇カ国にも及ぶ国際河川であっても河川流域を単位として取り組む動きがあり、具体的な成果を上げつつあることは大変象徴的だと思う。

三　畿内と淀川

これからは私論であり試論、たたき台として述べたい。

〈淀川流域の一体性〉

畿内は『続日本紀』などでも常に出てくる概念であり、旧淀川流域と重なると考えている。ここにいう旧淀川は「淀川＋大和川」を意味している。大和川の付け替えはたかだか三〇〇年前の一七〇四年のことにすぎない。それ以前、例えば六四五年の大化の改新から数えても、付け替えまでの間には一〇〇〇年を越える時の流れがあり、その間大和川はずっと淀川流域であった。畿内はまさに旧淀川流域に一致し、流域を意識して作られた概念である。そう考えると流域外の和泉が、独立した国になったり河内に含まれたりして揺れたのもよく理解できる。

大和川の付け替えは中甚兵衛等の請願を受け入れる形で幕府が各藩に命じて工事を実施した。工事着手までには数十年、工事には一年もかけていない。放水路の掘削工事といえば大変な大事業のように思われるがそれほどでもない。放水路を掘るような下流部の基礎地盤はたいがいが河川堆積物、土砂の場合が殆どで掘削自体はそんなに難しい仕事ではない。

〈畿内の古代における国土開発〉

畿内における国土開発を考えてみたい。

次頁の表は亀田隆之『日本古代用水史の研究』（吉川弘文館　一九七三年五月）に示される大化の改新以前に造られた池の一覧表である。山背もあるがこれは巨椋池近くの山地にあり大和といってもよいようなところで、ほぼ全部の池と大溝が大和と河内に築造されたといえる。すなわち大化の改新以前は大和と河内が開発の主力対象地域であった。

池溝等の名前	所在国名	日本書紀記載年月日	備考（古事記の記載）
依網池	河内	崇神六十二年十月	古事記には崇神朝に依網池軽酒折池を造るとある。
苅坂池	大和	崇神六十二年十一月	
反折池	大和	同上	
高石池	河内	垂仁三十五年九月	古事記には、垂仁朝に印色入日子命が血沼池狹山池日下之高津池を造るとある。
茅渟池	河内	同上	
狭城池	大和	垂神三十五年十月	
迹見池	大和	同上	
坂手池	大和	景行五十七年九月	古事記には景行朝に坂手池を造るとある。
韓人池	大和	応神七年九月	古事記には応神朝に建内宿禰が渡来人を率いて百済池を造るとある。また応神朝に剣池を造るとある。
剣池	大和	応神十一年十月	
軽池	大和	同上	
鹿垣池	大和	同上	
廐坂池	大和	同上	
茨田池	河内	仁徳十一年十月	古事記には仁徳朝に難波堀江・茨田堤・九邇池・依網池を造るとある。
栗隈大溝	山背	仁徳十一年十月	
和珥池	河内	仁徳十三年十月	
横野堤	河内	同上	
感玖大溝	河内	仁徳十四年	
磐余池	大和	履中二年十一月	
石上溝	大和	履中四年十月	
高市池	大和	推古十五年	
藤原池	大和	同上	
肩岡池	大和	同上	
菅原池	大和	同上	
栗隈大溝	山背	同上	
戸苅池	河内	同上	
依網池	河内	同上	
掖上池	大和	推古二十一年十一月	
畝傍池	大和	同上	
和珥池	大和	同上	

表１　亀田隆之『日本古代用水史の研究』（吉川弘文館　1973年）より

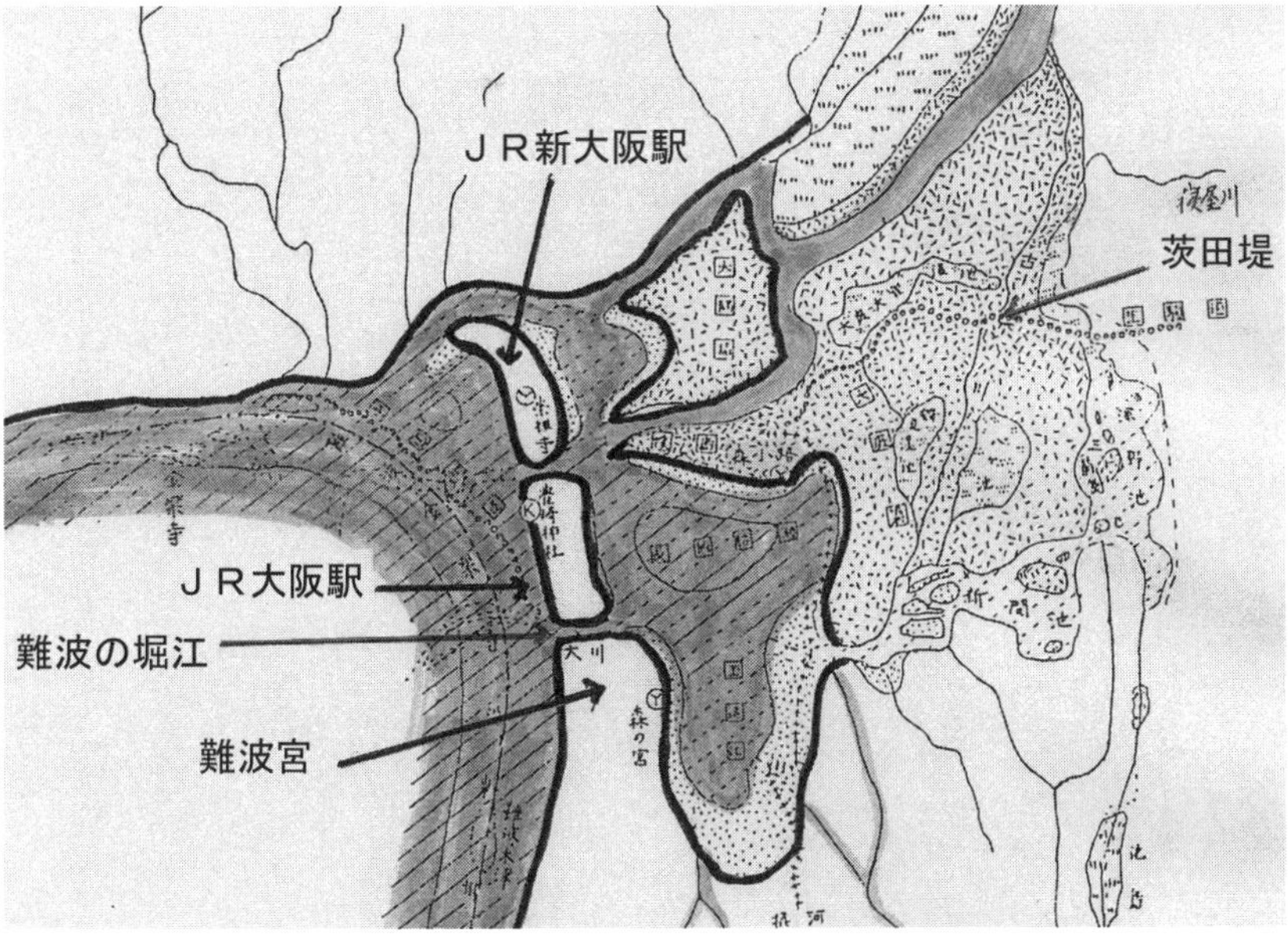

図１　古代の淀川下流域

加えて、茨田《まんだ》堤が『日本書紀』に出てくる。歴史書によく引かれるのは人柱の話であるが、本来この項の主眼は別の所にあると私は考える。二行目の「一一年の夏四月に群臣に詔《みことのり》して曰く」以下の部分は、仁徳天皇本人かどうかはともかくとして当時の為政者がいかによくこの地を観察していたかを示している。

「沼地のような原っぱの荒れ地が遠くまで広がっているのに田畑は少ない。これは川の水が横に流れ、流末が定まらずに流れが非常に滞っているからだ。よって少しの雨で海の潮水が逆流してきて、船に乗って動かなければならなくなるし、泥濘が道路を塞いでしまう。だから、横に流れているところを切って流末を海に通して逆流を防ぐようにすれば、田畑も作れる」と述べている所こそが本論。この分析に基づいて朝廷は計画を立て、実際に工事を進めた。

図1は当時近畿整備局河川部長の宮本さんが使われた図に少々手を入れたもの。茨田堤を造った当時は、難波宮がある高台から砂州が発達して河口を閉塞している。そこへ淀川と大和川が流れ込んでいた。そのよ

うな状況下では、濃く塗った常時水面下の土地と海面の潮位変動によって陸地になったり水没したりする点描の土地が混在していたに違いない。要するに、「感潮する沢沼地」であった。

これをいかに干拓して使える土地にかえるか。それを考えて堀江を掘ったのである。堀江を掘れば、沢沼地の水が一挙に海に流れ出ると思われるかも知れないが、そんなことはあり得ない。常に沢沼地の水は淀川を通じて海と繋がっており行き来しているからだ。

これは交番流と呼ばれ、海と隣接する沢沼地や湖とを結ぶ水路に発生する特有の流れで、潮の満ち引きによって引き起こされる。堀江を掘ればこの交番流が増大する。そうすると干潮時の水位が下がる、すなわち干潮時に顔を出す土地が増える。新たに顔を出す土地に堤防を造れば満潮の時にも水没しないようになる。この目的で造られたのが茨田堤で堀江とははるかに離れた山際に築かれることになる。

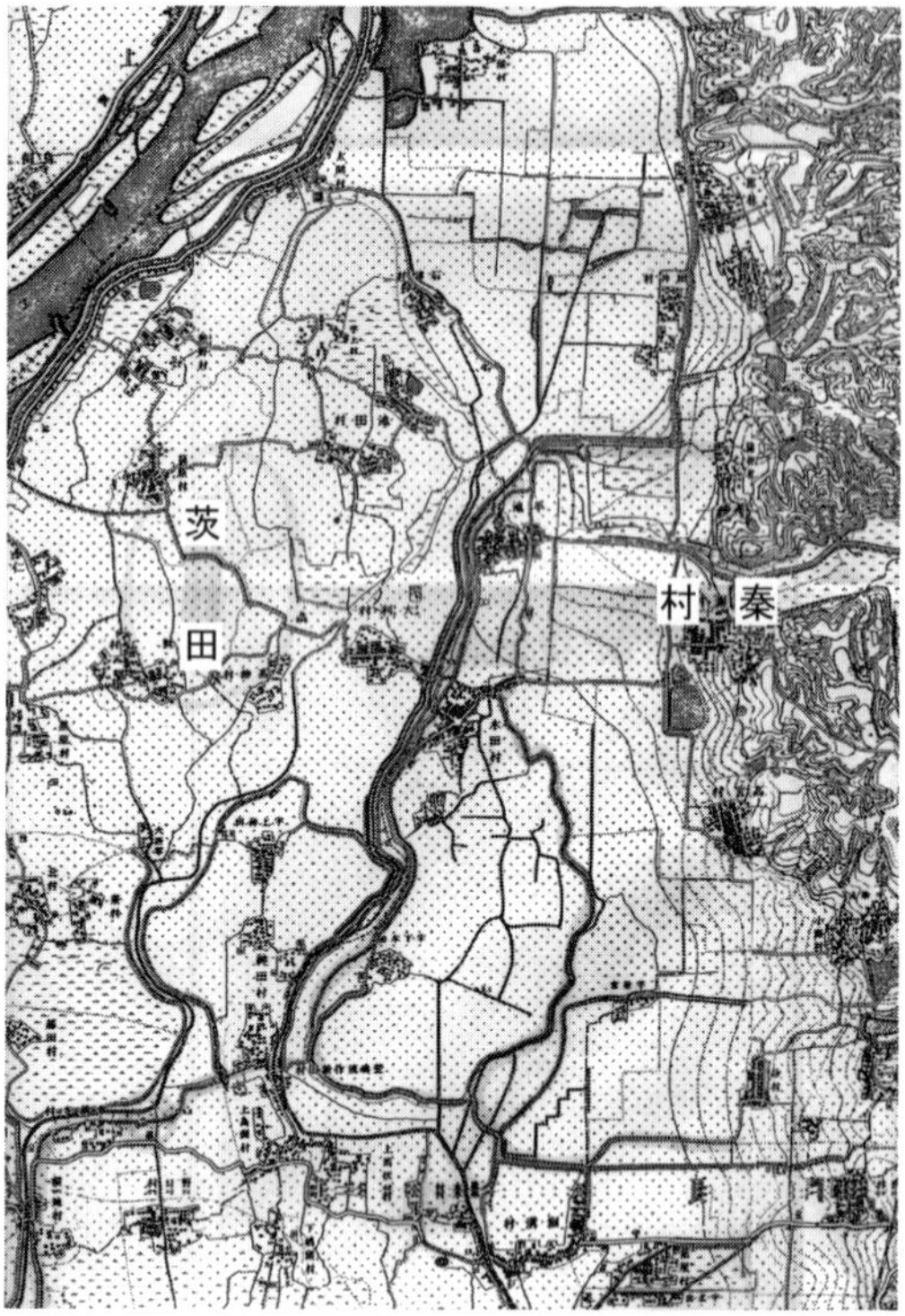

図２　明治18年測量同20年製版；陸地測量部、「星田村」

堀江と茨田堤、あまりに離れているので両者を結びつけることは絵空事に見えるかも知れない。しかしまさにこの地域の特性を正確に押さえて工事をおこなったのである。当時の人は高いところから立体的に地形を見る目を身につけていたに違いない。

図2は一八八六（明治一八）年測量に基づく地図。この右端に秦村がある。『古事記』に「秦人《はだひと》を使って、茨田堤を造る」という記述があるが、まさにここに秦人が住み着き、その痕跡が地名となって今に伝わっているのだろう。最初の堤防は小さなものだったに違いない。それを干潮時にあわせて徐々に延ばしていくというような方法で干拓地を増やしていったはずだ。

堀江の掘削と茨田堤の築堤は間違いなくワンセットである。『日本書紀』に明確に論述されているにもかかわらず現在ではこの点にまったく論は及んでいない。河川屋として残念である。

〈行基の活動舞台〉

この一連の事業をいわば引き継いだのが行基集団だったと私は考えている。

表2は千田先生との対談でまとめた表、図3は「天平の僧行基」等に基づいてまとめられた図である。畿内、旧淀川流域の全体にその活動の場が拡がり、七百余年には淀川沿いの低平土地が開発の場になっている。

このような活動は行基集団が単独にやったのではなく、律令国家と結びついて展開され、その背後には長屋王がいたというのが私の仮説である。

それは別として、行基集団が行った事業は『天平十三年記』という形で今に伝わり、新しい考え方で造られた施設が数多く含まれる。年記は朝廷に提出された正式の書類とみなされ、信憑性が高い史料とされるが、土木屋の目に触れることがなかった故か、その施設としての独自性が評価されていないのは残念なことである。

例えば同じ名前が「池」と「溝」の両方に出てくる施設がある。これは現在の言葉で言えば河道外貯留ダムを意味する。ダムを川とは別の所に造り、水は別の川から溝を築いて引いてくるという方式のダムである。

表2　四十九院表

年　代	年齢	和泉国	大和国	河内国	摂津国	山背国
704（慶雲元）	37	＊家原寺				
705（慶雲２）	38	●				
706（慶雲３）	39	＊蜂田寺				
707（慶雲４）	40		＊生馬仙房			
708（和銅元）	41	＊神鳳寺				
716（霊亀２）	49		●			
718（養老２）	51		●			
720（養老４）	53			●		
721（養老５）	54		●（平城京）			
724（神亀元）	57	●◍				
725（神亀２）	58			●		
726（神亀３）	59	●				
727（神亀４）	60	●◍				
730（天平２）	63				●●●●◍◍◍	
731（天平３）	64		◍	●◍	●	●●●●
733（天平５）	66			●◍		
734（天平６）	67	●◍			●●	●
737（天平９）	70	●	●◍			
740（天平12）	73					●●●◍◍
745（天平17）	78				●●●●◍	

●院　◍尼院

行基が建てた四十九院には＊印の四寺も含まれるが、厳密に四十九あったかどうかは検討を要する。蜂田寺は行基の生母出生地との伝承をもつ（現　堺市の華林寺か）。生馬仙房は現　竹林寺か。（参考資料＝千田稔『中公新書　天平の僧　行基』〈一九九四年三月〉）

図3　行基ゆかりの土地

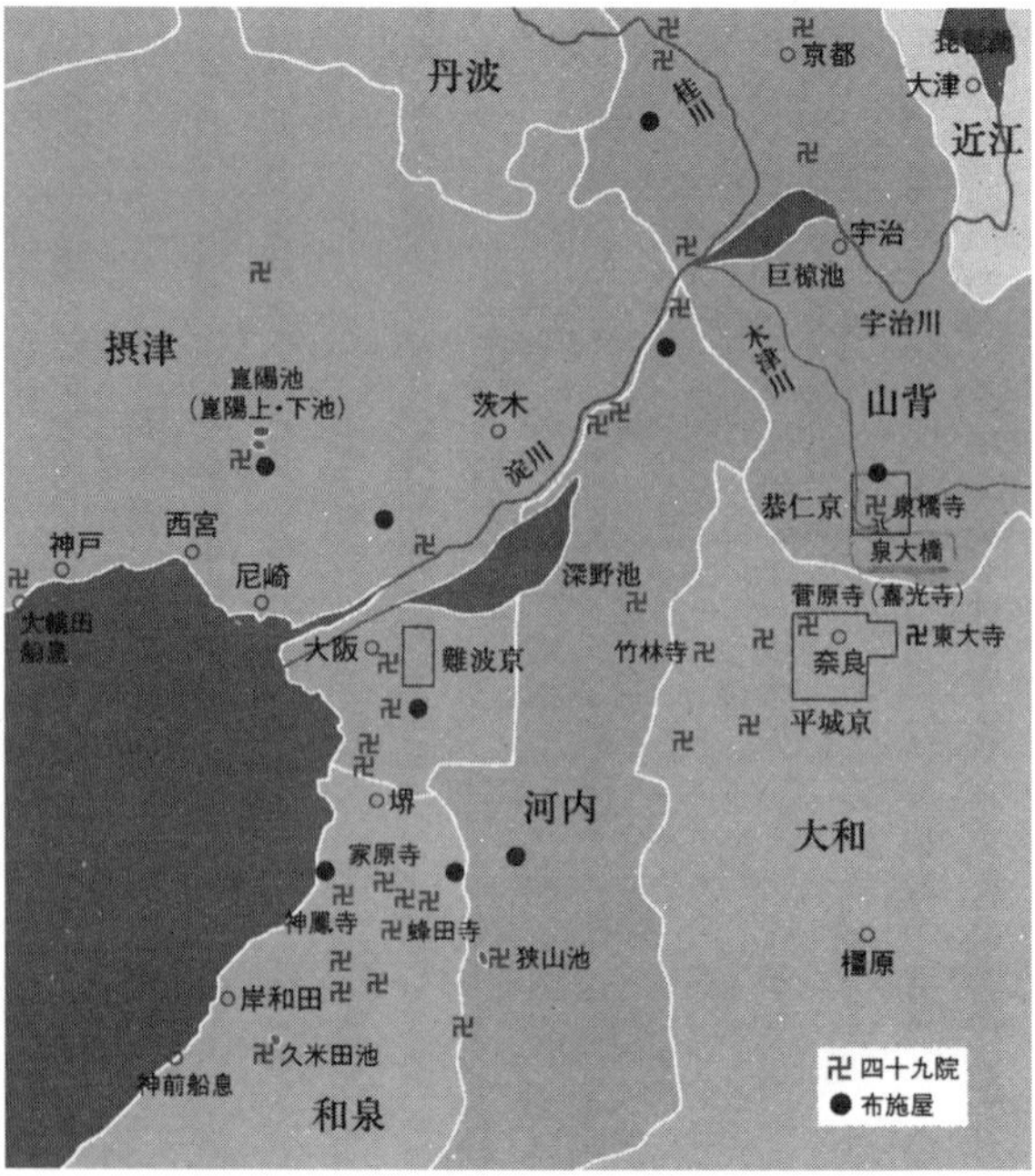

都市名・河川名は現在のもの。寺院名は一部のみ記入。

更に「堀川」と記載しているのは、先ほどの堀江と同じ放水・排水のためのもので「溝」とはまったく別の施設である。明確に意識をして書き分けているのだが それが全く理解されていないのは残念である。

行基集団の活動に見られる如く、この畿内は律令国家を創る過程で一つの重要な単位であり活躍の場であった。そんな畿内こそ道州制に移行する重要な単位であるべきだと考えている。

四　「淀川流域広域連合」構想

次に、いかにして創り上げるかを考えてみる。

自主的合併方式による道州制は現在の地方自治法の枠中でも知事さえやる気になれば創れる。ただ、この方式では国からの権限移譲は別途の個別法でやらざるを得ないため、連邦制に近い道州を作ることは難しそうだ。

一方「広域連合」というシステムも地方自治法が改正されて以降、制度としては整っている。ただ、制度は出来ても活用した人は一人もいないわけで、現在までは空の制度である。

この制度を活用して「淀川流域広域連合」を創り、水に関するすべての権限と責任を統合することにすれば、その先に道州制・連邦制が見えてくると思う。淀川流域の地方行政組織が本気でやろうと動き出せば、法制度はすでにあるわけだから明日にでもやれる。

といっても今の制度だけでは不十分である。関連する河川法、水道法、土地改良法等の水に関する法律の改正が必要になる。個別法の改正さえすれば、淀川流域において水に関するすべての行政を一元化することは可能である。

このような作業過程の中から、独立性を持った連邦への移行ということも視野に入ってくると考える。

「畿内」は律令国家の形成発展を支えた重要な単位であり、旧淀川流域は水を共有する単位でもある。その畿内を単位とする広域連合を創り、活動することは日本全体が道州制に向けて動くことに繋がると確信している。

このような動きは畿内以外では出来ない。畿内が先陣を切っていくしかない。「畿内よ！　動くべし」。

※写真1～7は筆者撮影。

表2と図3は「ＦＲＯＮＴ」十二月号（財団法人リバーフロント整備センター　二〇〇二年）より抜粋。

6．関西再生論の視点——創造のプロジェクト

道州制が実施されたとしたら、各州は国家の中で、独立した地位が保証されるのだろうか。州の憲法をもち、独自の外交をし、自律的な経済活動ができるのだろうか。そのようになると、各州は創造的な叡知を傾けて、活気をもつのではないかと期待できそうである。

道州制においては、当然財政問題が取り沙汰されるが、もっと現状を打破できる何かを期待できないものか。教育も独自な方法でやるのもよく、成果があがれば、他の州から留学もあるかもしれない。あるいは社会福祉にすぐれているとすれば、他の州からの移住もあってよい。そんな闊達な道州制をイメージするのは、具体的なプランが示されるまでの、はかない夢なのだろうか。

はかない夢であったとしても、道州制に、われわれが思いもしなかったユートピアを重ねることは、この国がこれまで、自国の中に、もちえなかった楽園の思想なのだ。楽園の思想が現実の施策に打ち砕かれたとしても、しばしの快楽を味わうことができる。

ならば、関西州はいかにあるべきか。行政領域が広域になるのは、クルマ社会の必然という大雑把な意義づけだけは許しがたい。「こまやか」な州づくりがされないならば、関西をつくる文化は、根底から揺らぐことだけは、確かである。

現状では、「スルッとＫＡＮＳＡＩ」だけが、関西州をわずかに実感させてくれる。

私の関西論　「日本のヨーロッパ」めざせ

桐村英一郎

二〇〇四年末、定年を機に東京から奈良県明日香村に移住した。こちらに地縁も血縁もないのに居を移したのは、関西がもつ厚い歴史にあこがれたこと、そこがシルクロードの終点であること、そして長い東京暮らしに飽きたためだ。

問題は東京というより首都圏という名の化け物である。東京都、神奈川、埼玉、千葉県だけでも三〇〇〇万人を超す人々がひしめいている。

人が多いばかりではない。自治体の境界がわからない形で「ずるずるべったり」に広がっているのである。

こんなところは世界中でも首都圏だけだ。ニューヨーク、ロンドン、パリ。大都市はいくつもあるが、「ロンドンはここまで、パリはここまで」という境界がわかる。緑の中にこざっぱりした村や町が点在し、やがて地方都市に入るのが通常というものだ。

東京と首都圏には、そんな「けじめ」がない。群馬、栃木、茨城県まで含める巨大市場が広がっているのだから、経済や企業には都合が良かろう。ディズニーランドはそれだけでもＵＳＪより有利である。しかし、どこへいっても人、人、人というところに、会社を辞め自由の身になった後まで暮らす気がしなくなった。

日本人は自分の国とよその国、日本と世界の区別やけじめが、ややもするとあいまいになる。「世界が平和でありますように」と書いた金属柱があちこちで目につく。建てている人たちはまじめに「世界平和」を祈っているのだろう。それでもちょっとひっかかる。

地球のあちこちで今日も殺戮やテロや飢餓が起きている。島国は現実を見る目がナイーブ（世間知らず）になりがちだ。自分、家、職場、地域、日本国、そしてそれが「世界」まで平面的に広がる感覚と、「ずるずるべったり」の首都圏の姿が私の中で重なり合う。

首都圏に比べると、関西はヨーロッパに似ている。大阪、神戸、京都、奈良といった都会や自治体が、それぞれの顔を持ち、アイデンティティー（自分自身であること）を主張しているからである。阪神間こそ住宅が立て込んでいるが、車窓からは次の街に入ったことがなんとなくわかる。

大阪はさしずめドイツであろう。ドイツが経済大国だからといって、オランダ・ベルギー・ルクセンブルクの三国が飲み込まれてなくなるわけではない。いや強大な隣国に接する小国は、歯を食いしばって自国の存在理由にこだわる。強国もそれを認める。相互に自己を相対化する努力がヨーロッパの国際感覚を磨くのである。

一　豊かなストックをどう生かすか

一九八〇年代の前半、私はロンドン駐在として欧州経済を取材した。

あるとき「オランダと日本の球根貿易は日本の黒字だ」ときいた。チューリップの国との球根貿易が黒字だなんて最初は信じられなかった。

だが調べてみるとその通りだったのだ。当時、日本の植物検疫が厳重で、日本向けの球根はひとつひとつチェックした。いったん日本国内で球根を植え、花を咲かせてみるといったことまでしたようだ。

一方、日本からはクロユリやオキノエラブユリといった大きな花の球根がたくさん輸出された。差し引き日本の黒字だった。

ドイツはチューリップの球根や花をオランダから輸入する。地続きだから、栽培しようと思えばできるだろう。だが、しない。オランダはドイツの車を買い、花やチーズを輸出する。

石油輸出国機構（ＯＰＥＣ）の会議取材でスイスのジュネーブによく通った。車をちょっと走らせるとフランスである。フランスパンがスイスのパンよりおいしいのか、スイス人は国境をこえてフランスのパン屋へ朝食のパンを買いに行く。

真似をしてアイデンティティーを見失ったら自分の国がなくなるかもしれない。だからときにやせ我慢もする。欧州大陸の国々にはそんな緊張感を感じる。

関西にはヨーロッパと通じる「自立」と「区別」の土壌がある。それなのになぜ東京ばかりを向いて慌てふためくのか。ビル工事現場のクレーンの数を比較して嘆くのか。

関西の財界人から「首都圏より失業率が高い。何とかしなければ」という言葉をよく聞いた。昨今はその差は小さくなっているとはいえ、トヨタを抱える中京圏が元気なだけに、地盤沈下へのあせりがある。

そんなにあせる必要はない。戦後の日本人はＧＤＰ（国内総生産）や売上高、賃金といった「フロー」の数字の伸びに一喜一憂してきた。「昨年より」「他社より」「外国より」良かった悪かったという騒ぎだ。渦中に身をおくと、「ストック」より「フロー」に目を奪われがちになる。

国中が「フロー」の数字に目の色を変えている中にあって、関西は一味違う顔をのぞかせる。長い歴史と伝統を反映して住宅などの「ストック」が厚いから、どこかゆったり構えていられるのだ。

四、五年前に、京都府北部の丹後ちりめんの産地を再訪した。この絹織物産地の規模は三〇年前の一〇分の一に縮小したという。内需不振、中国産の攻勢、後継者難。どの産地にも共通の悩みを抱えていた。

たしかに以前、道を歩くとあちこちから聞こえた織機の音は途絶えた。しかし落ち着いた街並みはそのままである。ひっそりとしても共同体が崩れたわけではない。

収入が少しぐらい少なくても、関西の人は首都圏より悠々と暮らしている。大和《やまと》棟《むね》の立派な家々に囲まれて借家暮らしをする私にはそう映る。もし関東と失業率の差がなくなったら、それは「ストック」を食いつぶしたという黄色のサインになるかもしれないのだ。

ただ、その「ストック」をどう維持し、次世代につないでいくか。明日香村でも、大きな家屋が空き家になっている、老夫婦だけで暮らしている、といったケースが少なくない。先行きどうなるか不安にかられている人も多い。有名な社寺だけでなく、関西の生活ストックをいかに守ってゆくか、は大きな課題である。

その地形と歴史のゆえだろう、それぞれが自己を主張する都市や自治体が関西の多様性と奥行きをもたらしている。ヨーロッパに似たその特性を最大限に生かし「日本のヨーロッパ」をめざすことが、関西の進むべき道だと思う。

東京になびき、本拠を移すだけが生き残りではあるまい。グローバリゼーション（経済の世界化）は企業や都市が世界と直結する可能性を高めた。きらりと光る企業、魅力ある都会や地域には海外の目が集まってくる。

ロンドン駐在だったころ、ドイツやフランスの中小企業を取材した。日本の精密機械メーカーなどが現地生産のパートナーを依頼したが「今で十分。これ以上仕事を増やしたくない」と断られたそうだ。米海軍の原子力潜水艦のスクリュー音を小さくする技術はイギリスの小さな企業が握っているという話も聞いた。

高い世界シェアを持つ京都のユニークな企業群。人工衛星を打ち上げようという東大阪の中小企業。関西企業には東京ではなく、世界に目を向けた事業展開ができるはずだし、そうしてほしい。

関西は伸び盛りのアジアとの付き合いに一日の長がある。実際、中国を先頭にアジア経済の活況は関西経済に元気をもたらしている。得意のものづくりに加えて、アジアから観光客を集めるチャンスでもある。

大阪で韓国からの旅行客を扱う会社を経営している韓国人の女性社長から面白い話を聞いた。「地震を知らない韓国人は揺れを実感できる施設や、火葬場を見学したがる」というのだ。

土葬の風習が続いた韓国でも、都市化や環境問題から火葬への関心が高まってきた。でも火葬場がどんなものか見たことがない。彼女によると公開を嫌がるところもあるが、見せてくれるところもあるそうだ。

仏教もいろいろな技術も朝鮮半島を通ってきた。法隆寺や東大寺大仏殿、大阪城より、自分の国にないものを見たいと思う人たちがいたとしても不思議ではない。国宝や重要文化財の半分が関西に集まっているからといって、外国人までそれを目当てにくると思うのは早とちりである。

二　「電柱地中化」の先頭に立つ

目を国内に転じてみよう。

アングロサクソン流の市場原理主義と、マルクス「資本論」の第一巻を読んでいるようなむき出しの資本主義。

そんなアメリカと中国の攻勢にはさまれ、「東京」は疲れている。富と人口の集積は購買力をもたらすだけでなく、ストレスというマグマを上昇させていることも忘れてはいけない。

日本人の心のふるさとである関西は、仕事疲れを癒し、明日の活力をつける格好の場でもある。

東京をアメリカ、関西をヨーロッパと考えてもいい。モノやカネはアメリカに集まる。日本と中国は対米輸出で稼いだドルで米国の国債を買っている。アメリカの赤字を日中が穴埋めしてくれるから、ドルの暴落が避けられている、といった構図だ。

欧米間でも投資はアメリカに向かうが、観光客はといえば、アメリカからヨーロッパへの人数の方が多い。歴史への関心、自分たちのふるさとへの憧れだろう。

東京の後追いをしても東京に追いつけるわけではない。無駄な努力であせるより、「あちらはアメリカ。こちらはヨーロッパをめざす」と割り切ったほうが関西のためではなかろうか。

しかし残念ながら関西財界の意識と目は東京に向けられているようだ。一例が梅田北ヤードの開発計画である。大阪駅の北側の土地利用について国際コンペを行うと聞いて、二〇〇二年六月二四日付の「朝日新聞」に私は次のようなコラムを書いた（夕刊の「窓」）。

さしずめ、東京・汐留の大阪版だろうか。ＪＲ大阪駅北側に残された旧国鉄の土地約二〇ヘクタールの再開発が、地元政財界の課題になっている。

オフィスビルと高層マンションの組み合わせでは能がない。大阪は緑に乏しい。いっそ丸ごと森林にしてはどうか。玄関先に広がる森林は市民の憩いの場、防災拠点になり、この街の魅力も高める。

問題は資金である。土地を保有する日本鉄道建設公団はできるだけ高く売って、旧国鉄の債務を埋めたい。

大阪市が買い取って森林にすれば一番いいが、ただでさえ財政がピンチで、とてもそんな余裕はなかろう。

収入源を考える必要がある。

私のアイデアはこうだ。

ヨーロッパの都心部によくある中層の落ち着いた建物で、城壁のように森林を囲む。どの窓からも成長する樹木が眺められる住宅やオフィスは、結構人気を呼ぶのではなかろうか。プチホテルなんかも悪くない。

一階は店やレストランにする。遊歩道をうんと広くとって、店外にもテーブルを並べれば楽しい。

一本一本の木は、トラスト制度で広く所有者を募る。大資本ばかり頼りにせず、今話題の新しい地方債「住民参加型ミニ市場公募債」を出して、小口の投資を集めるのも一法だと思う。

大阪市と都市基盤整備公団は八月にも、全体構想の国際コンペを実施するという。

環境と採算がうまくかみ合ったプランが集まることを期待したい。

あれから五年余。北ヤードの再開発計画は動き出したが、どうやら私が「能がない」と書いたオフィスと高層マンションの組み合わせになりそうだ。

どうして汐留や六本木と同じことしかできないのだろう。パリにはブーローニュの森があり、ロンドンのハムステッドヒースには鹿が遊ぶ。緑が都市の格を上げ、集客効果を高めることがわからないのだろうか。

大阪の都心部などを除けば、関西は緑に恵まれている。自宅や職場から「山」が見えるというのも心を和ませる条件だ。しかしせっかく恵まれているその景観を台無しにしているものがある。電柱と電線である。ヨーロッパと日本の景観の最大の違いはその多い少ないにあると言ってもいい。

イギリスの田舎をドライブして、日本にある三つのものがほとんどないことに気づいた。「電柱・電線」と「看板」そして「歩道橋」である。最後は見過ごしがちだ。確かに人命は大事だけれど、信号と横断歩道があれば十分というところにも鉄製の歩道橋がある。「土建国家だなあ」と思わざるを得ない。

大和の風景をこよなく愛した写真家の入江泰吉は電柱や電線を毛嫌いした。

あるとき助手に「古代のお堂や塔の写真とコンクリートの電柱は調和しない。景色を分断する電柱を地下に埋めることぐらい簡単にできるはずだが」とぼやいたそうだ。入江さんが雨、もや、朝霧を好んだのは表現の手段としてだけでなく電柱や電線対策かもしれない。

関西には電柱地中化運動の先頭を走ってもらいたい。電力会社は費用がかかるから嫌がるそうだ。「土建国家」日本はなにかというと共同溝を作りたがる。電気や通信などをまとめた工事を計画するのである。そんなことをしたら時間も費用もかさむ。

もっと手軽にやれないのか。私の知っているイギリスの村では電線だけ道路わきに簡単に埋め、どうしても地上に出る部分は、家の裏側を通すなどきめ細かな工夫をしていた。大雨が降ると配線が切れることなどもあるだろう。そのリスクと普段の景観のどちらをとるか。それは、ヨーロッパをめざすかどうかの選択でもある。

三　古代の大和川をたどる旅

大阪は「水の都」だった。飛鳥も「石と水の都」と呼ばれる。千田稔氏には（『中公新書　飛鳥――水の王朝』中央公論新社　二〇〇一年九月）の著書がある。

吉野川（紀ノ川）は「聖なる水」とあがめられた。「水分《みくまり》神社」が山間にあり、龍神や葛神《くずがみ》を祀る神社、「龍」の字の入る寺院が数多くあるように、水は関西の古代と現代を結ぶキーワードである。

ラインやドナウなどの国際河川が人々をひきつけるように、関西の川を甦らせることはできないか。私はその試

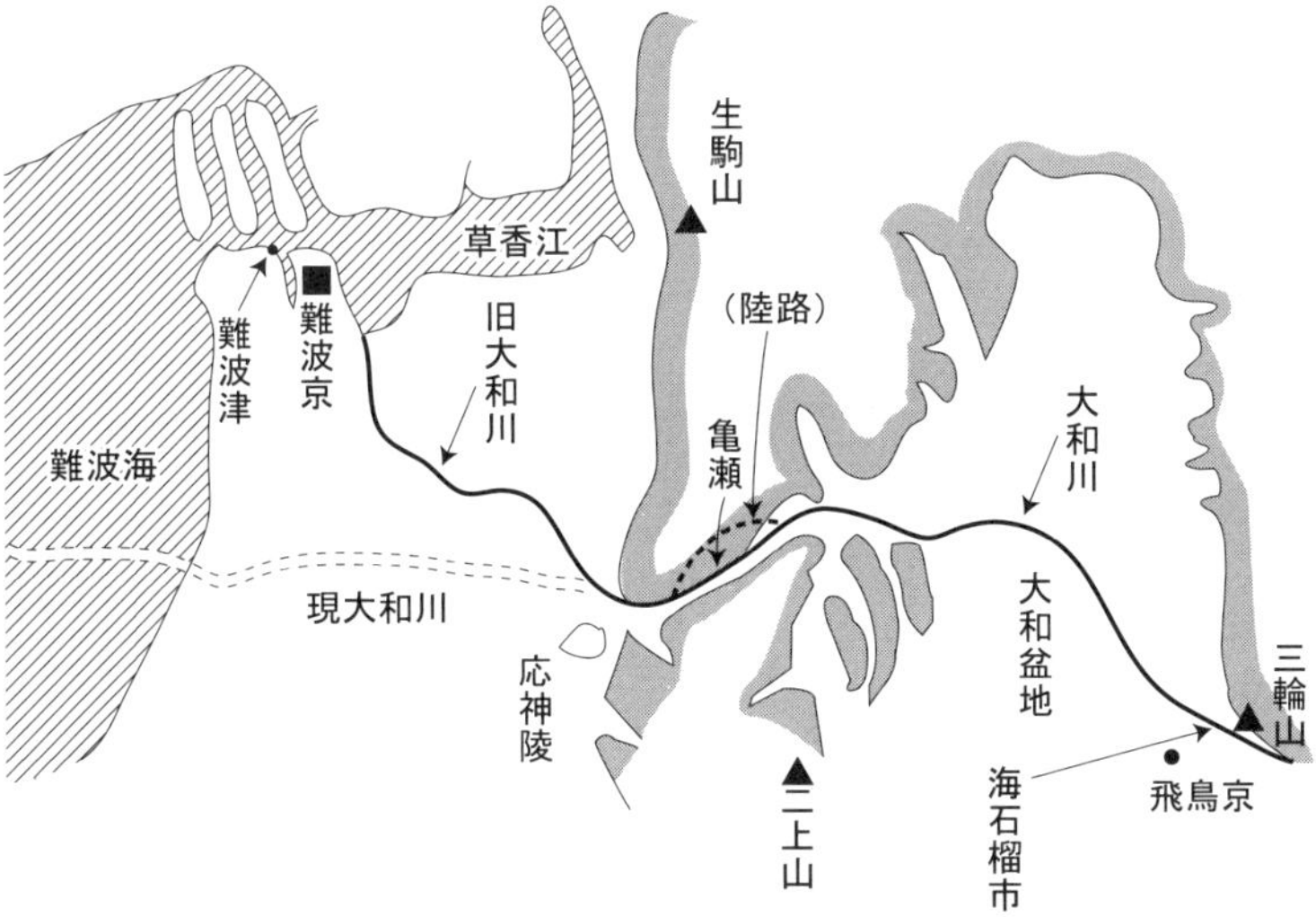

裴世清がたどった道（日下雅義氏の助言により作成）

みとして「古代の大和川をたどる」プロジェクトを提唱したい。

六〇八（推古一六）年遣隋使小野妹子の帰国に同行した隋使裴世清《はいせいせい》は難波の港から川を溯り、女帝の待つ小《お》墾田宮《はりだのみや》へ向かった。その旅を想い起こしながら古代の国際港から奈良盆地への「水の道」をたどるのである。

ルートに遊歩道や水遊びの場所をつくる。当時の迎賓館や市場を復元する。登場人物に不足はないし、歴史ロマンもたっぷりある。それが大和川の水質浄化につながり、大阪府と奈良県の広域観光開発にもなれば、一石何鳥にもなるはずだ。

江戸期の付け替え工事で、大阪府下の大和川の流れは大きく変わった。旧大和川は現在の平野川とほぼ重なり、八尾飛行場の北側ではＪＲ関西本線に沿って流れ、柏原市で今の大和川とぶつかる。

そこから亀瀬《かめのせ》の急流を抜け大和盆地に入るわけだが、奈良県に入ってからの流れは古代と大きな変化はなさそうだ。

終着点となった三輪山のふもと、海石榴《つば》市《いち》では「飾馬《かざりうま》七五匹が使節団を迎えた」と『日本書紀』は伝えている。

当時、推古女帝や聖徳太子がいた小墾田宮がはたしてどこにあったか。「小治田宮」と墨書された土器が出土した明日香村の雷丘《いかづちのおか》付近だったか、それとも市井の研究者が主張してきた桜井市の大福《だいふく》あたりだったか。そんな探求もあわせれば、歴史ファンもひきつけるだろう。

二〇〇八年は裴世清の一行がやってきてから一四〇〇年の節目となる。それを記念して整備計画をはじめてはどうだろう。

文化への投資も惜しむべきではない。京都南禅寺近くの高台に、山を背にして建つ「ヴィラ九条山」を訪れたときにそう思った。フランスから日本に派遣された芸術家の面倒をフランス政府がみている施設である。

コンクリート打ちっぱなしのしゃれた建物で、六つの宿泊室のほか、サロンや多目的ホールがある。一九九二年の開館以来、画家、文学者、写真家、漫画家、振付師らが、四ケ月から八ケ月ここで暮らして、京都の伝統文化に接したり、日本の芸術家と交流してきた。アジアではここだけだという。

意外だったのは、施設の維持費や滞在者の経費をフランス政府がもっていることだ。三年ほど前で年間五〇〇〇万円と聞いた。「さすが文化、芸術の国だ」と感心してばかりもいられない。日本政府が一部負担できないか、日本も海外にそんな施設を作れないか、フランスの外交官でもある館長さんの説明を聞きながらそう思った。

フランス政府が広いアジアで京都を選んだことは、その国際的な評価の高さを示している。世界は軍事力でねじ伏せるハードパワーから、文化力で惹きつけるソフトパワー重視へと動いている。関西のソフトパワーを研ぎ澄まし、宣伝するためのヒト、モノ、カネの投資は、何倍もの果実をもたらすはずだ。

四　日帰りツアーの品ぞろえを

関西は豊かな歴史・文化ストックを有している。アメリカ人がヨーロッパに憧れるように、首都圏の人たちは、関西に憧れ、郷愁、自分探しの欲求を潜在的にもっている。しかし歴史・文化ストックは継承のためにたえず補修し、また今日的な需要に沿った付加価値を加味していかなければならないと思う。

歴史探求、環境保全、健康といった需要を兼ね備える「古代の大和川をたどる」といった広域プロジェクトの可能性は他にもあるだろう。それは観光面だけでなく、地場産業や雇用確保にもプラスではなかろうか。

「滞在型」が出てきているとはいえ、日本の旅行は海外、国内とも国々や名所をせわしく回る周遊パックが中心だ。それを悪いとはいわないが、ヨーロッパのパック旅行はひとつの場所に一週間なり一〇日間なり滞在するのが普通である。

欧州大陸バス周遊旅行といったプランも確かにあった。そこには「何歳以下の子どもはお断り」という但し書きが付いていたのを思い出す。ゆったりとその地の風物や食事をたのしむ。そして心身ともリラックスする。それが旅というわけだ。

関西はその面でもヨーロッパをめざすべきだ。私の住む奈良県は右肩下がりの観光客をどう増やすか悩んでいる。数が減ったうえに日帰りが大半。京都で泊まって奈良は日帰りでは、落とすお金も限られる。明日香村もそうだ。「落とすのはごみだけ。こんな観光なら歓迎しない」といった声さえ聞く。

「宿泊施設が十分ないからだ」「お客が来ないから廃業したり、投資ができなかったりする。まず観光客を増やしてほしい」。そんな言い合いをしていても始まらない。

ここは発想を転換すべきではないか。たとえば「奈良や明日香にも」泊まってもらう、のではなくて「奈良や明日香に」一週間滞在してもらい、そこから関西各地にでかけてもらうのである。奈良や明日香でなくてもいい。紀伊半島まで視野に入れて、そこからあちこち出かけられるところなら、どこでも私の言う「観光拠点」になりうる。

ここでもヨーロッパが参考になる。ヨーロッパの観光地では「日帰りバスツアー」がとても発達しているからである。気に入ったツアーを選んでフロントに申し込む。翌朝、バスがホテルに迎えに来てくれて、夕刻に送り届けてくれるのである。

ロンドン駐在時代、小さな子ども二人を連れ一家でイタリアのソレントに一週間滞在するパック旅行に申し込んだ。泊まったホテルの掲示板には「ナポリ」「カプリ島」「ベスビオ火山とポンペイ」といった日帰りツアーのメニューがずらりと並んでいる。昼食つきで手ごろな値段だ。

期間中、「カプリ島」と「ポンペイ」に行き、残りはホテルのプールでのんびり過ごした記憶がある。

手の届く場所に文化・観光資源がたくさんある関西はこうした「滞在・日帰り」型のプランにもってこいだと思う。

私の住む明日香村を例に考えてみよう。東京からこちらに来たときには「奈良盆地の南端、どん詰まり」というイメージがあったが、しばらくして見直した。吉野・熊野が世界遺産に登録され脚光を浴びてきたことも勘案すると、明日香は「どん詰まり」どころか奈良、京都、和歌山など各方面の主要観光地にアクセスしやすい「要」の位置にあることに気づいたのである。

すなわち、南に吉野、高野、十津川。足を延ばせば熊野三山、那智も日帰り圏内である。北は奈良市、斑鳩《いかるが》、西ノ京。東は多武峯《とうのみね》、宇陀《うだ》、曽爾《そに》など高原地帯。北東は長谷、室生《むろう》。西は当麻《たいま》、葛城《かつらぎ》と宝の山に囲まれている（地図参照）。

私の描くイメージは次のようである。

◆夫婦や親子、友人たちと数日から一〇日ぐらい滞在する。

◆半日、一日コースのマイクロバスが宿を回り、前日申し込んだ客を乗せて、また宿に送る。
◆客は明日香巡りを楽しむのもよし、希望のコースで遊ぶのもよし、バラエティーと選択肢に富んだ休暇を楽しめる。
◆行き先が広がれば「泣き所」の夏や冬の落ち込みもある程度埋められる。

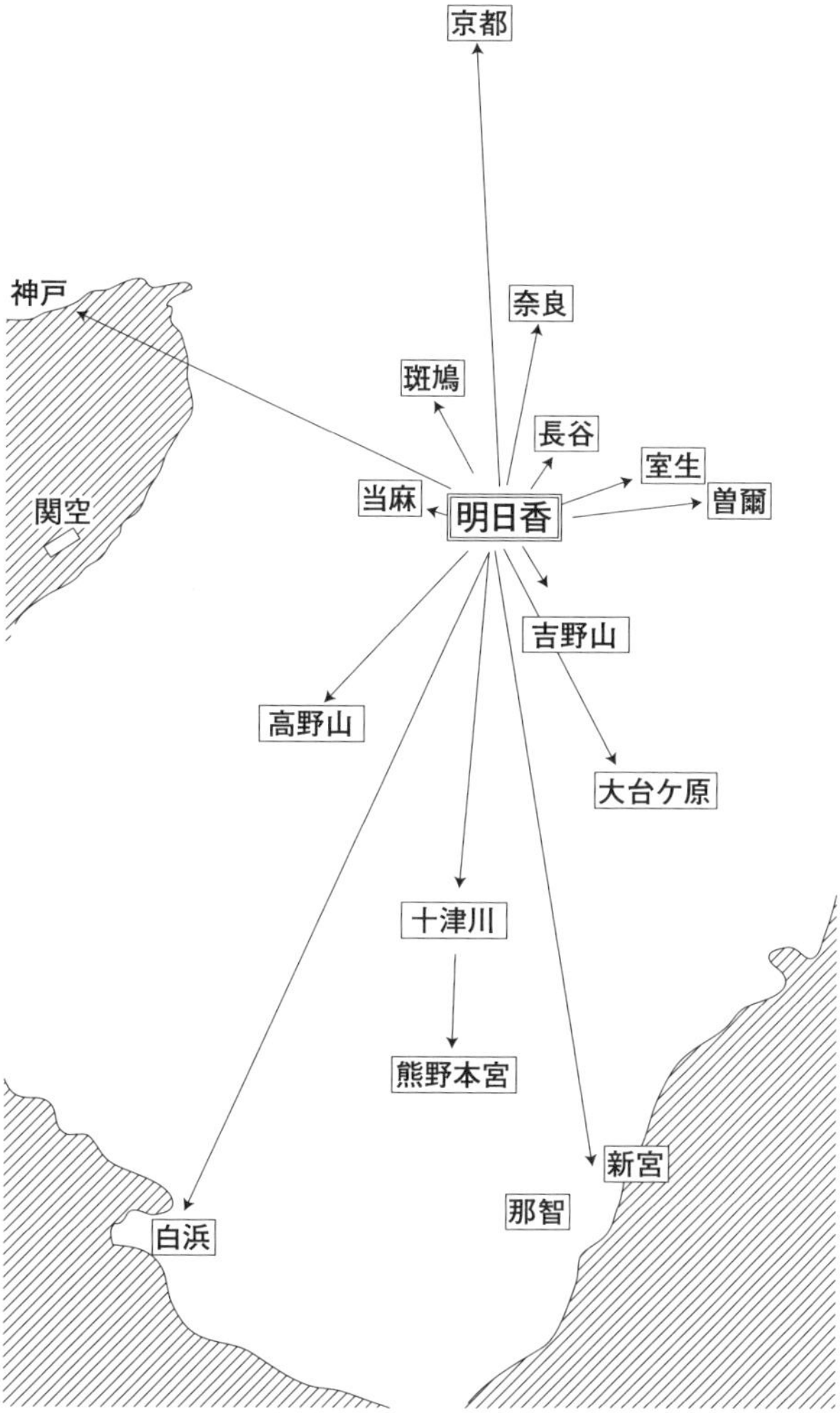

明日香からの日帰りツアー候補地

明日香村に限らず、橿原市、桜井市、高取町など近隣のどこも「観光拠点」になりうる。ただし、そうした拠点作りには、発想転換や条件整備が必要だ。

◆なによりもまず、ニーズを満たす宿泊施設が求められる。値が張らず、こぎれいで、連泊してくつろげる宿である。宿は一カ所にまとまる必要はない。日帰りバスが回れる範囲にいくつかあればいい。

◆各種のオプショナルツアーを提供する事業者が要る。交通サービス体系の見直しも必要だろう。

◆ターゲットを考える。例えば首都圏の団塊の世代。「車で来ない」「歴史・文化への憧れ」「時間・資金の余裕」など滞在型旅行の潜在需要者である。私の経験では「奈良や明日香に行きたいが、情報が少ない」といった声を聞く。「滞在・日帰り」型のプランについて首都圏などでの宣伝活動に力を惜しむべきではない。

◆昨今の旅行者の要求水準は高い。ずさんなプラン、いいかげんなサービスではぶちこわしだ。宿泊施設や日帰りバスサービスの整備など関連自治体や事業者、NGOなどが全体構想をじっくり練り上げる必要がある。

国内でも海外でも、人々は旅行に「非日常」の体験や楽しさを求める。

「観光拠点」には楽しさを導入したい。私はコンクリートでお城のまがいものを造ったり、古代の建築物をいいかげんな想像で再現したりするのには賛成しない。そんなことなら草むらに点在する礎石に往時を思い浮かべるほうがよほどましだ。

しかし歴史の原点にも楽しさはいる。たとえば明日香村の場合、近鉄の飛鳥駅と村の中心部を結ぶバスは上が幌付のオープン席の二階建てバス、村内をゴルフ場のカートのような乗り物がゆっくり動き回る、といったサービスはどうだろう。

時空を飛び越えるにはそれなりの舞台装置が必要だ。ヨーロッパの古い町村は「今と昔」をさりげなく、心地よく結びつけ、遠来の人々を包み込む術にたけている。

阪急沿線の人文的世界

柏岡富英

もし小林一三がいなかったら……私の歳に近いか、もっと上の年代の上方生まれの人間は、自分たちにとっては確固とした人文的世界である「阪急沿線」というものを、ついにこの世に持たずに終わったことであろう。(1)

大阪の西の淀川を渡ってもまだ大阪市西淀川区である。更に西へ、すぐ神崎川を渡ることになる、これを渡れば兵庫県尼崎市だ。川が行政的境界、しかし私の思うに、人文的境界は、更に西の武庫川であろう。(2)

阪神間の沿線には近代的な生活文化、住文化を中心にした独特な文化圏が形成され、世界を相手にしてきた、非常にハイカラな、モダンな文化が育まれてくるのです。(3)

一　真白な砂と岩と松の緑

大阪梅田と宝塚を結ぶ箕面《みのお》有馬電気軌道が開通したのは一九一〇（明治四三）年、同社が阪神急行電鉄と名を改めて梅田から神戸上筒井にいたる神戸線の営業を始めたのは一九二〇（大正九）年であった。同年には伊丹線、翌一九二一年には西宝線（現在の今津線）、一九二四（大正一三）年に甲陽線が完成して、京都線と千里線をのぞくと、大正末までには現在の阪急電鉄路線がほぼ完成することになる。

大阪圏は「私鉄王国」とまで称されるほどに、首都圏に先駆けて私鉄網が張り巡らされることになるが、その中でもモダンで高級なイメージにおいて、阪急は他を圧していたらしい。詩人・作家の阪田寛夫は次のように書く。「昭和十年を前後する時代に、私の通っていた大阪市内の南海電車沿線の小学校でも、阪急電車は速力と、海老茶一色に統一された鋼鉄製車体と、野暮な装飾など一切無い機能的で重厚な内装によって、私鉄電車品定めにおける人気は抜群だった。[4]」また、田辺聖子によると、「野坂昭如氏のごとき、自分は住んでもいないし、電車を利用してもいないのに『阪急はいい。阪急は客すじからしてちがう』と自分が阪急のオーナーのようにいばっていられる」そうである。[5]

この高級イメージは、阪急がもともと高級とされる地域や名所旧跡をつないで走ったために、つくられたものではない。たとえば一九四〇（昭和一五）年一〇月号の『鐵道省編集　時間表』の裏表紙に掲載された「大軌参急電鐵」（現在の近鉄）の広告は伊勢大神宮、橿原神宮、熱田神宮の名を大書して、「聖地参拝」をうたっている。原武史は「南海や大阪高野、大軌の沿線地域には、住吉神社（現住吉大社）や大鳥神社など、古い由来をもち、伊勢神宮に次ぐ社格を意味する官幣大社クラスの神社をはじめ、数多くの天皇陵や古墳があった。これは、箕有電軌やそれを受け継いだ後の阪急神戸線、今津線の沿線地域に、大きな神社や天皇陵がほとんど分布していないのと対照的である」と書いている。(6) 一九三一（昭和六）年に阪急自身がつくった「阪急線路案内図」にも、西宮の広田神社と門戸厄神《もんどやくじん》、宝塚の清荒神《きよしこうじん》と中山寺、それと箕面の滝以外に「全国区」と呼べる名所旧跡は見あたらない（有馬温泉はもちろん有名だが、箕面「有馬」電気軌道は、ついに有馬に到らなかった）。

沿線に「全国区」の名所旧跡がなかったのは阪急だけではなく、大阪湾と六甲山の間の長細い地域を、互いに肩を接するようにして梅田から神戸に向かって競走する阪神電鉄と国鉄（官営鉄道東海道線）にとっても事情は似たりよったりだった。三線ともに、両端の大阪と神戸以外、極端に言えば何にもないところにレールを敷いたのである。それでも国鉄が平地のちょうど真ん中あたり、阪神がすでに集落や港町のあった海岸沿いを通ったのにくらべ、阪急は「山の手の山麓をたいへんな掘削工事をして、ほとんど真っすぐに線路を」通した。(7)「何にもない」ことにおいて、あるいは真っさらであることにおいて、阪急沿線は一頭地を抜いていたのである。

よく知られているように、小林一三は、この人口密度のきわめて薄い地域に電車を通すにあたって、いくつかの事業を同時進行させている。沿線の住宅開発、ターミナルデパートの開設、新しい観光施設の創設、学校の誘致などである。なかでも住宅開発は、資金難にあえぎ、大した運賃収入など望むべくもなかった箕電にとって、のるかそるかの大バクチであった。しかしこれが大当たりする。「売り出すと殆ど全部売れた」のである。(8) 第一号は池田室町（一九一〇年）で、これに桜井（一九一一年）、豊中（一九一三年）が続く。神戸線でも岡本（一九二一年）、西宮甲風園《こうふうえん》（一九三〇年）、塚口（一九三四年）、武庫之荘（一九三七年）と、矢継ぎ早に、阪急の手になる分譲住宅地が開発され、「地霊や民俗伝承といった有機的要素の洗い流された、真白な砂と岩と松の緑の町」をつくりあげていった。(9) ここに持ち込まれたものは「赤い屋根と白い壁に代表されるスパニッシュ・スタイルなど独特の様式の建築、ホテル文化、ファッション、洋楽を中心にした音楽、ミッション系の学校、洋画、写真、宝塚歌劇、ダンスホール、映画、甲子園などのスポーツ、娯楽・アミューズメント施設、避暑地、リゾート」など[10]、要するにそれまでの日本の日常にないものであった。

二　電鉄郊外

小林一三は洋風を好んだ。「私は今でも洋式礼賛論者で」と自分ではっきり書いている[11]。お茶の席へも椅子をもちこんで客をあっと言わせたこともあったらしい。彼が実際に欧米を視察するのは一九三五（昭和一〇）年、六三歳になってからだから、彼にとっての欧米は印刷物や人の話を通じたものであったが、具体的な材料はわかっていない。日本における郊外住宅地の発展を論じた書物や論文では、イントロダクションとしてエベネザー・ハワードのレッチワースやジョン・ナッシュのパーク・ヴィレッジ、あるいは内務省地方局有志の手になる『田園都市』などが引き合いに出されることが多いが、一三がこれらからどれほどの影響を受けたかを検証するのは、今となってはむつかしいだろう。『小林一三全集』に見るかぎり、これらへの直接の言及はない。

しかし逆に、郊外電車と宅地開発の組み合わせが一三の創案でなかったことは、有名な「最も有望なる電車」という広告パンフレットが明らかに示している。（『逸翁自叙伝』に収録されているから、おそらくは一三自身が書いたものと思われる。）このパンフレットは箕電の経営方針を、顧客（候補）との問答形式で説明したもので、その中に「外国の電鉄会社が盛んにやっている住宅地経営」というくだりがある。

会社の所有となるべき土地が気候適順、風景絶佳の場所に約二十万坪、僅かに梅田から十五分乃至二十分で行けるところにあります。此所に停留場を設け、大いに土地開発の策を講じて沿道の乗客を殖やし、同時に土地の利益を得ようと云ふ考へです。[12]

この「外国の電鉄会社」が具体的に何を指すかは想像に頼るしかないが、ケネス・ジャクソンの描く一九世紀後半のアメリカが参考になりそうだ。[13]ジャクソンによると、「家」が中産階級の夢の実現であるという考えは、すでに一八四〇年代に唱道されていたが、それが一種の社会運動の様相を帯びるのは一八八〇年代である。裕福な街がいたるところに姿を現し、二〇世紀を迎えようとするころには、二、三〇年前には聞いたこともなかった場所がスタイリッシュな生活の代名詞となった。

この新興住宅地を支えたのが鉄道の急激な発達であった。たとえばペンシルベニア鉄道は、一八六〇年代と七〇年代にフィラデルフィアからピッツバーグへの路線を整備し（それまで曲がりくねっていたものを真っ直ぐに引きなおした）、同時に沿線の農地を買収して住宅地として売り出したのである。またオハイオ州シンシナチのマリエタ鉄道は、一八七〇年代に学校、教会、病院などを備え、町並みを整えるために建築規制をかけた「公園風」(parklike)の住宅地を売り出している。

さらに、こういう郊外電車の沿線には、ほとんど必ずと言っていいほど、大学が配置されていた。フィラデルフィア近郊ではブリン・モア大、ハヴァフォード大、スワースモア大、ヴィラノーヴァ大、シンシナチ近郊ではマリエタ大、シカゴ近郊ではノース・ウェスタン大やレイク・フォレスト大と、枚挙にいとまがない。創設は概ね一九世紀半ばだが、今日では、いずれも全米に知られる上級大学である。

あまりにも似ている。小林一三の郊外電車と宅地開発のイメージが、一九世紀末アメリカの鉄道経営にあることはまず間違いなかろう。念のために付け加えると、この当時のヨーロッパでは電鉄会社やそのオーナーが、自社線沿線で不動産業を営むことが禁止されていたし、地主が鉄道の敷設権を与えられることもなかったから、一三のモデル候補から外して間違いはないだろう。

むろん日本とアメリカとでは土地の広がりが比べものにならないから、アメリカ・モデルを日本に適用するにはさまざまな工夫が必要であった。その一つが、山の斜面を利用して立体感を醸し出すことではなかったろうか。阪田寛夫の言う「傾斜地や扇状地」は「阪神間らしさ」の重要な要素である。宝塚から西宮北口を通って三宮へといたる阪急沿線は、六甲山の東と南の麓に位置する。池田や箕面は北摂山系に抱かれている。

狭い意味での阪神間が武庫川から西、国道二号線（阪神国道）から北であるのは、梅田から阪急神戸線に乗って三宮に向かえば、理屈抜きで感得することができる。六甲の斜面は、武庫川を西へ渡ったところから、進行方向の右斜め前に、六甲や甲山を借景にして開けてくるのである。そしてそのあたりから緑がグンとふえる。大阪と阪神間の厳とした境界は武庫川であり、その東岸にひろがる尼崎市は、行政区分としては尼崎市だが、「人文的」には大阪の延長であることは、冒頭に引いた田辺聖子の文章が示すとおりだ（尼崎市の市外局番が、今でも大阪市と同じ「〇六」であるのは「経済的」にも大阪と尼崎が同一圏にあることを物語っている）。

箕電の路線は、一三が活動を始める以前にすでに決まっていたのだし、大阪神戸間でも、官鉄と阪神がすでに線路を敷いていたから、阪急には選択の余地がほとんど残されていなかった。斜面、すなわち「山の手」は、所与の条件であって、選択の結果ではない。しかし所与を逆手にとって高級イメージ作りに利用したのは、一三の才覚と言わねばならないだろう。

この沿道は飲料水の清澄なること、冬は山を北に背にして暖かく、夏は大阪湾を見下ろして吹き来たる汐風の涼しく、春は花、秋は紅葉と申し分のないことは論より証拠で御一覧になるのが一番早やわかりが致します。(14)

三　超高級とナミ高級(15)

ところで阪神間の住宅地にも大きく分けて二種類があることを押さえておかねばならない。「超高級」と「ナミ高級」である。「超高級」は一八七四（明治七）年の官営鉄道東海道線、一九〇五年の阪神鉄道の営業開始を受けて、大阪神戸の実業界紳商、弁護士や医者などの富裕層が芦屋浜や岡本、御影あたりに建てた大別荘や邸宅である。やや時代は下がるが、一九二九（昭和四）年に始まる六麓荘も、ここに分類される。北尾鐐之助と小出楢重は当時の阪神間の風景をそれぞれ次のように描いている。

御影＝岡本＝芦屋川では、阪神間における、最もモダーンな色彩を乗せる。それは大概、ブルヂヨアの家族たちで、目のさめるやうな振袖か、でなければ、スマートな洋装である。それは阪神における、有名な実業家の誰々と指すことの出来るやうな人たちであつた。若い細君たちは、長いクラブを抱へて、よく、その日のゴルフゲームの話をした。(16)

芦屋という処へ住んで二年になる。……その機構や地勢の趣が南仏ニースの市を中心として、南はカーニュ、アンチーブ、キャンヌ東はモンテカルロといった風な趣にもよく似通っているように思えてならない。殊に山手へ散歩して海を眺めるとその感が深い。小高い丘陵が続く具合、別荘の多い処、自然が人間の手によってかなり整頓されている処、素晴らしいドライヴウェイがあり、西洋人夫婦が仲良く走る有様なども似ている。私は散歩する度に南仏を思い出すのである。(17)

ここに描かれる郊外風景は、ほんの二、三〇分しか離れていない神戸大阪から飛び離れていただけではない。日本でさえなかった、と言うべきだろう。田辺聖子は「武庫郷芦屋へピアノ売られゆく」（大山竹二）という川柳を紹介しているが、なるほどピアノを輸入する会社は大阪にあっても、買い手は阪神間のハイカラ金持ちであった。ゴルフやテニスといい、ピアノやレストランといい、彼らの理想は、あくまで西洋的生活様式にあった。

筆者の友人に、アメリカ南部ノース・カロライナ州の美しい森に四エーカー（約五〇〇〇坪）の土地をもつ人がいる。彼女の言うところでは、この土地は素晴らしいけれど、一つ大きな欠陥があって、それは冬になって木が葉を落とすと、隣の家が見えることなのだそうである（彼女は後に、隣の地所を買い取ってしまった）。上で触れたイギリスのレッチワースやパーク・ヴィレッジも、互いの家が見えないように設計されていたらしい。古い写真で見るかぎり、初期の芦屋・岡本・御影の邸宅もまた、同じ様子だったと想像できる。

しかし、阪神間にはもう一つの顔がある。阪急が創り出した住宅地である。小林一三のねらいは、「巨万の財宝を投じ、山を築き水を導き、大厦高楼を誇らんとする富豪の別荘」[18]や、日本をかけ離れた、一種の租界をつくることにはなかった。中流の上くらいの商人やサラリーマンが「大阪にゐて借りる家賃よりも安い月賦で」買うことのできる、既存の「町村につづく新しい市街地を建設」することであった[19]。いくら新企画ではあっても、しょせんは建て売り住宅なのだ。ただ一方では、それまでの日本の住宅事情を一新したいとの心意気も、また明らかに読みとることができる。

……現在各電車の沿線に在る所謂郊外生活の家屋を一覧せられよ、其設計が人家の稠密せる大阪市街の家屋と同様型にあらざれば、棟割長屋的の不愉快なるものにして、且つ塀を高くし垣を厳にせる没趣味なる、如何に諸君の希望に添はざるの甚だしきかに驚かるべし[20]。

なんという憎まれ口であろうか。棟割長屋というのは、阪神電鉄が西宮に建てた貸家を意識した発言だろうから、阪神はじめ「各電車」の経営者たちは、はらわたが煮えくりかえったに違いない。しかし「晨に後庭の鶏鳴に目覚め、夕に前栽の虫声を楽しみ、新しき手作りの野菜を賞味し、以て田園的趣味ある生活」を約束する阪急の住宅は、中流の上の人々の心をしっかりと捉えた。筆者が、この階層の当時を知る人の何人かに尋ねてみたところ、阪神間（あるいは帝塚山）に土地や家屋をもつのは、ごくごく普通のことで、一種の流行現象であったらしいことが確かめられた（筆者自身の縁者も「くにゅ（口入）」という、現在の不動産ブローカーのような商売をしていて、阪神間の物件も扱い、けっこう儲かったらしい）。

大富豪の別荘には遠く及ばないけれども、大阪市街の家屋と同様型でもない「山の手」の近代的建て売り住宅が、田辺や阪田の言う「人文的世界」の、いわば道具立てであった。そこには「完全なる道路」（舗装をした真っ直ぐの道路の意か）、学校や病院、電灯電信電話、溝渠下水などの衛生設備、日常に必要な店舗や購買組合、娯楽クラブ、公園や果樹園、街路樹、といったハードウェアも整っていた。バタ臭いと言えば、いかにもバタ臭いが、一三は、それこそが近代日本にふさわしい住宅環境と信じ、また中流の上が望んでいるものであることを洞察していた。

四　家庭本位主義と私立学校

この新しいハードウェアには、これもまたそれまでの日本になかった、新しい生活様式が持ち込まれた。第一は「家庭本位主義」である。阪神間に移住していった家族は、大阪の商家が多かったが、商家では主人の家族と雇い人や使用人が、家でも仕事場でもある建物で一緒に寝起きしているのが通例であった。職住が分離していなかったのである。プライバシーなどはないに等しかったらしい。そういう状況の中から、家族だけが別の場所に移り住みたいという欲求が生まれても不思議はなかった。

アメリカやイギリスの郊外発展史を見ても、こういう欲求が生まれてくる事情は極めて似ている。一階は仕事スペース、二階は主人一家の住居、三階は雇い人の住居というパターンが多かったようだ。一八世紀後半になると、やはり交通手段の発達を背景として、ブルジョワやプチブルは、なにもかもが雑然と混じり合ってうなりをあげているような都市生活を逃れ、清澄な郊外に新天地をもとめるようになる。

仕事場は都心に残して、家族は郊外に住まわせ、稼ぎ主は二つの間を往還する、というパターンによって、「家族」という単位が、はじめて他の社会領域から独立することになる。ローレンス・ストーンはこのパターンを「閉鎖的で家庭中心主義的な核家族」と呼んでいる。[21]もっとも英米の場合には、郊外化の結果として核家族が誕生したのではなく、家族こそが生活の中心でなければならないというキリスト教原理主義（福音主義）がまず形成され、この理念の実現のために、福音主義者が郊外化の嚆矢となった、というのが定説のようである。アメリカでは今日に至るまで、いわゆるネオコンと結びついた福音主義諸派が「家族」を最大のイシューにしているのは、実に興味深い。

しかし日本において、家族に関する価値観（あるいは価値観の変化）が郊外化を推進する動機となった、という議論は、成り立ちにくいのではないか。むしろ郊外化がきっかけとなって核家族が析出してきた、と考える方が理解しやすいだろう。小林一三は、

郊外住宅といふ一種の家庭生活は、朝夕市内に往来する主人としては……矢張り家庭本位の自宅中心になる……。[22]

と書いている。これは池田室町に設けた娯楽倶楽部に人が集まらなかったのはなぜかを考察したもので、自分の失敗は失敗として「誠に結構な話だ」などとうそぶいているが、一三の頭の中でも、郊外からの通勤が家庭本位をもたらすとは予想していなかったらしいことを伺わせる。それにしても「よい生活」が家庭本位と結びついたものだというイメージ（すなわち需要）がすでにある程度浸透していなければ、一三が家庭を前面に押し出しても、商売

にはなりにくかったであろう。通勤という客観的条件とは別に、積極的な動機として家庭本位が根付いていったとするなら、このイメージが何に由来するのかは、今後ぜひとも調べてみなければならないことだろう。

阪神間に新しく持ち込まれた生活様式の第二は、私立の中等教育を中心とする若者文化である。戦前に創設されて現在も阪神間に所在する私立学校だけにかぎっても、以下の通りである[23]。

神戸ホーム（神戸女学院、一八七五年）、増谷裁縫塾（夙川学院、一八八〇年）、神戸女子神学校（聖和大学、一八八〇年）、関西学院（一八八九年）、頌栄保母伝習所（頌栄短大、一八八九年）、松蔭女学校（一八九二年）、報徳実業学校（一九一一年）、甲南中学校（一九一九年）、甲南高等女学校（一九二〇年）、辰馬学院甲陽中学校（甲陽学院、一九二〇年）、住吉聖心女子学院（小林聖心、一九二三年）、灘中学校（一九二七年）、芦屋高等女学校（芦屋大学、一九三六年）、六甲中学校（一九三七年）、武庫川高等女学校（一九三九年）

当時の日本として、特定地域にこれほどの私学がつくられたのはきわめて珍しい（随一と言えるかもしれない）。数が多いことのほかに阪神間の私学には次のような特徴があった。第一にミッション・スクールが多かったことである。うえに挙げた一五校のうち七校はキリスト教主義である。（夙川学院も後にキリスト教主義を採用する。）第二に、地元の財界人が莫大な私財を投入して、地元子弟の教育に情熱を注いだことである（報徳、甲南、甲陽、灘、甲南女子など）。「官」に対する「民」という意識が相当に強かったことを思わせる。第三に、女子のための学校が目立つことである。一五校のうち九校をしめ、そのほとんどはミッション・スクールであった（ミッションの男子校が関学と六甲だけだったのは、どういう理由だろうか）。

ここから先は想像と経験的知識に頼るしかないが、これらの学校の入学生の大部分は阪神間の生まれ育ちであったし、卒業生のうち、その後も阪神間で一生をすごした人の割合は、非常に高かった。さらに想像を豊かにするなら、阪神間の私学卒業生同士が結婚するのも、きわめて普通であった。阪神間の私学は、いわば巨大な「お見合い装置」として、阪神間の子弟相互の「内婚」を支えたであろう。そしてまたこういったカップルの子弟は、第二世代、第三世代として、親や祖父母の母校に入学するのである。

お坊ちゃま・お嬢様学校と揶揄されようと、アーメン・ソーメンと冷やかされようと、丘陵地に開ける美しい西洋風キャンパスと煉瓦造りの校舎と、西洋人の教師や華やいだ女学生の姿は、否が応でも地域の人たちの目を刺激し、それがまた生活文化全般にフィードバックされたに違いない。阪神間の私立学校は、阪神間文化の継続的再生産を担ったと見て間違いはない。

五　近代と関西

家庭中心主義や文化再生産装置としての教育機関は、むろん、阪神間文化の特質のほんの一端にすぎない。消費文化（レストラン、ケーキ、パン、ファッション、ターミナル百貨店）やレジャーも重要な話題である。阪急文化圏を幅広く且つ詳細に研究した竹村民郎は次のように言う。

一九二九年、日本最初のターミナルデパートとなった阪急百貨店の開業を契機として郊外生活者のまったく新しい消費生活のパターンが定着していった。阪急沿線の阪急が販売した規格的な持ち家に住み、阪急電車に乗って通勤し、阪急百貨店で買い物をし、そして日曜日には宝塚や箕面で遊ぶという消費生活の新しい変化を通じて阪急沿線の人々の考え方、行動のスタイル、ファッション、暮らし方は次第に均質化された。……近代日本において「交通文化圏」……は、阪神間から誕生したといえるだろう。(24)

阪神間は、たしかに特異な発展をとげた。しかし竹村の「阪神間から誕生した」という表現はきわめて重要である。小林一三が大正から昭和の前半にかけて大阪や神戸のプチブルに提示した生活スタイルは、この地域だけが潜在的にもっていた願望ではなく、日本中どこであれ、明治以来の西洋をモデルとする近代化が生み出したプラスの果実を享受しはじめた人々が、半ば必然的にイメージした「よい生活」の具現化であった。そうでなければ、わずか二、三〇年を隔てて、イギリスやアメリカのモデルを日本に持ち込んで、これほどの規模の成功をおさめることは望むべくもなかった。また阪急の経営戦略をふまえて、東急が田園調布をはじめとする沿線住宅街の建設指導を一三に依頼したのは、東京でも大阪や神戸と同質の需要が生まれており、その需要に見合った事業として阪急方式がふさわしいことが明らかだったからである。その意味で阪神間文化圏は、半分は大阪神戸の文化的・地理的特質を受け継ぎながら、もう半分は無記名の「近代化」の申し子であった。

小林一三は山梨県韮崎に生まれ育ち、慶応大学を出て三井銀行に勤めた人である。この人の発想を「関西的」と呼ぶのは、いくらなんでも無理があろう。「洋式礼賛論者」であった一三が、その夢を具現化するのは、自然的条件が整っていさえすれば、どこでもよかったはずである。それが六甲山と北摂山系の麓で現実の姿となるのは、ロケーションとしては、いわば偶然であった。しかもそこに住んだ人たちは、旧弊の「関西的風土」を大なり小なり逃れて、「近代」の果実をたっぷりと味わいたいと願っていたのである。しかし一三の整えたハードウェアが、一つの「人文的世界」に結実するには、このハードウェアと、そこに移り住んだ人々の生活態度（あるいはあこがれ）との相性がよくなければならなかった。大阪からもちこまれた精神風土の中に、自治と合理の心意気が生きながらえており、そこに国際色豊かな神戸の文化がブレンドされて、阪神間という新しい空間に肥沃な土壌を見いだしたという解釈が可能なのではないか。

冒頭の引用が揃って強調する「人文的世界」や「独特の文化圏」とは、大げさに言えば「近代的市民文化」、あるいは少なくともその萌芽と理解してよいのだろう。記憶は曖昧だが、ある研究会で、『豊かさとは何か』を著した暉峻淑子が、自分にとっての豊かな市民社会の原イメージは、幼いころを過ごした阪神間の生活にあるという私的な感想を漏らしたことがある。日本の市民社会に関する論考が阪神間を具体例として取り上げないのは不思議だ。その意味では、原武史の『「民都」大阪対「帝都」東京』が、副題を「思想としての関西私鉄」としているのは慧眼と言わねばならない。神戸線でも京都線でも、また伊丹線でも、阪急は官営鉄道と競合し、何れの場合にも「高級沿線」の名を獲得するうえで明らかな勝利を収めた。一三の関心事は、自らの会社の繁栄に集中していた。しかし、それが一つの人文的世界として、日本のトップを切って結実するには、すくなくともあの時代、大阪神戸という歴史文化風土が、不可欠であったのではないだろうか。

大阪人がつくった阪神地区とはいうけれども「儲かりマッカ」的大阪感覚はここでは払拭されてしまって、神戸という国際都市のかもし出す文化感覚が、この地区の上に投影された。言うならば大阪のよさと神戸のよさの二つを採って出来た、近代文化都市地域、これが阪神地方であろう(25)。

六　徒花《あだばな》？

「高級」文化圏が高級であり続けるためには、その地域がある程度以上の地理的不便さと、階級的・文化的な排他性をもっていなければならない。しかし阪神文化圏は、大量輸送を生命とする公共交通機関によって成立したものであり、割賦販売という、広範囲の顧客を相手に成立したものである以上、不便さと排他性は、この文化圏のレゾンデートルとは根源的に相反するものであった。竹村の言う「均質化」は「高級」とは矛盾するベクトルなのである。阪神文化圏は（おそらくはすべての鉄道沿線郊外は）、成功の諸事情そのもののなかに自らを蝕む契機を最初から含むという、なにやら弁証法めいた運命を背負っている。第二次大戦中の大空襲と、一九九五（平成七）年の大震災は、この蚕食過程に一層の拍車をかけることになった。

現在、宝塚から西宮北口、西宮北口から三宮まで電車に乗って、進行方向右の山手を眺めると、なにやら西洋風の小住宅がひしめきあいながら、あんなところまでと思うような上の方まで山腹を這いのぼり、その隙間に割り込むようにしてマンションが混在している。それは、便利でオープンな山の手が否応なしに辿り着かざるをえなかった運命の姿である。「よい社会」への志を毫も持ち合わせぬ不動産屋の「資本主義」が、ほぼ全面的に勝利を収めたのだ。消費者（住宅購入者）の側でも、志はどんどん薄らいでいって、資本主義の攻勢の前に、手もなくひれ伏してしまったのである。皮肉な見方をすれば、小林一三は、このナンデモアリ資本主義が叢生する土壌までも、意図に反して用意してしまったのかもしれない。しかし「現在なお進行中の土地・住宅政策の無策、不在、その結果としての不当な土地高騰現象は、一三の資本主義と真っ向から対立する」[26]という津金澤聡廣の苦言は正鵠を射ている。「まるで花壇や小公園や、時には箱庭をそのまま植えこんだような住宅街が、ある雰囲気を持って地表をしっとりと掩っていた」[27]人文的世界は、日本の近代化の一段階に咲いた徒花だったのかもしれない。

注

（1）阪田寛夫『河出文庫　わが小林一三』（一九九一年）一三五頁。
（2）田辺聖子『文春文庫　ほっくりぽくぽく上方さんぽ』（二〇〇二年）二三一頁。
（3）小松左京「阪神間を築いた交通インフラの発展」（「阪神間モダニズム」展実行委員会編『阪神間モダニズム』〈淡交社　一九九七年〉）二三頁。
（4）阪田寛夫、注（1）前掲書、一三七頁。

（5）田辺聖子『田辺聖子全集　第二三巻』（集英社　二〇〇六年）五一四頁。
（6）原武史『講談社選書メチエ　「民都」大阪対「帝都」東京』）（一九九八年）七五頁。
（7）小松左京、注（3）前掲書、二三三頁。
（8）小林一三『小林一三全集　第一巻』（ダイヤモンド社　一九六一年）一五二頁。
（9）阪田寛夫、注（1）前掲書、一四六頁。
（10）土井勉「鉄道が築いた都市」（北村隆一編著『鉄道でまちづくり』〈学芸出版社　二〇〇四年〉）二一頁。
（11）小林一三、注（8）前掲書、一五四頁。
（12）小林一三、注（8）前掲書、一六〇頁。
（13）Kenneth T. Jackson, *Crabgrass Frontier: The Suburbanization of the United States*（Oxford University Press, 1985）, Chaps. 5-6.
（14）小林一三、注（8）前掲書、一六〇頁。
（15）ここで重要な注を付しておきたい。一般に阪神間文化というと、直ちに「阪急沿線文化」を意味すると解されがちであるが、実は芦屋、香櫨園、甲子園など、日本の「モダニズム」の嚆矢となった地域を最初にひらいたのは阪神である。本エッセイは小林一三を中心として論を進めるので、阪神沿線文化に触れる余裕がない。詳しくは竹村民郎『笑楽の系譜』（同文館　一九九六年）を参照。
（16）注（3）前掲『阪神間モダニズム』一〇六頁。
（17）小出楢重『岩波文庫　小出楢重随筆集』（一九八七年）、一三五頁。
（18）小林一三、注（8）前掲書、一六四頁。
（19）小林一三、注（8）前掲書、一五五頁。
（20）小林一三、注（8）前掲書、一六四頁。
（21）Robert Fishman, *Bourgeois Utopias: The Rise and Fall of Suburbia.*（Basic Books, 1987）, p.33.
（22）小林一三、注（8）前掲書、一五三頁。

(23)「神戸と聖書」編集委員会編『神戸と聖書　神戸・阪神間の四五〇年の歩み』(神戸新聞総合出版センター　二〇〇一年) の記述に手を加えた。
(24) 竹村民郎『大正文化　帝国のユートピア』(三元社　二〇〇四年) 二五六頁。
(25) 堀内宏昭「文化都市群阪神地域」(「大阪春秋」第二七号　一九八一年二月「特集　阪神間」) 五頁。
(26) 津金澤聰廣『講談社現代新書　宝塚戦略』(一九九一年) 二〇八頁。
(27) 阪田寛夫、注 (1) 前掲書、一三五頁。

関西再生のみち

ネットワーク化と日本風景街道

谷口博昭

はじめに

欧州が広場、都市の文化といわれるのに対し、我が国日本は、みち、街道の文化といわれる。欧州は大陸の陸続きで外敵の侵入を防ぐため城壁で囲まれた都市が発達してきた。我が国は四面環海、気候温暖、街道にぶら下がるように街が発達してきた。

みちは、A点とB点を結ぶことによって、人の往来、物資の輸送を可能にしてきた。交流することによって街が発展してきた。「みち」という言葉は、あっちこっちという方向を示す「ち」に御の意の「み」がついて神々しい言葉となっている。「ち」の分岐するところが「ちまた」で、巷に市が出来、大きな集落、街へと発展してきたのが我が国の姿であり、「みち」の言葉からも伺える。

物資は舟運が担い、みちは、都と地方を結ぶ統治機能の他は、人の往来のための道であった時代が長かった。明治になって富国強兵で選択されたのが鉄道であった。新橋・横浜間にレールが引かれてから戦前には約二万kmの鉄道網が完成している。

車が主役となるのは戦後の高度成長期を経て昭和四〇年代半ばである。欧州のように馬車時代を経ていない我が国は、急激なモータリゼーションの対応にハンディを負っている。特に関西は、生駒・葛城、六甲山地、琵琶湖・淀川等、地形・埋蔵文化財・生活環境問題等から道路整備には困難を要してきている。車社会といわれる今日、車との共存を図る知恵がみち再生に求められる。

二一世紀に入って八年、国際競争、少子高齢化が進展する中で、関西の更なる発展のためにはここ一〇年の間に、根幹的な道路ネットワークの完成が待たれるところである。また、新しい世紀のみち再生は、その地域の歴史文化を保全し、新たな沿道景観を構築するものでなくてはならない。みちの文化といわれる我が国の姿を国内外に示すべきは、この関西をおいて相応しい地域はない。住民と共に協働で築くべき時代である。その具体的なプロジェクトが日本風景街道である。

また、既存のストックを有効活用する視点も重要である。ITをはじめとする技術を活用することによって新たな価値をみちに付加することによって沿道が、地域が更に活き活きすることになる。

一　歴史に学び、保全・継承する

1　最古の道　山の辺の道

山の辺の道は我が国最古の道といわれ、奈良盆地の東南にある三輪山のふもとから東北部の若草山に並んでいる春日山のふもとまで、飛鳥と平城を結ぶように大和盆地の東を天理市を経て山々の裾を縫うように通う二六kmの道である。『古事記』には、「山の辺の道の上」に景行天皇陵があると記してあるところから、七世紀の末の藤原京時代にもできあがっていたのではないかと推測できる。この大和地方は、かつて「青垣」と呼ばれた小高い山々に囲まれた地で、現在も古代の面影をよく残しており、道沿いには古社寺、古墳、万葉歌碑、多彩な伝承の舞台などが展開して、古代の幻想の世界へと誘われる。

2　最古の官道　竹ノ内街道

竹ノ内街道は、大阪府堺市から東へ向かい、二上山の南麓・竹内峠を越えて、奈良県葛城市の長尾神社付近に至る約二六kmの街道である。羽曳野市の白鳥交差点から葛城市の竹内集落付近までの区間は、そのほとんどの区域が国道一六六号に指定されている。

竹ノ内街道が官道として整備されたのは、七世紀初め頃であるが、二上山の西麓（現在の大阪府太子町）には四世紀から五世紀にかけての陵墓・古墳などの遺跡が数多く残っているため、すでにかなりの人々の往来があったと思われる。

飛鳥時代には、遣隋使の使節や留学僧が往来し、大陸から中国や朝鮮の文化をもたらし、飛鳥文化のいしずえとなった。

中世には伊勢街道の一部として存続し、江戸時代、沿道の竹内集落には、松尾芭蕉が一時期住んでいた。現在、そこに芭蕉歌碑の綿弓塚があり、公園として整備されている。

3　五畿七道　律令時代

各所に分散している地方を、政治的、軍事的に統制していくため、交通・通信手段の確立と維持が不可欠であった。そのため、日本で最初に国家が建設した幹線道路網が「七道駅路」である。この幹線道路網は、現在の高速道路と七道駅路が並行していることからも、七道駅路が全国を効率的に結ぶネットワークとして有効なものであったことが理解できる。

この駅制の敷かれた七つの幹線道路は、大和、のちには平安の都から放射状に伸びて各地方の国府を連結していた。具体的には、東海、東山、北陸、山陰、山陽、南海、西海の七つの道路。これら七道の呼称は、駅路の名称であるとともに、この駅路によって連絡される国の集合体の意味でも使われていた。その場合、畿内五国は別に扱われ、広域的な行政区域を五畿七道と呼んでいた。

これらの道路の構造は、計画的に作られており、平地部などでは幅一〇m程度ある直線的な道路として建設されていた。例えば、近畿地方では、近世の西国街道、東高野街道などの多くは、古代の道路を踏襲していると見られている。

4　都の道（平安京）

平安京は、現在の京都府京都市中心部にあたる、山背《やましろ》国葛野・愛宕両郡にまたがる地に建設され、東西四・五㎞、南北五・二㎞の長方形に区画された都城であった。都の北端中央に大内裏を設け、そこから市街の中心に朱雀大路を通して左右に左京・右京を置くという平面プランは基本的に平城京を踏襲し、隋・唐の長安城に倣うものであるが、城壁は存在しなかった。

京内は東西南北に走る大路・小路によって四〇丈（約一二〇m）四方の「町」に分けられていた。東西方向に並ぶ町を四列集めたもの（北辺の二列は除く）を「条」、南北方向の列を四つ集めたものを「坊」と呼び、同じ条・坊に属する一六の町にはそれぞれ番号が付けられていた。これによりそれぞれの町は「右京五条三坊十四町」のように呼ばれた。道路の幅は小路でも四丈（約一二m）、大路では八丈（約二四m）以上あった。現存する京都市内の道路は、ほとんどの場所でこれよりずっと狭くなっている。朱雀大路に至っては二八丈（約八四m）もの幅があった。

5　鎌倉時代

鎌倉に幕府が築かれると、道路もそれまで最も重要であった山陽道より、鎌倉・京都間を結ぶ東海道が陸上交通の大動脈となった。源頼朝は、一一八五（文治元）年に駅路の法を定め、駅と道路の整備を始めた。駅はその後宿と呼ばれ、駅が公的な旅行だけを対象としていたのが、宿は次第に民間の営業的機能も有するようになり、私的な旅行も増えてきた。鎌倉時代になってからの東海道は、起終点が京都・鎌倉になるとともに、道筋も鈴鹿越えの伊勢国府経由ではなく、美濃国府を経て尾張へ出るルートに変わり、また足柄越えから箱根越えにルートが変わった。

また、危急の場合に東国の武士や食料を迅速に鎌倉に集めるため、東国の各地から鎌倉に向かう「鎌倉街道」が続々作られた。鎌倉街道は、これまでの平安京を中心とした全国幹線道路からは独立した、鎌倉を中心とした東国の道路ネットワークであり、全国に同様な各国の城を中心とした道路ネットワークが構築された。

6　東海道

行政区分の東海道は、畿内から東に伸びる、本州太平洋側の中部を指した。これは、現在の三重県から茨城県に至る太平洋沿岸の地方に相当する。具体的には、伊賀国から常陸国に至る一五の国から構成される。

律令時代の東海道の道筋については、平城京（奈良）から東に伊賀国府を経由して鈴鹿関に至る箇所と沼津から御殿場を経由して足柄峠を越え、関本に至る箇所を除いては近世の東海道とおおむね同様の径路と考えられている。八〇〇（延暦一五）年頃、富士山の噴火によって足柄が通行不能になって「箱根路」が拓かれると「東海道足柄路」と称されるようになった。なお箱根路は急峻なため足柄路が復興され中世までは主要な街道筋であった。

武蔵国と下総国の境付近は古代には陸化が進んでおらず低湿地で通行に適さなかったため、当初の東海道は相模国の三浦半島から海路で房総半島の安房国に渡るルートとなっており、武蔵国は東山道に属していた。

江戸時代になり、東海道は五街道の一つとされ、京と江戸を結ぶ、日本の中で最も重要な街道となった。日本橋（江戸）から三条大橋（京都）に至り、宿駅は五三カ所。当初は、主に軍用道路として整備された。途中に箱根と新居に関所を設けた。

明治政府になって、幹線道路の呼称に番号付きの国道を用いるようになり、現在の国道一五号及び国道一号に受け継がれた。

7　明治の時代

明治時代になると、一八六八（明治元）年には馬車の輸入があり、一八七〇（明治三）年には自転車の輸入、一九〇三（明治三六）年には自動車の出現など、輸送機関もそれまでの牛馬や大八車から大型の荷馬車や自動車に変わってきた。このため、道路の傷みが激しく、道路改良の必要性が非常に高まっていたものの、明治政府は交通について鉄道優先策をとったため、幕府から引き継いだ道路の補修や改良に十分な予算が回されない状況が続いていた。

道路に関して、建設から管理まで含め一般的な規則を最初に定めたのは、一八七三（明治六）年に出された「河港道路修築規則」である。その中で、道路の等級を一等から三等まで定め、その工事と経費の分担を決めている。さらに、一八七六（明治九）年には、太政官布告第六〇号により、道路を国道、県道、里道の三種とし、それぞれを一等から三等まで分けて、それぞれの幅員、費用分担などを定めている。その後、一八八五（明治一八）年の太政官布告第一号により、国道の級別は廃止され、国道の幅員が規定され、国道四四路線の認定が行われた。

その後、道路に関する統一的な法規を制定しようという動きは、繰り返し行われたが、日本の道路行政の基本となった道路法の制定は、一九一九（大正八）年に行われた。

8　戦前の京都・大阪

一八九五（明治二八）年日本で初めて京都電気鉄道といった名で路面電車が、京都に登場した。京都は明治維新以後、それまで居をおいていた天皇や公家が東京に移り住み、京都市民の中からこのまま街が衰退することを憂慮し、産業の振興を呼びかける声があがった。それに伴い、琵琶湖疏水と呼ばれる水路工事、更にはそれを用いた日本初の水力発電などが実施された。路面電車の運転計画は、その水力発電によって供給される安価で大量な電力を基にして立てられた。以降路面電車は、一九〇五（明治三八）年に神戸市で開業するなど、日本各都市で普及していき、最盛期には六七都市で運行された。

一九一三（大正二）年の大阪は、表通りも道が狭く、大きな商家が立ち並んでいる裏道は、住宅が小さく雑ぱくな街並みだった。近代都市大阪に発展させるため、大阪市の高級助役となった関は、一九一九（大正八）年大阪市議会に、梅田と難波を結ぶ幅五・四mの道路を幅四三・六mに拡幅する建設案を提出した。また、建設には「受益者負担制度」で沿道地域住民から負担金を徴収することも併せて提出され、議会では、「飛行場でも造る気か」との意見もだされたが、一九二一（大正一〇）年に「第一次都市計画事業」の内閣認可を受けた。

一九二三（大正一二）年、関は大阪市の第七代市長となり、財源の四分の一を市民が負担し、一九二六（大正一五）年御堂筋の工事が始まった。また、一九三三（昭和八）年に梅田～心斎橋間の地下鉄が開通、引き続き昭和一〇年に心斎橋～難波間が開通し、一九三七（昭和一二）年五月に御堂筋は完成した。

二　車社会の道路

1　一次改築、舗装優先

車社会の道路整備が実質始まったのは、戦後からである。

一九五二（昭和二七）年六月に「新道路法」が成立。一九五三（昭和二八）年には、近畿圏でも、国道一号、二号、八号、九号等が始まった。昭和三〇年代に入り、一九五六（昭和三一）年ラルフ・J・ワトキンス氏を代表とする道路調査団が来日し、日本の道路整備状況が著しく遅れている事を指摘して大きな反響を呼び、道路整備の遅れが

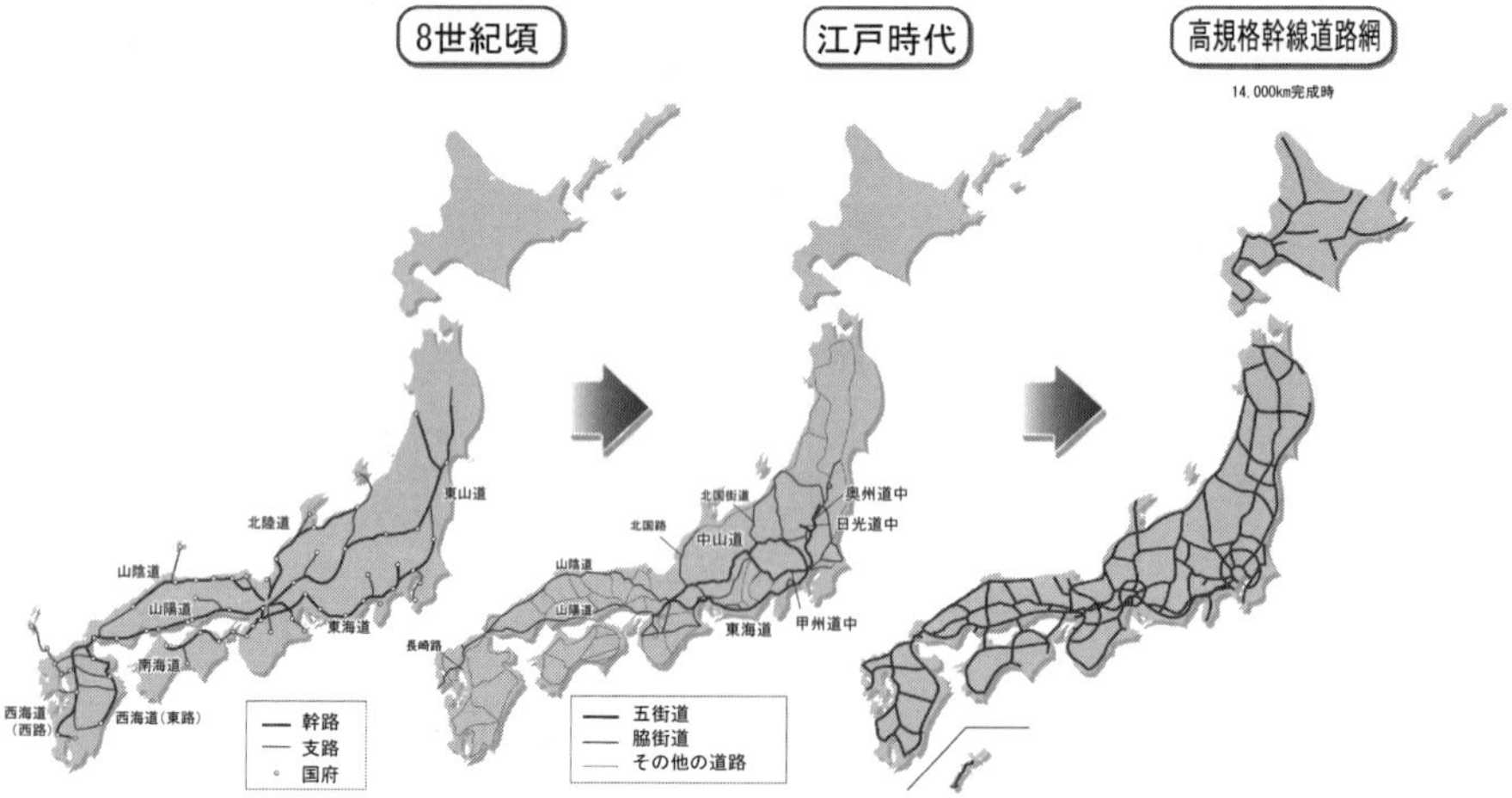

今後経済発展の傷害になるという考えが広まった。

一九五八（昭和三三）年に全国総延長に対し、改良率を七三％、舗装率を六三％まで引き上げることを目標にした第二次道路整備五カ年計画が策定された。近畿圏では国道一号、二号、八号、九号（京都市～綾部市）が逐次完成した。一九六三（昭和四三）年度に国道四二号の一次改築が完了し、これで元一級国道の一次改築は全て完了となった。

2　本格的な高速道路

一九四〇（昭和一五）年に、内務省土木局によって、「重要道路調査」という名称で自動車専用道路を整備するための調査が開始された。その調査結果は、一九四三（昭和一八）年に「全国自動車国道計画」としてまとめられている。その内容は、青森から下関まで太平洋側と日本海側をそれぞれ走る一本ずつの幹線道路で構成され、その間を何本かの横断道が走っているものである。ただし、現在の高速道路のネットワークと比べると、大陸指向型で、九州では北部九州横断線一本しかなく、四国には路線がなく、路線の起終点が港湾都市としているという特徴がある。

戦後になり、一九五七（昭和三二）年に「国土開発縦貫自動車道建設法」が成立し、この法律によって、最初に小牧・西宮間一九一kmの名神高速道路が着工され、六年後の一九六三（昭和三八）年には尼崎・栗東間七一・一kmが開通した。

その後、一九六六（昭和四一）年「国土開発幹線自動車道建設法」が成立し、三二路線七六〇〇kmの高速自動車国道としての全国ネットワークの基本が明示された。さらに、一九八七（昭和六二）年には、第四次全国総合開発計画が決定され、その中で、高速自動車国道だけではなく一般国道の自動車専用道路も含めて、全体として一万四〇〇〇kmの高規格幹線道路網計画が定められ、全国的な高速ネットワークの全体計画が確定し、現在その整備を進めているところである。

3　万博

一九七〇（昭和四五）年、大阪で「人類の進歩と調和」をテーマとする日本万国博覧会が開催された。それを機に、停滞気味であった近畿の経済は一挙に好転した。七七カ国、五〇〇〇万人を超えると予想される観光客を受け入れるために道路整備が急速に進められた。

直轄国道では、国道二六号第二阪和国道、国道四三号第二阪神国道等の整備が進められた。国道二五号の御堂筋では、市内渋滞解消のため、南行き一方通行が実施された。

阪神高速道路は、一九六四（昭和三九）年から一九六七（昭和四二）年までの三年間に大阪池田線、神戸西宮線の一四．五kmの高速道路が完成したが、それらの路線に加え、大阪守口線、大阪東大阪線等を含めた七路線七九・四kmが万博関連事業として位置づけられ整備が進められた。万博開催日までに五九・六kmが供用し、大阪の都市高速道路網が形成された。

4　明石大橋

瀬戸内海では、一九五五（昭和三〇）年五月に修学旅行の小中学生を含めた一六八人が犠牲になる「紫雲丸」が沈没し、相次いだ海難事故を契機に架橋促進の声が加速、一九六三（昭和三八）年四月に神戸市葺合区に建設省本州四国連絡道路調査事務所が開設し、明石海峡大橋の調査が始まった。

一九七〇（昭和四五）年七月大阪万博が開催されるさなか本州四国連絡橋公団が発足した。一九七三（昭和四八）年中東戦争に始まる石油ショックにより、一九七三（昭和四八）年一〇月本四架橋着工無期延期となったが、一九七五（昭和五〇）年八月「大鳴門橋」が着工することが決まり本四架橋の建設が始まった。

明石海峡大橋は、一九八六（昭和六一）年四月に着工され、設計から材料、施工から周辺技術まで全てを見直す形で行われ、一九九八（平成一〇）年四月五日に完成した。

5　環境問題

モータリゼーションの進展に伴い、自動車による騒音・振動等が問題視された。

国道四三号、阪神高速道路神戸西宮線、大阪西宮線の沿線住民等一五二人によって、一九七六（昭和五一）年八月三〇日道路環境訴訟が提起された。請求の内容は、騒音・振動及び排気ガスによる被害を受けているとして、供用の差し止めと損害賠償を求めるものであった。本訴訟は、一九八六（昭和六一）年七月に第一審判決があり、道路の供用差し止めは棄却されたが損害賠償請求は認められ、一九九二（平成四）年二月に控訴審判決、一九九五（平成七）年七月七日最高裁において上告が棄却され、判決が確定し、道路管理者の行政責任が認定された。最高裁判決は、排ガスと健康被害との関係は認めなかったものの、騒音・振動による生活被害を認めた。その後、国及び阪神高速道路公団は、国道四三号の二車線削減や、低騒音舗装、新型遮音壁、裏面吸音板の設置等の一層の環境対策に取り組むことになった。

また、バイパス整備においても環境対策が強化された。京滋バイパスは、草津市を起点に、宇治市を経て枚方バイパスに接続する全長二七kmのバイパスだが、当時では先進的に市街地付近で環境施設帯を設けた道路として計画された。

また、奈良バイパスは、京都府相楽郡木津町〜大和郡山市に至る延長一四・二kmのバイパスで、奈良市街地の交通混雑に対応するため、一九六二（昭和三七）年度に計画したが、その後平城宮跡の発掘調査によって文化財保護の観点から当初予定ルートを変更した。

6　阪神淡路地震

一九九五（平成七）年一月一七日五時四六分、兵庫県淡路島北部を震源とするマグニチュード七・三の地震が発生した。この地震により気象庁の観測史上初の「震度七」を記録、豊岡・京都・彦根で震度五、大阪・奈良・和歌山などでも震度四を記録した。

消防庁調べによる被害状況は、死者六四三三名（関連死による九一二名含む）、行方不明者三名、全壊・半壊・一部損傷の合計住家被害は、五一二八八二棟。被害総額は、兵庫県下で約十兆円にのぼった。

この地震により、阪神高速道路神戸線の橋梁の倒壊をはじめとして、名神高速道路、一般国道一七一号の道路橋等が被害を受けた。この各地で記録された地震波、橋梁の損傷状況を基に、道路橋仕様書の改訂が行われた。また、震災復興計画の重要な施策の一つとして、国道四三号では、防災機能の向上と併せて環境防災緑地、公園及び不燃化建築物等から構成される、概ね七五ｍの幅を持つ広域防災帯の整備が進められることになった。

三　再生へのみち――早期ネットワーク化

1　関西の道路ネットワークの現状

関西の高速道路の整備は、一九六三（昭和三八）年に全国にさきがけて尼崎から栗東間の名神高速道路が開通したことから始まった。さらに、一九七〇（昭和四五）年の大阪万博を契機に中国自動車道、近畿自動車道や阪神高速道路などの整備により急速にネットワークが形成された。しかし、今後の関西のさらなる発展のためには、大阪・神戸・京都といった都心部の渋滞解消や、紀伊半島地域の一体化等広域交流の強化は緊急課題であり、それに資する道路ネットワークの拡充が需要である。

高速ネットワーク化の効果は、欧米・中国・韓国等の諸外国のみならず、隣の中部圏の発展をみても明らかである。高速ネットワーク化することによって、まち中の一般道路がより生活に近い道路として再生でき、まちの再生に通じるのである。

2　関西の道路整備の目指すべき方向

⑴　広域的な交流の強化

関西は国土のほぼ中央に位置し、首都圏、名古屋圏と連携して我が国の経済を牽引してきた。今後、この連携の強化により、新たな近畿地方の発展が望まれる。

具体的には、第二名神がその中心的役割を果たすが、第二名神は管内の計画延長一一七km全線が未整備であり、そのうち、三重県境から滋賀県の大津ＪＣＴまでは事業中で開通の見通しが立っているものの、一部区間で未着工となっており、早期の全線完成が待たれる。

また、紀伊半島南部地域は交通の便が悪いために、そのポテンシャルを生かしきれていない。今後近畿地方の一体化のために交通網の強化が急務である。そのことによって、緊急医療、災害救助等安全・安心なくらしが保障される「命の道」といえる。紀勢線がその軸となるが、紀勢線は国と高速会社で分担して整備を進めており、未着手である那智勝浦・すさみ間と和歌山県・三重県境については計画決定を早期に進めていく必要がある。

⑵　京阪神都市圏の連携の強化

平野に広がりのない京阪神都市圏は、限られた地域に経済・社会活動が集中していたが、近年では琵琶湖東南部、播磨臨海部や奈良県方面に都市圏が広がりつつある。このため、京都、大阪、神戸の三大都市及び滋賀、奈良、和歌山、関西文化学術研究都市をはじめとする学術研究開発拠点、関西国際空港、大阪港や神戸港などの物流拠点間などの移動をスムーズにし、関西特有の都市構造を最大限に生かせる道路整備が必要となる。

具体的には、京都・奈良及び和歌山を連絡する京奈和自動車道及び京都・大阪間の連絡を強化する第二京阪道路の早期整備が待たれる。

(3) 大阪・京都の再生

大阪都心部の阪神高速道路を利用する交通約六三万台／日のうち、通過交通は約一六万台／日もあり、約二五％を占めており渋滞の大きな要因になっている。この通過交通を担う大阪都市再生環状道路の整備は急務である。

京都府には世界遺産など多数の文化遺産が存在し、観光交通による交通混雑が課題となっており、この解消に向け京奈和自動車道等の京阪神都市圏等の連携強化を図るネットワークの形成や、京都市内の環状道路の整備が必要となっている。

そのことによって、大阪・京都の中心部の交通混雑が大幅に緩和され、車優先から人中心のみち再生による都市再生が可能となる。

(4) 良好な環境づくり

国道四三号は、阪神工業地帯の発展を担う主要な道路として整備されたが、一方で四半世紀にわたり騒音等により、沿道の方々を悩ませてきた面がある。その間、阪神高速大阪西宮線の開通とほぼ時期を同じくして、もともと一〇車線あったのを八車線に、湾岸線の開通と阪神淡路大震災の復旧にあわせて六車線に縮小するなど構造対策を進めてきた。その結果、騒音と交通量の増加は抑制されたものの、大気環境は依然悪い状態が続いている。この環境を改善する手段の一つとして、阪神高速湾岸線の西伸と湾岸線へ交通転換させることが有効である。

(5) ＩＴＳの活用による既存道路の有効活用

高速道路の利便性を向上し、地域生活の充実、地域の活性化を図るために、簡便なスマートＩＣが有効であり、整備を進める必要がある。また、高速道路を有効に活用し、地域の交通混雑や沿道環境の改善を図るために、多様で弾力的な料金施策、利用者の利便性向上のためにＥＴＣの利用促進に向けた支援を進める必要がある。

さらに、道路利用者のサービス向上のために、ＩＴＳサービスの高度化、走行支援道路システム・カーナビの高度化等の安全走行支援等を推進する必要がある。

（注）ＩＴＳはIntelligent Transport Systemsの頭文字をとったもので、様々な情報通信技術によって、人と道と車をひとつに結ぶ新技術のことである。

(6)　安全で安心のできる暮らしの確保

近畿地方で国が管理している道路の延長は約一八〇〇km、そのうち約三割が雪寒対象地域、約一割が異常気象時通行規制箇所となっている。また、道路構造物をみると、二〇年後には、橋梁の約六割が経年五〇年以上、トンネルの約七割が五〇年以上となる。道路の高齢化が進む中で、災害にも強い道路を提供し続けることも、重要である。

また、近畿圏の交通事故は、死傷事故率は一四六件／億台キロ（二〇〇一〈平成一三〉年～二〇〇四〈平成一六〉年統合データ）で、全国の一〇〇・二件／億台キロに比較し、福井県を除く全ての県で高くなっており、大阪府が最も高く二二〇・六件／億台キロと全国の二倍となっている。

幹線道路において、より効果的・効率的に交通事故を削減するため、「事故危険箇所」の対策等、死傷事故率の高い区間を優先度明示方式により抽出し、効果的に交通事故対策を実施する必要がある。

(7)　国民と協働する道路整備の推進

国民のニーズにきめ細かに対応し、よりよい道路行政を推進していくため、ＮＰＯや市民団体等をパートナーとし、道路施策を立案段階から実施・事後評価の各段階について協働して実施する必要がある。

例えば、御堂筋周辺地域は、二〇〇二（平成一四）年七月に都市再生緊急整備地域に指定され、NPO等の活動が積極的になされるなど、地元の意識が高まっている。御堂筋を安全で快適な世界に誇れる道路空間へと実現するべく、御堂筋の道路空間の再編等について地域の方が更に検討を進めている。

四　日本風景街道――みちに新たな付加価値を

1　みちの多機能

みちは、ひと・車・二輪車等の交通機能と電気・通信・ガス・上下水道等の収容の他、街並みを形成するという機能も有している。都市部で緑化スペースを道路空間が提供していることや、地震の際の火災の延焼を止める役割も果たす。また、我が国でも昔は道路上で市場が開かれたり、祭りが行われたりしたが、最近の様々な地域でのオープンカフェやイベントといった取り組みはまさにこれらが復活したものといえる。

このように、みちの多様な機能を、周辺の道路ネットワークの進展と相まって、沿道住民等とのコミュニケーションによって、再配置、再生していくことが求められる。

2　地域との接点

一般道路においては、二四時間無料で利用できる駐車場とトイレなどが設置された「道の駅」の整備が一九九三

（平成五）年度から進められ、現在までに、近畿地方整備局管内には九七カ所の「道の駅」（全国では八五八カ所）が登録されている。

地場産品販売、地域文化の発信、バードウォッチングなどの地域と一体となった新たな取り組みも各地で行われている。

3　未知普請

「未知普請」とは日常的な生活道路の維持管理などの生活基盤づくりを、地域が自ら行ってきた「道普請」の精神に、未来を知るという意味の「未知」をあて、道路以外の公共施設も含め将来を切り開く意をこめた言葉である。「公」は「行政」という意味だけでなく、「公」の精神を持ちお互いを思い合える「個」が集まった状態を表す。

例えば、道は、もともと地域社会を支える場であり、家の前では住民の方々が自然と掃除を行うなど、暮らしとの距離がごく近い存在だった。しかし、車社会になってから、道は役所が管理するのが当たり前と捉えられ、本来の「公」と「個」の関係が薄れ、「道普請」の精神が失われていった。「未知普請」は、道の原点に立ち戻り、「対話と協働」、「参加と責任」、「未知への挑戦」の三本柱をもって、沿道住民の方々と対話を重ねながら、道づくりのワークショップや地域と連携した道路清掃など、道づくり・まちづくりにつながる積極的な活動を推進するものである。

4　電線類地中化

道路から電柱・電線を無くす無電柱化については、安全で快適な通行空間の確保、都市景観や都市防災性の向上、情報通信ネットワークの信頼性の向上からその推進が強く求められている。我が国における無電柱化は、一九八六（昭和六一）年度から電線類地中化計画等に基づき積極的に推進しており、その結果、街なかの幹線道路についてはは一定の整備が図られてきているが、その水準は欧米主要都市と比較すると依然として大きく立ち遅れているのが現状である。美しい国づくり、活力ある地域の再生、質の高い生活空間の創造に向け、今後とも計画的に無電柱化を推進することが重要である。

5　自律移動支援

移動に際して、肉体的な制約を持った高齢者や障碍者、言語の制約を持った外国人旅行者に対して、最新のＩＣＴ技術を活用して、移動に関する制約を取り除き、だれもが自律的に移動できる環境を整備する自律移動支援プロジェクトが進んでいる。

プロジェクトの概要は、ＩＣタグなどユビキタス情報基盤を道路や建物など様々な場所に設置し、携帯情報端末と通信することにより、目的地までの最適な経路案内などの情報提供を行うものである。二〇〇四（平成一六）年度の神戸におけるプレ実証実験を皮切りにスタートし、現在、神戸の他、奈良、和歌山など、全国各地の様々な環境下での実証実験を行っている。

6　日本風景街道

我が国では古来より、自然、街並景観、清流、潮流、流域、里山、温泉、農林水産、食、礼、もてなしなど風土

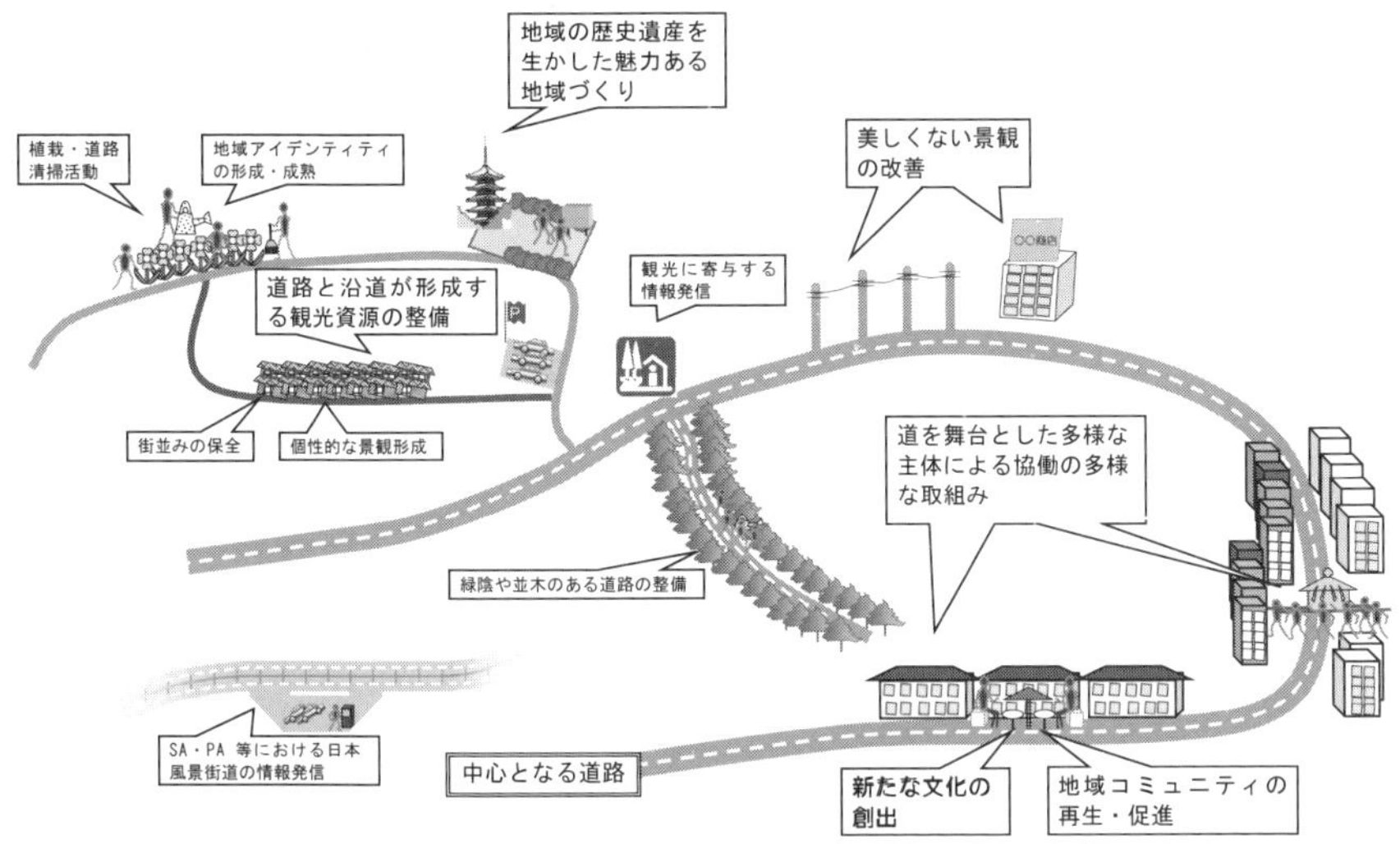

日本風景街道の活動例

にまつわる多様な地域文化が培われてきた。その中で、道は、地域コミュニティーの創出の役割や、人や物、文化交流を促し、新たな文化の創出や地域アイデンティティーの形成などの一役を担ってきた。しかしながら、高度経済成長を経て、効率性優先の社会構造へと変化していく中で、これらの地域文化が失われつつある。日本風景街道は、文化の再興の仕組みの一つとして、道を舞台に、多様な主体による協働のもと、地域資源を活かした多様で質の高い景観の形成、地域の活性化、観光の振興を図る新たな仕組みである。

日本風景街道は、日本風景街道戦略会議（委員長　奥田碩　日本経済団体連合会名誉会長）において、二〇〇七（平成一九）年四月二一〇日に第四回日本風景街道戦略会議を開催し、「日本風景街道の実現に向けて」提言をとりまとめたところである。本提言をとりまとめるにあたって、モデルとなるルートの応募が行われた結果、全国より七五ルートから応募があった。関西では、若狭熊川・鯖街道、三国湊のまち・海・緑そしてひとを結ぶみち、ごせまち近世景観、日本風景街道熊野、愛宕街道（京都鳥居本）、中之島・大川・御堂筋回廊、まほろば、新世紀くらわんかストリート、悠久の竹内街道、琵琶湖・中山道、伊勢街道、たんば三街道、丹後半島「古代ロマン街道」の一三ルートの応募があった。

こうしたモデルルートのフィールドにおいて、未知普請のような先駆的な活動を通じて、新しい世紀に相応しい地域文化をみちに付加することによって、みちから沿道地域に新しい息吹きを還元することが期待される。そして、関西の文化を継承・保全するみち再生が拓けてくる。

関西・母系型社会の計画イメージ

渡辺豊和

一　生きている「平安」母系型社会

のっけから私事で恐縮だが、私が在籍した都市計画コンサルタントの代表が、船場では娘が生まれたら赤飯をたくと何気なくもらしたのを聞いてびっくりした。秋田県で生まれ育ち、しかも一〇〇〇年近くは家系が続く生粋の秋田人。秋田というよりも東北地方は徹底した父系社会で今もその伝統は色濃い。農耕が主なのが原因かどうかは専門ではないのでわからないが関東、東北の東国は平安時代以来の武士中心の社会、典型的父系型であるのはわざわざ言挙げするまでもあるまい。

男子が誕生すれば赤飯を炊く。これが当たり前と思っていたから彼の何気ない言葉に驚いた。大学を卒業してすぐ大阪にきて、もう一〇年近く経っていたが大阪では常識のことをまるで知らなかった。というのも私が師事した建築家は東京の人で私はそこの大阪支所にいたが仲間のほとんどは関西以外の人たちで、日常会話も関西弁ではなかった。大阪にいて大阪や関西を知る機会が少なかった。

この人の何気ない言葉の意味が実は重大なことを、それ以後ことあるごとに痛感することになる。関西文化の特徴を一言でいうなら「繊細優美」でありこれは大阪的であるよりは圧倒的に京都的である。それではこれは何処からきたのか。衆知の如く平安朝の女流文化に淵源を求めるべきであろう。

『源氏物語』世界が二一世紀の現在まで延々と生き続けている、といってしまったら過言かもしれないが、そんな実感は男中心社会で育った私にはある。

この実感は若い頃に住宅設計をしていて、痛烈な思いで体験することになる。早々と独立して建築家になったのはよかったが、最初は誰でも通るコースである住宅設計からはじまった。

依頼者は多かった。しかし設計が進むにつれて去っていく。要するに仕事にならないのである。あるときこんなことがあった。

設計が終わり建物も建て終わる頃になって、若い建主の父親が北山丸太の「繊細優美」な床柱を一本持って現場にやってきて、私の指定したものをそれに取り替えてほしいという。奈良県大和郡山市でのことである。色々やりとりがあったが結局私はそうはしなかった。私の床柱は三寸五分角の普通の柱でとりたてて「床柱」といえる代物ではない。私が設計した住宅は力動性と豪快が混然となったもので「繊細優美」とはほど遠い。

この建物は完成し世界的にも評価されたがこの父親とは最後まで不和のままだった。

このときようやく私は、今まで仕事がまとまらなかったのは「繊細優美」を旨とする関西の人たちと、好みがまるで合っていないことに気付いたのだ。それ以後住宅設計はいくつかしたし建主も生粋の関西人だったが、ほとんどは現代美術の作家たちだったから、「関西」と私、すなわち「東国」と対立することはなかった。

しかし私は若い頃の体験で「関西」の伝統の根強さを痛感したし、現在に至るもこのときの眼で「関西」を眺めている。

ところで道州制が実現した場合、一番の問題は「関西」で世界発信できるものは何かということになろう。「関西」にしかない世界唯一の特徴といえるものである。

それは現代まで残存し、しかも生き生きと脈打つ「母系型社会」の息吹きではあるまいか。

船場の御寮《ごりょん》さんは家付き娘で優秀な番頭を婿にし家業を継がせ暖簾を守る。自分は浄瑠璃の観劇などで教養を磨く。それでいて金は握るのだそうである。この女性中心の伝統が高度な大阪町人文化の素地となった。「繊細優美」は間違いなく女性の特徴であって平安朝の女流文学はその典型ではあるが、これが現代まで尾を引いている。というよりも日本文化の一大特徴であろう。

文明は都市から発生する。都市がなければ文明は発生しない。

都市は強力な権力機構がなければ成立しない。ギリシアのアテネの民主主義といえども、間違うことのない権力機構なのである。その証拠にアテネの代表的政治家ソロンも男性ではないか。短絡を恐れずいうなら権力欲求は男性的特徴である。

ギリシア都市国家から近代文明まで、権力の中枢は都市に立地したし都市は空間的には建築の集積なのである。中国でもヨーロッパでも建築は煉瓦か石で組積造であり重厚この上ない。宮殿や寺院など壮大な記念建築は権力の象徴なのはいうまでもないがそればかりではなく庶民の住居に至るまで組積造建築は父性原理と深く関わる空間なのだ。

木造建築も法隆寺や鎌倉・室町の中世の禅宗の書院造りなど、中国の影響の強いものも父性原理空間である。平安時代の寝殿造りや近世の数寄屋は必ずしも父性原理空間とはいえないが、だからといって母性的だともいえない。ともあれ父性原理空間建築で埋め尽くされる都市を文明の中核装置としてきたのは洋の東西を問うまい。しかもニューヨークをみるまでもなくそれは現代まで続いている。

文明とは父性原理に立脚して成立している。

高度科学技術文明もまずは父性原理に依拠しているであろう。

その真只中にあって「関西」のみが母系型社会の特徴を保持している。これは世界的にも稀な、というより唯一の例ではあるまいか。

日本が先進国を代表するのは高度科学技術のレベルからいって間違いあるまい。

その中の唯一の母系型社会。これは特筆に価する。

日本文化の特徴は繊細優美、何も関西だけの特徴ではないだろうと反論もあろう。しかし本当にそういえるだろうか。

住友グループが三菱に吸収され今や関西は東京の支店経済に転落してしまった。近代資本主義社会の中では「関西」は敗北したのだ。「船場」は完敗したといっていい。

これを日本経済に於ける父性原理の母性原理に対する勝利といわずに何といおう。

近代資本主義の経済競争では完敗したが、しからば「関西」はなくなったのか。

そんなことはない。経済が生活の基本、文化のありようも支配する。それで近代資本主義の父性原理に「関西」の母系型社会が負けたというなら近代資本主義から一早く脱却すればいいだけのことではないか。

道州制が実現したら独自の政治体制をしき経済システムを変革すればいい。

とはいってても門外漢。具体的にどんな方法があるのかは想像もつかない。

それでもその方法は必ずあるはずだ。まずは一つの方策を空間計画から素描してみたい。

二　母性原理としての庭園

寝殿造りは女性の城である。ここに男が通ってくるのであって家屋の主は女性なのだ。通ってくる男が夫であり、ここで催される宴遊が夫とその友人たちだったとしても家屋の主は妻たる女性だから、宴遊そのものは極めて女性的な快楽だったといえるのではないか。寝殿を中心に東西の対、東西の対から渡り廊が延び先端に泉殿と釣殿。残った空地は全て庭園である。

寝殿造りはコの字が南に開いた形で南一面は庭園。中心にある寝殿は白砂の庭に面し、白砂の庭の背後には池があるが池の真中には中島がつくられ白砂の庭と反り橋で結ぶ。

この庭にはそれほど樹木はない。あっても松が主であり点景となっているだけである。この庭は明らかに自然風景を写している。

本来ならば河か湖にでてそこで曲水の宴でもやりたいところだが、日夜外出もままならないから貴族たちは妻の家に人を集めて庭で遊んだ。この場合の庭は自然の代理品でしかない。

庭を含めて寝殿造りは女性の空間といっていいからここはまずは直接的女性性の空間である。

平安京は平城京と違って庶民人口は少なく市街の大半は寝殿造りの屋敷だったらしい。街並全体は建物の密度は低く庭で埋め尽くされたといっていい。これは世界にも類例をみない都市風景だったのではあるまいか。

そんな都市空間に『源氏物語』などの女流文学の花が開いた。「源氏」の舞台はほとんど寝殿造りの屋敷内でありここで様々な恋愛劇が繰り広げられる。この物語ほど建築、庭の描写が詳細なものも少なくまた人々の心理も空間の様相と深く繋がって描写されている。要は人間のときどきの心理もそこにいる空間の特徴に影響を受けているということである。文学者たちは物語に於ける空間の比重を軽視しているが、これは建築や庭に無知なことをさらけだしている。たとえそれに触れる場合でも空間特性には興味はなく、格子や扉、庭なら灯籠など細部に目がいくにとどまる。

人間自体が時々刻々と空間に影響され、こまごまとした日常の行動もそれと無関係でないことを知るべきである。ともあれ「平安」文化は寝殿造りの家屋と庭から派生したといっても過言ではあるまい。とはいってもこの庭園は自然の代理、単純な写しでありそれほど問題とすべき対象ではない。

問題は室町庭園である。

龍安寺庭園は二四mに一〇mほどの広さだから現代ならば何処かの市役所の中庭位か。龍安寺の五つの石組は島、白砂は海で、ほうき目は波だ。これは自然風景を縮約している。とはいえ極めて抽象度が高く作庭者には自然をコピーしている意識はなかったであろう。

大仙院の枯山水になったら七mと一〇mの坪庭だから、庭園としては極小空間に凝縮されて絶壁のある山岳風景がごつごつした奇岩風石組みで表現されている。

さらに銀閣寺庭園である。この庭園は広大ではあるが三つに別けてみることができる。本堂の前の白砂による石庭、銀沙灘と向月台は二六mと二〇m角の中。それを囲んで平地の池と芝生が一三〇mに六〇m角。それから先は東山の斜面で境界がないといってもいい広さの回遊式庭園である。

三庭園とも室町時代の名園として有名だが、共通するのは白砂がモチーフの一つであり、それも造形要素として重要なことである。ここが寝殿造りの庭園とは大きく異なる。

銀閣寺は広大であるし、応仁の乱で都が焼け野原になってからつくられているので都市的要素は少ない。しかし龍安寺と大仙院は京都市中の寺院であり、この当時の京都の大寺院や邸宅は一朝ことあるときは砦の役割を果たさせられたから城郭と見違うばかりに重厚につくられていた。従って面積的にも建築が主体、庭園は従の関係であって平安時代の街並とは反転していた。大仙院の坪庭はその典型例だろう。三つの庭園とも禅庭だから作庭は禅師かそれに近い存在の男性だ。

それではこの庭園は男性的なのか。大仙院の立った奇岩を組み合わせた枯山水は荒々しくごつごつし一見男性的、もっとはっきりいうなら男根ではある。

しかしよくよく考えてみるならあの坪庭は都市の中の穴ではないか。穴すなわち女性器の膣の中に男根が凝縮されてあるともいえる。

いずれにしても穴は女性を象徴するのは古今東西を問わない。そこに凝縮された男根といえども女性に包まれているにすぎない。これは屈曲した女性性を表象している。龍安寺庭園は大仙院ほど明確ではないがほぼ似たことはいえよう。

銀閣寺の銀沙灘と向月台は白砂を盛った造形で極めて芸術性が高い。背後の池と芝生のやわらかい光沢と白砂の輝きは緑と白の対比も含め極めて鮮烈である。

荒々しい応仁の乱に疲れ果てた足利義政が自らを慰めるために造営したのが銀閣寺である。彼は男性であったが、野心旺盛な妻の富子にも悩まされて彼の当時の心境は女性性に憧れていたし、柔らかい曲線を主調とする銀閣寺庭園は極めて女性的印象が深い。

大仙院は子供をも喰い殺す太母（グレート・マザー）のイメージが濃厚な庭園であり銀閣寺は慈母のそれだ。

いずれにしても京都の庭園は母性原理を濃厚に示す。ところが庭園は全て母性原理で出来上がっているのかといえばそうではない。

フランス、ヴェルサイユ宮殿の庭園は樹木を壁や柱状に剪定し、みるからに建築的である。これは建築の模倣であり父性原理でつくられている。ヨーロッパのバロック庭園は例外なくヴェルサイユ型でありここには母性原理が入り込む余地はない。

さて京都の庭園というより日本の庭園は例外なく自然のままか自然をコピーしているようにみえる。自然は大地の表現、大地は母のイメージ。だから日本庭園は母性原理でできている。こんな図式を想定しがちではあるが事程左様には単純でない。

自然を縮約した庭園でも樹木はそのままの大きさで植えられている。従って縮約された風景からすれば樹木は釣り合わない巨大さということになる。ということは庭師は単純に自然をコピーしているのではない。自然を一つの造形物として解釈し再構成し芸術作品化しているのである。

ここに精神分析の原理が侵入するのだ。

関西は母系型社会を残存させているがこれを増幅したのは何かといいたかったのである。

空間が人間心理を支配する。しかも無意識裡にだから大抵の人は気付かない。

京都は東国の男性性の強い権力社会と対峙してきたから逆に女性性を色濃く残したのではないか。その女性性が庭園文化を生みそれが逆に人々の深層に影響を与え女性性が残存しかつ強化された。そして母系型社会を無意識裡に育成させてきた。ただしそれが濃厚にあらわれたのが大阪の船場だったにしても京都の庭園文化が与えた影響と全く無縁ではありえまい。

三　庭園的生産は可能か

日本の庭園が母性原理に依拠した空間であるから当然母系型社会を象徴する空間でもある。その庭園を最も多く抱え込むのが京都であり、その京都が母系型社会「関西」文化の中核をなすのは断るまでもあるまい。

しかし庭園のみで母系型社会を語ることができないのは自明のことではある。

それでは母系型社会「関西」が生み出してきたものは何であったか。しかもそれが現在までも明確な形で残存しているものがあるのか。それをみてみるのが先決であろう。

母系型社会は文明以前の家族制として一般的であるのに、日本では文明化の最も早い関西に残存したのは奇妙といえばこれ以上奇妙なこともあるまい。奇妙が当然特異性であるのはいうまでもないがこのことを解析する能力は残念ながら私にはない。

これも私事になって恐縮だが、一九六一年、大学をでて関西にきて最も驚いたのは農家の一つ一つが大きいことだった。それでも大阪市内で仕事をしていたから周囲の農村や小さい町を廻ることは少なく、家の大きいのは単なる印象にすぎなかった。ところが六八年に居を現在の奈良県磯城郡田原本町に移してつくづく感じることがあった。

私は近鉄橿原線石見駅でのりおりするが、家までの通り道の石見集落の家が大きいだけではなく立派なのに感心する。各屋敷は築地塀を巡らし長屋門を構える。それが細い道路を挟んで並ぶ様はまるで豪壮な砦の中に入り込んだ気分なのだ。城塞都市といいたくなるほどだ。これが江戸時代まで遡るかどうかは確かめてはいないが、少なくとも大正時代には今に見る集落風景をなしていたであろう。

しかも大和地方の何処へ行っても石見集落と少しも変わらない。勿論河内地方をはじめ関西の農村はこれが当たり前なことは承知している。私の育った東北地方は集落を代表する豪農だけは広大な屋敷を構えるが、それ以外は貧弱な家屋にすぎない。しかもその豪農の家屋も今や姿を消してしまっていることが多い。それに対して大和だけではなく関西一円では、今も変わることなく豪壮な家屋がそのままの姿で建っている。特に大和地方だけが余程裕福なのだろう。現在でも生活に余裕があるから家屋はそのままの姿をとどめることができるのに違いない。大和の農村風景は一九四五年の敗戦以降でも大きくは変わっていないようである。

少なくとも私が居住するようになった六八年以降でもそうであり、石見集落にも風景の変化はまずないといっていい。

奈良県に居住して感心したことの一つに当時の知事、奥田良三（在位一九五一〜八〇年）の存在がある。彼は戦後長い間、三〇年も知事を勤めたが彼のモットーは何もしないことが奈良県には一番いいということだった。従って積極的に工場誘致などしなかった。日本全体が復興の熱におかされ、田中角栄の列島改造に鼓吹されて工場立地が列島の隅々まで及んだあの時代に、彼は頑として動かなかった。

同時代の美濃部亮吉や蜷川虎三などの革新知事ならいざしらず彼は歴とした保守政治家だ。並みの保守政治家なら国策の経済偏重に歩調を合わすところなのにそれをしなかった。これは何も奥田だけの意志ではあるまい。

私の居住する中部大和地方には「おとろしい」という言葉がある。何かわざわざ今までなかったことをしようとするのに対して気が進まないことをいう。この言葉の意味やニュアンスがなかなか呑み込めなかった。奈良市では「うたて」というそうである。これならよくわかる。私の育った秋田県角館町でもこの言葉を使った。しかし角館の方は気味悪いという意味が強くもう少し強い拒否の気持ちがこもっている。

新しい物事に対する消極的拒否「うたて」「おとろし」が実は結局行動を起こさないことにつながっていて完全拒否へとなっていく。これが大和の人たちの新しい物事に対する共通した態度なのだ。であるから奥田良三は八選もできたのだ。

もう一つ奈良商人の特徴をあらわすことば「大仏商法」がある。大仏を参拝にくる人々には何でも売れるから商品を工夫しない門前商人のやる気のなさを自嘲する言葉である。

「うたて」「おとろし」「大仏商法」とも大和の退嬰気分をあらわすと一般にはとられている。果たしてそうであろうか。大和の人々には変更、変革に本来なじもうとしない頑固さがあるがそれが外からみていて頑固とは思えない。対応が極めて柔和だからだ。京都人と違ってうわべの柔和さではない。心底からそうなのだ。

京都人は人を見下していながらへりくだる。これでは少し慣れたら外部のものにも彼らの心底はわかってしまう。ところが大和の人々は人を見下しはしない。彼らの拒否が対他的ではなく他自的であることを如実に示している。それが即自ほどの強さにはならない。ここが肝心なのだ。

強固な権力があって都市が成立し文明が発生するがこれは父性原理にのっとっているとのべた。権力とは他人を支配することであるから徹底的な対他的文化現象であるといえよう。

またレオナルド・ダ・ヴィンチやミケランジェロなどの芸術は人物などの描写対象を余す所なく解釈し通して表現されている。従って芸術家は他人を観察しても自己との対峙として対象を受け容れる。というよりも自己自身に深く潜入してこそ対象の真実がみえてくるのが芸術家の真実であろう。これは即自的強さの表出である。これも実は極めて男性性の強い英雄的文化現象なのである。

ところが「うたて」「おとろし」などは柔和な他人の拒否であり自己本位傾向である。これこそ子供を育てる母性の母子中心主義の特徴であり他自的なのである。「大仏商法」にも似たことがいえそうである。

大和は歴史風景が関西の中では最もよく残されている。それは「うたて」「おとろし」の意識がそうさせたのでありその依拠するところは母性原理といってさしつかえあるまい。

それではようやく庭園的生産である。

これは大和地方の人々の暮らしに如実にあらわれている。

庭園は自然そのものでないことは自明であり自然の解釈が生み出した空間造形である。大和の歴史風景も無為にして残存したのではない。大和の人々の意志が明確に反映されている。その意味ではこの歴史風景は極めて庭園的なのである。この庭園性に充ちた風景の中で生活を支えるささやかな生産活動こそ庭園的生産と言えるのではあるまいか。

生産の中核は間違いなく農産物だ。

ここではそれほど無理をしなければ住人たちが食するだけの農産物の収穫は見込めそうである。不足は魚貝、肉などの蛋白源だろう。かつてはその不足を工芸品などの商品をつくり交換したはずである。工芸品などの商品生産を支えたのは座、ギルドだった。これは京都に残存し今や京都文化の特徴にはなっている。京都文化の一大特徴こそ工芸なのでありこれも本来は庭園的生産といっていい。

大和から少し離れてしまうが、庭園都市京都が工芸を文化の一大バックボーンとしているのは極めて象徴的である。というのも工芸品は商品であり、これを扱う商人は都市に集中するから工芸も都市でこそ開花完成する性質のものである。とはいっても座が必ずしも都市にばかり立地したわけではない。また都市とはいっても奈良市のように農村に囲繞された小都市に今でも筆、墨が名産品としてあるから前述した庭園的風景の中での自給自足には不足する物品とこんな商品で交換し補ったはずである。

このことは現在でも充分可能なのである。

何も江戸時代に戻れというのではない。

関西は裕福であり歴史的風景に恵まれている。今後日本の人口が減少し、そう遠くない未来には六千万人ほどまでになるはずである。人口が減少した分、人々の居住面積が少なくて済む。それを農地に還元すれば食糧の自給率が増加する。日本も近代資本主義の狂乱に何時までも巻き込まれている必要はないのである。

日本が近代資本主義を推進し経済大国になったのも、狭い国土に多い人口を抱え人々を富ませるにはそれしか方法がなかったからではないのか。

近代資本主義の財産を捨てろというのではない。得意とする高度科学技術は充分に活用したらいい。だがこれは東京に任せればいい。かつて東国が武士を中核となし、京都を中心とした西国が貴族文化を熟成させたように、今度は東国に高度科学技術による生産や近代資本主義を担わせ、関西は庭園的生産体制を復興し富んだ生活を享受すればいい。勿論生産品は工芸品が主体である。しかし手工芸品というのではない。コンピューターを活用した高精度の工業的工芸品を商品とするのである。伝統的手工芸品については従来の方式でいいのはいうまでもない。これこそが母系型社会の最高の恵みであろう。

この場合の母系型社会では商品生産販売などの直接的経済活動は男性中心であるが、子育てを保育所で公共化することをはじめ、女性が政治を司れるよう社会環境を整える。船場モデルの社会体制イメージである。

四　庭園曼荼羅都市

関西・母系型社会の人々は将来どんな空間に居住すれば深層心理的にも整合性をうることができるのか。すなわち母性原理的都市、地域空間とは如何なるものかということである。これぞ「関西計画」でなくてなんであろう。

土木的国土・地域計画は河川の流路を変え橋梁・堰堤などを築造し洪水をふせぎ道路を新設し交通の便をよくする

など、田中角栄の列島改造以来の土建政治は高度経済成長を増幅することを最大の目標にしてきた。しかし経済成長も期待できなくなって二〇年近く経っても相い変わらず土建行政が幅をきかしてきた理由については、わざわざ言挙げするまでもないだろう。政治の中核が土建による国土整備だったはずなのに、その国土には余分な高速道路、ダム、箱型建築ばかりが目立ち、それも政治家や官僚の思いつきに終始したため混乱を極め国土は醜悪になるばかりだった。土建行政に対する不信は当然であるが、それが頂点に達しての土木構築物・建築に対する嫌悪は度が過ぎるのも困ったことではある。国土デザイン・都市デザインといった地表デザインも軽いニュアンスで受け止められ、たとえばある教授の都市計画「デザイン」はまるで実現されなかったではないか。だから「デザイン」は悪であるとまでは言わないが軽薄な概念であるという批判は一見もっともである。

都市計画で描いてみせた図のとおりに現実が全くなっていないのはその教授が時代の流れを読み間違えたことに尽きる。

しかし読み間違いは無能のせいなのかというならそうとはいえない。

ある教授といったが京都大学建築学科の西山卯三のことであり、都市計画は「京都計画」のことである。彼の案は洛中の建物は地上一五mを越してはならないというのが主旨であって、描かれた建物は一様にサイコロ型で何の味気もない代物だった。しかしこの場合建物の形、表層的な意味でのデザインが問題なのではない。高さ制限が重要だった。今から四〇年以上前、高度経済成長の真只中にあったこの日本で建築の高層化・超高層化に反対し、西山は京都のみならず新しく計画するものは中層（だいたい二〇m）以下とし、国土の景観を守るべきと主張したのだ。中層の住宅公団団地は彼の指導により実現したものの一つだ。これが郊外風景を破壊したともいえるがそれは西山の空間造形力の貧困さによるもので計画概念の敗北ではない。概念ではむしろ勝利している。これに対して時代の申し子東京大学建築学科教授丹下健三は東京湾上に建築・道路を内包する海上都市である超未来的「東京計画一九六〇」を発表し、建築都市計画分野だけでなく社会一般からも大喝采を浴びた。しかしこれも実現していない。そんな意味では丹下も時代を読み間違ったが、彼は近代資本主義の申し子、産油国で従来からあたためていた超未来的都市像を実現させ、国内でもスーパーモダンな建築をいくつも実現させて大スターとなった。

しかし人口が減少し、近代資本主義フロー経済に必ずしもべったりと依拠することを必要としなくなる今後の日本では、高層や超高層建築は同じく必要とされなくなるのは目に見えている。となれば西山卯三の想定の方が遥か先を見通していたことになる。国土や都市計画とは斯様に長期の時代を予測して立てられるものなのだ。

最低五〇年を必要とする。

関西の母系型社会で望まれるであろう地域の空間イメージとして「庭園曼荼羅都市」を紹介したい（拙著『二一〇〇年庭園曼荼羅都市』建築資料研究所　二〇〇四年）。

一九九五年の阪神大震災に際して約六〇〇〇人が亡くなった。その鎮魂の気持ちを込めて私が自発的に神戸市全体の復興図を描いたものである。誰からかの依頼があったわけではないし、また神戸市や兵庫県に持ち込んで仕事のネタにしようなどと考えたわけでもない。

ただ被災者たちを直接手助けすることを思い浮かべて実行するタイプではないので、できることといったら神戸市のあるべき都市像を描き、死去した人々の鎮魂をすること位であった。

まず一〇〇年のちを想定しその時点に神戸はどうあるべきなのかを考えた。当然人口は減少し日本は九五年現在の半分六〇〇〇万人となっているとして、神戸は半減するのではなく七五万人を想定した。神戸だけではなく現在の日本の都市は人口密度一ヘクタールあたり一〇〇人でパリの半分である。パリ並みに二〇〇人に増やせば市街地面積は半分に減らすことができ余分を農地か緑地に還元できる。神戸の場合、必要な住居は全面集合共同住宅化すれば、五階程度の中層団地並みの住宅地で一ヘクタール二〇〇人はまかなえる。だから充分の空き地もとれる。

神戸2100計画　全体計画図

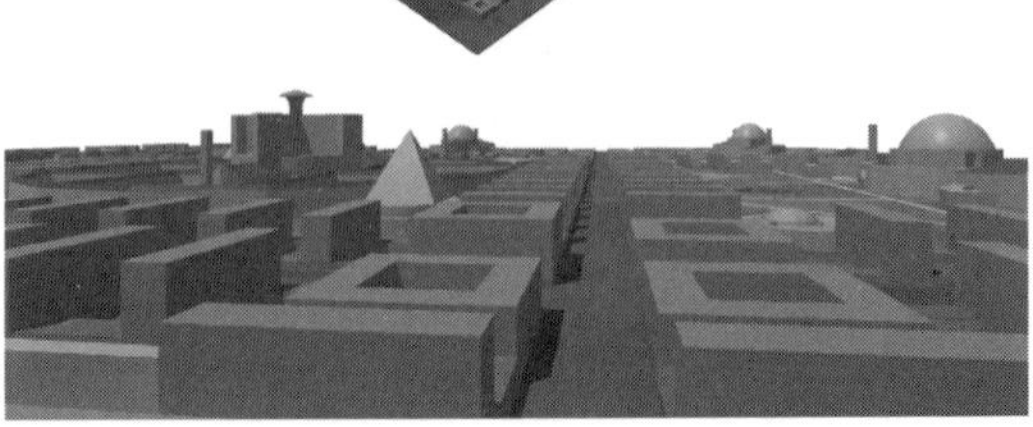

庭園標準単位アイソメ・パース

モデルは英国の田園都市だが七五万都市は田園都市とはおのずから違う。田園都市は五～六万人が適当規模だから都心といえるものを必要としない。ところが七五万人となると業務や商業が集中する都心をどうしても必要とする。詳細は省略するが、簡単にいえば五～六万人規模の田園都市を一四～一五集合させれば単純加算して七五万規模の都市となる。

ただし一様同じ形式の田園都市を十数個集合させるのではない。大学などの学園を中核とするもの、工場を中核とするもの、商業、業務を中核とするものなどは、一単位人口五～六万人でも、住居が圧倒的多数を占める近隣住区型といわれる、いわゆる標準田園都市とは違う。当然、商業や業務が集中する都市単位の住居は高層から時には超高層化することもある。

この計画では一都市単位を、神戸での緯度・経度一分、南北一・八km、東西一・五kmで二七〇ヘクタール、人口五万四〇〇〇人としてある。それを一四個集合して七五万人とした。いずれにしてもどんな単位であっても人口は同一である。職住近接が原則で都心でのドーナツ化現象をなくすためである。この一単位が都心型ならば住居は高層化し、大学などの学園が相当面積を占める地区は標準単位よりも住居の階数は多くなる。

田園都市は言葉を変えれば庭園都市とも公園都市ともいえる。住居は一戸建ちではなく中・低層集合共同住宅なのは、英国の伝統にのっかっているにすぎない。しかし日本では一戸建ちの伝統が長いからなじみにくいともいえなくもないが、戦後の公団団地居住などで集合共同住宅にも違和感はないものとみて、一戸建ちは全面禁止し庭園、公園の緑地を都市内になるべく多く取るようにした。

庭園や大小の公園が曼荼羅のように配置されている都市として、神戸の未来像を考えたのである。それが庭園曼荼羅都市である。

この計画では単純化を押し進めて、かつての平城京や平安京に似せて碁盤の目状に町割りしている。神戸の街路は東西南北にきっちり向いているのではなく、東北・西南方向とその直角が街路の向きであるから計画とは齟齬をきたしている。

何故そうしてしまったのか。

建築が南面していると太陽光を存分に受けられてソーラーエネルギーの活用に便利だからだ。さらに自動車は全面禁止で歩行者交通のみ、既存の道路に必ずしも左右される必要はない、というのも大きな理由。ただし鉄道は市中のミニトレーンまで含め整備し自動車なしを補う。当然、高速高架道路も廃棄。それを前提にもう一つの特徴は各都市単位の四周を東西は幅一五〇m、南北一八〇mのグリーンベルトで囲む。都市単位が独立した田園都市として居住者に楽しめるようにしてある。要するに隣接単位にはこの線状の森を越えて歩いてしかいけないのだ。その他詳述すればきりがないのでこの位で止めておくが、「庭園曼荼羅都市」は神戸だけではなく大阪にも京都にも応用し都市の全体像を描いた。ただ大阪では堀の全面復活、京都では木造建築で都市を覆う。しかも三都とも名所旧跡は完全保存としてある。

一〇〇年のちの都市像である。すぐこの案が実現する可能性は全くない。またこれをもとに三都が改変される見込みも極めて小さい。というのも既存の町割りを無視しているのだから当然の事である。しかし計画とは抽象性の高いモデルであって、現実はこのモデルにどこまで合わせることが可能かということになり、しかも既存の町割りに沿って徐々に徐々にモデルに近づいていくものだ。そうでなければその都市は地形的歴史的特性を失ってしまう。「庭園曼荼羅都市」は基本計画というよりも構想だから、時代の読みが間違っていなければ一〇〇年のち二一〇〇年には三都はそれに近づいているであろう。それまでの都市風景の変遷も想定できる。とはいえ要は計画のトータルヴィジョンが重要なのだ。これぞ母系型社会のあるべき都市像である。「都市デザイン」に対する反感は理解できないわけではないがやはり取るに足りないというべきか。

あとがき

関西について、語り終えたとき、わだかまりのように胸中にのこるのは、関西が多核構造であるゆえに、一体感をもち得なくしている点である。大阪、京都、神戸の三都市が連携するような歩み寄りを見いだしがたい。都市の個性が得難い時代に、むしろ希有な例として評価されてよいのだが。

私は、かつてこれら三都市について、京都を「型まもり」、大阪を「型くずし」、神戸を「型つくり」とよんだことがある（「関西を考える」ヨーゼフ・クライナー編『地域性からみた日本』新曜社　一九九六年）。これら相容れない都市の個性を超え、地域としての関西に実体感を与えるものこそ、くりかえすことになるが、本書の「はじめに」で述べた母胎意識であろう。それを具体的に探す試みは、今後とも続けねばならない。

共同研究をお世話し本書を編んだ者の私的な言葉を記すことを許していただきたい。

本書は私が国際日本文化研究センターに籍をおいた最後の共同研究の記録である。産・官・学の共同研究の試みが、関西論に関する新しい成果をあげることができたと、安堵感をもつとともに、私にとっての記念碑ともなった。周到な準備のもとになされた報告と活発な討論をしていただき、共同研究をもりあげていただいた、班員とゲストスピーカーの方々に深甚の感謝の意を伝えたい。

末尾ながら、本書の刊行は、和泉書院の廣橋研三氏の格別のお力添えの賜物であることを記しておきたい。ありがとうございました。

平成二〇年三月

千田　稔

執筆者紹介（掲載順）

千田　稔（せんだ　みのる）　国際日本文化研究センター教授、奈良県立図書情報館館長
脇田　修（わきた　おさむ）　大阪市文化財協会理事長、大阪市立歴史博物館館長
佐伯順子（さえき　じゅんこ）　同志社大学大学院教授
鍵岡正謹（かぎおか　まさのり）　岡山県立美術館館長
小野田一幸（おのだ　かずゆき）　神戸市立博物館学芸員
足立敏之（あだち　としゆき）　国土交通省河川局河川計画課長
三木理史（みき　まさふみ）　奈良大学准教授
武部宏明（たけべ　ひろあき）　近畿日本鉄道㈱秘書広報部部長、㈶大和文化財保存会専務理事
土井　勉（どい　つとむ）　神戸国際大学経済学部教授
池田　浩（いけだ　ひろし）　阪神電気鉄道㈱課長、㈱阪急阪神カード営業部長（出向先）
高橋　徹（たかはし　とおる）　フロンティアエイジ編集委員、朝日新聞社社友
永井芳和（ながい　よしかず）　ジャーナリスト、読売新聞大阪本社社友
小川順子（おがわ　なおこ）　中部大学講師
樋口忠彦（ひぐち　ただひこ）　広島工業大学教授
宇野隆夫（うの　たかお）　国際日本文化研究センター教授
青木　淳（あおき　あつし）　多摩美術大学准教授、国際日本文化研究センター客員准教授
上田正昭（うえだ　まさあき）　京都大学名誉教授、アジア史学会会長
大石久和（おおいし　ひさかず）　㈶国土技術研究センター理事長、早稲田大学大学院公共経営研究科客員教授
尾田栄章（おだ　ひであき）　日本水フォーラム相談役、国連事務総長水と衛生に関する諮問委員会委員
桐村英一郎（きりむら　えいいちろう）　神戸大学客員教授、朝日新聞社社友
柏岡富英（かしおか　とみひで）　京都文教大学教授
谷口博昭（たにぐち　ひろあき）　国土交通省技監
渡辺豊和（わたなべ　とよかず）　建築家、京都造形芸術大学名誉教授

関西を創造する

上方文庫別巻シリーズ1

2008年3月25日　初版第1刷発行

編　者　千田　稔

発行者　廣橋研三

発行所　和泉書院

〒543-0002　大阪市天王寺区上汐5-3-8
電話06-6771-1467　振替00970-8-15043

印刷・製本　亜細亜印刷　　装訂　濱崎実幸

ISBN978-4-7576-0456-8 C0336　定価はカバーに表示

上方文庫

21	京 大坂の文人 続 幕末・明治 付『大和国名流誌』	管　宗次著	二九四〇円
22	上方浮世絵の世界	松平　進著	二三一〇円
23	河　内 社会・文化・医療	森田康夫著	二九四〇円
24	淀川の文化と文学	大阪成蹊女子短期大学国文学科研究室編	二四一五円
25	関西黎明期の群像 第二	馬場憲二・管　宗次編	二六二五円
26	小林天眠と関西文壇の形成	真銅正宏・田口道昭・檀原みすず・増田周子編	二六二五円
27	谷崎潤一郎と大阪	三島佑一著	二四一五円
28	上方歌舞伎の風景	権藤芳一著	二六二五円
29	大阪の俳人たち 6	大阪俳句史研究会編	二六二五円
30	来　山　百　句	来山を読む会編	品　切

（価格は５％税込）